시치료 이론과 실제

제 3 판

신진범, 이경란, 구자경, 김민화, 김현희, 손혜숙, 이민용, 정선혜 옮김

Σ 시그마프레스

시치료 : 이론과 실제, 제3판

발행일 | 2023년 10월 10일 1쇄 발행

지은이 | Nicholas Mazza
옮긴이 | 신진범, 이경란, 구자경, 김민화, 김현희, 손혜숙, 이민용, 정선혜
발행인 | 강학경
발행처 | ㈜ 시그마프레스
디자인 | 김은경, 우주연
편　집 | 윤원진, 김은실
마케팅 | 문정현, 송치헌, 김미래, 김성옥, 최성복

등록번호 | 제10-2642호
주소 | 서울특별시 영등포구 양평로 22길 21 선유도코오롱디지털타워 A401~402호
전자우편 | sigma@spress.co.kr
홈페이지 | http://www.sigmapress.co.kr
전화 | (02)323-4845, (02)2062-5184~8
팩스 | (02)323-4197

ISBN | 979-11-6226-456-0

Poetry Therapy, 3rd edtion

＊ 책값은 책 뒤표지에 있습니다.

내 아이들,
니콜(Nicole)과
크리스토퍼(Christopher, 1984~2005)

내 손자들, 콜 크리스토퍼 앤더슨(Cole Christopher Anderson)과
해들리 메이 앤더슨(Hadley Mae Anderson)

내 조카, 캐시 진 말론(Cathy Jean Malone)에게 이 책을 바칩니다.

시치료(Poetry Therapy)

이번 『시치료』 제3판에서 마짜 박사는 시치료의 적용과 기법을 확장하여 치유, 교육, 지역사회 봉사를 위한 시, 표현적 글쓰기, 상징적 활동의 활용에 대해 자세히 설명한다.

시치료의 정의와 토대를 바탕으로 각 장에서는 개인, 가족, 그룹, 커뮤니티를 대상으로 마짜의 시치료 모델을 사용하는 방법에 대해 설명한다. 100개가 넘는 새로운 참고문헌과 실습 경험을 담은 업데이트 버전인 제3판은 특히 표현적 글쓰기와 뇌 활동과 관련된 새로운 연구결과와 방법을 다룬다. 소수자, 장애인, 재향군인, 성소수자(LGBTQ+) 커뮤니티와 같은 특수집단과의 작업에 관한 내용도 추가되었다. 영성, COVID-19와 팬데믹, 시와 달리기를 통한 자기계발에 관한 새로운 장도 추가되었다. 각 장은 다시 생각해 볼 수 있는 질문으로 끝난다.

이 책은 시치료, 독서치료, 글쓰기와 치유, 또는 창작 예술과 표현 치료의 광범위한 영역에 관심이 있는 실천가, 교육자, 연구자에게 정말 귀중한 자료이다.

니콜라스 마짜(Nicholas Mazza, PhD, PTR)는 플로리다주립대학교 사회복지대학의 교수로 재직했고, 현재 명예 학장이다. 마짜 박사는 심리학, 임상사회복지, 결혼 및 가족 치료 분야에서 플로리다주 자격을 보유하고 있다. 그는 『시치료학술지(*Journal of Poetry Therapy*)』의 편집자이다.

역자 서문

공자는 『논어』의 「위정편」에서 "시삼백(詩三百) … 사무사(思無邪)"라는 말을 통해 300편의 시를 읽으면 사악한 마음이 없어진다고 말한 바 있다. 영국 시인 윌리엄 블레이크(William Blake)는 「독나무(A Poison Tree)」에서 분노로 키운 독사과를 적이 와서 훔쳐 먹고 나무 아래 쓰러져 있는 내용을 다루고 있다. 한편 시인 구상은 「꽃자리」에서 "네가 시방 가시방석처럼 여기는/너의 앉은 그 자리가/바로 꽃자리니라"라고 노래하고 있다.

『시치료 : 이론과 실제』 제3판은 우리로 하여금 사악한 마음을 가지지 않게 하고, 독나무를 키우는 대신 우리가 서있는 자리를 '꽃자리'로 만드는 방법을 알려주는 소중한 선물과 같은 책이다.

역자 서문을 쓰면서 그동안 번역을 위해 노력했던 시간들이 주마등처럼 스쳐 간다. 정확한 번역을 위해서 여러 번 가졌던 줌 회의와 직접 만나서 주요 사항들을 확인하고, 셀 수 없는 문자 교환을 통해 노력했던 그동안의 시간들은 잊지 못할 추억이 되었다.

책 뒤에 실린 역자 약력에 자세히 나와있듯이 이 책을 번역한 8명의 번역자들은 독서치료, 문학치료, 인문치료, 시치료, 저널치료 분야에서 오랫동안 학회 활동과 해당 분야 연구를 해 온 전문가들이며 그중 일부는 내담자들을 위한 상담을 오랫동안 해 온 분들이다.

훌륭하신 번역자들과 함께 머리를 맞대며 정확한 번역과 맛깔스러운 시 번역을 위해 노력했던 일들이 드디어 결실을 맺고 독자 여러분들을 만나게 되어 참으로 감사하고 기쁘다.

독자들은 이 책을 읽으며 시치료의 역사와 가능성, 그리고 시치료의 힘을 경험할 것이다. 이 책은 문학치료사, 독서치료사, 시치료사, 심리상담사, 정신건강과 의사, 조력 전문가, 사회복지사, 건강관리 종사자, 학생, 일반 독자, 관련 분야의 학자 등 다양한 독자들에게 도움을 줄 것이다. 어려운 출판환경 속에서도 번역 출간을 할 수 있게 도움 주신 시그마프레스 강학경 사장님과 공동번역자들의 다양한 요청을 토대로 정성껏 편집작업을 해주신 편집부 직원들, 그리고 이 책을 번역하면서 시치료의 힘을 경험하고 웃음으로 서로를 지지하고 격려해 주신 공동

번역자들께 진심으로 감사드린다.

개인적으로는 이 책의 공동번역을 기획하고 진행하면서 시인으로 등단을 하여 시치료의 가능성을 더 깊이 체험하는 소중한 기회를 가질 수 있었다. 이 책을 읽는 독자들도 마음속에 있는 여러 감정을 토대로 시를 창작하는 기회를 가지시길 강력하게 권하고 싶다. 그리고 이 책에 나오는 시들의 경우 가급적 정성을 들여 낭송한다면 더욱더 시치료의 힘을 경험할 수 있을 것이다.

프랑스의 독서치료사인 레진 드탕벨(Regine Detambel)은 『우리의 고통을 이해하는 책들 : 프랑스의 창조적 독서치료』에서 괴테의 친구였던 젤터가 생명이 위태로웠던 괴테에게 「마리엔바트 비가」를 스물한 번이나 읽어주며 죽어 가던 괴테를 살린 일화를 이야기한 바 있다.

『시치료 : 이론과 실제』 제3판은 시가 어떻게 사람을 치유하거나 치료하는지, 그리고 시치료사들이나 촉진자들이 어떤 시를 사용하고 어떤 방식을 사용하여 시치료를 통해 내담자들을 치료했는지에 대해 자세히 설명하는 책이다. 이 책이 많은 사람들을 치유할 수 있길 기대해 본다.

2023년 8월

국립세종도서관에서 역자들을 대표하여

신진범

머리말

『시치료 : 이론과 실제(Poetry Therapy: Theory and Practice)』 제3판은 의미, 학문 및 마음의 범위를 방사형으로 퍼지는 빛처럼 점점 더 넓게 확장한다. 이 책은 이제 시치료 분야에서 고전적이고 중요한 작품으로 확실히 자리 잡았다. 저자인 니콜라스 마짜(Nicholas Mazza) 박사는 시치료를 형성한 관리자였으며, 이 분야는 "치료와 교육, 지역사회 구축 역량을 위한 언어, 상징 및 이야기의 사용"(Mazza, 2012: 1434)을 정의하고, 연습하고, 큐레이팅하고, 의인화한 그에게 감사의 빚을 지고 있다. 마짜 박사는 이 분야의 창시자 중 한 사람이며 거의 40년 동안 『시치료학술지(Journal of Poetry Therapy)』의 편집인이자 전미시치료학회(National Association for Poetry Therapy)의 이사로 활동했다.

이 풍부한 책에는 시치료의 역사와 범위가 알기 쉽게 설명되어 있다. 이 분야는 또한 즉각적이고 살아있는 잠재력을 가진 것으로 제시된다. 임상 사례, 시, 생생한 묘사는 시치료가 인간의 성장과 연결을 돕는 강력한 힘임을 분명히 알게 한다. 이 책은 이미 그 역사, 이론, 철학, 연구, 임상 현장 및 다양한 연령집단과 대상에 적용되는 백과사전적인 역작으로 알려져 있다. 이 책은 이 광범위한 치료 영역에서 고려할 수 있는 모든 응용 프로그램에 대한 학문적 개요와 임상 사례 및 시적 자료를 제공한다. 또한 믿을 수 없을 정도로 넓은 범위의 정보와 깊이 있는 이해가 결합되어 있다. 이것은 소렌 키에르케고르와 투팩 샤커를 인용한 표현이다. 이 책은 시치료 분야에서 일종의 바이블이다.

제3판은 단순히 시치료 분야에 대한 종합적인 검토를 보여주는 것이 아니다. 모든 장은 시치료의 사용과 관련하여 발생한 최근 문제에 대한 현재의 학문, 연구 및 토론으로 업데이트되었다. 이 판은 새로운 문화적 관심사에 대한 적용을 설명한다. 각 장에는 읽기를 실제 경험으로 확장하는 데 도움이 되는 성찰적인 질문이 추가되어 있다. 또한 팬데믹, 영성 및 "시, 달리기, 그리고 자기계발 : 삶의 전환에 대한 시적 접근"이라는 제목으로 현장 통합 능력에 대한 개인적인 유형의 내러티브를 다루는 새로운 장도 있다.

마지막 장은 아름답고 감동적이며 이 책이 독자에게 무엇을 가져다줄 수 있는가를 예시한다. 그것은 독자 자신이나 독자가 치료적 표현의 가치를 증진시키기 위해 함께 일할 수 있는 모든 집단에 유용한 임상 아이디어를 제공한다. 그러나 그것은 직접적인 방식으로 저자의 마음가짐과 겸손, 그리고 조용한 사려를 전달한다. 마짜 박사는 그의 인상적인 달리기 역사를 시인이자 표현 형식의 힘을 감상하는 사람으로서의 똑같이 인상적인 능력으로 통합해 내었다. 그는 자신의 트레이드마크인 절제된 방식으로 "글쓰기와 달리기는 사회적 필요와 혜택이 얽혀있는 고독한 행위이다."(제18장)라고 표현했다. 이 책이 독자와 현장에 주는 것은 감각적이며 보편적인 깨달음이다. 우리는 서로의 사적인 표현을 공유하고 있으며, 그렇기에 시치료는 우리가 만날 수 있는 곳이다. 더 알고 싶은 내용은 이 책에서 찾을 수 있다.

베스 제이콥스(Beth Jacobs) 박사
『정서적 균형을 위한 글쓰기(*Writing for Emotional Balance*)』의 저자

서문

가족 표지판

아기의 첫울음,

처음 짓는 미소.

나이 든 이의 마지막 말,

마지막으로 내미는 손길.

가능성으로 충만한 인생에 수많은 길을 보여준

성찰과 감사의 순간들을 가져와

세대 간의 먼 거리를 연결 짓는다.

니콜라스 마짜[*]

---

[*] *Journal of Poetry Therapy*, 29, 2016: 53에 게재된 시를 Taylor & Francis 출판사의 허락을 구하여 수록하였다.

제2판 서문

희망의 복구

우리의 삶은 좁은 공간 안에서 정의되며

친절한 말과 따뜻한 손길을 내민 뜻밖의 순간들이 희망을 준다.

쉼터에서,

수프 한 그릇과 담요 한 장에 대한 그들의 감사가

상실이 많은 얼굴을 가지고 있으며

각각이 인생 행로의 표지로 새겨진다는 것을 상기시킨다.

비극적인 사건들을 기리는 추모일과 기념일 동안

빈 의자들은 지금도 견디기 힘든 슬픔을 다시 가져온다.

가족, 친구, 반려동물이 예고 없이 찾아와 지지해 줄 때

희망이 복구된다.

하루를 가치 있게 만들고 미래를 가능하게 만드는 것은

작은 몸짓의 친절함이다.

그리고 우리는 그 힘을 전하면서 더 강해진다.

니콜라스 마짜[*]

* *Journal of Family Social Work*, 17(1), 2014: 97에 게재된 시를 Taylor & Francis 출판사의 허락을 구하여 수록하였다.

제1판 서문

희망

희망은
한 손을 다른 이에게 내미는 것이
밤새 우리를 인도하는 빛을 비춰주는 달을
실제로 만질 수 있게 할 거라는 믿음이다.

니콜라스 마짜[*]

---

[*] *Journal of Humanistic Education and Development*, 36, 1998: 257에 게재된 시를 학술지의 허락을 구하여 수록하였다.

감사의 말

수년 동안 운 좋게도 나는 시치료 분야의 친구들과 함께했다. 특히 가족처럼 매년 전미 시치료학회(NAPT)에 모이는 매우 친애하는 친구들은 우리 자신을 '다년생초들(The Perennials)'이라고 정겹게 부른다. 제리 체이비스(Geri Chavis), 알마 롤프스(Alma Rolfs), 페리 롱고(Perie Longo), 베스 제이콥스(Beth Jacobs), 바바라 크라이스버그(Barbara Kreisberg), 미미 록커드(Mimi Lockard) 및 찰리 로시터(Charlie Rossiter). 우리는 고통을 나누고 기쁨을 나눈다. 제리가 내게 말했던 것처럼 "우리는 함께 길을 잃는 것을 즐긴다."

이 책의 지난 판에서 말했듯이, 나는 특히 내 친구이자 멘토이자 동료였으며 여전히 정신적 지주로 남아있는 선구자이자 '시치료의 학장'인 고 아서 러너(Arthur Lerner)에게 감사를 표하고 싶다. 이 책은 또한 고 잭 J. 리디(Jack J. Leedy)와 알린 맥카티 하인즈(Arleen McCarty Hynes)의 선구적인 작업을 바탕으로 만들어졌다. 이들의 우정과 지원, 정신 또한 길잡이 역할을 했다. 창조적 예술치료 분야의 선도적인 학자인 샘 글래딩(Sam Gladding)의 우정과 지원, 영감에도 감사드린다. 또한 특별한 여정을 함께 해준 동료, 학생, 내담자들에게도 감사를 전하고 싶다.

나의 친구이자 동료인 찰스 피글리(Charles Figley)에게 특별한 감사를 전한다. 그는 이 책의 초판을 환상에서 현실로 바꾸도록 격려하고 지도와 지원을 아끼지 않았다. 이 원고를 출판하는 데 도움을 주신 Routledge의 직원, 특히 나의 원고인수자이자 정신건강 편집자인 아만다 디바인(Amanda Devine)에게 감사드린다. 편집지원자 그레이스 맥도넬(Grace McDonnell), 제작 편집 및 프로젝트 관리자인 네하 슈리바스타바(Neha Shrivastava), 저작권 정리 센터(Copyright Clearance Center)의 다이애나 산체스(Diana Sanchez)가 준 도움에 감사드린다.

과거와 현재의 가족과 친구들을 생각하는 순간들은 특별한 시로 간직하고 있다. 나는 이 순간들을 마음과 가슴과 손에 지니고 다닌다. 나는 초판에서 이렇게 썼다. "내 아이들인 니콜과 크리스의 손을 잡고, 나는 우리가 우리의 역사를 가지고 있고, 우리의 이야기를 공유하고, 머래를 내다보는 것을 떠올린다. 아이들과 함께하면서 결코 쓸 수 없는 시를 경험한 것이 분명하다." 그 이후로 아들은 21세의 나이에 교통사고로 세상을 떠났다(2005년 11월 1일). 크리스는 계속해서 나에게 소중한 모든 것의 일부이며 나는 그의 기억을 존중할 방법을 찾으려고 노력한다. 니콜은 계속해서 영감을 주고 헤아릴 수 없는 지원을 제공하는 유치원 교사이다. 2015년 6월 19일 니콜(강인함과 사랑의 모델)이 콜 크리스토퍼 앤더슨을 출산할 때 함께 한 것은 순백의 기쁨이었다. 2020년 12월 31일에 니콜은 해들리 메이 앤더슨을 낳았다. 콜은 자신의 예술 작품을 나에게 가져온다. 해들리는 그녀의 웃음을 가져온다. 나의 삶의 전환기를 거치며 니콜은 나를 이끄는 지원과 사랑을 가져온다. 이 감사는 아직 끝나지 않았으며, 아직 완성되지 않은 시의 일부로 남아있다.

들어가는 글

『시치료 : 이론과 실제』제3판은 COVID-19, 미국 국내 테러(예 : 국회의사당), 대량 총기 난사 사건들, 증가하는 인종차별 등을 포함한 많은 혼란과 스트레스가 있는 시기에 출간되었다. 외로움, 불안, 절망은 항상 존재한다.

시치료는, 비록 외로움이 사회적 고립과 관련이 있고 매우 주관적이기 때문에 DSM에 등재되지 않았을지라도, 외로움을 다루는 데 특히 적합하다. 글쓰기는 개인적이고 사적인 표현을 허용하거나 외로움을 타당화할 수 있게 한다. 집단이나 집단 형태에서, 글쓰기는 대인관계를 향상시키는 데 도움을 줄 수 있다. 시는 목소리, 건설적인 행동, 그리고 희망을 제공한다. 예를 들어, 젊은 아프리카계 미국인 시인인 아만다 고먼(Amanda Gorman)이 바이든 대통령의 취임식에서 그리고 나중에 미식축구 슈퍼볼의 하프타임 쇼에서 공연한 것을 생각해 보라. 정말로, 시는 그 가치가 확인되고 있고 인정받고 있고 발전되고 있다. 시 퍼포먼스는 우리의 문제들에 대해 그리고 강점들에 대해 목소리를 제공한다. 성장시키고 치유하는 시의 능력에 대한 광범위한 관심과 호소에 대한 추가적인 증거는 『내셔널 지오그래픽』(Pelley, 2021)과 『비즈니스 인사이더』(Kalter & Santner, 2021)와 같은 인기 잡지에서도 찾을 수 있다.

이번 판은 시치료의 적용과 기법을 계속해서 확장하고 있다. 연구가 계속 증가하고 있으며, 특히 글쓰기/시와 뇌 활동에 관한 연구가 그러하다. 성소수자(LGBTQ+) 인구, 성 정체성, 시와 장애를 가진 사람들, 참전용사, 자연, 그리고 다양성 등에 대해서도 확장하여 다루고 있다. 영성, 팬데믹, 시와 달리기에 대한 개인적인 설명 등을 다루는 새로운 장들도 포함되어 있다. 사실, 전문가로서의 발달과 개인적인 발달 사이에는 밀접한 관계가 있다. 각 장의 끝에는 생각해 볼 만한 세 개의 질문이 포함되어 있다.

나는 내 손자들인 콜과 해들리가 성장하는 동안 이 책을 썼다. 나는 사랑하는 딸 니콜에게서, 그리고 그녀가 어머니와 유치원 교사로서 하는 모든 것에서 많은 것을 배웠다.

내가 초판에서 언급했듯이, 『시치료 : 이론과 실제』는 기본적으로 시치료, 글쓰기와 치유,

독서치료, 내러티브치료에 특별한 관심을 가진 사람들을 위한 주요 교재이다. 이 책은 또한 예술치료의 더 넓은 영역과 지역사회를 대상으로 시치료를 실천하는 것에서 예술의 사용에 관심이 있는 사람들을 위한 보충 교재의 역할을 하기 위해 고안되었다. 두 번째 판은 계속해서 "시치료의 기본 원리와 기법에 대한 실천가, 교육자 및/또는 연구자의 기초를 다졌다." 이제, 세 번째 판은 광범위한 방법과 종사자를 지원하기 위해 풍부한 새로운 문헌과 시기적절한 실천 응용 프로그램을 제공한다. 나는 로버트 F. 케네디의 인용문으로써 시작을 기대하면서 글을 마무리하고자 한다.

> 역사 자체를 굽힐 위대함을 가진 사람은 거의 없을 것이다. 그러나 우리 각자는 사건의 작은 부분을 바꾸기 위해 노력할 수 있다. 이 세대의 역사는 그 모든 행위가 통합된 전체로 기록될 것이다.
>
> 로버트 F. 케네디

나는 이 작은 기여가 임상가, 교육자, 그리고 인간 서비스에 관련된 모든 사람에 의해 시치료가 지속적으로 확장되고 우리 공동체에 지속적으로 영향을 미치게 되기를 바란다.

차례

제5부

**특별한
주제들**

제1부

시치료의 근거

시치료의 역사와 발전

시치료는 다양한 적용 분야에서 시를 사용함으로써 얻을 수 있는 다양한 효과를 탐구하고 평가했으므로 다양한 원천을 가지게 되었다. 시치료는 "치료와 교육, 지역사회 구축 역량을 위한 언어, 상징 및 이야기의 사용"(Mazza, 2012a: 1434)이라고 정의된다. 한때 독서치료의 일종으로 여겨져 왔던 시치료는 독서치료와 내러티브치료와 저널치료(모두 연구와 실제 면에서 그들 고유의 독립적인 영역을 유지하는) 모두를 포함하는 독립적인 분야로 부상하게 되었다. 임상문학에서 너무나 자주 등한시되어 왔던 몇 가지 인간의 심리상태에 대한 관점들을 제안한 문학 연구자들이 있었다. 냅은『근대 심리학과 문학비평이 만나는 지점에서의 발견에 대하여』(Knapp, 1996)에서 사회과학과 인문학을 관련지어 설명했다. 그는 프로이트 이론과 연결하여 행해졌던 이전의 문학비평을 뛰어넘어 최근의 심리학(예 : 인지 이론)과 문학 작품들 그리고 비평에 대해 분석했다. 문학과 치료를 설명한 저서로는『정신분석, 심리학과 문학 : 출판목록』(Kiell, 1990),『문학을 통한 삶의 지침』(Lerner & Mahlendorf, 1991),『청년 자살 예방 : 문학으로부터의 교훈』(Deats & Lenker, 1989),『병든 가정 : 삶과 문학에서의 가정 폭력』(Deats & Lenker, 1991)이 있다.

이 책은 시의 형식이 내용과 기능을 대신할 수 없다는 것을 전제로 문학적 관점과 임상적 관점이 만나는 지점을 설명한다(Mazza, 2000). 시에서 가장 중요한 것은 감정의 고조와 의미의 함축성이다(Brogan, 1993). 낭만주의 전통을 따라 시를 짓는 데 시적 형식이 꼭 필요한 것은 아니다. 네모이아누는 낭만주의를 설명하면서 "시어는 그것이 운문체건 산문체건, 희곡의 일부로서 등장하건 간에 현대성과 가장 잘 부합되는 매개체다. 시어의 다양성과 불확실성, 풍부함과 융통성은 그것을 인간의 잠재력과 반응들을 연구할 때 특별한 자료로 쓰일 수 있게 한다. 시어는 과거를 되찾고 현재를 수용하며 미래를 내다볼 수 있게 해준다."(Nemoianu, 1993: 1096)라고 말했다. 문학에 있어 의미의 깊이와 친밀함을 추구했던 워즈워스와 셸리 같은 낭만주의 시인들에게는 사실 시와 산문 사이에 경계가 없었다(Brogan, 1993).

카트라이트는 셸리가 그 자신의 저서『시의 옹호』(1840)에서 "작가는 모두 시인이다. 왜냐하면 언어 그 자체가 시이기 때문이다."(Shelley. Cartwright, 1996: 390에서 인용)라고 말한 것을 인용하면서 문학의 힘을 이야기했다. 윈체스터는 셸리가 시의 중요한 특성으로 "드러내고 환히 비출 수 있는 힘"(Winchester, 1916: 229)을 찾아냈다고 썼다. 라꾀르는 시와 낭만주의를 설명하면서 워즈워스가『서정적인 발라드의 서문』(1800)에서 말한 시의 정의가 종종 "감정의 자발적인 넘쳐흐름"(Lacour, 1993)으로 일부만 인용되고 있다고 말했다. 라꾀르에 의하면 워즈워스는 가치 있는 시를 쓰기 위해서는 시인의 "깊고 오랜 시간 동안의" 숙고가 필요하다고 했다(Wordsworth. Lacour, 1993: 1086에서 인용). 워즈워스는 지식 대신 감정을 주장한 것이 아니라 오히려 둘을 연결했다. 높은 단계의 심리학 이론과 방법론들에서도 이 둘을 같이 활용한다. 정서(affect)에 기초한 치료법이라 해도 인지와 행동을 간과하지 않으며, 인지 이론도 정서를 간과하지 않는다. 예술과 심리학을 융합하기 위해서는 엄격함과 수련이 필수적이다.

슈나이더는 윌리엄 제임스(William James)의 저서를 예로 들면서 심리학의 역사에서 낭만주의적인 인식은 독특하고도 오래된 위치를 차지하고 있다고 했다(Schneider, 1998). 그는 18세기 말에 시작한 문학운동과 예술운동을 살펴보면서 인간의 경험이 개별적으로도 공통적으로도 깊이가 있음을 느꼈다. 그는 낭만주의가 실존주의적-인본주의적 심리학, 내러티브심리학, 관계심리학, 생태학적 심리학 등에 끼친 영향을 논했다. 임상 실제에 대한 낭만주의적 접근에서 핵심은 인간의 '세상살이'의 두드러진 특징에 대한 관심이다. 즉, (1) 정서, 상상력, 직관, (2) 총체적인 내용, (3) 참여자로서의 실천가(탐색자)이다. 거겐은 "낭만주의 입장에서 타인을 이해한다는 것은 어떻게든지 다른 사람의 주관성을 경험하는 것이다."(Gergen, 1994: 256)라고 했다.

시치료는 문학분석과 심리학적 실천에서의 고전적 명제를 반영하는데, 이것은 공감과 주관성이라는 낭만주의적 관점들과 이에 반대되는 이성과 관찰의 대립이다. 거겐은 문학분석과 경험주의적인 전통에서 나타나는 유사성을 논했다(Gergen, 1994). 문학의 분석은 의사소통이나 표현 양식보다는 텍스트나 글이 담고 있는 내용에 초점을 맞춘다. 과학에서는 "순수한 내용"과 "문자 그대로의 언어"에 초점을 맞추지만 그럼에도 과학자들은 "관찰한 세계가 해석될 수 있는 수사적 구조"를 지닌 자료들을 수집하고 분석한다(41). 거겐은 사람의 행위를 자극, 입력, 단위 등의 개념으로 정의할 수 있게 한 기계주의적 은유를 예로 들었다. 본질적으로, '은유'의 사용은 관찰된 사실이 어떻게 기록되고, 세계관이 어떻게 만들어질 것인지를 결정한다. 거겐은 이러한 사실들에 근거하여, 문학분석에서 사용되는 은유나 내러티브 개념들이 심리학 이론과 치료의 발전에 기여할 수 있다고 했다. 러너는 임상적 관점에서 시치료의 주요 관심사는 시가 아니라 내담자에 있다고 했다(Lerner, 1987). 내담자에게는 주어진 시의 '참된' 의미보다는 자신이 느끼는 주관적인 의미를 찾아내는 것이 중요한 것이다.

임상 실제에서 글쓰기를 사용하는 것에 대한 근거들은 여러 문서를 통해 잘 드러나 있다. 올포트는 『심리학에서 사적인 문서들의 사용』(Allport, 1942)에서 임상 실제에서 일기 쓰기가 효과가 있고, 저널 쓰기가 치료하는 데에 잘 활용될 수 있는 방법들이라는 것을 밝혔다. 랜즈먼은 환자들이 자신의 근심거리들을 말로 할 때보다 글로 쓰면서 더 잘 표현할 수 있다는 것을 발견했다(Landsman, 1951). 그러나 파버는 글쓰기가 시간을 많이 필요로 한다는 점에서 치료 행위에 사용될 때 약점이 된다는 것을 인식했고, 좀 더 많은 시간을 두고 잘 떠오르지 않았던 감정이나 생각들을 탐색할 수 있도록 도와주는 것이 필요하다고 했다(Farber, 1953). 엘리스는 유용하게 쓰일 수 있는 여러 가지 글쓰기 형식들을 설명했다(Ellis, 1995). 위드로와 데이비드슨은 내담자가 치료자에게 받은 지시사항들을 지키면서 글을 쓰면 특정 표현들에 관계된 감정들을 지속적으로 스스로 숙고해 볼 방법을 배울 수 있고 상징을 가질 수 있으며, 특히 조현병 환자들에게는 글쓰기가 그들의 일상생활 속에서 질서와 현실성을 표현할 수 있는 도구가 됨으로써 치료에 도움이 된다고 했다(Widroe & Davidson, 1961).

『심리치료에서의 글쓰기 활용』(Pearson, 1965)에서는 글쓰기가 임상 실제에 적용될 수 있는 여러 가지 경우들이 연구되었다. 이 책은 '심리치료 증진에 관심 있는 심리학자들(Psychologists Interested in the Advancement of Psychotherapy)'이라는 단체에서 주관하고 매년 미국심리학회에서 열렸던 '상담과 심리치료에서의 글쓰기 활용'이라는 심포지엄의 결과물이라 할 수 있다. 이 책에서 주로 거론된 글쓰기의 장점은 글쓰기가 감정을 표현하고 분석할 수 있는 도구를 제공한다는 것이었고, 단점으로는 글쓰기가 주지화와 회피를 통해 저항을 하게 하는 도구가 될 수 있다는 점이 가장 많이 언급되었다.

맥키니는 대학생들에게 자가-치료, 즉 "적어도 사회적으로 수용 가능한 형식의 판타지로 치환과 승화를 통해 문제를 해결하기 위한 시도"(McKinney, 1976: 183)로서 글쓰기를 할 것을 권유했다. 그는 글쓰기가 압박을 받을 때 느끼는 강렬한 감정의 방출을 유도하기 때문에 카타르시스를 제공할 수 있고 내적 갈등, 불안, 혼란을 감소시키는 데도 도움이 될 수 있다고 했다. 브랜드는 치료와 글쓰기의 관계를 교육심리 측면에서 고찰했다(Brand, 1980). 그는 중학교 2학년 학생들을 대상으로 내적 성숙과 창의적 글쓰기의 관계를 연구하면서 "학생의 자아개념, 문제 인식, 자기이해의 깊이"(64)를 관찰했다. 객관적인 방법으로 처치집단과 통제집단을 설정하여 두 개의 그룹을 비교한 결과, 글쓰기가 자기이해(self-information)에는 긍정적인 영향을 미친다는 결과가 나왔지만 자기반성(self-examination)과는 별다른 연관성을 찾을 수 없었고, 자아 개념과 관련해서는 상반되는 결과들이 나왔다고 한다. 브랜드는 교육 프로그램을 실시한 것과 학생들의 반응에 대하여 기술적인 분석을 했는데, 이때 성장에 관련된 많은 측면(예 : 혼란의 시기와 의사소통 스타일의 변화를 겪는)이 단순한 통계적인 평가로는 잘 설명되지 않는다는 것을 발견했다.

▌ 1.1 역사적 배경

1.1.1 고대의 뿌리

의학의 신이면서 동시에 시의 신이기도 했던 아폴로는 시치료의 역사적 배경에서 출발점으로 자주 언급된다(Brand, 1980; Leedy, 1969a; Morrison, 1969; Putzel, 1975). 고대 그리스인들은 시와 치유에 있어서 언어와 감정의 중요성을 가장 먼저 직관적으로 깨달은 사람들로 여겨진다(Putzel, 1975).

아리스토텔레스는 『시학』에서 정서를 치료하는 데 영향을 미치는 카타르시스의 역할을 논했으며, 또한 통찰을 이끌어 내고 우주적 진리를 획득하는 데 있어서 시의 가치를 언급했다(Weller & Golden, 1993). 카타르시스는 오늘날 심리치료에서 중요한 측면으로(Nichols & Zax, 1977), 특히 집단심리치료에서 하나의 치료적 요인으로 여겨진다(Yalom, 1995). 이는 심리극에서도 중요한 요소다(Moreno, 1946, 1948, 1969). 카타르시스의 제1 요소인 정서적 동일시 역시 시치료에 있어 중요하게 여겨지고 있다(Lessner, 1974).

블린더먼은 정서적 문제를 다루는 시치료의 흔적을 선사시대의 주문과 기원에서부터 찾았다(Blinderman, 1973). 주문의 목적은 주로 자신, 상대방 또는 환경에서 어떠한 변화를 이끌어 내기 위해서였다. 애스트로브는 미국의 인디언들을 예로 들면서 언어의 힘을 설명했다. "환자에게 처방하는 약초 그 자체보다는 약초에 거는 주문이 치료행위에 있어 필수적이다"(Astrov, 1962: 207). 이러한 관점은 원시시대의 치료자들 대부분이 공통적으로 가지고 있었던 견해다

(Blinderman, 1973; Frank, 1973). 프랭크는 『설득과 치유』(1973)에서 치료행위에 있어서 언어와 감정, 믿음의 역할에 대해 보다 포괄적으로 논의했다.

1.1.2 근대의 역사

보다 최근의 역사를 살펴보면 19세기 초에 정신건강의 목적을 위해 시가 사용되었음을 알 수 있다. 존스는 정신병 환자들이 1843년에 『조명(*The Illuminator*)』이라는 펜실베이니아병원 신문에 실을 시를 썼다고 했다(Jones, 1969). 독서치료사들에 의하면 1800년대 초에 벤자민 러쉬(Benjamin Rush)가 미국인으로는 처음으로 정신적·육체적으로 건강하지 못한 사람들에게 독서를 권장했다(Rubin, 1978a). 모리슨은 로버트 그레이브스라는 시인이 "잘 고른 시집 한 권이 일반적인 정신질환을 위한 완전한 처방전이며 치료뿐만 아니라 예방에도 마찬가지의 효과를 얻을 수 있다."(Graves, 1922. Morrison, 1973: 79에서 인용)라고 한 것을 인용하면서 시가 치료에 도움이 될 수 있음을 설명했다.

로버트 헤이븐 셔플러(Robert Haven Schauffler)는 1925년에 『시치료 : 시로 된 작은 약상자』를 썼다. 책은 문제에 대해 시로 처방을 내리는 형식이다. 이 책에서 시들은 관련 있는 각각의 심리적 기분과 문제에 따라 분류되어 있다. 예를 들면, 한 단원(시 모음)의 제목은 "성급함을 위한 진정제들(안도감을 주는 시들)"이다. "주의사항(적용 전에 잘 읽어볼 것)"이라는 단원도 있다. 여기서 셔플러는 시가 모든 사람에게 똑같은 방식으로 감정을 유발하지는 않을 것이며, 조심해서 사용해야 한다고 말하고 있다. 이 책에서 말하는 또 하나의 중요한 점은 "진정한 치료의 능력이 있는 시는 그 시를 쓴 작가 스스로 치료를 받을 수 있어야 한다."(xviii)라는 것이다. 이 책에서 셔플러는 시를 읽는 것과 마찬가지로 쓰는 것에도 가치를 두고 있고, 시치료를 하는 데 있어 무분별한 시의 사용이 가져올 수 있는 위험성도 지적하고 있다. 그는 선구자적으로 자신의 환자들을 대상으로 추려낸 열네 가지 일반적인 질환들(complaints)에 대응할 수 있도록 시들을 분류한 책을 쓰기도 했다. 『청소년 시치료 : 모든 청소년을 위한 시로 된 구급상자』는 1931년에 발간되었다. 줄리아 달링과 신시아 풀러는 과거 사례가 현재의 시도를 알 수 있게 한다는 것의 한 예로서, 건강 문제에 따라 조직한 시를 모아서 『시치료』(Darling & Fuller, 2005)로 편집했다.

프레더릭 클라크 프레스콧(Frederick Clark Prescott)은 『시적인 마음』(1922)에서 시의 가치를 심리적으로 고통받는 사람들을 위한 안전밸브로 설명했다. 영문학 교수였던 그는 시와 꿈에 대한 두 편의 논문을 『이상심리학회지(*Journal of Abnormal Psychology*)』(1912, 1919)에 발표했고, 그가 역사적인 근거와 다양한 참고문헌들을 바탕으로 쓴 『시적인 마음』은 시적 사고와 심리학 원리들을 관련짓는 데 있어 커다란 공헌을 했다.

1.1.3 현대의 발달

스마일리 블랜튼(Smiley Blanton)이 쓴 『시의 치유적 힘』(1960)은 특정한 문제들과 기분에 의해 시들을 분류하려 한 또 다른 시도였다. 정신과 의사였던 블랜튼은 시의 치료적 가치를 논했고, 영감을 주는 시들을 사용하면서 처방적인 접근을 유지했다. 엘리 그리퍼(Eli Griefer)는 시치료라는 명칭을 처음 사용한 사람으로 여겨진다(Schloss, 1976). 그는 시인이자 변호사였고 뉴욕의 크리드무어주립병원에서 자원봉사를 하는 약사였다. 슐로스에 따르면, 그리퍼는 잭 J. 리디(Jack J. Leedy)라는 정신과 의사를 만났고, 둘은 함께 시치료 그룹을 만들었다(Schloss, 1976). 그들은 또한 J. L. 모레노(J. L. Moreno)로부터 격려와 도움을 받았고, 미국 집단심리치료 및 사이코드라마 학회에서 발표를 할 수 있게 되었다. 모레노는 심리치료를 하면서 시를 사용하는 것에 관심이 있었고 '심리시학(psychopoetry)'이라는 명칭을 썼다. 이것은 나중에 슐로스(1976)에 의해 발전되었다. 1963년에 그리퍼는 『시치료의 원리』를 썼다. 리디가 그리퍼의 연구를 이어받았고, 1969년에 『시치료 : 정서장애치료를 위한 시 사용』을 편집했다(Leedy, 1969b). 리디는 제2판인 『치유자 시』(1973)를 냈고, 두 책의 내용은 나중에 발간된 『치유자 시 : 정신질환을 고침』(1985)에 다시 정리되었다. 1969년에 시치료학회(APT)가 설립되면서 시치료는 공식적으로 알려졌고, 1971년부터 매년 뉴욕에서 학회가 열리기 시작했다. 시치료학회는 1981년에 전미시치료학회(NAPT)로 바뀌었고, 그때부터 매년 미국 전역을 돌면서 학회가 열리게 되었다.

길버트 슐로스는 심리시학에 대한 연구로 시치료 연구에 지대한 공헌을 했다. 심리극에 대한 지식을 바탕으로 그는 뉴욕의 사회치료연구소에서 연구를 했고, 워크숍과 교육 경험들을 제공했다. 1976년에는 슐로스가 쓴 『심리시학』이 출간되었다. 그는 환자들의 시를 포함한 많은 사례 연구를 제시했다. 어떤 시가 특별한 의도를 가지고 사용되는지 알아보기 위해 대략 1,400명의 전문가에게 조사 연구를 했는데, 194명의 설문지만이 회수되었다. 응답자들은 대부분 치료에 종사하는 전문가(심리학자, 사회복지사, 상담자 등)들이었다. 가장 큰 단일 그룹은 사적인 임상 실제에서 개인들과 함께 일하는 치료사들로 구성되었다. 이들 중 극히 소수만이 자신을 시치료사로 분류했다. 슐로스의 본래 의도는 치료 상황에 맞는 시 목록을 만드는 것이었는데, 환자의 정서와 심리상태, 진단 범주의 분류에 따라 나눈 시들에 대해 합의된 타당도를 얻어내지 못했다. 슐로스는 그의 연구가 가진 방법론상의 문제점을 지적하면서 그러한 문제를 야기하는 것은 기존 시의 폭넓은 다양성과 이 영역의 새로움 때문이라고 말했다. 추후 연구를 위한 새로운 방향들이 제시되었고, 치료에 시와 관련된 많은 실천가들을 연결할 수단이 필요했다. 마짜와 헤이턴의 연구로 서로 다른 학문 분야에서 훈련받은 전문가들이 시치료의 형식들을 어떤 방식으로 어느 정도까지 사용하고 있는지를 확인하였다(Mazza & Hayton, 2013). 그 학문 영역들은 (그들 각각의 전문적 조직에서 몇몇 사례를 본다면) 심리학, 결혼과 가족치료, 사회복지, 상담과 음악치료를 포함한다. 이런 예비 연구가 마짜가 통합한 시치료의 RES(수용적/표현적/상징적) 모델을 구조화하는 것을 지원했으며(Mazza, 1999a), 시치료에 종사하는 사람들의 전문 분야와 이론적 틀에 결정적인 것은 아니지만 미래의 연구를 위한 기초는 만들어졌다.

시인이자 심리학자인 아서 러너는 로스앤젤레스에서 1973년에 시치료연구소를 만들었다. 이 단체는 "시치료의 연구와 실제를 위해 헌신한 최초의 합법적 비영리 조직이었다"(Lerner, 1992: 107). 이 연구소는 1992년에 없어졌지만 시치료의 교육과 실습에 있어서 현저한 발전을 이루게 했다. 『치료 체험에서의 시』(Lerner, 1978. 제2판은 1994년에 출간)는 시치료의 실제와 이론과 연구들을 모아놓은 것이다. 특별히 흥미를 끈 것은 이 분야에서 처음으로 통계적인 연구를 했던 베리의 「과학적인 방법으로 시치료에 접근하기」(Berry, 1978)다.

해로워의 『시치료』(Harrower, 1972) 또한 치료와 정상 발달 부분에서 시를 고려 대상으로 했다는 점이 중요하다. 해로워는 때로는 에릭슨(1968)의 발달 단계에 맞추어서 그녀의 시와 저널들을 검토했는데, 그녀의 책은 개인이나 집단 상황에서 건강에 기반을 두고 시를 고려했다는 점에서 중요하다.

최근 시치료에 관한 중요한 책들이 계속 출판되었다. 『시와 이야기 치료 : 창의적인 표현의 치유력』(Chavis, 2011), 『언어 예술의 콜라주 : 시치료 회고록』(Heller, 2009), 『악마를 쫓아내다 : 변형적인 글쓰기를 통한 창의적 대처 이야기』(Reiter, 2009), 『정신건강에서의 쓰기 접근 연구』(L'Abate & Sweeney, 2011)는 시치료와 독서치료 연구에 탁월한 공헌을 하였다.

시치료는 다음의 참고문헌에 포함됨으로써 공식적으로 인정받게 되었다. 『시와 시학에 대한 프린스턴 백과사전』 제4판(Greene & Cushman 편, 2012), 『사회복지사전』 제6판(R. L. Barker 편, 2014), 『미국심리학회 사전』 제2판(APA. Vandenbos 편, 2015). 시치료의 성장과 인지도에 대한 또 다른 증거는 주요한 연구 데이터베이스의 대부분이 올해로 34년째 출판되고 있는 『시치료학술지(Journal of Poetry Therapy)』에 실리고 있고 발췌되고 있다는 것이다(가장 최근 PsycINFO는 2011년).

1.1.4 독서치료

독서치료는 특정한 문제나 관심사에 대한 추천 도서를 읽는 것을 강조한 도서관 사서들이 발전시켰다. 독서치료의 선구자 중 한 사람인 캐롤린 슈로드는 독서치료를 "독자의 인성과 문학 작품 사이에 이루어지는 역동적인 상호작용 과정이며, 성격을 측정하고 적응하며 성장하는 데 사용할 수 있는 심리학 분야"(Shrodes, 1949: 28)로 정의했다. 그녀는 정신분석학 관점에서 내담자가 심리치료와 문학 작품에 참여하는 동일한 과정을 기술했다. 심리치료와 문학 작품을 읽는 과정은 모두 동일시, 카타르시스, 통찰을 포함한다. 레아 조이스 루빈(Rhea Joyce Rubin)의 두 권의 책 『독서치료 : 이론과 실제』(1978a)와 『독서치료 자료 도서』(1978b)는 독서치료 분야를 더욱 발전시켰다. 『독서/시치료 : 상호작용 과정』(Hynes & Hynes-Berry, 1986/1994/2012)은 '참여자-문학-촉진자(치료자) 사이의 세 관계'에 초점을 둠으로써 '상호작용적 독서치료'와 '읽기치료'(처방에 따라 읽기)의 차이를 밝힌 탁월한 텍스트를 제공했다. 이 책은 2012년에 새로운 소개와 최신 참고문헌 및 자료 목록과 함께 다시 출판되었다. 가장 주목할 만한 것은 독서/시치료의 개척자 중 한 사람이고 2006년에 세상을 떠난 하인즈(A. M. Hynes)에게 바치는 찬사다. 임상적으로 적용할 때 '상호작용적 독서치료'와 '시치료'는 본질적으로 동의어다.

보다 최근의 이론적이고 근거에 기반한 지지는 인지 이론에서 비롯된다. 예를 들어 제미슨과 스코진은 인지 이론적 독서치료가 우울한 성인을 치료하는 데 효과적이라는 것을 발견했다(Jamison & Scogin, 1995). 헤즈렛-스티븐스와 오렌은 대학생의 무작위 통제집단 연구에서 독서치료 형식으로 구성된 마음챙김에 기초한 스트레스 감소(MBSR) 중재 워크북이 마음챙김을 증가시키고 우울증과 스트레스와 불안을 감소시켰다는 것을 알아냈다(Hazlett-Stevens & Oren, 2017). 상담자들의 연구에서 페르슨과 맥밀란은 독서치료에서 자주 사용한다고 언급되는 이론들이 인지행동 이론(53%)과 해결 중심 이론(36%)임을 발견했다(Pehrsson & McMillan, 2010). 전문적 문헌에서 독서치료가 인정하는 다른 이론들은 과업 중심, 강점 관점, 내러티브, 정신역동과 인본주의(초월적, 영적, 전체적인 것을 포함하여)를 포함한다.

독서치료는 전문적인 연구문헌에서 학문 분야와 이론적 틀이나 전문성보다는 대부분 방법과 치료 기법과 교육 도구 면에서 계속 주목을 받아 왔다. 시치료에 더하여 독서치료와 관련된 문헌에서 발견된 용어들은 독서상담, 치료적 읽기, 독서연결, 문학치료, 독서지도와 읽기

치료가 있다. 본질적으로 독서치료는 시치료의 넓은 영역 아래 포함되었고, 가끔 독서/시치료(Mazza, 2018)로 부르게 되었다.

시치료의 발전은 세계적인 규모가 되었다. 시치료의 국제적 기반은 계속해서 다음과 같은 나라의 저자 및 프로그램들과 함께 성장하고 있다. 즉 나이지리아, 네덜란드, 대한민국, 독일, 러시아, 리투아니아, 미국, 베네수엘라, 아일랜드, 영국, 이란, 이스라엘, 이탈리아, 일본, 캐나다, 포르투갈, 폴란드, 프랑스, 핀란드, 호주 등이다.

독서치료가 국제적으로 활용되고 있다는 것은 러시아, 폴란드 및 미국에서의 활용을 조사한 연구에서 분명하게 나타난다(Karpova et al., 2018). 이 모든 국가에서 독서치료는 개인과 집단 형태에서 임상 도구로 사용되었다. 기존 자료(문자 또는 구술)에 대한 반응에 특별한 주의를 기울였다.

전반적으로, 시치료의 역사와 발전은 여러 학문과 세계 여러 나라에 걸쳐있고 탄탄한 이론, 연구와 실습에 기초하고 있다. 시치료는 여러 나라와 여러 문제 영역과 시치료가 적용되는 여러 지리적 배경에서 널리 적용되고 있다.

다시 생각해 보기

1. 왜 시치료의 역사와 발전이 당신에게 중요한가요?
2. 만약 당신이 시치료의 개척자 중 몇 사람에게(예 : Leedy, Lerner, Hynes) 질문할 수 있다면 무엇을 질문할 것인가요?
3. 시치료가 당신의 전문 영역에 얼마나 적합한가요?

시치료의 이론적 근거

▌ 2.1   정신분석학

치료에서 시를 사용하는 것에 대한 초기 이론적 근거의 중요한 부분은 정신분석적 문헌에서 이끌어 냈었다(예 : Ansell, 1978; Parker, 1969; Pattison, 1973; Pietropinto, 1973). 예를 들어, 프로이트의 「시인과 백일몽과의 관계」(1908/1959)를 살펴보자. 프로이트 이론에서는 무의식적이고 본능적인 소망들과 갈등이 판타지와 문학 작품 둘 다를 만들어 낸다(Brenner, 1974). 브랜드는 글쓰기와 심리치료에 대한 프로이트의 영향에 대하여 논하면서 다음과 같이 주장한다(Brand, 1980: 54).

> 대체로 이야기하면, 시와 정신분석이 꿈과 판타지의 무의식적이고 전의식적인 요소와 프로이트의 체계적인 자기분석과 그의 대담한 치료 기법을 공유한다는 프로이트의 가설은 심리치료를 위한 방법으로 아직 탐구되지 않았던 글쓰기에 대해 지속적인 관심을 갖게 했다.

디아즈 드 추마세이로는 정신분석적인 접근의 치료에서 산문과 시의 중요성을 시와 산문이 무의식적으로 소환해 내는 것과의 관련 속에서 논의했다(Díaz de Chumaceiro, 1996, 1997, 1998). 치료하는 동안 치료자의 의식 세계로 표면화되는 문학적 과정에 주의를 기울임으로써 중요한 치료 효과를 얻을 수 있다고 그녀는 말했다. 디아즈 드 추마세이로(1997)는 "산문과 시가 무의식적으로 이끌어 낸 것을, 마치 꿈을 분석하듯 명백한 내용과 잠재적 내용으로 분석하는 것은 내담자의 갈등들을 더 잘 이해하도록 도와줄 수 있으며 치료의 진전을 방해하는 전이-역전이로 인한 저항을 풀어줄 수 있다."(242)라고 했다.

프로이트 학파의 용어에 의하면 시와 심리치료 사이의 밀접한 관계는 내적인 감정을 탐색하기 위해 전의식과 무의식적인 요소를 서로 사용하고 이를 구현하기 위해 단어들을 쓰는 것이다. 시와 치료는 둘 다 내적인 갈등을 해결하려 하는 것이다. 상징화와 치환은 이 두 가지에 다 쓰인다. 패티슨은 "상징화가 자기를 조직하고 종합하고 표현하는 의사소통 수단이기 때문에 상징 매체로서의 시는 심리치료적 의사소통의 유력한 방법이 된다."(Pattison, 1973: 212)라고 했다. 프로이트는 시를 치료 방법으로 고려하지 않았다. 그보다는 오히려 예술가의 성격을 알아내는 것에 흥미를 가졌다(Robinson & Mowbray, 1969). 그는 예술의 기원이 신경증이라고 믿었다.

▌2.2 분석심리학

융은 프로이트 개념의 많은 것을 재조정했으며, 본질적으로 치료모형에서 성장모형으로 바꾸어 갔다(Putzel, 1975). 융은 예술을 질병으로 보지 않았으며, 상징들을 증상으로 보지도 않았다. 예를 들어, 융의 「분석심리학과 시의 관계에 대하여」(1922/1972)를 살펴보자. 융에게 상징은 용어 이상의 것이었고 암시적 요소를 포함하고 있다. 융은 상징(symbol)을 기호(sign)와 구별했다. 기호를 사물에 대한 직접적인 표상으로 보았다. 융은 시를 정신분석적 분석 대상으로 삼기보다는 시에 의미를 부여함으로써 시인에게 책임을 지웠다. 융은 모든 사람이 시인이며 창의성의 다양한 요소를 통해서 독특한 의미 체계와 세계를 발전시킬 수 있다고 암시적으로 시사했다(Putzel, 1975). 휘트몬트와 카우프먼은 예술을 분석심리학의 맥락에서 논의했다(Whitmont & Kaufman, 1973: 108~109).

> 우리는 너무 자주 예술 작품들을 작가의 가족 배경이나 어렸을 때의 상처를 추적하여 제한적으로 분석한다. 그러나 영감에 의한 예술은 그 이상이다. 그것은 우리 각자에게 존재하는 보편적이고 영원한 뭔가를 개인적으로 표현하는 것이다. … 창의성은 채워지지 않는 욕구 원형을 현실적이고 눈에 보이도록 표현할 수 있는 능력을 필요로 한다. 예술가는… 신경증 환자여서가 아니라, 그가 창의적이고 자신의 내면에 있는 강력한 힘들과 싸워야만 하기 때문에 작품을 만드는 것이다.

프로이트가 예술의 병리적 관점에 관심을 가졌다면, 융은 예술을 정상의 관점에서 보았다.

▌2.3 아들러 심리학

아들러 학파의 심리학 역시 시치료에 대한 흥미 있는 개념을 제시했다. 아들러 개념 중에 특히 중요한 것은 개인의 타고난 언어적-상징적 반응잠재력이다. 아들러는 이러한 반응을 사람의 반응 중에서 가장 중요한 것으로 여겼다(Ford & Urban, 1963). 이것은 욕구와 흥미와 감정들을 의사소통하는 기본적인 방법을 고려할 때 중요한 의미를 가진다. 상징과 언어를 통해서 우리는 대인관계를 발전시킨다. 아들러 이론의 중요한 점은 개인을 사회 맥락 안에서 이해하려는 것이다(Adler, 1954). 그의 창조적 자아라는 개념은 성취 경험을 추구하는 개인의 독특함을 인정한다. 이런 경험은 사회 맥락에서 발견될 수도 있고 창조될 수도 있다(Hall & Lindzey, 1978). 허구적 최종 목적이라는 개념도 이 연구와 관련이 있다. 아들러는 사람들이 과거 경험보다는 미래에 대한 기대로 더 크게 동기화된다고 주장했다. 사람들은 자신들이 사는 세상이 어떻게 상상하고 목표를 달성하는 것과 관련이 있는지를 나타냄으로써 특정한 '픽션'을 개발한다. 이러한 허구들은 유효하긴 하지만 현실성이 요구될 때는 때맞추어 없어져야 한다. 아마 이것은 현실과 판타지 사이를 왔다 갔다 하는 프로이트가 생각하는 시의 개념과 관련이 있어 보인다. 아들러 이론의 인지적 요소는 사회적 맥락 안에서 기능하고 발전하는 것 그리고 의사소통하기 위해 언어나 상징을 사용하는 것과 일치한다. 아들러는 개인의 삶의 양식을 이해하는 시인의 능력을 존경하면서 다음과 같이 언급했다. "우리는 시인의 능력을 최고로 찬양하게 되는데, 시인은 한 개인이 자신이 처한 환경에서 해내야 할 일들과 아주 밀접하게 관련을 가지면서 개인으로서 살아가고 행동에 옮기며 죽어가는 과정들을 분리할 수 없는 전체로서 보여주는 능력을 가지고 있기 때문이다. … 언젠가는 예술가들이 절대 진리를 추구해 가는 인류의 선봉자라는 것을 깨닫게 될 것이다. 나를 개인심리학에 대한 통찰로 이끌었던 최고의 작품들로서 다음과 같은 것들을 소개할 수 있다. 민담, 성경, 셰익스피어, 괴테"(Adler, 1933. Ansbacher & Ansbacher, 1956: 329에서 인용). 프로이트처럼 시인들은 통찰과 감수성 면에서 인정을 받았지만, 아들러는 정신내적인 것에 관심을 덜 두었고 대인관계에 더 관심을 두었다.

▌2.4 인지행동 이론과 내러티브 이론

콜린스 등은 시치료와 인지치료 사이의 일관성에 주목했으며, 특히 인지는 궁극적으로 변화에 영향을 미치는 정서와 행동과 상호작용을 다루는 진입점이라고 했다(Collins et al., 2006). 인지 이론적 실습을 위해 제공된 몇 가지 구체적인 연습 과제는 다음과 같다.

(a) 비합리적 신념을 토로하기 위해, 내담자가 그 관점에서 이야기 쓰기

(b) 비합리적 신념의 힘을 과장하는 시를 쓰고 도전해 보기

(c) 의사 결정을 위한 토의에 도움이 되는 시를 소개함으로써 목표를 명료화하기

싱어와 블라고프는 인지 이론과 내러티브 이론의 공통점이 자아에 대한 인지적 인식과 정체성에 대한 내러티브 개념이라는 것을 주목했다(Singer & Blagov, 2004). 내담자가 스스로 기억해 낸 내용과 내담자의 인생 이야기를 이해하는 것은 치료사가 내담자의 성격을 이해하고 치료 계획을 명확하게 하는 데 도움이 될 수 있다. 이것은 시를 사용하는 방법이 어떻게 기억을 이끌어 내는지, 그리고 어떻게 시에 반응하고 창조적 글쓰기에 참여하며 상징적인 행위를 통하여 개인적인 이야기를 만들어 내도록 돕는지에 관하여 다룬다는 점에서 시치료와 일치한다.

제이콥스는 감정 다스리기를 위해서 저널 쓰기를 하는 것에 대한 원리와 지침을 제시했다(Jacobs, 2004). 그녀의 책에 있는 많은 연습 중 하나는 '긍정적 정서 참조점(A Positive Emotional Reference Point)'이다. 거기서 그녀는 긍정적인 기억을 불러일으키는 일련의 촉진 방법을 제시했다(예 : 나는 좋은 감정을 기억한다…, 나는 단순히 …을 느꼈다). 그녀는 구체적인 내용을 쓰는 것이 "기억하기 위한 정신적 지름길"(25)이라고 하였다. 감정에 압도되었을 때를 되돌아보고는 긍정적인 기억과 대조시키는데, 그렇게 함으로써 "압도당한 감정과 좋은 감정에 대한 일기 쓰기 사이에 연상을 만들어 낸다"(25). 이는 내러티브(이야기) 이론과 인지 이론(사고 과정 재구성하기) 둘 다에 기인한 방법이다.

레이너와 마틴은 임상가들이 접하는 많은 문제에 외로움의 문제가 있다는 것을 알아냈다(Rainer & Martin, 2013). 그들은 인지적, 서사적, 실존적 이론의 개념에서 치료적 중재를 논의했다. 그들은 혼자 있는 것(누군가에게는 환영받을 수도 있고 기분 전환이 되는)과 사회적으로 고립된 외로움을 구별했다. 레이너와 마틴은 인본주의적 관점에서 외로움을 검토할 수 있다고 언급하는데, 인본주의적 관점이란 사람 중심 이론과 자기가치와 사회적인 수용 사이의 관계에 관련된 원리를 말한다. 인지적 관점에서, 외로움은 관계의 어려움에 대해 자기귀인과 일부 관련이 있다. 저자들은 외로움이 개인의 사고와 감정과 행동을 조절하는 방법에 직접적으로 영향을 미친다고 주장하면서, 자기조절행동에 대한 글쓰기 기반 중재의 치료적 영향을 논의했다. 내러티브 관점에서, 레이너와 마틴은 자서전을 쓰는 동안 일어나는 추론을 "삶의 요소들과 자기의 요소들 사이에 연결고리를 만드는 것이 포함된 개인 역사를 자기반영적으로 생각하고

이야기하는 과정이다."(58)라고 논의했다. 내담자의 이야기를 활용함으로써 인생 경험의 특정한 속성이 검토되고 그 후에 새로운 이야기를 만들게 된다.

▌2.5   실존-통합적 심리치료

슈나이더가 발전시킨 실존-통합적(existential-integrative) 심리치료는 현상학적 방법에서 시치료와 잘 맞는다(Schneider, 2008). 현상학적 방법은 "주어진 경험에 자신을 몰두시키는, 그리고 그것에 공감하는 예술적 접근과 체계적으로 전문가 사회와의 경험을 조직하고 공유하는 과학적 접근이 결합되어 있다"(5). 물론 시치료는 다른 이론과 비교할 때 아직 초보 단계이지만 임상적, 문학적, 철학적 영역과 시치료 이론의 연결은 양적 연구(시 연구를 포함하여)와 질적 연구가 증가하면서 계속해서 성장할 것이다.

그리닝은 카뮈의 세 소설을 분석하면서 문학 작품 읽기를 실존-인본주의적 접근으로 논의했다(Greening, 2001). 그는 "독서는 독자 자신의 유기체 경험에 대해 더 많이 알아차리도록 한다는 점에서 독자에게 이롭다."(Sackett, 1995. Greening, 2001: 144에서 인용)라고 했다. 그리닝이 칼 로저스로부터 이끌어 낸 바에 따르면 우리가 "우리 자신의 진정성으로 가는 길을 창조할"(151) 때 선정된 문학 작품은 우리가 진정성 및 관계에서의 장점을 찾아가는 데 도움이 될 수 있다.

시치료의 인본주의적 기원은 게슈탈트 이론에서도 찾아볼 수 있다. 펄스, 헤퍼린과 굿먼이 쓴 『게슈탈트 치료』(Perls, Hefferline, & Goodman, 1951)에는 '언어화와 시'에 대한 장이 있다. 그들은 관계에서 언어가 중요하다고 주장했고, 시를 신경증에 걸려 장황하게 말하는 것과는 명백하게 구별했다. 신경증적인 의사소통은 에너지를 낭비하는 것으로 보는 반면 시는 문제 해결의 관점으로 보았다. 진커는 『게슈탈트 치료에서의 창조적 과정』(Zinker, 1977)에서 창의성을 개인의 표현행위이자 사회적 행위라고 했다. 본질적으로 삶 자체가 창조적 과정이기도 하다. 그는 각각의 치료 회기의 구조와 흐름을 언급했는데, 회기를 시작할 때는 단순히 알아차림을 서로 나누는 것으로 시작해서 결국에는 의미 있는 주제로 이끌어 가게 된다는 것이다. 그때 주제가 발전되며 최후에는 새로운 방식으로 생각하고 행동하는 쪽으로 바뀌게 된다. 진커는 아울러 이 연구의 핵심 가정인 시의 완결되지 않은 부분에 대해서도 언급했다. 그는 다음과 같이 이야기했다(4).

우리는 시를 수천 번씩 다시 쓸 수 있는데, 그럴 때마다 우리의 사고 과정을 새롭게 경험하게
된다. 새로운 단어들 자체가 우리의 경험과 아이디어와 말과 이미지들을 수정한다. 유추와 은
유가 좋은 친구와 대화하는 것처럼 서로 안으로 부드럽게 움직인다. 다시 쓴 각각의 시들은 계
속되는 관계의 각 단위처럼 그 안에 내적인 정당성을 가진다.

진커는 시와 심리치료가 변화와 변형에 관련되어 있다는 점에서 비슷하다고 했다. 그는 치료
사를 치료 구조와 분위기를 만들어 내고 관계를 통해 과정을 시작하는 예술가로 보았다. 이런
과정이 결국에는 자아를 탐색하고 성장하도록 촉진한다는 것이다. 인본주의의 영향을 고려할
때 매슬로우의 연구를 주목해야 한다. 매슬로우는 병리에 관심을 두기보다는 시인의 강렬함에
기반을 두어 심리치료에 새로운 접근을 불러오게 했고, 주라드(Jourard)는 문학의 치료적 가치
를 인식했던 사람이다(Brand, 1979).

엘킨스는 의학적 모델[예를 들어 정신질환 진단 및 통계 편람(DSM)과 국제질병분류(ICD)]
로부터 조금 떨어질 필요가 있는 심리치료에 최근 패러다임 변동이 있다는 것을 주목했다
(Elkins, 2017). 인본주의적이고 관계적인 요인들을 향한 방향을 위해서는 비의학적인 모델이
명백하게 필요하게 되었다. 내담자와 작업하는 것은 단순한 진단이나 처치가 아니다. 관련 기
금과 정치적 문제를 고려하면 DSM이 당장 사라진다고 말하려는 것은 아니다. 시치료는 강점
관점을 증진시키는 데 앞장서 왔고 앞으로도 앞장설 것인데, 강점 관점은 내담자의 언어와 문
화와 대인관계 과정을 다룬다. 그것은 신체적 치유와 관련이 있는 정서적 치유를 말한다. 본질
적으로 시치료가 DSM의 위치를 인정하지만 그렇다고 해서 그것이 임상 실제의 규칙을 지배
하도록 허용하지는 않는다. 시치료는 내담자를 '아픈 사람'으로 보지 않는 전체론적 접근 방식
이다.

▎2.6 통합 모델들

페르난데즈-알바레즈와 콘솔리와 고메즈는 심리치료에서 임상적 통합의 장점을 확인했다
(Fernández-Álvarez, Consoli, & Gómez, 2016). 초기 연구들은 절충주의를 언급했다. 그러나 보
다 최근의 연구에서는 심리치료의 통합을 언급한다. 저자들은 네 가지 기본적인 이론 모델이
있다고 주장한다. 즉 정신역동, 인지-행동, 실존(실존주의)-인본주의-경험주의, 그리고 체계
적인 모델이다. 시치료는 모든 모델과 쉽게 통합될 수 있다. 그들은 더 나아가 모델들의 공통

적 요인이 관계, 자신을 보는 방식, 긍정적 기대, 희망과 동기부여라고 보았다. 다시 말하자면 시치료는 관계 요인을 공동작업시나 2인시(dyadic poem)와 같은 기법에 대한 것이라고 말한다. 자기에 대한 관점이 시와 개인이 시를 쓰는 것에 반응하는 정서적 정체성이 된다. 긍정적인 기대들은 타당성을 제공하는 시들 안에서 다루어진다. 희망은 모든 시치료에서 핵심이다. 내담자가 혼자가 아니며 쓰는 행위 그 자체가 희망을 구축한다는 것을 발견하게 되기 때문이다. 방어기제를 깨뜨리기 위해 시를 사용함으로써 동기를 다룰 수 있다.

심리치료 통합을 막는 장애물은 '순수' 모델에 초점을 둔 경험적 연구와 전통적 모델에 초점을 둔 현장에서 실행하는 시치료 전문가들인데, 이들은 '지침이 제시된' 치료 형식을 원하고 있다. 시치료는 다양한 모델을 흡수할 기회를 열어준다(즉 정신역동적 병리/발달, 인지-행동-사고 과정과 행동, 인본주의-상호관계 과정과 의미, 공동체 상황에서의 체계-사람).

앞에 논의된 내용은 기본적으로 개인을 고려한 이론적 방향들을 다루었다. 많은 사람에 의해 집단심리치료의 아버지로 인정되고 있는 모레노도 시치료에 대한 이론적 기초를 다지는 데 중요한 공헌을 했다. 앞에서 말했던 것처럼 그는 시치료가 공식적인 인정을 받기 전에도 치료 중에 시를 사용했지만 그것을 심리치료라고 언급했다(Schloss, 1976). 모레노의 『심리극』(1946, 1948, 1969)은 심리치료에 예술적인 방법을 사용하도록 하는 데 중요한 영향을 미쳤다. 그는 집단심리치료(그가 1932년에 만든 신조어)에도 영향을 미쳤는데, 이는 역할놀이와 행위(action)의 사용과 감정이입적인 동일시와 카타르시스와 같은 기법들의 도입을 통해서였다(Shaffer & Galinsky, 1989). 게슈탈트와 심리극 이론은 모두 역할 탐색의 중요성과 은유의 사용을 강조했다.

더 최근에는 언어, 상징, 이야기를 강조하는 내러티브치료와 구성주의치료가 시치료의 공통된 기반을 제공하고 있다. 예를 들면, 민체는 가족치료에서 구성주의 "패러다임이 인공두뇌학적 기초에서 언어적 기초로 가족치료의 이론과 실제를 변화시키고 있다."(Mince, 1992: 321)라고 지적했다. 윗킨은 '중요한 구성주의자'의 관점을 제시하면서, 내담자들이 자신의 목적을 이룰 수 있게 촉진하는 방식으로 자신의 상황을 재정의하도록 도와주는 수단으로서의 언어의 중요성에 주목했다(Witkin, 1995).

임상 실제에 대한 구성주의적 접근과 내러티브적 접근, 그리고 감정 표현 또는 정신적 외상과 글쓰기와의 관계를 살펴본 여러 연구를 통해 글쓰기는 시치료의 중요한 요소로 자리 잡게 되었다. 화이트와 엡스턴은 여러 가지 글쓰기 방식들에 대한 이론적인 구조화와 실제에의 적용을 통해 내러티브치료를 발전시켰고, 특히 '문제의 객관화', 자신의 삶을 '이야기'하고 '다시 이야기'하도록 유도하는 편지들을 사용했다(White & Epston, 1990). 화이트와 엡스턴은 제롬 브루너(Jerome Brunner)의 이론에 기초하여 다음과 같이 주장했다(217).

> 우리는 연구의 초점을 내러티브와 글쓰기를 결합하는 치료행위에 맞추려 한다. 이 두 방식은 세상에 대한 새로운 관점을 얻는 데 유용하고, **존재할 수 있는 여러 세계**에 대한 상상력을 키울 수 있게 해주며, 새롭게 펼쳐지는 어떠한 상황에 대한 인식의 재창조 과정에서 반드시 필요한 경험들을 실제로 느낄 수 있게 해주고, 자신들의 인생과 인간관계를 다시 기술하는 과정을 통하여 여러 사람을 이야기에 참여시키면서 인간관계를 다시 생각해 보게 한다.

내러티브치료(Monk et al., 1997)와 시치료는 치료 목적으로 언어를 사용한다. 드류워리와 윈슬레이드는 글의 의미가 그 글의 맥락(혹은 사회적 구조)에 달려있다고 강조했던 철학이 내러티브치료에서 하나의 원류가 된다고 했다(Drewery & Winslade, 1997). 비록 내러티브치료가 이미 쓰여진 글로만 이루어지는 것은 아니지만, 결국 '이야기'라는 형식 자체는 시치료의 전통과 포괄적으로 일치한다. 드류워리와 윈슬레이드는 문화적 맥락 안에서 사람이 의미를 만들어 간다는 것을 확인함으로써 내러티브치료에서 언어와 상징과 이야기의 힘을 강조했다. 그들은 "언어는 단순히 우리의 사고와 감정과 삶을 표현하는 것이 아니라 다층적인 상호작용의 일부이다. 우리가 사용하는 단어들은 우리가 세상에 대해 생각하고 느끼는 방식에 영향을 미친다. 그리고 다시 다음 차례로 우리가 생각하고 느끼는 방식들이 우리가 무엇을 이야기하는지에 영향을 준다. 우리가 어떻게 이야기하느냐가 세상에서 우리가 어떻게 존재할 수 있느냐에 중요한 결정 인자가 된다는 것이다. 그러니, 우리가 무엇을 말하는지 그리고 우리가 그것을 어떻게 말하는지가 중요하다"(34)라고 언급한다. 이것은 인지행동 이론에서 언급된 사고, 감정, 행동 간의 상호작용과 비슷하지만 덜 구조화되어 있고 더 열린 결말의 방식으로 다루어진다. 시치료는 문학 작품과 내담자의 표현적 글쓰기와 상징적/의례적 활동들을 통해 두 이론에서 끌어낸다.

화이트는 내러티브치료에서 밖으로 표현하는 외현화된 대화를 강조했다(White, 2007). 문제의 객관화가 내담자로 하여금 문제로부터 그/그녀의 개인 정체성을 분리하도록 도와주기 때문이다. 내담자에게 꼬리표를 붙이는 것 그리고 주요 문제를 제공하는 것을 하지 않는 것도 시치료의 핵심이다. 은유는 가끔 내담자가 제시하기도 하고 외현화 과정에서 사용하기도 한다. 화이트는 거의 20년 넘게 그가 써 왔던 은유 몇 개를 다음과 같이 남겼다. "문제에서 걸어 나와라…, 계속 문제와 맞부딪쳐라…, 그림자에서 빠져나와라…, 문제를 길들여라…"(33). 치료사의 과제는 특정 회기에 가장 적합한 은유를 선택하는 것이다. 화이트는 또한 내담자가 "신 중하게 선택된 외부 증인의 청중 앞에서 자신의 삶을 이야기하거나 공연할 수 있는 선택권"을 가진 "명확한 의례들"의 치료적 장점에 주목했다(165). 표현적 방법과 상징적 방법을 결합하 여 사용하는 것은 시치료 및 마짜(1993, 2003)의 RES 모델과 일치한다.

브라운은 이야기가 있는 삶과 관련하여 매우 중요한 지점을 언급함으로써 페미니스트치료 와 내러티브치료를 통합했다(Brown, 2007). "화이트(2007) 이론에 의하면, 우린 단순히 이야 기를 말하고 또다시 말할 수는 없다. 우리는 이야기들을 풀어내어 더 도움이 되는 이야기들로 다시 써야 한다"(279). 이것은 부분적으로 문학 이론에서 이끌어 낸 해체적이고 재구성적인 과 정을 나타낸다.

문헌들을 살펴보면 정서 표현이 정신적 · 육체적 건강에 긍정적인 효과를 가져오고, 정서의 억제는 부정적으로 작용한다는 것을 나타내 주는 것이 많았다(Smyth, 1998). 정신적 충격을 경험했을 경우 감정을 글로 표현하는 것이 정신적 · 육체적 건강에 도움이 된다는 사실은 많 은 연구를 통해 지지받고 있다(Donnelly & Murray, 1991; Francis & Pennebaker, 1992; Lange, 1994; Murray & Segal, 1994; Pennebaker, 1993, 2014; Spera et al., 1994). 앞으로 이어지는 장 들에서는 가족치료와 집단치료에서 집단 글쓰기의 치유적 장점에 대해서도 설명할 것이다.

요약하면, 시치료의 이론적 기반(언어, 상징, 이야기의 치유, 성장, 교육, 지역사회 역량의 사용)은 낭만주의 철학과 전통적인 그리고 현대적인 심리학 이론들(가장 최근의 이론으로는 내러티브 이론, 인지행동 이론, 인본주의 이론)에 의해 만들어졌다고 할 수 있다.

다시 생각해 보기

1. 당신은 인생에 대한 개인적 이론이나 철학을 가지고 있나요? 이 이론과 철학이 어떻게 당 신에게 맞나요?

2. 현장에서 의학적 모델 아니면 인본주의적 모델에 맞는 시치료 방법을 생각해 보세요. 다 른 모델은 어떠한가요?

3. 시치료가 통합적 모델의 부분으로 여겨지는지 아니면 독립적인 이론/실천 모델로 여겨 지는지 생각해 보세요.

RES 시치료 실제 모델

시치료의 요소들은 다양한 치료 상황에서 다른 방식들로 사용되어 왔다. 문학 작품의 사용과 내담자의 글쓰기, 스토리텔링, 그리고 상징적 활동 등이 모두 임상 실제 작업에서 사용되어 왔다. 이 장에서 소개될 시치료의 실제 모델은 다양한 층의 내담자들에게 시의 기법들을 다르게 사용하는 방식을 설명하는 포괄적인 구조다. 시치료 그 자체는 실제적인 구성 단위에서 설명할 수 있으며, 앞으로 임상적 연구를 더 필요로 하는 분야이기도 하다.

이 장에서 제안된 시치료의 실제 모델은 다음과 같은 세 가지 요소로 구성된다.

1. (R) 수용적/처방적(receptive/prescriptive) 요소 : 치료에 기존의 문학 작품을 도입하는 것
2. (E) 표현적/창조적(expressive/creative) 요소 : 치료에 내담자의 글쓰기를 사용하는 것
3. (S) 상징적/의례적(symbolic/ceremonial) 요소 : 은유, 제의, 스토리텔링을 사용하는 것

이 세 가지 요소들은 모두 인간 경험의 인지·정서·행동적 영역을 다룰 수 있는 잠재력을 지니고 있다. 그렇기 때문에 시치료는 대부분의 임상적, 교육적, 공동체적 실제 모델에 적용될 수 있다. 다음의 기법들을 시치료사들에게 설명할 때에는 전문적인 한계, 의도, 적절한 시기 그리고 적절성에 일관된 주의를 기울이며 임상적 목적에 적용해야 한다는 안내가 함께 주어져야 한다.

▌3.1 수용적/처방적 요소 : 기존의 시들

시치료에서 아주 일반적으로 사용되는 기법 하나는 개인이나 집단에게 기존의 시를 읽어주고

(혹은 내담자나 참여자들에게 시를 읽게 하고) 반응을 끌어내는 것이다. 치료자는 내담자들의 반응을 예상해야 하고 또 기꺼이 탐색해야 한다. 그러한 과정은 시를 사용하기 전에 치료자가 그 시에 대한 자신의 반응을 먼저 검토하는 것에서 시작해야 한다. 특정 회기에 시를 도입하는 것은 그 회기의 내용 및 대화와 관련되어야 한다(표 3.1 참조). 예를 들어, 내담자는 직업이나 가족 문제에서 자신의 꿈의 성취가 미루어지는 것에 대한 좌절감을 표현할 수 있다. "미루어 지다(put off)"란 단어는 "늦춰지다(deferred)" 혹은 "희망을 잃다(lost hope)"란 단어로 대치될 수 있다. 랭스턴 휴즈의 시「할렘(Harlem)」(1951/1970)은 꿈의 성취가 늦춰졌기 때문에 일어나는 일의 결과를 다루고 있고, 내담자들이 시와 정서적으로 동일시하도록 소개될 수 있다. 그 시는 또한 내담자들이 느낌, 목표, 그리고 가치에 관하여 이야기하는 출발점으로 제공될 수 있다(Mazza, 1979).

시와 관련된 질문들은 "이 시가 당신에게 어떤 의미가 있습니까?"와 같은 방식으로 주어져야 한다. 내담자들은 전체적으로 혹은 특별한 행이나 이미지에 초점을 두어 반응할 수 있다. 예를 들어, "당신을 감동시키는 어떤 특별한 행이 있습니까? 혹은 당신의 문제를 연상케 하는 행이 있습니까?"와 같은 것이다. 이러한 질문들은 내담자들이 시를 수정하거나 혹은 다른 결말을 제공하도록 이끌 수 있다. 이때 가능하다면 시를 복사하여 내담자들이 눈으로 참고할 수 있도록 나누어 주는 것이 좋다.

이 기법의 변형된 형태로서 대중음악의 가사를 제공하거나 노래테이프를 틀어줄 수도 있다. 시나 노래를 선정하는 것은 처방적일 수 있으며, 내담자의 기분과 밀접한 시를 선정하지만 긍정적인 결말로 된 시를 선택하는 원리를 잊지 말아야 한다(Leedy, 1969c). 열린 결말로 된 시들은 자기 탐색을 촉진할 수 있다(Lessner, 1974). 스티븐 크레인(Stephen Crane)의 시「이 너덜거리는 코트를 벗어 던지고(If I Should Cast Off This Tattered Coat)」(1895/1970)는 열린 결말로 된 시의 한 예가 될 것이다. 이 시는 내담자들이 폭넓은 반응과 결론을 내리게 한다. 카릴 지브란(Kahlil Gibran)의「결혼에 대하여(On Marriage)」(1952)는 처방적인 시의 예다. 이 시는 교훈적이며 특정한 메시지도 포함하고 있다. 또한 내담자에게 특별히 도움이 되었던 시와 노래를 각 회기 모임에 가져오도록 할 수 있다.

마지막으로, 내담자에게 다양한 분위기를 포함한 시 중에서 읽고 싶은 시와 듣고 싶은 노래가 어떤 것인지 물어볼 수 있다. 노래 혹은 시의 의미와 기분의 관계는 효과적인 임상적 정보와 내담자의 자기이해를 제공할 수 있다.

영화를 사용하거나(Hesley & Hesley, 2001) 흔히 영화치료(Sharp et al., 2002)라고 부르는 것

표 3.1 시와 이야기 목록

문제(주제)	시	시인/저자	자료
의사 결정	「가지 않은 길 (The Road Not Taken)」	로버트 프로스트	래섬[d]
절망	「희망은 날개 달린 것(Hope Is the Thing with Feathers)」	에밀리 디킨슨	존슨[b]
정체성	「우리는 가면을 쓴다(We Wear the Mask)」	폴 던버(Paul Dunbar)	도르[c]
친밀감	「만약에 슬픔이 있다면(If There Be Sorrow)」	마리 에반스(Mari Evans)	도르[c]
내적 갈등	「돌담 틈새에 핀 꽃(Flower in the Cranned Wall)」	알프레드 테니슨 경	도르[c]
반려동물의 죽음 (어린이용)	『바니에 관한 열 번째 좋은 것 (The Tenth Good Thing About Barney)』(이야기)	주디스 비오스트(Judith Viorst)	비오스트[g]
분노	『분노(Anger)』(우화)	제이 루스 젠들러(J. Ruth Gendler)	젠들러[e]
사랑/진실	『벨베틴 토끼 (The Velveteen Rabbit)』(이야기)	마저리 윌리엄스(Margery Williams)	윌리엄스[h]
상실(어린이용)	『에버렛 앤더슨의 안녕(Everett Anderson's Goodbye)』(이야기)	루실 클리프톤(Lucille Clifton)	클리프톤[a]
성폭력	「강간(Rape)」	마지 피어시(Marge Piercy)	피어시[f]

주석
a) L. Clifton, *Everett Anderson's Goodbye*, New York: Henry Holt & Co, 1983.
b) J. H. Johnson, Ed., *Final Harvest: Emily Dickinson's Poems*, Boston: Little, Brown & Company, 1961.
c) A. Dore, Ed., *The Premier Book of Major Poets*, Greenwich, CT: Faucett, 1970.
d) E. C. Lathem, Ed., *The Poetry of Robert Frost*, New York: Holt, Rinehart & Winston, 1969.
e) J. R. Gendler, *The Book of Qualities*, New York: Harper Perennial, 1984/1988.
f) M. Piercy, *Circles on the Water: Selected Poems of Marge Piercy*, New York: Alfred A. Knopf, 1990.
g) J. Viorst, *The Tenth Good Thing About Barney*, New York: Macmillan, 1971.
h) M. Williams, *The Velveteen Rabbit*, New York: Avon, 1975.

도 시치료의 수용적/처방적 방식에 포함될 수 있다. 이것은 일반적으로 내담자에게 회기 사이에 특정한 인기 영화를 보고 오도록 숙제를 내주는 것을 포함한다. 영화는 내담자를 참여시키기 위한 위협적이지 않은 장치 역할을 할 수 있고, 어떤 경우에는 중요한 삶의 교훈을 제공할 수 있다. 헤슬리와 헤슬리(2001)는 처방적 형식으로 치료 양식, 발달 단계, 장애/문제 및 영감에 따라 분류한 치료적 영화 모음집을 제공했다. 이런 방법은 미리 보고 와야 하는 숙제이기 때문에 내담자가 경험할 준비가 되지 않은 느낌(예컨대, 외상적 사건이 그럴 수 있다)을 영화가 불러일으킬 수 있다는 점에 대해 각별한 주의를 기울여야 한다.

시/문학 작품을 선정하는 것은 시치료를 사용하는 임상가들이 직면하는 가장 어려운 도전 중 하나다. 시를 선정하는 문제는 여러 저자에 의해서 제기되어 왔다(Barron, 1973; Berry, 1978; Edgar & Hazley, 1969a; Hynes & Hynes-Berry, 1986/1994; Luber, 1976, 1978; Rolfs & Super, 1988; Rossiter et al., 1990; Schloss, 1976). 리디(Leedy, 1969c)의 동종의 시 선정 원리(상응의 원리), 즉 내담자의 정서상태에 맞지만 긍정적인 결말을 제시하는 시를 선택하는 상응의 원리는, 만약에 내담자가 시의 긍정적인 결말이 자신들의 감정을 타당화하지 않는다고 느끼거나 자신의 깊은 절망에 대한 치료자의 감수성 부족을 반영한다고 느끼게 되면 역효과를 낼 수 있다. 하인즈와 하인즈-베리(1986/1994)는 주제에 따른 시 자료 선택에 대하여 자세한 준거를 제시했다(예 : 이미지, 리듬, 언어). 롤프스와 수퍼(1988)는 시 선택 과정의 중요성을 인정하며, 전이-역전이 문제를 지적했다. 로시터 등(1990)은 시 선정이 치료적 과정과 결과에 미치는 효과를 연구했다. 그들은 문학 작품이 치료적 과정에서 촉매 이상의 역할을 하며, 특정 시를 성공적으로 사용하느냐 마느냐는 시와 치료자가 내담자에게 하는 '질문'에 의해 좌우될 수 있다고 하였다.

노래 가사나 시를 선택하는 것이 어떻게 시치료사의 이론적 지향점과 일치하느냐를 고려하는 것도 매우 중요하다. 예를 들어, 곤잘레즈와 헤이즈는 랩치료를 인지행동상담과 통합시킬 필요가 있다고 강조했다(Gonzalez & Hayes, 2009). 그렇게 함으로써 내담자의 가사에 대한 개인적인 해석과 그 자신의 감정상태 간의 연결이 촉진되고 문제 해결에 도움이 되기 때문이다(Elligan, 2004. Gonzalez & Hayes, 2009: 16에서 인용).

▌3.2 표현적/창조적 요소

창조적이고 표현적인 글쓰기(예 : 시, 이야기, 일기 쓰기)를 활용하는 것은 평가와 치료 둘 다에 매우 유용한 기법이다(Adams, 2013; Bolton et al., 2006; Pennebaker & Evans, 2014). 그것은 내담자가 감정을 표현하고 질서감과 구체성을 얻을 수 있는 수단이 된다. 글쓰기는 자유롭게 쓰기(예 : 자유 주제, 자유 형식)일 수도 있고 혹은 미리 구조화된 것(예 : 형식이나 내용에 특정한 지시가 주어진 것)일 수도 있다. 문장 서두("내가 외로울 때는…" 또는 "만약에 당신이 나를 알았다면…")의 사용은 적절하게 구조화된 형태다. 코흐는 어린이들을 위한 다양한 글쓰기 기법을 제안한다(Koch, 1970). 그 예로는 각 행마다 특정 문장을 서두로 쓰는 것과 서로 반대되는 주제를 대구로 사용하는 시 쓰기가 있다.

예 1) 내가 바라는 것은…

예 2) 예전에 나는…

　　　그러나 지금은…

클러스터링(clustering)은 리코에 의해 발전된 또 다른 창조적 글쓰기 기법이다(Rico, 1983). 그 기법은 한 사람이 '불안'과 같은 중심 단어에서 이미지들을 자유롭게 연상해 내는 것이다. 그 사람은 중심 단어를 중심으로 관련 있는 인물, 기억, 감정, 장소 등과 같은 곁가지 단어들을 이끌어 낸다. 이 활동을 한 후에 이어서 시를 쓰게 할 수 있다. 애덤스는 이 기법이 저널 쓰기에 특별히 도움이 된다는 것을 알아냈다(Adams, 1990).

볼턴은 개인적이고 전문적인 성장을 위해 실제로 사용할 수 있는 다양한 글쓰기 활동 방법을 제시했다(Bolton, 2014). 그녀는 '핵심 쓰기'(자기 발견과 이해를 위한 핵심)가 다음의 기본적인 질문을 통해 다루어질 수 있다고 말했다(151).

당신은 누구입니까?

당신의 세상에서 중요한 것이 무엇입니까?

당신의 삶에서 어떤 사람이 중요합니까?

당신은 어디서 와서 어디로 갈 것 같나요?

당신에게 중대한 사건은 언제 일어났나요?

당신의 삶은 어떻게 조화를 이루고 있으며, 어떻게 하면 그것을 최대한 활용할 수 있습니까?

왜요? 왜요? 왜요?

이러한 질문들은 사람의 이야기/삶의 플롯을 만들고, 해체해서 새로운 내러티브를 재창조하는 내러티브 치료적 접근과 잘 맞는다. 질문들은 과거와 현재와 미래를 강점 관점에서 바라보게 하는 수단을 제공한다. 볼턴은 다음과 같이 사적인 글을 쓰는 지침을 구체적으로 제시했다. "(1) 관찰하고 기술하기, (2) 성찰하기, (3) 은유 창조하기, (4) 스토리 말하기"(152).

3.2.1 저널 쓰기

일기, 여행일지, 저널 쓰기는 시치료의 또 다른 도구들로서 각 개인이 의미 있고 개인적인 방법으로 생각과 감정을 표현하는 수단을 제공한다. 그것은 또한 내담자가 은밀한 방식으로 어려운 감정을 추려내려고 노력하게 하기 때문에 내담자들이 무엇인가를 통제할 수 있게 한다. 저널 쓰기의 구조화 정도는 임상적 목적 및 내담자의 욕구와 관련이 있다. 저널 쓰기의 형식은 다양하다(참조할 예 : Adams, 1990, 2004; Baldwin, 1977; Progoff, 1975). 저널의 범위는 단순히 어떤 사람의 경험이 끝나지 않은 상태에서의 기록에서부터 사고와 행동에 대하여 고도로 구조화된 기록까지 다양하다. 글을 쓰는 사람은 항상 치료자와 그 일지의 내용을 공유할 것인지 혹은 공유하지 않을 것인지에 대한 권리를 유지해야 한다. 스크랩북, 자서전(Birren & Deutchman, 1991)과 개인의 일대기를 쓴 책(Kliman, 1990) 역시 저널 쓰기의 다른 변형이다. 각 기법은 내담자에게 조절의 요소와 표현력의 요소를 제공한다. 각 기법은 역사적 관점을, 그리고 아마도 연결되어 있다는 감각을 제공할 수 있는 잠재력을 가지고 있다.

유안과 힉먼은 자기서사 조사 형식으로서 '자가심리기록지(autopsychography)'를 제안했다(Yuan & Hickman, 2019: 842). 그들은 '자가심리기록지'와 자서전과 자문화기술지(auto-ethnography)의 유사성에 주목했지만 차이점도 강조했다. 즉, "단순히 일어났던 일을 보고하는 것을 넘어서 살아온 경험을 재창조하는 창조적 경로를 만들어 가는 데"(845) 우선순위를 둔다는 점에서 차이가 있다는 것이다. 그들은 구술 일기와 발견된 시를 포함하는 예술적 접근 방법과의 연결에 주목했다. 이러한 접근은 내적 성찰과 건강한 변화를 촉진시키는 활동 둘 다를 격려하는 치료적 글쓰기를 사용한다는 점에서 시치료와 일치한다.

3.2.2 여섯 단어 이야기

여섯 단어(어절) 이야기(six-word story)는 헤밍웨이에게 제기된 도전[1]으로 시작되었다고 말해지는 문학 형식으로서, 이는 다양한 사람들에게 인기 있는 활동이 되었다(Smith & Fershleiser, 2009). 여섯 단어 이야기는 여섯 단어 회고록과 플래시픽션(아주 짧은 소설 — 역자 주)이라고

---

1 누군가 술집에서 헤밍웨이에게 자신을 감동시키는 아주 짧은 소설을 써주면 1년 동안 술을 산다고 하여 "For Sale : Baby Shoes, Never Worn!(아기 신발 판매 : 한 번도 신은 적 없음)"이라고 써주었다는 이야기가 전해진다. 아기를 잃은 어머니나, 아내와 아기를 모두 잃은 남자의 슬픈 이야기를 상상할 수 있기도 하고 아이가 다 자라 아기의 물건을 파는 행복한 이야기를 상상할 수도 있어서 '소설'이면서 '시'로 인정된다는 설명도 있으나 헤밍웨이가 쓴 적이 없다는 설이 유력하다. — 역자 주

불리기도 한다. 다음은 몇 가지 예이다.

> 문을 두드려봐. 삶은 영원히 바뀌고 말았어.
> 좋다고 믿어봐, 무엇이든 할 수 있어!
> 이제는 우리의 유머 감각을 다시 찾아봐.
> 아직은 숲 밖으로 미처 빠져나오진 못했지만.
> 다시 조금은 즐거워해도 될 시간이 아닐까.
> 너무 쉽게 깨지지도, 갈라지지도, 구부러지지도 않지.

여섯 단어 이야기는 간결하기 때문에 그만큼 자주 위협적이지 않고 내담자가 그/그녀의 삶의 상황을 반영하도록 도움을 주고 자기를 확인할 수 있게 해준다.

3.2.3 편지 쓰기

치료에 있어서 편지 쓰기의 사용은 치료 수단으로 서신 왕래를 사용한 프로이트의 예까지 거슬러 올라갈 수 있다(Brand, 1979). 버넬과 모트리트는 '서신 왕래 치료법'을 멀리 떨어져 있거나, 내담자의 저항을 없애거나, 내담자의 강점(예 : 창의성)을 이용하고 약점(예 : 청각장애 내담자들)을 보완하고자 할 때 보조 수단으로 사용할 수 있다고 말했다(Burnell & Motelet, 1973). 이메일 이용 가능성은 치료적인 가능성을 더욱 증가시킨다. 치료자는 내담자가 감정들을 정화하는 수단으로 편지 쓰기(편지를 보낼지 말지는 내담자가 선택할 수 있다)를 격려할 수도 있다.

3.2.4 기술

에반스는 표현예술치료에서 컴퓨터 기술(특히 창의성 소프트웨어와 인터넷) 사용을 논의했다(Evans, 2012). 시치료와 관련 있는 예를 하나 들면, 다른 전통적인 시각예술 형식과 더불어 컴퓨터, 스캐너와 컬러 프린터를 이용한 이미지들로 책을 만드는 인생 회고록 활동이 있다. 렌트는 블로그 사용을 치료적 글쓰기 기법으로 보고했고, 블로그를 "세계적인 방송망에 올리는 사고와 글의 기록"이라고 정의 내렸다(Lent, 2009). "블로그는 즉각적인 자기출판의 한 형태이고 생각의 자발적인 표현이다"(Sullivan, 2005. Lent, 2009: 69에서 인용). 기술과 인터넷을 활용하게 되면서 조력 전문가들은 비밀성, 정서적 반응의 가능성, 블로그의 영구성과 사전 동의의 문제를 다룰 의무를 갖게 되었다(Nagel & Anthony, 2009; Lent, 2009). 블로그 활동을 하는 것은 저널 쓰기와 많은 면에서 같은 이점(예 : 생각과 감정의 표현, 초점과 명확성 제공)을 제공하는 것으로 보이지만 "온라인으로 블로그를 하는 것은 다른 사람들이 작가의 블로그에 입력된 글에 대하여 의견과 지지와 아이디어를 제공할 수 있도록 한다"(Lent, 2009: 70). 렌트는 또한 치료에 블로그를 사용하는 것을 고려하는 시치료사들에게 내담자가 컴퓨터와 인터넷에 접근할 수 있는지, 내담자가 기기를 다루는 기술을 가지고 있는지, 그것이 개인 블로그인지 공개 블로그인지를 알아내야 한다고 경고한다. 간단히 말해서 내담자가 저널 쓰기를 위해 사용하는 전자 형식이 얼마나 편안하고 안전한가를 확인해야 한다.

암 환자를 위해 설계된 (그러나 다른 사람에게도 적용할 수 있는) 대화형 웹 사이트 중 하나로 다음과 같은 커밍스의 빈칸 채우기 연습이 있다(Cummings, 2004).

좀 어때요? 작동하나요? 자, 이제, 먼저 마우스를 가리키고 클릭한 다음에 형식의 사각형 빈칸에 단어와 구절을 타이핑하세요. 형식 밑에 있는 단추를 한 번 더 빨리 클릭하면 마술처럼 모든 단어가 합쳐집니다. 마치 퍼즐 조각처럼 완성된 시가 이제 화면에 나타납니다. 원한다면 그것을 인쇄하세요.

다음은 시를 쓰기 위한 일부 제목들과 사전에 구조화된 시구들이다.

- 즉흥시 "내가 원하는 모든 것"을 쓰시오
- 즉각적인 친애하는(Dear) 시를 쓰시오
- 즉각적인 "중요한 날" 하이쿠(Haiku : 일본의 짧은 전통시 ― 역자 주)를 쓰시오
- 즉각적인 "나는 …이다" 시를 쓰시오
- 즉각적인 "한때 나는 …였다" 시를 쓰시오
- 즉각적인 단카(Tanka : 하이쿠와 같은 일본의 짧은 전통시 ― 역자 주) 시를 쓰시오
- 즉각적인 "암이 할 수 없는 것" 시를 쓰시오
- 즉각적인 "나는 …하곤 했다" 시를 쓰시오
- 즉각적인 "판결 전화(Judgement Call)" 시를 쓰시오
- 즉각적인 "만약에 …라면" 시를 쓰시오
- 즉각적인 "소망과 공포" 시를 쓰시오
- 즉각적인 "애도" 시를 쓰시오

▌3.3 상징적/의례적 요소

3.3.1 은유

치료적 역량이 있는 은유의 사용은 여러 저자에 의하여 언급되어 왔다(예 : Barker, 1985; Erickson & Rossi, 1980; Gladding & Heape, 1987; Gordon, 1978; Lankton & Lankton, 1989; Pearce, 1996). 가장 기본적인 의미에서, "은유는 어떤 다른 것을 나타내는 어떤 것이다" (Combs & Freedman, 1990: xiv). 은유는 정서와 행동과 신념을 나타내기 위해 사용하는 상징 혹은 이미지다.

콤스와 프리드먼은 정서적인 상태나 태도를 나타내는 상징들을 발견하는 몇 가지 방법을 제안했다(90~91).

1. 치료에 유용할 것 같은 열두 가지의 정서적인 상태나 태도(자신감, 안정, 분노, 연민 등)를 목록으로 만든다.

2. 목록에서 첫 번째 항목을 선택하여 자신에게 물어본다. "만약에 그 상태 또는 태도가 그림 혹은 이미지라면 그것은 어떤 그림 혹은 이미지가 될 것 같니?"

3. 자신에게 이미지가 떠오를 때까지 기다린다. 이미지가 떠오르면 다른 종이에 적어둔다.

4. 그리고 목록의 첫 번째 항목으로 돌아가서 자신에게 물어본다. "만약에 그 상태 혹은 태도가 신체적인 자세나 행동이라면 그것은 어떤 자세나 행동일 것 같니?" 자신이 발견한 대답을 적어둔다.

5. 자신에게 물어본다. "만약에 그 상태 혹은 태도가 어떤 소리라면 그것은 어떤 소리일 것 같니?" 이 특별한 상태 혹은 태도에 대한 자신의 대답을 이전의 답 옆에 적어둔다.

6. 자신의 목록에 있는 각각의 다른 상태 혹은 태도도 똑같은 과정으로 진행한다. 자신이 발견한 각 이미지, 자세, 그리고 소리는 그 상태 혹은 태도를 대표하는 상징으로 사용될 수 있다.

7. 목록화된 세 개의 범주에 다른 것도 자유롭게 첨가해 본다. 예를 들어, "만약 이 태도가 영화배우라면 어떤 영화배우일 것 같니?" 이것들 또한 상징으로 사용될 수 있다.

은유는 또한 말의 표상으로 여겨질 수 있다. 은유는 임상 실제에 다양하게 사용될 수 있다. 내적 실재와 외적 실재 사이의 연결이 예를 들어, "나의 삶은 롤러코스터"와 같은 은유를 사용해서 촉진될 수 있다. 주니가는 미국에 사는 라틴 아메리카 내담자들(라티노)과 은유를 사용한 것에 대해 논했다(Zuniga, 1992). 그는 문화적으로 민감한 실제 사례를 보여주면서 '다이코스

(dichos)' 즉 라티노 문화의 속담들이 문제를 재조직하고 저항을 없애고 치료적 관계를 증진시켰다고 말했다.

인본주의적 기반에서 작업한 피사릭과 라손은 실증적 조사에서 만다라 그리기가 대학생들의 진정성과 심리학적 안녕을 증가시켰음을 발견했다(Pisarik & Larson, 2011). 저자들은 다음과 같이 만다라를 그리고 해석하는 지침을 제공했다(98).

> 그리기 : (1) 비어있는 하얀 종이에 종이 접시를 이용해 원을 그린다(접시, 종이, 색연필 제공). (2) 45분 이내에 "이 순간 당신의 참자기를 표현한다고 느끼는 상징, 패턴, 디자인과 색깔로" 원을 채운다.

> 해석하기 : (1) 다음과 같은 반영적 질문을 한다. 만다라 내부에 있다는 느낌은 어떠한가. 선택한 색깔들이 무엇을 연상시키는지 그것에 대해 써보자. 모양들이 무엇을 연상시키는지 그것에 대해 써보자. (2) 연상에 대해 쓴 내용을 다시 검토하고 당신의 반영에 기초하여 만다라에 제목을 만들어 본다. 10분 동안 요약하면서 개인의 주제를 확인해 본다. 만다라가 자신과 현재 상황을 어떻게 묘사하는지 설명해 본다. 만다라에는 여러 가지 변형이 있으며 앞에 나온 것은 그 중 하나에 불과하다는 사실을 기억해야 한다. 의학적 방패(부적)를 만드는 것 역시 또 다른 변형이다.

3.3.2 제의

문화인류학이나 사회학이 알려준 바에 의하면, 제의(ritual)가 갖는 힘이란 오랜 세월 동안 형성되어 온 것이라고 할 수 있다. 콤스와 프리드먼은 제의의 한 형태인 의례(ceremony)는 "사건을 확인하고 변화를 증진시키는 두 가지 목적을 갖는다."(Combs & Freedman, 1990: 208)라고 말했다. 예를 들어, 제의는 사람이 과거를 인식하고, 그대로 진행되도록 내버려 두고, 새로운 국면으로 옮겨가도록 허락함으로써 결말(죽음, 이혼 등)을 수용하도록 돕는다. 제의는 내담자들의 독특한 요구나 배경에 따라 그 치료적 능력이 다르게 사용되어 왔다(Imber-Black et al., 1988). 제의의 몇몇 예를 살펴보면 크리스마스카드를 쓰는 것과 같은 기념일 활동을 포함하며, 고인에게 송덕문을 낭독하는 것, 끝나지 않은 일에 관해 고인에게 편지를 쓴 뒤 태우는 것과 같은 죽음 관련 의식 등을 포함한다.

3.3.3 스토리텔링

스토리텔링은 내담자가 판타지나 현실에 기반을 둔 이야기를 만들거나 듣게 하는 등 치료적으로 다양하게 사용될 수 있다. 에릭슨이 최면성 도취를 동반한 이야기 들려주기를 임상적으로 사용한 예는 유명하다(Erickson & Rossi, 1980). 그렇지만 스토리텔링은 또한 각 개인에게 더 직접적인 방법으로 사용될 수 있다. 우코는 매 맞는 여성이 자신의 경험담을 폭로하고 지지를 받는 데 민담을 사용하는 것에 대해 논했었다(Ucko, 1991). 코스탄티노와 맬가디는 민담을 사용한 '쿠엔토(cuento) 치료법'(이야기 치료법 — 역자 주)은 위험성이 높은 히스패닉 어린이에게 다가가는 데 도움이 된다는 것을 발견했다(Costantino & Malgady, 1986).

내러티브 방법을 사용한 화이트와 엡스턴은 '경험에 대한 스토리텔링'은 자신의 문제를 외현화하는 치료적 측면을 가지고 있다고 주장했다(White & Epston, 1990). 존슨은 갈등의 해결 측면에서 말하는 사람에게 일어나는 스토리텔링 효과에 대해 언급했다(Johnson, 1991). 이야기들은 우리가 기능하는 데 있어 핵심이다. 우리는 일, 가족, 휴양 등과 같은 우리의 모든 경험을 이야기로 만들 수 있다.

라이터는 13명이 쓴 이야기 모음집을 제시했는데, 그들은 삶에서 겪는 중요한 격변('악마'라고 정의하는)을 다루기 위한 변형적인 글쓰기의 힘을 보여주었다(Reiter, 2009). 그녀는 "글쓰기는 힘을 강화하는 형식이다. … 고통, 분노, 혼란의 감정은 우리가 악마를 식별하고 종이 위에 외현화하여 쓰고 그것들을 다른 관점으로 볼 용기가 있을 때 변형되기 시작한다. … 하지만 당신이 펜을 종이 위에 놓고 그 종이에 밝은 빛을 비출 때 당신의 정직과 용기가 어둠을 이기게 된다."(5)라고 하였다.

이스트와 롤은 가난하고 트라우마와 제도적 억압(예 : 인종차별, 성차별, 계급)에 내재된 문제로 고통받는 다양한 여성을 대상으로 하는 프로그램에서 이야기 동아리를 포함하는 능력부여 접근법을 설명하였다(East & Roll, 2015). 이야기 동아리에서 여성들을 집단 회의에 참석하게 해서 경험을 공유하고 문제와 관련된 개인적인 의미를 토론할 수 있었다. 공통점을 발견하여 행동으로 옮길 수 있도록 동기가 부여되는 일은 흔한 일이었다. 집단(대략 6~12명이 90분간 만났음)은 이전 개별 면접에서 확인한 특정 주제(예 : 육아, 외로움, 영성)를 소개한 훈련받은 공동체 촉진자가 주도했다. 이야기 동아리 과정에는 다음과 같은 구조화된 형식의 스토리텔링이 포함되었다. "(1) 소개와 지침 설정, (2) 특별한 주제에 초점을 맞춘 질문들, (3) 참여자들이 들었던 것을 반영하고 토의하는 시간, (4) 행동으로의 초대(행동으로 옮기기), (5) 종결"

(283). 이야기 동아리를 통해 제 목소리를 얻음으로써 여성들이 리더십 기술을 얻는 동안 지지와 자긍심이 증가하는 것을 느꼈다고 저자들은 말했다.

　　RES 모델의 각 구성 요소는 분리되어 별도로 제시되었으나 흔히 상호작용적으로도 사용될 수 있음을 강조하고자 한다. 예를 들어 시를 소개하기(R) 다음에 그 시에 반응해서 글쓰기 활동(E)이 뒤따라올 수 있다. 글의 발표는 상징적(S)인 기능을 할 수 있다(예 : 쓴 글을 집단 앞에서 읽기, 편지 땅에 묻기 등).

　　시의 다른 형태는 시 본문에 퍼포먼스와 비디오 녹화가 함께 있는 비디오시이다. 회그룬트는 핀란드 8학년 학생을 대상으로 퍼포먼스 접근법에 기초한 문학 해석에 관한 연구에서 '문학 해석을 돕는 공간'이 문학과 교육을 확장시킬 수 있다는 것을 발견했다(Höglund, 2017). 이것은 영상과 시를 결합함으로써 다양한 해석을 타당화할 수 있다는 의미다. 이것은 시를 상징적/의례적으로 사용할 수 있는 옵션을 가진 비디오 형태의 새로운 시를 창조함으로써 시에 대한 반응을 다루는 시치료 RES 모델과 일치한다.

다시 생각해 보기

1. 당신 그리고/혹은 당신 내담자의 삶에 가장 큰 영향을 끼친 시나 노래를 찾아보세요.
2. 당신이 시나 일기를 가장 잘 쓸 것 같은 때가 언제인가요? 당신이 쓴 것을 가장 읽고 싶을 때가 언제인가요?
3. 당신에게 가장 의미 있는 상징이나 제의를 찾아볼 수 있나요?

제2부

시치료의 양상

개인 대상 활동

이번 장에서는 개인들에게 시치료 RES 모델 사용을 설명하는 몇 가지 사례를 중심으로 다루게 될 것이다. 시치료, 혹은 시치료와 일치하는 방법과 기법은 전문적인 문헌에서 관심을 많이 받아 왔다. 스미스는 경계선성격장애(BPD)로 진단받은 청소년을 치료할 때 시치료를 활용한 사례를 제공했다(Smith, 2000). 내담자는 드문드문 5년 이상 스미스와 치료를 받아 온 18세 여성이었다. 내담자는 시를 썼는데, 그 가운데 일부를 치료 회기에 가져왔다. 그녀가 자신의 의지로 그렇게 했다는 점이 관심을 끈다(치료사가 요청하지 않음). 치료사는 내담자에게 자신의 해석을 함께 나누도록 권유하였다. 회기에서 내담자의 시를 '분석'하는 것이 치료에 별 도움이 되지는 않을 것이다. 시는 치료사가 내담자를 평가할 수 있는 중요한 자료이며, 내담자가 치료사를 얼마나 신뢰하는지를 보여주고('거부될' 수 있는 매우 개인적인 자료를 공유함), 내담자에게 카타르시스 효과를 주기 때문에 유익하다. 시는 자기 파괴적인 행동을 스스로 컨트롤할 수 있는 요인을 제공하는 것으로 드러났다. 전반적으로, 내담자의 자기가치와 자긍심은 그녀의 시 쓰기 능력 덕분이었으며 심신을 통합하는 것으로 작용했다.

슈비터르트는 위기 개입과 단기 치료에서 시치료를 사용한 두 가지 사례 연구를 제공했다(Schwietert, 2004). 한 사례는 에이즈바이러스(HIV)에 감염되어 살고 있는 성인들을 위한 일일 치료 프로그램에 참여한 푸에르토리코 중년남성의 경우이다. 이 참여자의 위기는 직업을 새로 시작하는 일, 지갑을 잃어버린 일, 당혹스러운 느낌과 관련이 있었다. 치료사는 참여자에게, 일반적으로 사용되는 위기 개입 전략 중에서 '진정시켜 주는 시(calm down poem)'를 자신과 함께 쓰도록 요청했다. 치료사는 또한 그에게 그것을 가지고 다니며 화가 났을 때 읽을 수 있도록 요청했다. 슈비터르트는 이 시가 일종의 만트라[1] 역할을 했으며 이 의식이 그의 분노를 진정시키는 데 도움이 되었다고 언급했다. 슈비터르트가 제시한 또 다른 사례는 트라우마, 약물남용 및 버림받음의 경험이 있는 30세 여성에 대한 단기 치료와 관련이 있다. 장기 계획의 일부였고 시치료와 관련된 이 치료에는 직접적인 글쓰기 연습이 포함되어 있었는데, 그중에는 "그녀의 이름 첫 글자로 한 줄씩 시를 써서 자신이 누구인지 독자들에게 어떤 알림을 주는"(194) 알파시(alpha poem) 쓰기도 있었다.

데쉬판데는 요양원에 있는 우울증 노인(93세 백인 여성)의 치료에서 부가적 방법으로 시치료를 사용한 단일 사례 연구를 제공했다(Deshpande, 2010). 저자는 대상자에게 시[매리 올리버(Mary Oliver)의 「수영 강습(The Swimming Lesson)」]를 소개하고 반응을 요청했다. 그녀는 시의 한 구절 "역경에도 불구하고 살아남아(stay afloat in spite of the odds)"(5)와 정서적으로 공감할 수 있었다. 이 시는 그녀가 그것을 은유적으로 사용함으로써 자신의 개인사를 함께 나누고 힘을 끌어낼 수 있는 스프링보드와 같은 기능을 했다. 데쉬판데는 스토리텔링도 사용해서 그녀가 꿈꾸는 삶에 대한 판타지 이야기를 만들어 보도록 하였다. 유의할 점은 그녀의 개인사에 긍정적인 경험이 많지 않았기 때문에 판타지 접근이 사용되었다는 것이다. 그녀는 말하기를 즐겨 해서 이야기를 두 개 만들었는데, 이것들은 "정서적 반응이 충분하지 않은 내담자에게 자기 응집력을 유지하도록 도왔다"(80). 데쉬판데는 또한 그녀가 이미 세상에 없는 아버지와 관련된 감정들을 다룰 수 있도록 '보내지 않은 편지' 기법을 사용했다. 전반적으로, 시적 개입은 비록 제한적이긴 하지만 "공감, 자아 결속 및 신뢰 구축"(10)을 진전시키는 데 도움이 되었다고 한다.

터너와 로는 분노와 불안에 대처하는 데 어려움을 겪는 사춘기 여성을 대상으로 한, 시치료 사용이 포함된 사례 연구를 보고했다(Turner & Rowe, 2013). 내담자에게는 좌절감이나 당혹감이 생기면 자신의 감정들을 일지 형식으로 기록하도록 요청했다. 내담자가 밝혔듯이 이것은 이완 방법의 한 형식으로 사용되었다.

▌4.1 기법들

시와 결합된 사진 찍기의 한 가지 예는 내담자가 자신에게 의미 있는 어떤 것에 대해 사진을 찍도록 하는 것이다. 그다음에는 SHOWeD 대화가 포함된 구조적으로 인도된 실습이 이어진

---

1 mantra : 기도 · 명상 등에 외는 주문 — 역자 주

다(Goessling & Doyle, 2009: 349. Gladding, 2021: 124에서 인용).

　　S – 이 사진에서 무슨 일이 일어나고 있는 것으로 보입니까(see)?

　　H – 이 사진에서 실제로 무슨 일이 일어나고(happening) 있습니까?

　　O – 이것이 우리의(our) 삶과 어떤 관련이 있습니까?

　　W – 왜(why) 이런 문제들이 있을까요?

　　eD – 이런 문제들을 다루기(address) 위해 우리는 무엇을 할 수 있을까요?

글래딩은 상담에서의 창의적 예술치료에 관한 그의 책에서 더 깊은 생각과 성찰적 실천을 자극하기 위해 많은 '창의적 성찰'을 통합한다(Gladding, 2021). 다음 몇 가지를 자세히 살펴보라.

　지난 몇 년 동안 당신에게 영향을 미쳤던 어떤 책이나 시 혹은 다른 글들이 있는가? 어떻게 영향을 미쳤는가? 왜 그런 문학 작품이 오래 지속적인 영향을 미쳤다고 생각하는가? (134)

　'모두'라는 단어를 사용하여 어떤 상황을 기술하거나 묘사하였는데, 거기에 예외가 있다는 것을 꼭 알게 된 경우가 언제 있었는가? 당신의 말을 수정해야 하는 기분은 어땠는가? 당신의 일상생활에서 예외적인 것을 본 적이 있는가? (138)

　시는 보통 한 대상을 다른 대상과 비교하는 은유를 포함한다. 예를 들어 "그녀는 강심장이었다." 또는 "그는 방을 환하게 밝혀줄 미소를 지었다."와 같이 오랫동안 들어본 비유를 생각해 보라. 자신이나 주변 사람들을 비유로 설명하고 어떤 새로운 관점을 갖게 되었는지 살펴보라. (142)

　지금까지 쓰인 가장 통찰력 있는 문헌 중 일부는 안네 프랑크의 일기(Frank, 1973)나 『꿈으로 돌진하라! 스물다섯 가지 특별한 삶』(Humphrey, 2005)과 같은 성찰적 일기 시리즈와 자서전의 형태로 있다. 도서관 사서에게 이 형식의 책을 찾는 데 도움을 요청하거나 온라인에서 찾아보라. 그러한 작품 하나나 그 이상의 일부를 읽어보라. 당신의 인상은 어떤가? (144)

　아직도 기억에 남는 어린 시절의 책이나 시가 있는가? 그런 책들과 그 책에 대한 당신의 경험에 대해 어떤 느낌이 드는가? 혹시 그런 책들에서 어떤 교훈을 얻은 게 있는가? (148)

　청소년 시절에서 기억나는 노랫말들/시구들이 있는가? 그것들은 여전히 의미가 있는가? 그것들과 관련된 중요한 사건은 무엇인가? (150)

　생각과 감정을 글로 쓰는 것이 당신에게 도움이 된다는 것을 알고 있었는가? 그러한 절차의 단점은 무엇인가? (154)

연습

1. 당신의 삶에 지속적인 영향을 미쳤던, 읽거나 들은 문학(문헌)에 대해 1주일 동안 깊이 생각해 보라. 그 작품들의 제목과 작가, 그리고 당신이 그 작품들을 처음 알게 되었을 때의 나이를 기록하라. 당신의 선택에서 연령이나 발달 단계에 따른 어떤 특정 패턴이 있는지, 그리고 당신이 읽었거나 이전에 읽어본 적 있는 문학(문헌)이 당신에게 어떻게 달라졌는지 살펴보라. 그 리스트를 작성한 후에는 친한 친구나 동료와 그 경험에 대해 토론해 보라. 그 사람도 연습을 해보게 하라. 당신들의 경험들을 비교하라. 각 리스트에서 어떤 문학(문헌)이 다른 사람들에게 도움이 될 수 있다고 생각하는가?

2. 문헌의 치료적 사용을 다룬 논문들을 보려면 최근의 상담 저널과 미국도서관협회 간행물을 검토하라. 어떤 책과 글을 추천하는가? 기고자들은 상담에서 문헌 사용을 어떻게 권장하는가? 독서에서 얻은 아이디어를 활용하여, 함께 작업하는 특정 그룹을 위한 지도 수업을 마련하라.

3. 현재 사람들이 많이 읽고 있는 문헌에 대해 지역사회의 도서관 사서에게 문의하라. 이런 자료들을 조사하고 인기 있는 작품을 당신의 상담 회기에 통합할 수 있는 방법을 생각해 보라. (158~159)

블록은 트라우마를 경험한 사람들의 회복탄력성을 포함하여 웰빙을 촉진하기 위한 네 가지 글쓰기 연습을 제안했다(Bullock, 2021). 그 경험에는 다음의 것들이 포함된다. 즉, (1) '본질'이나 '존재'와 같은 단어들과 비슷한 단어를 브레인스토밍하여 은유를 생성한다. 참가자는 리스트에서 한 단어를 선택하여 은유를 만든 다음 그것을 기술한다. 그다음에는 은유의 감각적 반영(예 : 소리와 같은, 맛 같은 것 등)이 이어지게 된다. 그다음 단계에서는 참가자에게 그것과 관련해서 시를 써보도록 한다. (2) 은유와 세부사항을 사용한다. (바다, 산 등의) 자연 아이템들에서 주제를 하나 선택한다. 그 주제와 관련된 단어들을 브레인스토밍한다. 이전에 리스트에 오른 단어들은 사용하지 않고 그 주제에 관련해서 작성한다. 프로세스를 논의한다. (3) 동작을 기록한다. "동물이나 사람의 움직임을 나타내기 위해 선과 공간을 사용하여라"(8). 프로세스를 논의한다. (4) 몸을 기록한다. "신체의 한 부분에 집중하는 시를 쓴다"(10). 출판된 시를 사용하여 과정을 용이하게 할 수 있다. 전반적으로 연습을 통해서 시의 힘, 서사적 상징언어가 개인에게 자기 발견, 자유로운 표현 및 타당성 확인에 참여하도록 할 수 있게 된다.

그레이엄 등은 전통적인 서비스를 지원하고 (혹은) 독립적인 능력으로 일할 수 있는 다양한 디지털 정신건강 개입에 대해 언급했다(Graham et al., 2020). 여기에는 "기술 또는 행동 전략(예 : 활동 또는 기분 추적, 섭식행동 자체 모니터링, 이완/명상 연습)을 촉진하기 위한 자기 주도적 도구, 더 복잡하고 포괄적인 심리적 개입(예 : 인지행동치료)"(1081)이 포함된다. 시와 저널 치료에서 자기 주도적 방법과 자기 모니터링은 매우 인기가 있다. 시치료는 이완과 명상의 맥락에서 자주 사용된다. 이것은 자연 요법, 호흡운동 및 이미지를 포함한 많은 상황에서 사용될 수 있다. 좀 더 복잡한 맥락에서 시치료는 인지적 · 정서적 · 행동적 변화에 초점을 맞춘 인지행동치료에 매우 적합하다. 문제는 긍정적인 변화를 촉진하는 윤리적이고 효율적이며 민감한 방식으로 기술적 접근을 실행하는 것이다.

참전용사들을 치료할 때 창의적인 치료법을 사용하는 것이 잘 확립되어 왔다. 레비 등은 창의적인 예술 요법이 앞으로 참전용사들을 위한 원격의료 정신건강 서비스의 일부가 될 수 있는지에 대해 다루었다(Levy, 2018). 그들은 참전용사 의료센터에 갈 수 없는 사람들을 돕기 위해 '재향군인 원격재활사업(RVTRI)'을 제안했다. 춤과 같은 치료에는 몇 가지 이동상의 어려움(예 : 낙상 위험)이 있지만 시치료에는 일반적으로 그러한 문제가 없다. 비록 움직임이 때때로 치료에 포함되기는 하지만 말이다(예 : 시의 신체적 표현). 다른 예술치료와 비슷하게 시치료 과정에서 내담자가 직면할 준비가 되어있지 않은 강력한 감정이 유발될 위험도 있는데, 이런 경우 치료사는 신체적 표현을 활용하지 않는다. 저자들의 특정 모델에서 참전용사들은 나아졌다고 보고했다.

4.1.1 자연과 개인 치료

시치료에서 자연의 장소는 종종 전문문헌에서 간과되지만 심오한 것이다. 시치료에 사용되는 시에서 자연의 이미지가 얼마나 자주 사용되는지 고려해 보라(예 : 달, 하늘, 별, 산, 숲). 또 자연에 잠기는 시적 경험을 생각해 보라. 다음은 성장과 치유 능력에서 자연과 시를 집중적으로 사용하는 것에 대한 간략한 조사이다.

버거는 자연 요법을 독립적인 실천 프레임으로 제시했다. 그는 그것이 예술치료에 활용될 수 있다고 언급했다(Berger, 2020). 저자는 "개입 접근과 방법은 몸-마음의 대인관계를 강화하는 것을 목표로 하는 환경적 · 사회적 체계에 기반을 두고 있다."(245)라고 말했다. 이 전체론적 접근은 시와 내러티브의 읽기와 쓰기 모두에서 자연을 포함하는 시치료와 일치한다. 자연과의 직접적인 접촉은 내담자 자율권 및 진정성과 관련이 있다. "치료사-내담자-자연의 삼각관계"(249)가 가장 중요하다는 점도 언급되었다. 의식은 또한 자연치료에 포함되어 시치료의 상징적/의례적 방식에서 일관되게 사용된다.

모츠 등은 치유와 성장을 제공하는 자연의 아름다움과 힘을 포착한 국제 시집의 편집자들이었다(Moats et al., 2019). 서문에서 마짜는 다음과 같이 말했다. "자연(식물, 동물, 풍경)은 삶과 삶에 대한 생태학적 교훈을 제공한다. 이 컬렉션은 인본주의 이론 및 실천과 일치한다"(iii). 시는 자연에 대한 우리의 경험에서 보편적인 것에 대해 말하고 우리가 전환기를 통과할 때 도움이 된다. 모츠 등은 자연과 교감할 수 있는 다양한 시 활동을 제공한다. 이러한 활동에는 특히 글쓰기 및 시와 관련된 다음의 것들이 포함된다.

1. 다른 여러 장소에서 글을 쓰고 주변 환경에 참여한다. 모든 감각을 사용하여 특정 장소에 대해 쓴다. 나중에 그 글쓰기를 회상할 수 있다.
2. 자연과의 삶/관계의 역사에 대해 쓴다. 시나 이야기로, 당신이 자연과 맺는 연결에 대해 쓴다.
3. 자연에 대해 경험한 경외감에 관해 글을 쓴다.
4. 그들의 책에 있는 시들에 반응한다.
5. 의식(ritual)의 느낌이 있는 감사의 느낌에 대해 글을 쓴다.
6. 당신이 바위, 데이지, 나무 등이라면 어떤 느낌일지 쓴다.

샌트너는 시치료와 자연의 치유력에 대해 이야기하는 자연 시와 예술 컬렉션을 제공했다(Santner, 2017). 컬렉션은 시적인 관점으로 우리의 자연환경을 여행하도록 우리에게 영감을 준다. 다음은 하나의 사례이다.

이 장소

나는 이 장소이고(장소에 있고) 싶어, 내가 여행하는 곳

잔잔한 바람의 숨결로

장엄한 곳

하늘을 가로질러 채색된 색들이 있는 곳

나는 모래사장을 철썩이다가

감아들며 되돌아가는 바다의 리듬을 원해

그저 매번 밀어내기만 하는 리듬

나는 이곳이고(이곳에 있고) 싶어, 모래알이 수정같이 빛나는 곳

수십억 이야기들이 말하고 들리며

몸의 모든 틈새에 끼어든 파편들이

끝없이 발견되고 재발견된다

나는 이곳이고 싶어, 어둠을 가로질러 불꽃이

여러 모양새로 춤추는 이곳

그리고 별이 너무 많아 잊을 수 없어

이것이 이곳의 진실

이것이 나의 진실

로라 샌트너[2]

다음과 같은 특정한 시 발문을 고려해 보라.

시간을 들여서 당신이 살고 있거나 걷는 곳의 나무를 잘 살펴보세요. 당신의 감각을 사용해 보세요. 나무는 어떻게 생겼나요? 냄새는? 느낌(예 : 질감)은? 소리는? 색깔은? 나무에 관해 시를 써보세요. 여기에는 나무와 관련된 기억이 포함될 수 있습니다. 나무에서 무엇을 보나요? 굵은 가지, 잔가지, 잎이 보이시나요? 그것들의 여행에 관해 이야기를 써보세요.

자연과 시는 반성과 행동을 촉구한다. 아이들과 손주들을 생각하면 나는 그들이 작은 나뭇가지와 작은 돌을 주워 들고 살펴보다가 집으로 가져오던 것이 종종 생각난다. 중요한 것은 작은 것들이다. 아이들과 시간을 보내는 것부터 기후변화에 대처하는 것까지 행동을 촉구한다. 그 것은 자연이고 시적인 것이다. 우리의 시와의 관계, 자연과의 관계가 차이를 만든다.

4.1.2 간단한 사례 설명

중졸 학력을 지닌 34세의 부두 노동자 존은 결혼하여 자녀 넷을 두었다. 그는 알코올 중독 치료를 위해 법원 시스템을 통해 의뢰되었다. 존은 긴장한 상태였고 '강제치료'에 대해 분개하는 소리 외에는 거의 말을 하지 않았다. 두 번째 회기에서 시치료를 도입하고는 그가 가장 편안했다고 느끼는 때와 장소에 대해 시를 쓰도록 요청했다. 존은 다음과 같이 썼다. "배의 갑판에 있는 너 자신을 상상해 보라/만을 바라보던/따뜻한 8월 밤이었고/바다는 평화로웠지…" 이 시는 환자가 자신의 작업환경에 대해 이야기할 수 있는 수단을 제공했으며, 나중에는 동료

---

2 이 시는 원래 *Earth and I: A Collection of Nature Healing Poetry*: 4에 게재되었으며, 저자와 CreateSpace 독립출판플랫폼(2017년 4월 8일)의 허락을 구하여 수록하였다. 저자에게 모든 저작권이 있다.

로부터의 압력을 느꼈던 직장에서의 음주 패턴을 드러내 보였다. "너 자신을 상상해 보라…"로 시작하는 시행은 치료사에게 내담자의 '삶의 공간'으로 들어가기 시작하는 입구를 제공했다(Mazza, 1979).

클로데트는 새로운 지역으로 이사해야 하는 외로움을 겪고 있는 젊은 독신여성이었다. 「세상은 살기에 좋은 곳이 아니야(The World Is Not a Pleasant Place to Be)」(Giovanni, 1972)라는 시를 사용하여 그녀가 상실과 관련된 감정을 식별하고 세상에 대한 그녀의 견해를 이끌어 내도록 했다. 그녀는 사랑하는 사람이 없는 것이 불편하다는 시행들에 반응을 보이고 나서 2년간 이어 온 한 남자와의 관계를 끝내는 것에 대해 아쉬움을 토로했다. 클로데트는 또한 몸이 아픈 부모를 떠나는 것에 대해 슬퍼했다. 그녀의 우울증이 가진 대인관계 측면을 인식하고서 활동을 늘리고 그녀가 부모와 건전한 접촉을 유지할 방법(예 : 전화, 편지, 계획된 방문)을 계획하는 것을 목표로 삼았다. 후속 회기에서 휘트니 휴스턴의 '가장 위대한 사랑(Greatest Love of All)'(Creed & Masser, 1977) 공연의 테이프를 사용하여 내담자의 자존감을 높이고 자기성찰과 지지의 척도를 제공했다(Mazza, 1988).

제인은 결혼생활, 어린 두 자녀, 직업 및 가정에서 오는 압박감으로 인해 불안에 시달리는 33세 여성이었다. 「그것 전부를 할 수는 없어(Can't Do It All)」(Josefowitz, 1983)라는 시는 내담자가 '슈퍼우먼'이 되려는 양가감정을 정서적으로 동일시하도록 돕는 데 사용되었다. 그녀는 여러 작업과 요구에 직면하는 딜레마와 관련된 시행들을 확인했다. 그녀는 모든 일이 '잘'될 필요는 없다는 결론을 내리는 말에서 힘을 얻었다. 그 결과, 내담자는 모든 노력에서 자신을 증명하도록 강요받지 않으면서 일부 완벽주의 경향을 버리고 자신의 정체성을 가치 있게 생각할 수 있었다. 그녀의 삶에서 선택의 요소가 발전되었고 이것은 나중에 로버트 프로스트의 시 「가지 않은 길」을 활용함으로써 지지받게 되었다(Mazza, 1988).

4.1.3　시치료와 단기 치료[3]

단기 심리치료는 평가와 개입의 계획된 측면에 대한 관심이 증가하면서 광범위한 이력을 가지고 있다(Budman, 1981; Reich & Neenan, 1986; Reid, 1978; Wells, 1994). 마짜는 시적 기법이 융합적인 단기 심리치료 모델과 관련된 인지적 · 정서적 · 행동적 전략에 적합하다고 보고했다(Mazza, 1987a). 단기 치료에서 시의 역할은 다양한 형태의 단기 심리치료에 공통적인 제한

3　이 절의 이전 버전은 Human Sciences Press에서 간행한 *Journal of Poetry Therapy*, 2(1), 1988에 게재되었다.

된 시간, 신속한 개입, 제한된 목표, 초점의 유지, 치료자의 수준 높은 활동과 같은 기술적 특성과 관련하여 검토될 것이다(Koss et al., 1986). 치료에서 시를 사용하는 방법에는 표현적(시 만들기), 수용적(읽기, 듣기), 은유적 방식이 포함된다.

기본적인 추정은 모든 유형의 심리치료가 어떤 형태의 설득을 활용한다는 것이다(Frank, 1973). 윈켈먼과 사울은 사회정신건강센터와 단기 치료의 발전으로 다시 인간 서비스 직업에서 암시를 사용하게 되었다고 하였다(Winkelman & Saul, 1974). 내담자의 태도와 행동에 변화를 주기 위해 언어와 다른 상징적 수단을 사용하는 것은 실천에 대한 시적 접근의 일부이다. 실제로 언어는 사람들이 관계를 형성하는 데 도움이 되는 도구이다. 시의 표현과 의사소통 측면은 치료의 안팎에서 영향을 미치는 과정으로 강조된다.

▍ 4.2   기술적인 특성들

많은 단기 심리치료들의 융합을 인식하면, 시적인 것의 사용은 코스 등에 의해 확인된 공통의 기술적 특성들 면에서 검토될 것이다(Koss et al., 1986).

▍ 4.3   시간

단기 심리치료에서는 치료 과정 및 결과와 관련하여 시간의 양적(객관적) · 질적(주관적) 측면을 모두 고려하는 것이 필수적이다. 앨리시와 캐스퍼는 특히 문화적 지향과 관련하여 주관적 시간과 관련된 개인화된 의미의 중요성을 언급했다(Alissi & Casper, 1985). 임상적 관점에서 성인 또는 '실제' 시간은 어린이 또는 '무한' 시간과 구별될 수 있다(Mann & Goldman, 1982). 저메인은 시간이 "페이스(속도), 지속 시간 및 리듬을 나타낸다. 시간은 가능성과 한계, 창의성과 죽음, 변화와 영속성에 대해 말하는 침묵의 언어이다."(Germain, 1976: 420)라고 말했다. 감정과 언어는 치료와 시 모두에서 필수적인 구성 요소이다(Crootof, 1969). 시는 시간의 앞뒤로 확장하면서 지금 여기 반응을 이끌어 내는 데 활용될 수 있다. 과거와 현재 사이의 역동적인 연결은 시간과 시를 통해 발전할 수 있다. 만과 골드먼은 시간을 과거, 현재, 미래를 연결하는 개인 통합 장치로 논의한다(Mann & Goldman, 1982). 시는 시간의 정서적 측면을 다루는 데 특히 도움이 될 수 있다.

대중음악인 '기억(Memory)'(Webber et al., 1982)과 엘리엇(T. S. Eliot)의 「서시(Preludes)」(1936)는 시가 음악이라는 매서먼(Masserman, 1986)의 테제를 뒷받침한다. 시간의 영향을 탐구하는 시의 힘은 다음에서 확인할 수 있다.

- 과거 : 과거의 아름다움과 행복을 회상하는 시행(詩行)들
- 현재 : 공허와 절망의 이미지를 전달하는 엘리엇의 「서시」의 시행
- 미래 : 잃어버린 사랑에 대한 재결합을 위한 탄원에 관계되는 시행들, 그리고 희망을 가져오는 접촉의 힘을 확인한다.

노래 '기억'과 시 「서시」는 시치료의 세 가지 주요 모델 내에서 통합될 수 있다. 그것들은 마지막에 희망을 심어주면서 내담자의 기분에 시를 맞추는 원리를 활용하는 리디의 처방적 접근과 일치한다(Leedy, 1969c). 이것은 소리와 서정적 수준 모두에서 전달된다. 그것은 또한 러너의 대인관계 모델과 함께 활용될 수 있는데, 이 모델에서는 시가 의사소통의 매개체 역할을 한다(Lerner, 1975, 1976, 1982). 슐로스의 심리시적(psychopoetic) 모델은 드라마 공연(dramatic enactment)을 목적으로 치료에 시/노래를 통합할 수 있다(Schloss, 1976). 만은 다음과 같이 말했다. "기억은 우리의 삶에서 중요한 사람과 밀접하게 연결되어 있고 우리에 대한 그것의 의미에서 시간과 분리될 수 없다"(Mann, 1981: 27). 삶의 주제를 식별하고 설명과 관점을 제공함에 있어 시는 가능성을 가지고 있다. 슐로스와 그런디는 기억을 탐색하고 과거의 희망과 꿈을 확인하기 위해 어린 시절의 이미지와 감각 및 좋아하는 물건을 활용하는 특정 시간 기법을 설명했다(Schloss & Grundy, 1978).

▌4.4 신속한 개입

언어화를 촉진하기 위해 기존 시를 사용하는 것이 위협적이지 않은 때가 자주 있다. 내담자는 시 전체 또는 특정 시행이나 이미지에 대한 반응을 공유하도록 촉구된다. 표면적으로는 시에 대해 이야기하지만, 내담자는 필연적으로 자신의 모습을 드러낸다. 외적 대상은 내담자에게 안전한 수준을 제공한다. 따라서 시치료는 내담자의 저항을 깨고 내담자의 시 해석을 통해 내담자에게 통제 요소를 제공함으로써 치료 과정에서 내담자의 조기 참여를 촉진할 수 있다.

웰스의 다원적(폭넓은) 단기 치료 모델에는 초기 면접을 위한 다섯 가지 필수 목표가 포함된다(Wells, 1994).

1. 희망 주입하기

2. 공감적으로 이해하기

3. 현재 생활에서 나타나는 한두 가지 주요 문제 식별하기

4. 계약 수립/체결하기

5. 시간제한 설정 및 초기 과제 제공하기

프로스트의 「가지 않은 길」과 같은 시는 이 목표들의 상호관계를 예증하고 있다. 이 시는 어려운 의사 결정(공감)과 관련된 양면성을 이끌어 낼 수 있다. 또한 각 선택(문제의 인지)에 대한 후속 의미와 함께 문제를 명확히 하는 데 도움이 되는 수단을 제공할 수 있다. 시는 또한 다른 사람들이 비슷한 문제를 겪었음을 말함으로써(즉, 보편화) 희망을 심어줄 수 있다. 시적 과정을 기반으로, 제한된 시간 내에 특정 문제에 대해 작업하기로 약속할 수 있다(예 : 진로 결정, 관계 결정). 초기 과제는 개인 일기/일지를 작성하는 것일 수 있다. 특수성의 정도는 내담자 문제 및 치료 목적과 관련이 있다.

내담자가 자신의 감정을 표현하도록 허용하는 것은 희망의 또 다른 요소를 제공한다. 시는 인지적 영역과 정서적 영역 모두에 대한 신속한 접근을 제공한다. 문제가 금세 해결되지 않을지라도, 희망은 이해와 변화하려는 의지를 통해 내재되어 있다. 대중음악은 내담자의 심리사회적 맥락에 대한 신속한 접근을 제공할 수 있다. 이것은 특히 청소년에게 해당된다(Mazza, 1981a).

시 쓰기는 또한 개인이 자신을 표현하고 파편화된 생각이나 감정을 통제할 수 있는 수단을 제공하는 데 매우 유용한 치료 도구가 될 수 있다. 개인은 개인적 감정들을 기록하기 시작함으로써 그 감정을 보다 일관된 방식으로 확인하기 시작하고, 그럼으로써 통제감을 촉진하게 된다.

▌ 4.5 제한된 목표들

단기 치료에서는 목표가 제한적이기 때문에(예 : 특정 문제에 대처하는 능력을 기르거나, 우울감을 줄이는 것), 문제 해결적 관점은 시를 통해 치료에 통합될 수 있다. 예를 들어, 사랑하는 사람의 죽음과 같은 상실로 고통받는 내담자의 경우 앨리스 워커(Alice Walker)의 「잘 자요, 윌리 리. 아침에 봐요(Good Night Willie Lee, I'll See You in the Morning)」(1979)는 상실과 관련된 감정을 확인하는 데 도움이 될 수 있다. 내담자의 현재 세계관(집에서 방에 혼자 있는 것과

도 같은)도 탐색할 수 있다. 우울증의 대인관계 측면을 고려할 때, 활동을 늘리고 사회적 고립을 줄이는 방향으로 목표를 잡을 수 있다. 내담자가 미소 짓는 데 필요한 것이 무엇인지 확인하는 것도 추구할 수 있다. 문제 해결적 관점은 치료 회기 밖에서 새로운 행동을 확인하고 그에 따라 행동하는 것이다. 내담자의 개인적인 목표가 자신감을 키우는 것이라면 짐 크로체(Jim Croce)가 부른 '내게 이름이 생겼네(I Got a Name)'(Fox & Gimble, 1973)와 같은 노래를 사용하여 성찰하게 하고 격려해 줄 수 있다. 시 쓰기는 또한 제한된 목표를 확인하고 추구하는 데 활용될 수 있다. 내담자에게 "내가 하고 싶은 것은…" 또는 "내가 계속 하고 싶은 이유는…" 또는 "…라면 삶이 더 나아질 텐데"와 같은 문장을 완성하도록 요청함으로써 제한된 목표들을 발전시키도록 할 수도 있다.

▌4.6 초점의 유지

기존 시를 활용하여 특정 시행에 주의를 기울이거나 개인에게 자신의 생각이나 감정을 보다 정확하게 반영하도록 시를 변경하게 함으로써 치료 회기의 초점이 증가될 수 있다. 개인이 핵심 문제에서 벗어나 있을 때 시를 사용하면 회기에 초점을 맞추고 치료의 목적을 재평가할 수 있다. 예를 들어, 셰익스피어의 희곡『맥베스』(제4막 3장)의 일부 대사를 소개할 수 있다.

> 슬픔에게 언어를 입혀라.
> 말하지 못하는 비탄은 수군덕거리며
> 가득 차버린 가슴을 터져버리게 할 테니까.

시적 표현은 개인에게 상실의 문제에 집중하고 필요한 애도작업을 추구하는 기회를 제공할 수 있다.

▌4.7 높은 수준의 치료사 활동

앞서 언급한 활동과 목표는 특히 치료적 맥락 내에서 시를 미리 선택하고 통합하는 일과 관련하여 상당한 양의 치료사 활동을 필요로 한다. 그러나 적용의 융통성과 시적 기교의 사용을 유예하려는 의지가 효과적인 치료에 필수적인 조건들이다.

▌4.8 논평

단기 치료에서 시를 사용하는 것은 내담자의 변화를 촉진하는 치료제 역할을 할 수 있다. 시적 기법은 단기 치료의 기술적 측면과 양립할 수 있는 것 같다. 그러나 지금까지 경험적으로 확인된 것은 없다. 시적 기법이 모든 상황에서 작용하는 것은 아니다. 사실 시를 활용하는 것은 지식화를 촉진하거나, 내담자의 요구보다는 치료자의 의제에 초점을 맞춤으로써, 혹은 내담자가 현재 상태에서 처리할 준비가 되지 않았을 수 있는 감정을 불러일으킴으로써 치료 과정을 방해할 수 있다.

4.8.1 단기 치료 단계의 시학

시치료는 월버그의 통합적인 단기 치료 단계에서 단기 치료로 매우 적합하다(Wolberg. Mazza, 1987에서 인용). 지지 단계(supportive phase)는 처음 두 회기에서 구성된다. 그다음에는 통찰에 초점을 맞추는 통찰 단계(apperceptive phase)(회기 3~4)가 이어진다. 실행 단계(action phase)(회기 5~6)는 이전 단계에서 얻은 통찰들에 기초한 건설적인 활동이다. 마지막 단계는 치료 결실이 공고해지는 통합 단계(integrative phase)이다. 이 모델은 불안 증세 증가로 진단받은 26세 여성 내담자 제니에게 사용되었다. 그녀는 행정 비서직을 그만두고 다른 지역으로 이동할 계획이 있었다. 그녀는 달리기를 하는 사람이었는데, 내 치료실에 온 날로부터 약 6주 있다가 뛰게 될 마라톤을 두고 불안해했다. 마라톤은 정체성 및 성과와 관련해서 그녀의 삶에 대한 은유가 되었다. 지지 단계에서는 제니가 감정적 동일시를 할 수 있는 음악과 시를 활용하였다. 그녀는 또한 성찰적 일기를 쓰기 시작했는데 때때로 신중하게 그 일부를 나와 공유했다. 통찰 단계에서 제니는 시 쓰기를 하고 노래/시에 응답하는 과정을 통해 '충분히 좋지 않음'이라는 주제를 인식했다. 이것은 인지 왜곡 및 대인관계행동과 관련이 있다. 내담자의 정체성과 신념 체계에 대한 통찰이 회기에서 우선시되었다. 실행 단계에서 제니는 '바람처럼 달린다'는 긍정적인 접근 태도를 유지했다. 그녀는 마라톤을 완주했고 이사 계획을 세웠다(예 : 전화, 친구와의 대화, 멀리 떨어진 곳에 사는 부모 방문). 통합 단계에서 제니는 치료 효과(예 : 이사, 마라톤 및 가족과 관련해서 해야 할 일을 완수함)를 확인하고 공고히 했다. 음악과 시는 '작별'과 '앞으로의 길'을 표현하는 데에 활용되었다. 사전 계획 세우기도 함께 이루어졌다. 치료 단계에서 시치료의 활용은 치료의 정서적 · 인지적 · 행동적 요소들을 통합하는 데에 도움이 되었다.

▌ 4.9   논평

필연적으로 시와 같은 모든 치료에는 완결되지 않고 남는 것들이 있다. 치료에 대한 촉진적 접근이라는 캔퍼의 개념에 따르면, 시적 기법과 과정은 치료 회기 외부에서 변화를 촉진하는 역할을 한다(Kanfer, 1979). 방법들이 여러 단계에서 겹치는 경우가 있지만, 월버그의 단기 치료 모델에서 시적인 것은 정서적 상태에서 인지적·행동적 상태로, 그리고 마지막으로 통합적 상태로의 본질적인 진행과 일치하는 것으로 드러난다(Wolberg, 1965).

단기 치료에서 시를 사용하는 것은 내담자에게 치료 과정에 일찍 참여하도록 촉구하는 새로운 경험을 제공하는 데 도움이 될 수 있다. 시적 접근은 명료화 및 초점화와 같은 인지 전략과, 감정 표현(카타르시스) 및 관계 구축과 같은 정서적 전략, 그리고 특정 활동 및 계약의 사용과 같은 행동 전략들에 적합하다. 시, 음악, 시간은 내담자의 광범위한 관심사를 포괄할 수 있는 치료 과정에서 독특한 상호관계를 가지고 있다. 시는 문제 해결 접근법과 자아 지지적 접근의 결합을 확실히 보증한다. 사실, 이것은 단기 치료에 포함되는 여러 이론적 기초들의 통합을 이해하는 데 기여할 수 있다.

다시 생각해 보기

1. 이 장의 사례들을 생각해 보세요. 당신은 무엇을 다르게 혹은 같게 하겠습니까?
2. 다음을 고려해 보세요.
   내가 시치료를 적용하지 않을 대상은…
   시치료가 아주 적합한 분야는…
3. 본질적으로 시적인 것이 무엇인지 생각해 보세요. 그 본성은 임상 실제 및 교육과 어떻게 일치하나요?

가족 대상 활동[1]

이 장의 초점은 커플·가족 상담/치료에 적합한 시치료 기법의 탐구와 적용에 있게 될 것이다. 여기에는 가족 문제에 놓인 개인들이나 가족 단위를 대상으로 활동하고, 집단치료에서 커플/가족 문제를 다루는 것이 포함된다. 내러티브 가족치료를 다룬 문헌들은 아주 많지만 (Brown & Augusta-Scott, 2007; Gladding, 2015), 가족 대상의 직접적인 치료에서 시치료를 적용한 것은 별로 관심을 끌지 못했다. 그러나 시·내러티브치료와 일치하는 가족 간 의사소통 및 가족치료에 대한 연구는 상당히 많다.

켈라스는 '내러티브 스토리텔링과 가족'에 초점을 맞춘 『가족 커뮤니케이션 저널』의 특별호에서 스토리텔링의 내용과 과정의 중요성을 다음과 같이 언급했다(Kellas, 2010: 3~4).

> 우리가 다른 사람들에게 이야기하고 다른 사람들과 이야기를 나누는 방식(즉, 스토리텔링 상호 작용 과정)은 가족 구성원 간의 일상적인 의사소통 실천에 대해 많은 것을 말해준다. 이야기는 사람들이 자신들의 정체성과 그들 삶의 사건들을 이해할 수 있도록 형성되는 개인 두 사람의 구성물이기도 하고, 가족 구성원 및 관계 파트너와 같은 다른 사람들이 인정하고, 축하하고, 승인하고, 거부하고, 비판하고, 질문하고, 영향을 미치고, 공동으로 말하는 협력적 구성물이기도 하다. 그 과정이 어떻게 전개되고 그것이 이야기하는 사람, 이야기를 듣는 사람, 관계, 이야기된 사건에 부여된 의미, 의미와 정체성의 세대 간 전달에 영향을 미치는가 하는 것은 결과적으로 우리가 가족을 이해하고 가족에 참여하는 데에 직접적으로 작용한다.

---

1 이 장의 이전 버전은 Haworth에서 간행한 *Journal of Family Social Work*, 1(3), 1996에 게재되었다.

앤드루소풀로는 내담자들이 자신들의 개인적인 이야기들을 하는 데 다양한 장르의 이야기들이 도움이 될 수 있다고 했다(Androutsopoulo, 2001). 체이비스는 가족관계의 모든 측면(예 : 부모-자식, 형제자매, 부부)을 다룰 때 시와 이야기를 활용하는 것에 대해 설명하고 논의했다(Chavis, 2011).

제이콥스는 『시와 함께 하는 가족 초점 얼굴들 2020』(Jacobs, 2021)이라는 제목의 시 모음집을 제공했는데, 이는 일리노이주 에반스턴 커뮤니티 회원들이 쓴 시들로 이루어졌다. 연령대는 어린아이부터 노년층까지 다양했다. 섹션 제목으로는 "시인 되기", "함께하기", "사랑하는 가족", "힘을 아는 것", "상실 견디기", "믿음 넓히기", "즐기기" 등이 있었다. 이 시들은 팬데믹과 다른 수많은 삶의 도전 및 전환에 직면한 해에 작성되었다. 참가자들은 온라인에서 만나 함께 글을 썼다. 궁극적으로 글쓰기와 창의성은 가족에게 힘을 실어주고 그들의 공동체를 강화하는 것으로 입증되었다.

요컨대, 개인적인 이야기들을 말하고 출판된 이야기들을 읽는 것, 이야기를 만드는 것은 모두 가족의 건강과 웰빙에 기여할 수 있는 가능성을 지니고 있다.

가족치료에서 은유, 내러티브, 스토리텔링, 성찰적 일기 쓰기, 노래 가사, 시 및 관련 언어예술의 임상적 사용은 전문문헌에서 관심을 점점 더 많이 받게 되었다(Gladding, 2015; Mazza, 1996; Nichols, 2012). 미국 가족의 전환 및 변화의 시기에 시치료는 문화, 다양한 가치 체계, 젠더 및 발달적 이슈들에 민감한 많은 가족치료적 접근 방식들을 연결하는 요소로서 작용할 수 있다.

체계적, 구성주의적, 전략적, 구조적, 세대 간, 상징적 · 경험적 가족치료들의 실천에는 시적 요소들이 통합되어 있다. 예를 들어, 구성주의치료에서는 내러티브가 강조된다. 구조적 · 전략적 치료에서는 재구성의 사용이 상당히 있으며 은유의 사용은 앞서 언급한 모든 접근 방식에서 찾아볼 수 있다.

▎5.1 수용적/처방적 요소

5.1.1 전통적 독서치료

전통적인 독서치료의 활용 또는 하인즈와 하인즈-베리가 '읽기 독서치료(reading bibliotherapy)'라고 언급한 것은 지침을 제공하는 수단으로 가족(치료) 실천에서 유용할 수 있다

(Hynes & Hynes-Berry, 1986). 독서는 일반적으로 내담자에게 맡겨지는데, 부모 역할 기술에 관한 책과 같이 직접적인 것일 수도 있고, 관계에 대한 이야기와 같이 간접적인 것일 수도 있다. 코헨은 또한 자기계발 기반의 문헌 활용에 주목했다(Cohen, 1993). 러너와 말렌도르프의 『문학을 통한 인생 가이드』(Lerner & Mahlendorf, 1991)에는 생애주기 전반에 걸쳐 중요한 문제와, 문제와 관련된 문학 작품에 대한 검토 및 분석이 포함된다. 파덱과 파덱은 가족 형태의 변화에 어려움을 겪고 있는 아동에게 학교 사회복지사가 독서치료를 사용하는 것에 대해 논의했다(Pardeck & Pardeck, 1987).

5.1.2 문학(특히 시)과 노래 가사 소개

앞서 언급했듯이 이 기법은 치료에 사용할 시 또는 기타 문학 작품을 선택하고 읽는 것을 포함한다. 치료자는 명확한 목적[예 : 감정 확인, 자기개방(self-disclosure) 촉진, 상호작용 촉진, 보편화 및 경험]을 염두에 두고 회기의 내용이나 대화에 시를 연결함으로써 내담자에게 시를 소개할 수 있다. 시는 내담자에게 감정적 동일시를 위한 안전한 거리를 제공하기 때문에 저항을 깨는 데 도움이 될 수 있다. 표면적으로 시에 대해 이야기함으로써 내담자는 자기에 대해 이야기하기 시작한다. 본질적으로 시는 감정, 목표 및 가치를 공개하는 발판 역할을 한다. 시에 관한 질문은 내담자의 인식을 향해야 한다[예 : "이것이 당신에게 무슨 의미가 있습니까?" "당신 자신의 것과 연결되거나 그것을 불러올 수 있는 시행(詩行)이나 시련(詩聯)이 있습니까?" "이 시에서 바꾸거나 수정하고 싶은 어떤 것이 있습니까?"]. 노래 가사와 이에 수반되는 녹음된 소리의 사용도 이 기법에 통합될 수 있다(Ho & Settles, 1984; Hodas, 1991; Mazza, 1979, 1988a, 1993). 표 5.1은 가족치료에 특히 유용했던 몇 가지 시와 노래를 보여준다(Mazza, 1999b).

표 5.1 가족치료를 위한 시들

a. 시 목록

주제	시 제목	시인	출처
불안/위기	이 너덜거리는 코트를 벗어 던지고	스티븐 크레인	도르[a]
가족/강점	니키 로사(Nikki Rosa)	니키 지오바니(Nikki Giovanni)	길런 & 길런[b] / 슈얼[c]
슬픔	잘 자요, 윌리 리. 아침에 봐요	앨리스 워커	슈얼[c]
분노	정당한 분노(A Just Anger)	마지 피어시	슈얼[c]
소외	혼자서/12월의 밤 (Alone/December Night)	빅터 크루즈(Victor Cruz)	도르[a]
커뮤니케이션	두 친구(Two Friends)	데이비드 이그나토우(David Ignatow)	도르[a]
세대 간 문제	유산(Legacies)	니키 지오바니	길런 & 길런[b]
커뮤니티	시내에서(In the Inner City)	루실 클리프턴	길런 & 길런[b]
알코올 중독	아빠의 왈츠(My Papa's Waltz)	시어도어 뢰트커(Theodore Roethke)	도르[a]
꿈/미뤄진 희망	할렘(Harlem)	랭스턴 휴즈	도르[a]

b. 음반

주제	노래 제목	가수
부모/자식	요람 속 고양이 (Cat's in the Cradle)	해리 채핀(Harry Chapin) 어글리 키드 조(Ugly Kid Joe) 리키 스캑스(Ricky Skaggs)
알코올 중독	작은 바위(Little Rock)	콜린 레이(Collin Raye)
AIDS; 아버지/아들	마지막 노래(Last Song)	엘튼 존
부모/자녀 분리	보내기(Letting Go)	수지 보거스(Suzy Bogguss)
생애주기 (어머니/딸)	작별인사를 어떻게 도와줄까요? (How Can I Help You Say Goodbye?)	패티 러브리스(Patty Loveless)
불충실	이 모든 세월 동안 (All These Years)	소여 브라운(Sawyer Brown)
아이의 죽음	천국에서의 눈물(Tears in Heaven)	에릭 클랩튼
아버지/딸	내가 할 수 있다면(If I Could)	레이 찰스
사랑/약속	영원한 것은 무엇인가요? (What's Forever For?)	마이클 마틴 머피 (Michael Martin Murphey)
관계/거리	이리 와(Get Here)	올레타 애덤스(Oleta Adams)

주석

a) A. Dore, Ed., *The Premier Book of Major Poets*, Greenwich, CT : Fawcett, 1970(종합 시 선집).

b) M. A. Gillan & J. Gillan, Eds., *Unsettling America: An Anthology of Contemporary Multicultural Poetry*, New York : Penguin, 1994.

c) M. Sewell, Ed., *Cries of the Spirit: A Celebration of Women's Spirituality*, Boston : Beacon, 1991. [친밀감, 모성, 세대, 죽음과 상실, 재신화화(re-mything)에 대한 섹션을 포함하는 시와 문구들을 제공하는 책. 출처 : N. Mazza, The poetic in family social work, *Journal of Family Social Work*, 1999b에서 인용. 허락을 구하여 수록하였다.]

5.2 표현적/창조적 요소

5.2.1 가족협동시

가족 구성원들은 치료 회기의 주제나 분위기와 관련된 화제에 대해 가족시의 한 행 이상을 같이 쓰도록 권유된다. 가족시는 보통 타이핑해서 다음 회기에 각 가족 구성원에게 사본으로 제공된다(Mazza, 1979, 1988a, 1993). 시는 감정을 확인하고, 내담자에게 힘을 북돋아 주며, 상호작용을 촉진하고, 가족 문제에 대한 토론을 촉진하는 데 도움이 될 수 있다.

다음은 협동시 5.2.1의 예이다.

집에서 내가 가장 행복할 때는   [치료사]

내 감정이 존중받을 때   [14세 딸]

가족이 내 말에 귀 기울여 줄 때   [17세 아들]

우리가 무엇을 같이 할 때   [40세 아버지]

우리가 함께 있을 때다   [39세 어머니]

부모가 내놓은 문제는 '가족 간의 말다툼과 전반적인 불만족'이었다. 가족에게 중요한 것이 무엇인지 모두 함께 말함으로써, 이후에 구성원들은 시에 담긴 앞서 언급한 요소들을 달성할 수 있는 방법과 시기를 특정할 수 있었다. 구성원 모두 더 행복한 가정에 기여하는 데에 책임감도 가지게 되었다.

가족 문제와 관련된 집단에서 협동시는 감정을 보편화하고 확인하며, 결속을 다지고, 구성원에게 조정력의 요소를 제공하는 역할을 할 수 있다(Mazza & Prescott, 1981; Mazza & Price, 1985). 다음은 학교에 다니는 4~5학년 아동집단이 쓴 이혼에 관한 시에서 발췌한 것이다(Horowitz et al., 1987: 61~62).

나는 때때로 헷갈려요,

내가 누구를 더 사랑하는지.

가끔은 아빠에게 화가 나기도 해요.

가끔은 엄마에게 화가 나기도 해요.

가끔은 엄마 아빠 둘 다 지겹고요…

가끔은 베개를 주먹으로 치기도 해요.

나는 감정을 드러내고 싶어요…

나는 침대에 누워있어요,

하루가 끝날 때까지.

그리고 아주 다르게 살면

내 삶이 어떨지 생각해 봐요.

5.2.2 가족시 : 빌려온, 간단한, 합리적인, 그리고 확장된

글래딩은 다음과 같이 구조화된 시적 연습 시리즈[빌려온(Borrowed), 간단한(Brief), 합리적인 (Rational), 확장된(Extended)]를 개발했다(Gladding, 1985).

5.2.3 빌려온 가족시

노래나 영화와 같은 친숙한 출처에서 차용하여 각 가족 구성원에게 가족의 현재 기능 수준으로 인식하는 것을 한두 줄의 시행으로 표현하도록 권유한다.

5.2.4 간단한 가족시

빌려온 가족시와 유사하게, 가족 구성원들은 이 연습을 통해 개인으로서의 자신과 전체로서의 가족에 대한 자신의 감정을 표현할 수 있게 된다. 이 과정을 촉진하기 위해 문장의 골조가 제공된다. 예를 들면 다음과 같다. "우리 집은 [벽돌집, 낡은 집과 같은 어떤 집 유형의 이름]이다." 또는 "나는 [동물 형태의 이름]과 같은 느낌이다"(Gladding, 1985: 240).

5.2.5 합리적인 가족시

가족 구성원들에게 가족이 지내는 방식을 설명할 때 각자 '…해야 한다(should, must, ought)' 단어들을 사용하여 운율(각운)을 맞춘 두 개의 시행이 있는 시를 쓰도록 권유한다. 예를 들어 "내 아들은 바보 같은 녀석/그 녀석은 자기 방을 똑바로 유지해야 해요/매일 밤 8시까지는 와 있어야 해요"(Gladding, 1985: 241). 치료가 끝날 무렵, 가족들은 치료 초기에 쓰인 동일한 주제에 대한 시를 다시 쓰도록 요청받는다. 이 시에서 비합리적인 사고가 더 이상 나타나지 않으면 성공한 것이다.

5.2.6 확장된 가족시

참여자들에게 네 개의 단어 목록을 작성하도록 한다. 첫 번째 목록은 가족의 물리적 구성을 설명하는 것이다(예 : 편부모, 3인 가족, 남자로만 이루어진 가족). 두 번째 목록에는 공통의 특징들(예 : 머리카락 색, 민감도, 결단력)이 포함되어 있다. 세 번째 목록에는 가족이 함께 즐기는 활동(예 : 독서, 캠핑, 교회)이 포함되어 있다. 네 번째 목록에는 다른 사람들이 그 가족을 설명하는 데 사용하는 단어(예 : 가깝게 느껴진다, 바쁘다, 조용하다)가 포함되어 있다. 이 목록에서 시 한 편이 만들어진다.

5.2.7 2인시

부부로 하여금 그들에게 제시된 노래나 시의 의미에 대해 2행으로 된 시, 즉 2인시(dyadic poem)를 쓰도록 권유한다(각자 한 행씩 씀). 부부에게 그들의 관계에 대해 두 줄로 된 시를 쓰도록 간단히 지침을 줄 수 있지만, 쓰기 연습을 촉구하기 위해 시나 노래를 도입하는 것은 선택사항이다. 다음 시는 결혼 6년 차 부부가 작성했으며 경력 및 자기성취 문제를 다루고 있다(Mazza & Prescott, 1981 : 56). "자유롭게, 자유롭게, 자유롭게, 거기서는 그렇지 않아 / 그게 모두 보람 있었을까?" 이 기법은 평가에도 유용할 수 있다(Mazza, 1993 : 53). (1) 시행들이 보완적인가 아니면 대조적인가? (2) 먼저 진행한 사람은 누구인가? (3) 부부가 과제에 접근한 방식은 어떠했는가?

5.2.8 문장 완성하기

문장 완성하기(sentence stem)는 자기표현을 쉽게 하도록 미리 적당하게 구조화해 놓은 한 형태를 제공한 것이다. 코흐는 어린이들에게 창의적 글쓰기를 장려하는 여러 기법들을 제공한다(Koch, 1970). 예를 들면 모든 행이 "내가 바라는 것은…"으로 시작하는 시를 쓰거나 행을 번갈아 사용하여 대조적인 주제를 사용하는 것("예전에 나는 주로… / 하지만 지금 나는…")이 있다. 다음 사례는 엄마와 12세 아들의 의사소통 문제를 다룬다.

아들 :

예전에 나는 화를 내곤 했어요.
하지만 지금은 화를 조절해요.

어머니 :

예전에 나는 존을 이해할 수 없었어요.

하지만 지금은 이해해요.

이 예는 슬픔(아버지/남편의 죽음), 분노 및 가족 관련 문제에 대해 많은 이야기를 시작하는
데에 도움이 되었다.

구미나는 일련의 문장 완성 작업을 성치료(sex therapy)의 보조 기법으로 사용하도록 제안했
다. 파트너들은 차례로 응답한다. 예를 들어(Gumina, 1980: 203),

톰 :

내가 그렇게 화가 나지 않았다면… 당신 말을 들을 수 있을 텐데.

조앤 :

내가 그렇게 화가 나지 않았다면… 당신을 압박하지 않을 텐데.

이 기법은 물론 의사소통과 통찰을 촉진하기 위한 가족치료에 사용될 수 있다.

5.2.9   가족 시간

이 연습은 '가족(family)'이라는 단어를 사용하는 아크로스틱[2]이다. 시의 각 행은 이 단어의 알
파벳으로 시작한다. 연습은 가족 구성원에게 자신의 가족을 설명하는 것이나 행동의 목록을
만들어 보도록 요청하는 것에서 시작할 수 있다. 시는 나중에 토론을 촉진하기 위해 가족들 사
이에서 공유될 수 있으며 아마도 가족 활동을 계획하기 위한 자극제 역할을 할 수 있을 것이다
(Pickerill, 1993). 다음은 이혼한 부모에게 공동 양육되고 있는 13세 소녀가 쓴 시이다(시의 특
성상 원문을 그대로 싣는다).

Father, who loves and helps me with life(아버지, 나를 사랑하고 내 삶을 도와주시며).

And who helps me believe in myself(내가 나 자신을 믿도록 도와주시지요).

Mother, who cares for me even(어머니, 나를 보살펴 주시지요)

If she's not there(심지어 내 곁에 없으실 때도요).

Lots of love is in my houses even when(우리 집에는 사랑이 넘쳐요)

Yelling or we're sleeping(심지어 소리 지를 때, 자고 있을 때도요).

---

2   acrostic : 보통 각 행의 첫 글자를 아래로 연결하면 특정한 어구가 되게 쓴 시로 '두운 세로시'라고도 한다. ─역자 주

5.2.10 감각시

『대필작가…』(Pickerill, 1993)에서 개발된 이 사전 구조화된 시적 연습에는 주제나 느낌을 확인하고 감각을 사용하여 시를 발전시키는 것 등이 포함되어 있다. 다음 시는 10세 소년이 쓴 것이다.

> 가족의 색깔은 빨강이어요.
>
> 가족의 소리는 종소리 같아요.
>
> 가족의 느낌은 사랑 같아요.
>
> 가족에서는 피자 맛이 나는 것 같아요.
>
> 가족에서는 브라우니 쿠키의 냄새가 나요.
>
> 가족은 소리치고 싶게 만들어요.

5.2.11 편지 쓰기

치료에서 편지 쓰기를 사용하는 접근법이 많이 있다. 너널리와 립칙은 치료 회기 후에 치료자가 쓴 편지를 내담자들이 나가기 전에 읽어주는 편지 사용법에 주목했다(Nunnally & Lipchick, 1990). 때로는 일방거울 뒤에서 팀이 함께 편지를 작성하기도 하고, 그 편지를 가족에게 발송하기도 한다. 또한 내담자로 하여금 사망한 가족 구성원이나 이혼으로 헤어진 구성원에게 편지를 쓰도록 권장할 수 있다. 예를 들어, 부모가 이혼한 경우 아이는 회피행동을 보이는 부모에게 편지를 쓸 수 있다. 아이가 "무섭고 혼란스러워서 하고 싶은 말을 할 수 없다."라는 두려움에서 편지를 쓸 수도 있다. 편지 쓰기는 다양한 삶의 상황과 관련된 분노, 좌절 및/또는 슬픔 과정을 처리하는 유용한 방법이다. 이혼 가정의 경우, 편지는 때때로 부모와 아이 사이에 건강한 대화를 위한 촉매 역할을 할 수 있다. 슬로먼과 피피톤은 의사소통에 문제가 있을 때 부모가 자녀에게 편지를 쓸 수 있는 지침들을 제공했다(Sloman & Pipitone, 1991).

화이트와 엡스턴은 내담자가 문제를 외재화하고, 저항을 깨고, 자신의 경험을 다시 이야기하도록 돕는 방법으로서 가족 구성원들에게 편지를 쓴다(White & Epston, 1990).

- 초대장은 사라진 가족 구성원을 회기에 참여하도록 초대한다.
- 정리 해고 편지는 가족 구성원들에게 부적절한 역할이 더 이상 필요하지 않음을 보여줌으로써 그것을 포기하도록 설계되어 있다.
- 예측 편지는 건강한 행동을 지원하는 척도로도 기능할 수 있는 후속 장치로 사용된다.

위탁 답신 편지, 추천서, 특별한 경우를 위한 편지, 간략한 편지 및 이야기 편지는 치료 능력에서 편지를 사용하는 서로 다른 변형들이다.

5.2.12 프로그래밍된 글쓰기

라바테와 쿡은 외부 과제로 주어지고 나중에 치료에서 논의될 특정 문제에 관한 워크북과 특정 실습(치료 활동) 계획의 사용을 제안했다(L'Abate & Cook, 1992). 라바테(1993)는 논쟁이 있는 가족에게 사용되는 이 기법에 대해 설명했다. 회기 중 제공된 구체적인 실습 계획은 다음과 같다.

1. 가족 구성원들이 자신의 주장을 독립적으로(자세한 형식으로) 설명하고 가족과 함께 토론할 시간을 정하도록 하는 실습
2. 문제의 기능에 대한 설명과 재구성이 포함된 실습
3. 논의할 것들을 규정하는 실습
4. 논제들을 기록하고 읽는 실습
5. 가장 시급한 패턴을 다루는 방법에 대한 실습
6. 두 번째로 높은 빈도로 발생하는 패턴을 처리하는 방법에 대한 실습

5.3 상징적/의례적 요소

5.3.1 의식

의식(ritual)적인 것들은 가족들을 대상으로 활동하는 데에 중요한 역할을 한다. 예를 들어, 새로 생긴 양부모와 그 가족을 위한 새로운 관습과 전통을 발전시키는 것은 건전한 전환을 촉진하는 데에 도움이 될 수 있다. 의식들은 가족의 독특한 필요와 배경을 충족시키기 위해 가족치료에서 다양한 방식으로 사용되었다(Imber-Black et al., 1988). 의식의 몇 가지 예 중에는 가족 만찬에서의 기도가 있고, 반려동물이 죽었을 때의 특별한 의식이나 매장과 같은 죽음의 의식, 그리고 성공을 인정하는 특별한 축하행위 등이 있다.

5.3.2 스토리텔링

스토리텔링은 가족을 대상으로 여러 가지 방법으로 사용될 수 있다. 휘터커는 모녀관계를 치

유하는 데에 이야기와 동화를 활용한 것에 대해 탐구한다(Whitaker, 1992). 체이비스는 가족 관계와 발달 단계를 묘사한 단편 소설 모음을 제시한다(Chavis, 1987a). 프리드먼은 가족관계를 다루는 데에 훌륭한 자료가 될 수 있는 24편의 동물 우화를 제공한다(Friedman, 1990). 이야기는 대중음악에서도 찾을 수 있다. 예를 들어 해리 채핀의 '요람 속 고양이'(Chapin & Chapin, 1974) 공연이 있다. 킨(Keen)의 '당신 이야기 말하기(Telling Your Story)' 오디오테이프에 대한 토론에서 베크바와 베크바는 이혼에 포함된 문제 중 하나는 어떤 이야기를 함께 나눴던 그 사람을 잃는 것이라고 언급했다(Becvar & Becvar, 1993). 본질적으로 가족 구성원 각자가 이야기를 수행하고 만든다.

글래딩은 그림 그리기를 설명하고 스토리텔링을 기술함으로써 가족을 대상으로 한 예술과 시치료의 통합에 대해 논의했다(Gladding, 2021). 어린아이들(10세 미만)은 이 연습을 통해 가족의 역동성에 대해 더 많이 드러낼 수 있다. "(a) 아이들은 백지에 자신을 포함한 가족을 그린다. (b) 아이들은 그림에서 가족이 무엇을 하고 있는지에 대해 이야기한다. (c) 원본 그림에서 제외되었을 수 있는 가족 구성원(예 : 이혼한 부모, 반려동물)은 별도의 종이에 그린다. (d) 모든 그림을 복사하고 오려낸 후, 아이들은 (일대일 기준으로) 오려낸 것을 상징적 표현으로 사용하여 소그룹 가족 상호작용에 대한 이야기를 상담사에게 말한다"(276~277). 이것은 RES 모델의 표현적/창조적 및 상징적/의례적 구성 요소들과 일치한다.

글래딩은 또한 가족들에게 유머러스한 가족 이야기를 확인하도록 요청함으로써 치료에서 유머의 위치에 대해 논의했다. 가족 구성원은 이 연습의 '재미' 측면을 고려하도록 요청받는다. "가족 구성원들에게 당신이 성장하면서 가족과 함께 겪었던 재미있거나 심지어 터무니없는 시간과 그것이 당신에게 어떤 영향을 미쳤는지 생각하도록 한다"(288). 유머는 저항을 깨고, 가족의 강점을 확인하고, 가족 구성원을 참여시키는 데에 특히 도움이 될 수 있다.

5.3.3 은유

은유는 가족치료에서 다양한 기능으로 사용될 수 있다. 개인치료에서 언급된 바와 같이 내적 현실과 외적 현실 사이의 연결은, 예를 들어 "이 가족은 가라앉는 배" 또는 "이 가족은 터지기 직전의 보일러" 또는 "가족 춤"에 대한 근거와 같은 은유를 통해 촉진될 수 있다. 코닐과 잉어는 치료에서 부부와 가족이 종종 방어적인 자세를 취하는 것을 지적하면서 열린 의사소통을 촉진하기 위한 치료적 개입으로 '갑옷 은유'[3]의 사용을 설명했다(Cornille & Inger, 1992). 개츠와 크리스티는 집단 발달의 단계와 관련하여 결혼집단치료에서 은유의 사용을 논의했다(Gatz

& Christie, 1991).

5.3.4   간략한 일러스트레이션

55세의 알코올 중독자인 아버지, 52세의 어머니, 4명의 자녀(17, 14, 13, 10세)로 구성된 M 가족이 치료를 시작했을 때 아버지는 초기 회기에 오는 것을 거부했다. 가족은 평소 저녁에 집에서 어땠는지 설명하는 공동작업시를 작성해 달라는 요청을 받았다.

내가 집에 있을 때는…	[치료사]
나는 모든 것을 이해하려고 노력해요	[M 부인]
나는 딴 곳으로 가고 싶어요	[캐시, 17세]
또는 외출하거나	[캐럴, 14세]
아니면 텔레비전을 보거나	[론, 13세]
아니면 골방으로 돌아가고 싶어요	[스콧, 10세]

이 시는 가족 토론의 토대를 제공했으며 아이들이 모두 피하려고 애쓰는 동안 엄마는 쩔쩔매고 지나치게 간섭하는 것을 드러냈다. 가족들은 그들의 두려움과 고통을 개별적으로 말하기가 두려워서 그들의 절망을 집단적으로 말할 수 있었다. 알코올 중독자 아버지와 함께한 아이의 경험을 묘사한 시어도어 뢰트커의 시 「아빠의 왈츠」(1942 / 1970)를 이 가족에게 읽혔는데, 이것은 그들의 일부 감정들을 확인하고 아마 보편화하려는 시도였다. 그 문제의 복잡성이 드러나게 되었고, 이후에 각 가족 구성원은 개인적인 필요를 확인하기 시작했다. 「아빠의 왈츠」는 상호작용의 수단들을 제공하고 치료에 가족을 참여시키는 데 도움이 되었다. 그 후 아버지가 치료를 받으러 왔다(Mazza, 1979).

알코올 중독자의 아내들(25~52세)과 집단치료를 하는 동안 대중음악과 시가 모두 사용되

---

3 armor metaphor : 코닐과 잉어가 치료 과정에서 부부 및 가족이 방어적 자세를 취하는 것에 관심을 가지고 개방적 의사소통을 촉진하기 위해 사용한 치료적 개입 방법이다. 사람들은 누구나 위험한 상황에서 자신을 보호하기 위해서 갑옷을 개발한다. 가족 간에는 너무 친밀하기 때문에 서로 공격하기가 더 쉽고 상처도 쉽게 받는다. 따라서 가족 구성원들은 심한 상처를 받지 않기 위해 자신을 보호하고자 방어적인 자리를 점한 채 의사소통이나 문제 해결을 하려고 한다. 이에 대해 코닐과 잉어는 가족 구성원들이 서로 보호를 받으면서 개방성과 직접성을 진작시키는 방식으로 방어적인 상호작용을 할 수 있도록 하는 부부 및 가족 치료 기법으로 갑옷 은유를 내세운 것이다. 이는 기독교 성경에서 말하는 복음의 갑주, 여호와의 갑옷 등으로, 은유적인 싸움에서 자신을 보호할 수 있다는 데서 비롯되었다 [김춘경 외(2016), 『상담학 사전』, 학지사]. ― 역자 주

었다. 연주된 노래 중 하나는 배리 매닐로우의 '샌드라(Sandra)'(Manilow & Anderson, 1974)인데, 이것은 이루지 못한 소망과 자신을 위해 시간을 할애하지 않는 절망감을 표현한 가사가 포함된 노래이다. 집단 참여자들은 샌드라의 좌절감, 공허함, 외로움에 대한 자신들의 묘사가 그들 자신과 관련된 것임을 인식했다. 이 주제는 그룹이 쓴 시에서 계속 표현되었다.

좌절

좌절은 나를 이해하지 못하는 누군가가 옆에 있는 것.

무엇이 상처인가?

거부되었다고 느끼는 것.

나 자신을 미워하는 것.

내가 대처할 수 없는 것들은

남편의 음주

다른 사람들의 행동

가족, 아이들

그들이 당신을 힘들게 하는군요.

그래서 우리는 다시 제자리로 돌아오고 만다.

이 시에서 각 여성은 알코올 중독 남편과 함께 생활하는 스트레스를 스스로 정의할 수 있었다. 이 시를 쓰면서 집단 참여 여성들은 자신의 감정을 살피고 자신 및 다른 사람들과 서로 정직하게 대하는 것처럼 보였다. 그들은 자신의 약점과 스스로 부과한 한계를 인식하기 시작했다. 문제의 순환적 특성은 시의 마지막 행에 표현되어 있었다. 이 시는 통찰력과 희망 둘 다 제공한다. 그 희망은 그들의 문제를 말로 표현하기 시작하는 여성의 능력과 그들이 서로 기꺼이 응대하는 것에 있다(Mazza, 1979).

5.4 커플집단(상담)[4]

시는 대학상담센터에서 실시한 단기 커플 강화 집단(상담)의 매개체로 활용되었다(Mazza & Prescott, 1981). 이 집단(상담)은 관계 발전에 전념하거나 관계를 더 보람 있게 만드는 방법을

---

4 이 절의 이전 버전은 Brunner/Mazel에서 간행한 *The American Journal of Family Therapy*, 9(1), 1981에 게재되었다.

재발견하는 커플들을 돕기 위해 고안되었다. 개인 및 커플(부부)의 성장을 촉진하는 것이 목표 중의 하나였다. 이 집단은 대학을 조금 다닌 사람부터 그 이상의 학위를 지닌 사람까지 다양한 학력을 지닌 꽤 말을 잘하는/논리정연한 사람들로 구성되었다. 네 커플의 평균 나이는 25세였다. 두 커플은 결혼했고, 두 커플은 1년 넘게 동거하고 있었다. 참여자 중 누구도 이전에 상담이나 정신건강 서비스를 받은 적이 없었다. 이 집단은 두 남녀 치료사가 공동으로 이끌었다.

5.4.1   첫 회기

첫 회기의 주요 주제는 관계의 공간이었다. 치료사는 주제를 소개하고 토론을 촉진하기 위해 존 덴버(John Denver)의 노래 '공간 찾기(Looking for Space)'(1975) 가사를 사용할 계획이었다. 그러나 이 집단은 여러 상이한 방식으로 이미 이 문제를 처리하고 있었다. 나중에 시/노래가 개별 표현을 연결하고 회기를 마무리하는 데 도움이 된다는 것이 입증되었다.

5.4.2   세 번째 회기

한 부부가 캐럴 킹의 노래 '달콤함과 쓸쓸함(Bitter with the Sweet)'(1972)의 가사와 녹음을 가져와 참여자들과 공유했다. 그 부부는 결혼생활을 한 지 5년이 되었는데 맞벌이에서 비롯된 부담을 겪고 있었다. 그들에게 특히 중요한 가사는 시간적 압박과 관련된 것이다. 그 가사들은 전체 집단원들의 심금을 울렸다. 나중에, 그들은 모두 자신을 위한 시간과 공간을 갖는 것이 괜찮다는 데 동의하는 것 같았다. 몇몇 참여자들은 관계에는 쓸쓸한 측면과 달콤한 측면이 모두 있음을 인식하고 혹은 수용하기 시작했다.

　토론과 상호작용에서 나오는 주제는 완벽하다고 느끼려는 시도에 중점이 놓였다. 이것은 공동시를 위한 그룹의 공동 노력의 제목이 되었다.

　　완벽하다고 느끼려고 노력하다가
　　나는 때때로 균형을 잃고
　　거꾸로 넘어진다.
　　나는 매우 뻣뻣해진다
　　경직된 얼굴
　　속은 단단해서
　　내가 부수고 나오고 싶은 껍데기 같은데
　　내가 스스로 그러지 못하게 막고 있어서

나를 망가뜨리고 싶다.

꼭 그렇게 되어야 하는 것은 아닌데

두려운 결과가 상상되어.

고치일 뿐이지 나비는 아니야.

그래 난 날 수 있어

난 부수고 나와야 해

그러면 나는 완전해질 거야.

이 시의 첫 행에서 개개인은 그들의 관계의 균형에 대해 말했다. 시가 완성된 후 치료사들은 다음과 같은 유형의 질문을 했다. 넘어지면 어떻게 됩니까? 껍데기에 대해 자세히 알려주실 수 있나요? 고치에 대해서? 나비에 대해서? 어떻게 껍데기에 머물 수 있습니까? 한 참여자는 "내가 스스로 그러지 못하게 막고 있어서"라는 시행으로써, 폐쇄되어 있는 것 또는 껍데기 안에 남아있는 것에 대해 책임을 느꼈다. 관계에 대한 함의가 논의되었다. 또한 집단원들은 "두려운 결과"가 상상의 산물이며 "경직된 얼굴"은 그것 때문일 수 있다고 지적했다.

시는 희망("그래 난 날 수 있어")과 과제("난 부수고 나와야 해")로 끝난다. 개인적으로 그리고 집단적으로 참여자들은 자신의 삶과 관계를 개선하기 위해 하고 싶은 특정 일에 대해 생각하기 시작했다.

집단 참여자가 시를 낭송하여 더 많은 결속과 타당성이 제공되었다. 치료사는 집단 참여자들에게 그 시가 그들이 느끼고 있는 것을 표현하고 있는지 물었다. 참여자 모두 긍정적인 반응을 보였다. 집단은 이미지와 은유를 제공하여 자기개방을 위한 수단으로 사용되도록 하였다. 공동시는 나중에 타이핑되어 다음 회기에 집단 참여자들에게 배포되었다.

5.4.3 네 번째 회기

스티븐 크레인의 시 「이 너덜거리는 코트를 벗어 던지고」는 치료사들에 의해 참여자들과 공유되었다. 목적은 새로운 경험을 하면서 안게 될 위험 요소와 불안을 다루는 것이었다. 예를 들어, 토론 중에 "내가 환멸을 느끼거나 좌절하게 되면 무슨 일이 벌어질까?"와 같은 질문이 포함될 수 있다. 시를 읽고 난 후, 집단 참여자들인 각 커플이 두 사람씩 조를 짜서 시를 공유하고 토론하게 되었다. 그들은 나중에 함께 모여 2행 연구(couplet)를 지었다. 그중의 하나가 "자유롭게, 자유롭게, 자유롭게, 거기서는 그렇지 않아/그게 모두 보람 있었을까?"였다. 이 2행 연구는 자유와 경력(직장생활)을 추구하는 자기성찰적인 파트너들에 의해 작성된 것이었다. 그 과정에서 그들은 그들의 관계에 대한 관점을 잃어가고 있었다.

2인시(2행 연구)들을 쓰는 과정은 파트너들이 다양한 문제를 바라보는 방식의 차이를 살펴보는 데에 특히 도움이 되었다. 마찬가지로, 그것은 종종 그들의 관계를 확인하는 데 도움이 된 생각과 감정의 유사성을 밝혀주었다. 이 기법은 회기 밖에서 커플들이 자발적으로 사용했다.

5.4.4 여섯 번째(최종) 회기

사이먼과 가펑클의 '침묵의 소리(Sounds of Silence)'(Simon, 1964)는 집단의 말로 표현되지 않은 많은 걱정거리들을 다루는 데 도움이 되었다. 이 선택은 종결 문제로의 전환을 제공하는 데 도움이 되었다. 한 참여자가 지우베르투 지우의 '지금 여기(Here and Now)'(1979)라는 제목의 훌륭한 마무리 시/노래를 가져왔다. 그 참여자는 적절한 시기에 그것을 도입하는 통찰력이 있었다. 그것은 집단과 그 관계에 대한 확인을 제공했다. 집단의 참여자들은 '지금 여기'를 다루는 것의 중요성을 서로에게 상기시켰다.

▎5.5 논평

앞서 언급한 기법과 사례들에는 주의가 필요하다. 커플 강화 집단을 다룬 사례가 제시되었지만, 인텐시브(집중) 커플집단치료에 대해 특별히 고려해야 할 사항들이 여전히 남아있다. 다음 장에서는 집단 활동에서의 시적 접근 방식이 갖는 고유한 문제에 초점을 맞추게 될 것이다.

> **다시 생각해 보기**
> 1. 가족 구성원의 이야기를 들은 것이 당신의 삶에 어떤 영향을 미쳤는지 생각해 보세요.
> 2. 어린이(당신의 자녀 또는 다른 사람의 자녀)에게 이야기를 어떻게 읽어주었는지 기억해 보세요. 그들은 어떻게 반응했나요?
> 3. 동료, 친구 또는 가족과 함께 2인시를 써보고, 그 과정이 어땠는지 생각해 보세요.

집단 대상 활동

집단과 함께 하는 시치료 역시 수용적/처방적, 표현적/창조적, 상징적/의례적 방법으로 이루어진다. 다양한 집단에서 이러한 방법을 조합하여 활용할 수 있다. 글래딩은 집단작업에서 창조력의 중요한 역할에 대해 논의한 바 있다(Gladding, 2016). 그는 집단의 발달 단계마다 적용할 수 있는 여러 가지 창조적 기법들을 제안했다. 예를 들어, 종결 단계에서 집단원들이 자신과 서로의 비전을 공유하는 '작별 선물'을 주도록 함으로써 이미지 기법을 사용할 수 있었다. 그는 또한 "참여자들이 그 집단에서 배운 것에 대해 2행 연구 또는 1행시를 쓰고 그 시구들을 서로 상호작용하는 방식으로 연결하여 쓰는 종결시(closing poems) 기법을 사용했다. 종결시로는 주로 공동작업시를 만드는데, '오늘 나는 집단작업을 통해 …을 배웠다' 또는 '집단 활동을 통해 내가 배운 것은…'과 같은 행으로 공동작업시 창작을 시작할 수 있다."(Gladding, 2016: 211)라고 언급했다.

벅과 크래머는 시치료가 집단 과정을 촉진한다고 지적했다(Buck & Kramer, 1974). 그들은 집단원들이 시를 사용하는 절차를 배우며 집단기능에 대한 민감성을 키우는 누적 효과를 관찰했다. 라우어와 골드필드는 더 앞서서 창조적 글쓰기 집단치료에서 이와 같은 현상을 보고한 바 있다(Lauer & Goldfield, 1970). 레스너는 집단 회기에서 시를 사용하는 것이 집단 과정을 발전시키는 촉매 역할을 한다는 것을 발견했다(Lessner, 1974). 러너는 집단을 위한 대인관계 시치료 모델을 발전시켰으며(Lerner, 1982), 마짜와 프레스콧은 부부집단(제3장 참조)과 함께 작업하면서 벅과 크래머의 누적 효과를 지지할 수 있었다(Mazza & Prescott, 1981). 골드스타인은 시치료가 얄롬(Yalom, 1995)이 관찰한 집단치료의 대인 간 이론 및 치료 요인과 일치한다고 보고했다(Goldstein, 1989).

다이애나는 법의학 환자와의 집단치료에서 스토리텔링 사용에 대해 논의했으며(Diana, 1998), 웬즈와 맥워터는 창조적 글쓰기를 집단치료에 부가적으로 사용했다(Wenz & McWhirter, 1990). 여기에는 '개인 로고'를 개발하는 것을 포함한 특별한 연습이 기술되어 있다. 집단원들은 즐겨 그렸던 낙서들을 가지고 놀면서 삶의 중요한 측면들을 시각화하고 지구상에 좋아하는 장소를 찾도록 지시받았다. "당신에게 적절한 상징을 찾을 때까지 계속 그리면서 놀아보세요. 그러고 나서 그것에 대해 말해보세요"(39~40). 표현과 상징의 힘으로 그림을 그리는 이 연습은 시와 예술을 통합한 것이었다.

뱀브리 등은 정신과 시설에서 조현병으로 진단된 환자의 단기 집단치료에 심리사회적 개입의 일환으로 시치료를 사용한 것에 대해 보고했다(Bembry et al., 2013). 시는 주제 중심의 회기(예 : 자긍심, 권리와 책임, 갈등 해결)에 걸맞게 제시되었다. 환자들은 자신의 시를 쓰고 집단 내에서 큰 소리로 읽도록 요청받았다. 이것은 RES 모델, 즉 수용적/처방적(기존 시의 소개), 표현적/창조적(시 창작), 상징적/의례적(그들의 시를 소리 내어 읽기)의 상호작용 측면과 일치한다. 저자들은 시치료 기법들이 사회성 기술 훈련 및 현실 기반의 의사소통에 환자를 참여시키는 데 도움을 주어 전반적인 장기 치료 계획에 기여했다고 언급했다.

베레스는 헝가리 페치에 사는 여성들을 위한 독서치료의 실제를 연구했다(Beres, 2019). 그녀는 독서치료의 내담자 중심 상호작용 모델을 제공했다. 베레스는 책보다는 사람을 중심으로 하는 것의 중요성을 지적한 바 있다. 그녀는 여성 정체성과 중요한 발달적 이슈들에 관련된 주요 주제들을 다루었다. 이 모델은 "중학교에서 불우한 영재 청소년 6명과 함께 3개월간의 집단작업을 하는 데 사용되었다. 한 참여자는 17세 집시 소년이었고 나머지 참여자들은 15~16세 소녀들이었다"(114). 창조적 표현을 헝가리 시인들의 시에 대한 반응과 조합하였는데, 집단원은 시를 읽고 듣기를 계속하면서 시 중에서 자신에 대한 긍정적인 메시지를 찾아 쓰거나 읽고 들은 것에서부터 이어지는 시를 쓰도록 요청받았다.

여기에는 네 가지 유형의 독서치료집단이 있다. 첫 번째는 임신한 여성과 파트너, 두 번째는 위기에 처해 쉼터를 찾은 어머니, 세 번째는 정체성, 성장 및 회복의 이슈와 관련된 젊은이들과 중년여성, 마지막으로 노년이 해당된다.

집단원의 피드백을 묻는 설문에서 참여자들은 비지시적 접근 방식을 높이 평가했다. 그들은 자신의 고통이 혼자만의 것이 아니라는 것(즉, 보편성)에 대해 매우 긍정적이었고 자신이 이해받고 있음을 느꼈으며 다른 사람들과 소통하면서 그 지지를 기꺼이 받았다. 베레스는 독서치료를 통해 정서와 인지적 수준 모두에서 긍정적인 변화를 촉진하여 생애 단계에 따라 여성에게 힘을 실어주는 데 독서치료의 이점이 있다고 지적했다.

집단에서 시 창작은 광범위하게 활용된다(예 : Davis, 1979; Kramer, 1990; Lauer & Goldfield, 1970; Plasse, 1995). 마짜(Mazza, 1979, 1981a, 1981b), 체이스(Chase, 1989), 요심(Yochim, 1994) 및 골든(Golden, 1994)은 집단작업에서 공동작업시를 사용했음을 보고했다. 마짜는 수용적, 표현적(공동작업시) 요소를 집단치료 모델에 사용함으로써 시치료가 집단 응집력을 향상시킨다는 것을 발견했다(Mazza, 1981b). 골든은 공동작업시 변수를 분리해서 살펴보면서 이것이 집단치료에서 응집력을 향상시켰음을 발견했다(Golden, 1994).

에반스와 글로버는 만성골반통증(CPP)을 앓고 있는 여성을 위한 창조적 글쓰기 집단의 사례를 연구했다(Evans & Glover, 2012). 저자들은 CPP를 앓고 있는 여성이 종종 자신의 문제를 별것 아닌 것으로 보고 믿지 않는 경우가 있다고 지적했다. 여성들은 대개 이 문제에 대해 논의하기를 꺼렸으며 종종 통증으로 인해 신체 활동이 제한되거나 성적 관계에 악영향을 받았다. 창조적 글쓰기 집단은 이러한 여성들의 경험을 타당화해 주는 데 도움이 되었다. 그러나 저자들은 참여자들이 자신의 당혹스러운 경험에 대해 쓰는 것에 어려움이 있다는 점을 지적했다. 그들은 또한 많은 건강관리의 경우에 마음과 몸을 분리시키는 문제가 만연하고 있음을 주목했다. 이 연구는 비록 적은 연구집단을 대상으로 이루어졌지만 건강관리에서 창조적 글쓰기의 장점을 밝히는 데 한 걸음 나아간 것으로 보인다.

▌6.1 집단작업의 적용 사례[1]

다음은 수용적/처방적, 표현적/창조적 방법을 결합한 마짜의 집단 시치료 모델의 적용 사례이다(Mazza, 1981b). 이 집단은 중도우울증을 앓고 있는 대학생들이었다. 이 사례는 갈런드 등(Garland et al., 1965)에 의해 언급된 특정 집단의 발달 단계에 따라 파악할 것이다(Mazza & Price, 1985). 집단의 발달 단계는 (1) 사전 제휴, 힘, 통제(pre-affiliation, power, and control), (2) 친밀감/분화(intimacy/differentiation), (3) 분리/종결(separation/termination)의 3단계이다.

집단은 18세에서 36세 사이 6명의 집단원(남성 2명, 여성 4명)으로 구성되었다. 모든 구성원은 학부생이었다. 대부분의 집단원은 이미 문학 읽기와 음악 감상을 즐기고 있었다. 상담센터의 운영 시간과 학사일정을 고려하여 7주의 기간을 정했으며 학생들은 집단치료 기간 내에

---

1 이 부분의 이전 버전은 Haworth에서 간행한 *Social Work with Groups*, 8(2), 1985에 게재되었다.

마감 기한을 부여받고, 그에 따라 의사 결정을 하고 과제를 완수하게 된다. 따라서 시간은 다른 학생 책무들과 마찬가지로 치료의 변수로 사용될 수 있다. 각 회기는 한두 시간 동안 지속되었고 남녀 임상가가 공동으로 이끌었다.

6.1.1 모델 및 기법

시 또는 대중음악이 기성 시나 노래를 선택해서 공동작업시를 쓰도록 조합한 집단 시치료 모델에 사용되었다(Mazza, 1981b). 기성 시(예를 들어, 스티븐 크레인의 「이 너덜거리는 코트를 벗어 던지고」)의 사용은 기본적으로 내담자의 기분에 가까운 시를 선택하는 동일성 원리에 따랐다(Leedy, 1969c). 이 원리를 치료 중에 발생된 집단의 기분과 특별한 주제에도 확장하여 적용하였다. 음악 기법에는 녹음이 사용되었고, 가사 또는 시의 녹음 복사본을 집단원에게 제공하였다.

일반적으로 공동작업시 기법은 각 회기의 끝 무렵에 사용된다. 이렇게 함으로써 개별 집단원이 시의 행을 만들어 집단시에 기여할 수 있는 기회를 갖도록 한다. 집단시는 집단 회기에서 지배적인 주제나 느낌을 말한 구성원에 의해 시작되었다. 나중에 그 시를 타이핑하여 다음 회기가 시작될 때 집단원에게 복사본으로 나누어 주었다. 후속 회기에서 집단의 공동작업시 복사본을 배포하는 것은 시간의 연결성을 만든다. 집단원들은 시에 대해 토론하면서 다른 영역으로 이동할 수 있었다. 이 시치료 모델은 일반적으로 절충주의 집단치료 프레임에 통합되어 사용될 수 있다.

6.1.2 첫 회기

집단 회기 초기에는 도입 이슈(예를 들어, 집단의 시간 배정에 대한 고려), 집단 목표 정의, 형식에 대한 설명, 집단원의 관심에 대한 일반적 탐구가 이루어진다. 데이비드 이그나토우의 시 「음울한(Brooding)」(1964)을 통해 우울증이라는 집단원의 공통점이 인정되었는데, 이 시에는 친구들이나 가족에게 결코 '충분히 좋은 것' 같지 않은 행들이 포함되어 있다. 집단원은 최소한의 자기개방만을 하면서 말하기를 꺼렸다. 기성 시를 사용하는 것은 일종의 초기 구조를 제공하는 것을 도우며 집단원에게 위협적이지 않은 방식으로 자신의 기분을 말할 수 있도록 한다. 이 첫 회기에서, 시는 집단원의 참여(토론 또는 시 창작)를 촉진하는 분위기를 조성하는 데 도움이 되었다.

이것은 오랜 시간 동안 우려해 왔을 개인적으로 의미 있는 문제를 다루면서 동시에 사용 가능한 시간의 활용을 극대화시켰다. 가족관계, 학업실패, 심리성적 문제들을 다루는 데 무력한 사람들에게 시간은 절망적인 것으로 간주된다. 그러나 집단원이 자신의 감정을 파악하고 식별하기 시작함으로써 더 도움이 되는 시간을 인식("나는 오늘 당장 결정할 필요가 없다." 또는 "나에게는 나중에 마음을 바꿀 수 있는 권리가 있다.")할 수 있었고 생산적으로 행동("우리는 오늘 시를 완성했다.")할 수 있었다. 또한 공동작업시는 각 회기의 마무리를 의미함으로써 후속 회기에서도 도움이 될 것이다. 「우울(Depression)」이라는 집단 공동작업시에는 다음과 같은 행들이 포함되어 있다.

> …싱크홀 안에서
> 컴컴하고, 손을 꽉 쥔
> 불안하고, 안절부절하고, 지쳐있는
> 아무것도 하고 싶지 않아… 뚱뚱하고 못생긴 느낌
> 누가 날 좋아하겠어?

이 시는 우울과 관련된 개별적인 감정들을 모아놓았다. 이것은 집단원들이 한편으로는 거리를 유지하면서도 우울이라는 공통점으로 다른 구성원들과 관계 맺기 시작하는 집단의 초기 발달에 해당하는 것이다.

6.1.3 두 번째 회기

이 회기 동안에는 힘과 통제의 이슈가 나타났다. 한 집단원(남성)이 늦게 도착하여 침묵으로 개입하지 않는 자세를 유지했다. 이 비언어적 의사소통은 집단원들을 멀어지게 하는 동시에 그를 집단 토론에 참여시키고자 하는 다른 사람들의 관심을 끌었다. 회기의 중간 즈음에 집단 리더 중 한 사람이 데이브 로진스(Dave Loggins)의 '그래서 당신은 나에게 올 수 없었어요(So You Couldn't Get to Me)'(1974)를 소개했다. 이 노래는 집단의 주제(고립)와 기분(우울, 좌절) 모두와 일치했다.

이 노래를 사용한 시점은 집단 과정을 활용할 수 있도록 조정하고 앞으로 나아갈 수 있도록 촉진했다. 또한 이 노래의 멜로디는 긴장을 줄이는 데 도움이 되는 다소 느리고 편안한 속도를 조성했으며 집단원이(특히 그 남성이) 자신의 감정을 표현할 수 있게 했다. 이 노래에는 전 애인으로부터 떠나고 싶은 욕망과 관련된 행들이 포함되어 있다. 침묵하던 그 집단원은 이 노래에 표현된 감정들을 확인했다. 그는 한 여자로 인해 경험했던 힘든 시간들을 나누기 시작했다. 일부 집단원들은 그를 지지하는 데 동참하는 반면 또 다른 집단원은 남자들에 대한 부정적인 감정들을 지적하면서 목소리를 높였다. 사실, 이 노래는 대부분의 집단원에게 개인적인 반응을 불러일으켰다.

집단원은 리더 중 한 사람으로부터 다음과 같은 질문을 받았다. "당신이 무인도에 있다면 누구를 초대하고 싶습니까?" 한 집단원은 자신은 아무도 초대하지 않을 것이며 자신에게 더 적절한 질문은 누구를 방문하기 위해 섬을 떠날 것인지를 결정하는 것이라고 반응함으로써 사적인 공간에 대한 중요한 문제를 제기하면서 어느 정도의 독립성을 구축할 수 있었다. 이 집단원은 섬의 경계를 설정하면서 다른 사람들에 대한 자신의 의존성을 줄일 수 있었다.

그날 공동작업시는 "분노"라는 제목으로 주어졌다. 이것은 우울에 대한 조사를 시작하려는 시도였다. 그러나 여기에는 상반되는 행들(예를 들어, "달에 돌을 던지는 것/에너지가 잘 전달되지 않는…")이 있어 응집력이 적었다. 하지만 공동작업시는 이 회기에서 침묵하고 가장 눈에 띄게 우울한 구성원에게 특히 도움이 되었다. 그는 이 집단에 대한 (내용의) 행을 적어달라는 요청을 받았다. 그는 자리에서 나와 플립차트에 시행을 적어넣었다. 이 활동은 그 집단원이 시 창작에 참여함으로써 에너지를 동원하고 더 언어적이 되게 하는 효과를 높일 수 있었다.

6.1.4 세 번째 회기

지난주에 만들었던 공동작업시를 살펴보면서 시간과 에너지의 소비에 대한 이슈들을 계속해서 토론했다. 몇몇 집단원은 일부 개인에게 소비되는 시간이 편중되는 것에 대해 불만을 나타냈다. 조용한 회원들은 처음 공동작업시를 접할 때 느꼈던 자신들의 우려와 욕구를 표명할 수 있었다. 이어 집단원과 리더의 책임이 명료화되면서, 에너지의 방향이 바뀌었다. 짐 크로체의 '내게 이름이 생겼네'(Fox & Gimble, 1973)는 앞선 표현들에 힘을 실어주었고 그것들을 타당화하였다. 이 노래의 멜로디는 회기의 진행을 가속화하는 데 도움이 되었다. 이 회기에서는 정체성, 가족, 대인관계 및 직업 선택에 대한 이슈가 제기되었다.

"마음 놓기(Relief)"라는 제목의 공동작업시는 이 회기의 치료적 가치를 보여준다. 또한 집단에서 신뢰의 초기 발달과 그에 따른 도전을 나타낸다.

마음 놓기

목소리 내기

당신이 말하기를 두려워했던 것.

체중 증가

등 뒤쪽 (타오르는 걱정의) 불 끄기

그리고 더 자유로운 느낌.

괜찮은 기분 찾기

그런 건 어떤 기분이지?

뭐 그거 안 좋을 게 있나?

때때로

나는 그저 내 기분을 모르지만

그래도 역시 괜찮다.

실제로, 이 시의 마지막 행은 집단이 계속 발전하는 동안에 나타나는 혼란과 정서적 어려움을 타당화해 주었다.

6.1.5 네 번째 회기

이 회기는 보다 유의미한 개인적 경험들(전 배우자를 대하는 어려움, 대학 진학에 대한 부모의 압력, 부적절감)이 공유되면서 더 많은 위험을 감수했다. 스티븐 크레인의 시 「이 너덜거리는 코트를 벗어 던지고」는 위험 감수와 알지 못함에 대한 불안을 다루는 데 도움을 주기 위해 사용되었다. 이 시는 집단에서 자신을 표현하는 위험을 다루는 데 도움이 되었다. 한 집단원은 용어집을 완성할 때 "작가의 글 막힘"에 대해 이야기했다. 이것은 나중에 자신을 표현하는 어려움을 나타내는 "집단 글 막힘"과 연결되어 사용되었다. 위험과 신뢰의 이슈는 핵심 관심사였다. 이 집단은 너덜너덜하게 낡은 코트의 이미지에 반응했는데 일부는 이것을 안전한 코트라고 했다. 다른 사람들은 "거대한 하늘로 자유롭게 날아갈" 준비가 되어있었다. 토론에는 어떤 이들이 거절이나 실패를 피하기 위해 "시간을 늦추려고" 어떻게 하는가의 방법들이 포함되었다. 리더들이 집단의 달력(집단작업의 남은 주 수)에 대해 언급했고, 집단원은 앞의 문제 이슈들을 다루기 위해 시간이 어떻게 사용될 것인지에 대해 논의했다. 본질적으로, 시간은 집단 토론의 지렛대이자 포인트였다.

처음에 이 공동작업시에는 제목이 없었다.

서로 충돌하여

서로의 감정을 파헤치고

궁금증

정신적 막힘

오해

설명하기

서로를 이해하려고 노력하기

다른 가치들

열린 마음으로 듣기 위해 노력하기

그리고 들어주기/들려주기… 아마도

받아들여지고 받아들이고

흐린 추론 —

혼탁함과 투쟁하기

서로를 부여잡기.

시가 완성된 후, 이 시에는 응집력과 친밀감의 감각을 나타내기 위해 "우리 집단(Our Group)"
이라는 제목을 붙였다. 서로의 감정이 더 공개적으로 표현되었고, 집단원 간의 상호작용이 가
속되었다. 집단원은 공동작업시를 통해 상호 관심을 나타내고 집단에 몰입하게 되었다.

6.1.6   다섯 번째 회기

이 회기에서는 정직과 개인의 자유에 대한 이슈가 등장했다. 집단원은 우울이 자신의 대인관
계와 개인적 목표에 미치는 영향에 대해 토론을 계속했다. 댄 힐(Dan Hill)의 노래 '우리가 감
동할 때마다(Sometimes When We Touch)'(Hill & Mann, 1977)는 친밀한 수준의 의사소통으
로 고통에 대해 이야기하는 데 유용했다. 집단원은 상호 지지를 발전시켰고 각 사람이 계속해
서 자기개방을 했다.

공동작업시 「설명되지 않음(Loose Ends)」은 각 집단원이 분화의 단계로 향해 가면서 나타낸
더 큰 응집력을 반영한다.

설명되지 않음

공중에 매달려 있는 느낌

취약하고 불확실함.

모든 질문은 더 많은 질문을 야기한다.

무언가 내 목구멍에 붙어

내가 볼 수 없는

결승선을 향해 돌진하면서

미궁에 빠져

새로운 길과 오래된 길을 위험에 빠뜨린다.

또 다른 나를 만나고…

닫힌 통로에서 등을 돌려

어깨 너머를 바라보고 있는

그래 맞다, 후회의 감각 ― 눈물 어린 상처

하지만

우리의 능력이 충만해 있다

우리 자신의 질문에 대답할 수 있는.

실제로, 설명되지 않거나 결말이 지어지지 않는 부분들이 있으며 그렇게 인식될 수 있다. 하지만 집단원은 불확실성에 집착하기보다는 건설적인 방법으로 문제를 다룰 수 있었다. 집단치료의 종결이 다가올수록 집단원은 더욱 활발해지고 자신의 삶에 대한 힘과 통제감을 키워갔다. 그 결과, 우울로 인한 행동들이 감소되었다.

6.1.7 여섯 번째 회기

관계에 대한 인식이 이 회기의 지배적 주제인 것으로 보였다. 한 독신여성은 유부남과 맺고 있는 관계에 대해 말했다. 그녀는 그 관계를 지속하는 것에 대해 양가감정을 가지고 있었고 집단원으로부터 피드백을 구했다. 집단원은 이 문제에 대해 신중했지만 서로 언쟁을 벌였다. 집단원은 '이상적인 관계'와 짝을 찾는 것의 어려움에 대해 논의했다. 댄 힐의 노래 '완벽한 남자(Perfect Man)'(1979)가 집단의 관심을 더욱 발전시키는 데 사용되었다. 이 노래에는 환멸과 절망에 관한 구절들이 있었다. 개인적 인식과 욕구를 충족시키는 문제가 토론에 포함되었다.

　공동작업시에는 "게임(Games)"이라는 제목이 붙었고 이 회기의 주제를 다시 반영하면서

(그와 관련한) 감정이 보편적임을 보여주었다.

게임

우리는 모두 자기 자신과 게임을 한다.

다른 사람들과도 게임을 한다.

우리가 게임이다.

우리는 결정한다.

우리는 게임한다.

우리는 살아남는다.

이 집단은 마지막 집단 단계인 분리로 향하고 있었고 관계에 대한 피상적인 토론을 유보하는 행동을 나타냈다. "우리는 결정한다. … 우리는 살아남는다."라는 시구는, 마치 다음 주에 집단을 종결한다는 것에 대한 부인을 나타내는 것으로 보였다.

6.1.8 최종 회기

리처드 앨딩턴(Richard Aldington)의 시 「새로운 사랑(New Love)」(1963)이 마지막 회기에서 종결과 분리의 이슈를 다루기 위해 사용되었다. 이 시는 성장의 일부로서 고통을 다룬다. 캐쉬먼과 웨스트(Cashman & West)의 노래 '인생송(Lifesong)'(1974)은 종결과 희망의 요소를 포함하고 있어 이 집단에 대한 정당성과 결단의 감각을 제공했다. 실제로, 집단원은 자신의 목소리를 발견하고 자신의 생각과 감정에 입각한 행동을 할 수 있었다.

집단원은 공동작업시의 제목을 협의하는 데 어려움이 있었지만 결국 다음과 같은 제목을 정했다.

우리 집단

진정한 답은 없다.

벽을 세우지 않으려고 노력한다

우리가 볼 수 없을 정도로 높은 그 벽

그러나 이 정도는 높아야겠지

우리의 작은 결점들을 보호할 정도만큼은.

우리의 약점을 공유할 수 있는

친구를 찾는다.

사랑이란

취약해지는 것.

높게 벽을 세우고

또 벽을 허물고

우리는 그 사이를 오가며 살고 있다.

이 시로 이 집단의 종지부를 찍었다. 그들은 안전한 장소에 머무는 것과 성장을 경험하기 원하는 것 사이에 계속되는 투쟁을 인식했다. 그들은 더 많은 통제력을 가지고 있었고 원한다면 탐색을 계속할 수 있었다. 종결은 시간의 프레임 안에서 끝남과 끝나지 않음 모두에 대한 토론이 되었다. 집단치료와 시는 모두 경계 내에서 정의된다. 그러나 둘 다 시간을 초월하여 끝나지 않는 채로 남는다. 내담자는 자신만의 시간과 공간 안에서 시나 치료 회기를 완료한다. 그런 의미에서 이 집단은 시작에 불과할 수 있다.

▌6.2 논평

시와 대중가요의 사용은 집단의 상호작용을 촉진하고 우울로 인한 대안관계 문제양상을 치료하는 데 도움이 되었다. 이것은 특히 우울한 내담자의 낮은 에너지 수준을 다룰 때 도움이 된다. 이 사례에서 시와 음악의 사용은 회기의 속도를 가속화하거나 늦추는 데 도움이 되었다. 본질적으로, 시의 리듬과 노래의 멜로디가 치료적인 면에서 시간에 영향을 줄 수 있다. 많은 집단원이 부정적 사고와 자멸적인 행동("나는 쓸모가 없다." 또는 "집 밖에 나가지 말았어야 했다.")에 사로잡혀 있었다. 시와 음악을 통해 집단 리더는 집단원의 정서 과정과 행동 과정에 영향을 주는 인지 과정에 다다를 수 있었다. 시와 노래는 재빨리 개인의 정서적 영역으로 들어가 감정을 밖으로 꺼내게 하는 것 같다. 예를 들어, 한 집단원이 혼자 남기를 원한다고 했을 때 '그래서 당신은 나에게 올 수 없었어요'라는 제목의 노래를 틀었다. 이 노래 때문에 집단 토론이 시작되었고 이어 조용했던 그 집단원이 고통스러웠던 경험을 드러내기 시작했다. 회기가 끝날 무렵, 그는 공동작업시의 기록자가 되었고(그는 자리에서 나와서 시의 행들을 적어 내려갔다), 그런 과정이 그의 참여와 에너지 수준을 높였고 다른 많은 집단원들이 연결되어 있다고 느끼는 데 도움을 주었다. 시와 음악은 또한 내담자가 경험한 많은 감정들을 보편화하는 데(예를 들어, 「음울한」과 결코 좋지 않은 것들에 대한 시구) 도움이 되었다. 시와 음악의 사용은 일부 집단원이 과거 시간에 대한 집착에서 벗어나 현재의 시간에 적극적 자세를 취하도록 하는 데 도움이 되었다.

각 회기가 끝날 무렵에 집단원이 공동작업시를 쓰기 위해 함께 모인 시간은 집단의 응집력을 빠른 속도로 발전시키는 것처럼 보였다. 집단원의 공동작업시를 복사하여 나누어 주는 것 또한 회기 간의 연속성을 제공하는 데 도움이 되었다. 특히 흥미로운 사실 중 한 가지는 공동작업시의 내용과 집단의 발달 단계 사이의 유사성을 발견한 것이다. 갈런드 등에 의해 관찰된 발달 단계에 기초하여 살펴볼 때, 이 집단의 공동작업시는 다음과 같이 정리될 수 있다 (Garland et al., 1965).

- 1주 차 — 사전 제휴 : "싱크홀 안에서/컴컴하고, 손을 꽉 쥔/아무것도 하고 싶지 않아."
- 2주 차 — 힘과 통제 : "분노/달에 돌을 던지는 것/에너지가 잘 전달되지 않는."
- 3주 차 — 친밀감 : "마음 놓기/목소리 내기/당신이 말하기를 두려워했던 것."
- 4주 차 — 친밀감 : "서로의 감정을 파헤치고/혼탁함과 투쟁하기/서로를 부여잡기."
- 5주 차 — 분화 : "우리의 능력이 충만해 있다/우리 자신의 질문에 대답할 수 있는."
- 6주 차 — 분리 : "텅 빈 상호작용/시간낭비/게임은 삶이다/살아남는 방법."
- 7주 차 — 분리/종결 : "내 감정을 단정할 수 없음/그러나 조금 더 잘 공유할 수 있다."

이것은 비록 공동작업시가 집단에 부여된 과제였을지라도 집단의 발전을 방해하기보다는 집단을 강화하고 가속화하였음을 보여준다. 이 기법은 특히 시간이 제한된 방식(이 경우 7주)으로 집단작업이 진행될 경우 집단원을 구체적인 공유 경험에 참여시켜 응집력을 향상시키는 데 도움이 되었다.

집단치료에서 시와 음악을 사용하는 데는 한계가 있으며 활용 전에 집단의 발달 과정과 개인의 욕구에 대한 신중한 평가가 필요하다. 시적 기법을 사용하는 데 소요되는 시간의 양과 시점은 특히 중요하다. 시 자료가 효과를 내기 위해서는 집단원이 그것을 자신의 과정과 관련된 것으로 간주할 수 있어야 한다. 이것은 지금-여기의 토론을 촉발할 수 있지만 지나치게 많은 시간을 시와 노래에 할애하게 될 수도 있다. 어떤 시나 노래는 집단원에게 혐오스럽거나 그들이 아직 그것을 감상할 준비가 되어있지 않다는 감정을 야기할 수 있다. 이런 일이 발생하면 시간의 변수 자체를 고려하는 것이 도움이 될 수 있다. 리더 또는 집단에서 그 사람이 해당 노래나 시를 감상하는 시간을 정할 수 있으며 이때 그러한 감정을 다루지 않을 자유가 있다는 점을 밝힘으로써 그를 지지할 수 있다. 이런 결정은 감정의 경계를 제공하고 독립감을 회복시킬 수 있다.

시 또는 노래는 철회된 채로 있을 수 있는(즉, 탈출) 수단 또한 제공한다. 그렇기 때문에 매우 조용한 집단원에 미치는 영향을 관찰하는 것이 특히 중요하다(예를 들어, 비언어적인 행동). 이런 경우 공동 리더를 두는 것이 도움이 된다. 기성 시의 사용은 집단 과정을 촉진하기보다 오히려 강요하는 것이 될 수 있다. 집단 리더가 해당 회기에서 특정한 시나 노래를 사용해야 한다고 주장하는 경우, 이것은 집단원들의 욕구보다는 리더의 욕구에 부응하는 것이 되기 때문이다. 시적 기법의 의도는 집단의 내용과 과정을 다른 것으로 대체하는 것이 아니라 있는 그대로 촉진하는 것이다. 이러한 관점은 문학 또는 교육을 강조하는 것을 피할 수 있게 한다.

시와 음악은 집단치료의 보조 기법으로서 잠재력을 가지는 것으로 보인다. 이 장에서 시와 음악은 치료의 실체 그 자체로 간주되지 않는다. 시와 음악은 위협적이지 않은 매체를 통해 단기 집단치료의 초기 참여를 강화함으로써 대학의 상담센터 내담자들과 작업하는 데 특히 도움이 되었다. 공동작업시는 집단 응집력을 발전시키는 데 중요한 역할을 했으며 (회기) 종결을 위한 제의의 한 형태로 사용되었다. 공동작업시는 회기를 연결하는 데 유용할 뿐만 아니라 더 중요하게는 비교적 짧은 시간 내에 사람들을 연결시키는 데 유용했다. 예술, 시, 음악을 사용하여 촉진적인 입장을 취하는 데 익숙한 집단 리더에게는 이것이 인지, 정서, 행동 영역에 도달하여 집단 과정을 발전시키는 가치가 입증된 보조 기법이 될 것이다.

개인적으로 의미 있는 시나 음악을 통해 힘을 얻음으로써 집단원은 집단 리더에 대한 의존도를 줄일 수 있었다. 집단원은 자신 내부로부터 그리고 서로를 통해 나온 우울과 다른 문제들을 다루는 방법을 발견했다. 시 또는 노래 가사는 때로 혼란스럽고 양가적인 감정을 느낄 때 필요한 경계와 구조를 제공한다. 앞에서 논의된 집단이 쓴 마지막 공동작업시에는 경계에 대한 검토("높게 벽을 세우고/ 또 벽을 허물고/ 우리는 그 사이를 오가며 살고 있다.")와 위험을 감수하고자 하는 의지("우리의 약점을 공유할 수 있는/ 친구를 찾는다.")가 포함되어 있다.

집단치료 회기는 내담자가 보내는 한 주 중 단지 일부분일 뿐이다. 집단 리더는 시간, 시, 음악을 사용하여 내담자들이 치료적 경험을 극대화하도록 도울 수 있으며 회기 자체를 넘어서 진전이 계속될 수 있는 수단을 만들 수 있다. 시간, 시, 음악을 통한 구조화, 측정, 이동은 집단 과정과 치료에 가장 잘 호환되는 것으로 입증되었다.

다시 생각해 보기

1. 소집단에서의 경험을 떠올려 집단 응집력에 기여한 요인들을 확인해 보세요. 시가 어떻게 그러한 요인이 되었을까요?

2. 집단에서 시와 음악을 어떻게 사용할 수 있을까요?

3. 집단 과정이 왜 그렇게 중요한가요? 시치료는 이 과정을 어떻게 촉진하거나 방해하나요? 가상의 집단을 두고 이 과정이 어떻게 영향을 받는지 설명해 보세요.

지역사회 대상 활동

지역사회를 인식하고 발전시키는 데 예술(예 : 미술, 연극, 음악, 무용)이 차지하는 위상은 전문문헌에 상당히 많이 언급되어 왔다(예 : Borrup, 2006; Dillon, 2007; Kay, 2000; Sjollema & Hanley, 2014). 그러나 지역사회 발전을 위해 사용될 수 있는 예술로서의 시는 미미한 관심만을 받아 왔다. 시와 시치료 또한 학교, 교도소, 병원 및 기타 서비스 현장에서 중요한 교육 및 치료적 행위주체가 될 수 있다. 그러나 이 장에서는 노숙인과 함께 한 프로젝트를 중심으로 일부 소외된 사람들을 위한 활용에만 초점을 맞추려 한다.[1]

사회 문제를 다루는 전문가들을 돕기 위해서는 공공 기관 또는 컨설팅 사무실을 넘어 더 큰 공동체로 이동하는 것이 중요하다. 윌리엄 도허티는 치료사가 지역사회에서 활발히 활동함으로써 '사회변화의 촉매제'가 되도록 촉구했다(Doherty, 2008). 그는 공공 기관에서 실천을 지속하는 사람들을 위해 '시민치료사'라는 용어를 만들었을 뿐 아니라 지역사회 지도자, 지원집단 및 기타 시민활동가들과의 대화를 통해 공공 문제들을 해결하고자 했다. 도허티의 작업은 지역사회가 변화와 치유의 능력을 가지고 있다는 기본 원칙에 기반을 두고 있다. 그는 임상 기술을 지역사회 실천과 연결하면서, "우리는 곤경에 처한 세상에서 개인의 고통에 대한 실제 이야기를 듣는다는 점에서 변화를 위한 행위주체가 될 수 있는 좋은 위치에 있다."(3)라고 말한다. 서사적이고 시적인 수단을 통해 우리는 그들의 이야기를 듣고 희망과 강점으로 구축되고

---

1 이 장의 일부는 N. Mazza(2018), No place for indifference: poetry therapy and empowerment in clinical, educational, and community practice, *Journal of Poetry Therapy*, 31(4): 203~208에 게재된 것으로 Routledge 출판사의 허락을 구하여 수록하였다.

건강과 행복, 충만함으로 운명처럼 나아갈 수 있는 개인, 가족, 집단, 공동체의 새로운 이야기를 형성하도록 돕는다.

줄리아 먼슬로우는 「단절을 사랑하지 않는 무언가가 있다. 트럼프 시대에 시가 중요한가?」(Munslow, 2017)라는 새로운 논문에서 엘리트적이고 난해한 것으로 간주되는 시가 실제로 트럼프 시대에 무엇인가를 바꿀 수 있는지 여부에 의문을 제기했다. 나의 대답은, 그것이 시가 오늘날 어떤 것을 바꿀 수 있는가의 문제가 아니라 시가 어떤 방식으로 그리고 어느 정도로 삶과 사회를 변화시키거나 그것에 영향을 미칠 수 있는가의 문제라는 것이다. 시는 학자와 '엘리트집단'에만 국한되지 않는다. 미국에서 시의 역할은 시카고대학교의 국립연구센터(NORC)가 주최하고 시재단(Poetry Foundation)이 주관한 국가차원의 설문조사(n=1,000)인 '미국에서의 시(Poetry in America)'를 통해 조사되었다(Schwartz et al., 2006). 시치료와 특별한 관련성을 가진 주요 결과 중 하나는 시를 읽거나 듣는 것이 개인적, 사회적 보상으로 인식된다는 점이었다. 또한 많은 사람들이 다양한 의례를 통해 시를 '우연하게' 접하게 되었다는 점도 주목되었다. 본질적으로 이 연구는 독자들이 시에 노출된다면 그들이 시를 읽을 것이고, 그것이 이로운 것임을 알게 되리라는 점을 밝혔다.

▎7.1 사회정의

사회정의는 인류의 강점을 말해준다. 그것은 다양성을 말한다. 우리가 봉사하는 다양한 사람들과 접촉하고 그들을 인정해 주는 수단으로 시보다 더 좋은 것이 무엇이겠는가. 저마다의 언어, 상징, 이야기와 그들의 문화를 이해하는 것은 책임 있고 윤리적이며 효과적인 실천에 중요하다(McPherson & Mazza, 2014).

시인들이 사회변화에 어떻게 참여하는지에 대한 한 가지 사례가 '평화와 지속 가능한 변화를 위한 10만 시인 운동'이다. 이들은 시위와 기념 행사를 통해 평화와 지속 가능성을 촉진하고 심도 깊은 사회적, 환경적, 정치적 변화를 요구하는 미국 전역의 시인, 음악가 및 예술가들이다(The 100 Thousand Poets for Change, 2018).

우리는 개인, 가족, 집단 및 지역사회에서 시치료의 실천을 통해 사회정의(인권, 빈곤, 실업, 장애, 차별 및 평등에 대한 관심)를 촉구한다. 이것은 우리가 내담자에 대한 이해, 공감, 검증, 지도, 지원을 제공하고 그들이 필요한 자원을 얻도록 도울 때 발생할 수 있다. 우리는 또한 내담자를 대신하여 조직의 변화를 옹호하고 중요한 건강 및 사회 문제에 지역사회를 참여시킴으로써 사회정의를 촉진한다.

리처드슨은 '총성 이후의 삶' 프로그램에서 총기 폭력과 집단투옥에 대한 젊은 흑인 남성의 경험에 대한 인식을 촉구하기 위해 디지털 스토리텔링을 사용하고 있다(Richardson, 2017). 이 이야기는 인종차별, 폭력 및 차별의 상황에서 젊은이들이 보였던 회복력을 전해준다. 지역사회에서 시인의 중요한 역할과 그들이 직면한 위험은 미얀마에서도 볼 수 있었다. 미얀마에서는 시인들이 권력을 잡고 있는 군사쿠데타에 대해 시를 통해 항의하고 있다. 그들은 항의시(protest poetry)로 인해 투옥되어 고문받고 살해되었다(Beech, 2021).

전미사회복지사협회(NASW) 및 미국심리학회(APA), 전미시치료학회(NAPT)와 같은 전문기관의 윤리강령에 따라 우리는 전문가로서 최고 수준을 유지하고 사회적 책임과 역량의 경계를 인식해야 한다. 우리는 나이, 성별 및 성적 취향, 사회경제적 지위, 장애, 인종 및 민족 배경과 같은 문제를 포함하여 다양성을 인정한다. 시치료는 저마다의 존엄과 가치를 존중하겠다는 우리의 약속에 부합한다. 본질적으로 우리에게는 우리의 내담자와 더 큰 사회에 대한 책임이 있다. 시와 서사를 통해 대중들을 계몽하고 대화를 촉진하는 것은 사회정책의 변화에 영향을 줄 수 있다.

특히 난민과 관련하여 사회적 인식과 변화를 진전시키기 위해 대화를 촉진할 때 다음과 같은 거꾸로 읽는 시(reverse poem)를 고려해 보라.

난민

그들은 우리의 도움이 필요 없다

그러니 나에게 이렇게 말하지 마라

그 초췌한 얼굴이 당신이나 나의 것일 수 있다고

인생이 다른 손을 사용했다면

우리는 그들이 정말로 누구인지 볼 필요가 있다

기회주의자에 공짜를 바라는 파렴치한인지

게으름뱅이에 빈집털이꾼인지

소매에 폭탄을 채우고

목을 베고 약탈하는 자

그들은 그런 사람이 아니다

여기에 온 것을 환영받지 못한다

우리가 해야 하는 건 그들이 왔던 곳으로 돌아가게 하는 것

그들은 그렇게 할 수 없다

우리의 음식을 나누어라

우리의 집을 함께 써라

우리의 나라에서 살게 하라

대신 그들을 막기 위해 벽을 세우자

그렇게 말하는 것은 옳지 않다

그들도 우리와 똑같은 사람이다

한 장소는 거기에서 태어난 사람들에게만 속해야 한다

그렇게 생각하다니 너무 어리석구나

세상을 다른 방식으로 볼 수 있다니

(이제 아래에서 위로 읽어보라.)

브라이언 빌스턴(Brian Bilston)[2]

더 자세히 살펴보려면, 「새로운 거상(The New Colossus)」을 보라. 이 글이 쓰일 때 수천 명의 미등록 아동들이 미국에서 그들의 부모와 분리되어 멕시코 국경의 구치소나 보호소에 수용되었다.

새로운 거상

저 그리스의 명성 높은 청동거인 같지 않지만

정복자의 사지를 대지에서 대지로 뻗어나가는

여기 우리의 바닷물로 씻긴 일몰의 대문 앞에

횃불을 든 거대한 여인이 서있으니

그 불꽃은 투옥된 번개

그녀의 이름은 망명자의 어머니

횃불을 든 그녀의 손은 전 세계로 환영의 빛을 보내며

온화한 눈은 쌍둥이 도시가 만든 공중 다리 항구를 향해 명령한다.

"고대의 땅들아, 너의 화려했던 전설을 지켜라!"

그리고 침묵하는 입술로 울부짖는다.

---

2   브라이언 빌스턴의 『노동시(*Poetry Laboetry*)』 중 「난민(Refugees)」. 저자의 친절한 허락을 받아 수록하였다. https://brianbilston.com/2016/03/23/refugees/

"너의 지치고 가난한 사람들,

네가 껴안은 자유를 숨쉬기를 갈망하는 사람들을 내게 보내다오.

너의 풍성한 해안가에서 쓰레기처럼 비참하게 버림받은

폭풍우에 시달려도 머물 곳 없는 사람들을 나에게 보내다오,

내가 황금의 문 옆에서 램프를 들어 올릴 테니!"

에마 라자루스(Emma Lazarus, 1849~1887)[3]

자유의 여신상 받침대에 새겨진 이 시는 상징적, 수용적, 표현적 수준(예 : 동상이 상징하는 것, 이 시의 단어가 독자에게 의미하는 바, 그리고 이 동상과 시가 글쓰기와 사회적 행위를 위해 촉매 역할을 하는 방식)에서 작동한다.

앨런 그라츠의 소설 『난민』(Gratz, 2017)에 대해 논의한 레너드 핏츠는 세 시대(1939년 나치 독일, 1994년 카스트로 정권, 그리고 2015년 시리아 알레포) 아이들의 곤경을 읽으면 "다시는 난민의 곤경을 단지 정책차원으로만 축소시켜 생각할 수 없게 된다. 난민의 곤경을 당신의 두려움으로 축소시켜 생각하는 것은 더더욱 할 수 없게 된다. 이 책은 당신의 휴머니티를 요구한다. 최선의 상태에서의 픽션은 진실을 드러내는 거짓말이다. 시리아 가족들이 목숨을 걸고 도망치는 동안에도 무슬림 금지에 대해 논쟁하는 국가에게는 이 페이지들이 드러내는 진실이 이보다 더 시의적절할 수 없다. 진실은 이렇다. 우리가 쉽게 이름이 없고, 목소리가 없고, 표정 없는 얼굴로 볼 수 있는 것들이 실제로는 전혀 그렇지 않다. 여자아이, 남자아이, 여성과 남성, 그들 모두는 우리와 똑같이 이 도전적인 삶을 안전하게 헤쳐나가기 위해 노력할 뿐인 사람들이다. 그리고 그들이 요구하는 것은 배에 앉을 수 있는 좌석뿐이다."(Pitts, 2017: 4A)라고 지적했다. 핏츠는 억압받는 다양한 사람들의 휴머니티를 외치고 인권을 발전시키기 위한 사회적, 정치적인 집단행동이 없는 한 반복될 운명이 될 것이 분명한 설득력 강한 역사적 교훈을 제공한다.

소외되고 취약한 도심 성인들(예 : 노숙인, 외상 피해자, 실업자)의 역량을 강화시키고자 하는 조직인 도시 가능성 모임(Urban Possibilities)의 공동 설립자 아이벳 존스-존슨은 역량 강화 원리, 글쓰기, 퍼포먼스를 활용한 12주짜리 프로그램을 통해 "우리 학생들에게 진실을 쓰고 공유하는 것은 그들의 복귀에 불을 붙이고 가능성에 대한 믿음을 회복하는 데 도움이 된다. 그들은 자신의 이야기를 시적으로 그리고 힘 있게 말하는데, 이 모두가 바로 성공적인 구직에 필

---

3 이 시는 poets.org에 저작권 없이 공개되어 있다.

요한 기술들이다."(Jones-Johnson, 2017: 152)라고 말했다. 실제로, 표현(글쓰기)과 상징(수행)적 방법을 결합하여 사용함으로써 이 박탈당한 성인들을 참여시킬 수 있었으며 그들의 힘을 강화시켰다.

빅토리아 포스터는 영국의 빈곤한 가정과 함께 작업하면서 시를 사용했는데, 그녀는 특별히 가난한 지역사회에서 육아의 경험을 탐구했다(Foster, 2012). 포스터는 '확실한 시작(Sure Start)' 프로그램에서 부모와 아동돌보미를 위한 창조적 글쓰기 집단을 만들었다. 물론 참여자의 문해 수준을 고려하는 것이 필수적이었다. 포스터는 또한 사회복지학과 학생들을 교육하고 민감성을 기르는 데 이러한 자료를 사용했다. 시는 감정과 휴머니티에 대한 것이기 때문이다. 포스터의 표현적 글쓰기 프로그램은 부모와 돌보미들을 위한 개입으로 사용된 것만이 아니라 나중에 그들의 글은 사회복지교육을 위한 교육 도구(시치료의 수용적 방법에서)로도 사용되었다.

억압받는 사람들에게 목소리를 빌려주는 시를 창작하고 공유하는 것은 저항과 사회정의, 영성을 긍정하는 강력한 형식이다. 그것은 또한 미래 세대를 위한 교훈과 영감을 주는 역사를 포착한다. 이것은 아마도 이야기를 하고 깊이 있고 의미심장하게 사실을 전달하는 역사가들을 위한 시치료도 필요할지 모르겠다는 생각이 들게 한다. 시치료는 우리의 휴머니티, 강점, 헌신에 대해 말할 수 있도록 호소한다. 시치료의 수용적, 표현적, 상징적인 방법은 임상 실제, 교육 및 지역사회운동에 사용될 수 있다. 이것은 평화와 정의를 구하는 행위에 대한 시적인 요구이다.

허쉬는 사회정의가 '정치시(political poetry)'의 시간을 관통하는 공통 주제라고 언급했다(Hirsch, 2017). 그는 미국 문학에서 민권운동과 베트남전쟁이 특히 골웨이 키넬(Galway Kinnell), 드니스 레버토브(Denise Levertov), 로버트 던컨(Robert Duncan)과 같은 시인들의 관심사였다고 말했다. 시인들은 이제 인권 문제, 전쟁, 전염병 및 국내 테러(예 : 국회의사당 공격)에 반응하고 있다. 허쉬는 아드리엔 리치(Adrienne Rich)의 말을 인용해서 말하기를, 설득을 하기보다는 "시로서, 그것은 단지 자신과 잔학행위와 불의와의 관계, 자신의 고통과 두려움과 분노의 근원, 자신의 저항의 의미 등을 규명하려는 시인의 욕구로부터 비롯된다"(238). 우리는 이런 시를 다양한 형태로 보게 된다. 구전되는 전통시에서부터 노래 가사에 이르기까지, COVID-19의 황폐화를 다루는 간호사와 의사에서부터 가난하고 힘들어하는 아이들을 다루는 교사에 이르기까지 시는 발견된다.

숄레마와 핸레이는 캐나다 몬트리올의 불우한 사람들이 모인 곳(예 : 급식 배급소)에서 다섯 개 지역사회 기반의 창조적 글쓰기 집단들을 조사하는 탐구적인 질적 프로젝트를 수행했다(Sjollema & Hanley, 2014). 참여자들의 설문조사에서, 전반적으로 글쓰기 집단은 "지역사회 건설과 발전에 긍정적으로 기여했음을 발견했다"(61). 그들은 또한 회원자격 변경 및 불규칙한 출석으로 인한 불안정을 포함하여 여러 가지 장애물(삶의 상황, 글쓰기 능력에 대한 자신감 부족, 그리고 일반적으로 낮은 자존감과 관련된)을 알게 되었다. 소책자나 문집 같은 것들의 출판을 위한 안전한 정부 자금의 부족으로 안정성이 위태로워졌으며 월간 회의를 위한 공간 확보에 대해서도 갈등이 보고되었다. 저자들은 그들의 연구결과를 통해 글쓰기 프로젝트가 개인적으로 자긍심, 리더십 기술 및 공동체 의식을 증가시킨다는 면에서 지역사회를 발전시킨다고 결론 내렸다. "모든 집단 참여자들은 계속해서 다른 지역사회 활동, 많은 경우 다른 시나 예술 활동에 참여했다고 보고되었다"(63).

뫼니에르는 캐나다 온타리오주에서 직업치료 프로그램의 보조 방법으로 제공하기 위해 8주짜리 글쓰기 프로그램을 개발했다(Meunier, 1999). 그녀는 이 프로그램에서 외래 환자가 직면한 몇 가지 공통적인 문제(예 : 고립, 자부심과 사회적 지원 부족)에 주목하면서 종이에 아이디어와 생각을 쓰는 글쓰기(시, 저널, 짧은 이야기)를 통해 그들의 글쓰기에 대한 불안을 줄이는 데 특별한 주의를 기울였다. 또한, 참여자들을 환자가 아닌 작가와 동료로 간주하였다. 이 프로젝트는 참여자들의 지역사회 참여를 촉진하고 자긍심을 향상시키는 데 성공한 것으로 입증되었다. 뫼니에르는 참여자의 성공에 기인한 요인들을 다음과 같이 정리했다. (1) 자신의 작업에 대한 개인적인 책임, (2) 개인적인 관심과 피드백, (3) 성취(부분적으로 소식지 제작과 관련된), (4) 형식 선택(예 : 시, 저널), 그리고 (5) 업무 현장에의 적용.

앰설은 캐나다 몬트리올에서 지역사회 예술 프로그램의 일환으로 공동체 글쓰기에 대해 논의했다(Amsel, 2003). 소외된 사람들에게 힘을 실어주기 위해 푸드뱅크(food bank)가 글쓰기 장소로 선택되었다. 지역대학 및 사회 서비스 프로그램의 교수와 함께 '새생명 시 창작 집단(New Life Poets Group)'이 설립되고 저소득층을 위한 잡지가 출판되었다. 앰설은 참여자들의 출판 및 독서와 관련된 자존감 증가를 포함하여 유의미한 개인적, 사회적 이득이 있음을 발견했다. 앰설은 또한 다음과 같이 언급했다. "프로그램 참여자들은 지역사회의 대변인이 되었고 인쇄물에 연재 중인 대화(편집자에게 편지 쓰기나 소식지의 사설 쓰기와 같은)에 참여했다. 글쓰기 집단은 열외된 사람들이 자기 관점의 타당성을 주장하도록 돕는다"(110).

▌7.2   노숙인과 함께 한 시치료[4]

이 실행 보고서의 목적은 지역사회 아웃리치 프로그램의 일환으로 진행된 노숙인과의 집단작업인 HEArt(Homeless Expression and Art, 노숙인의 표현과 예술)에서 시치료의 방법, 특히 RES 모델을 소개하는 것이다. 노숙인과 예비 노숙인의 복지를 증진시키는 창조적 글쓰기의 역할은 문헌에서도 주목을 받아 왔다(예 : Alschuler, 1995 ; Pugh & Tietjen, 1997 ; Wolf et al., 1997). 정서 드러내기가 노숙인에게 미친 효과에 대한 예비 연구에서도 유의미한 건강 증진 효과가 발견되었다(de Vicente et al., 2004).

　표현적/창조적 요소는 노숙인과 함께 작업하는 데 특히 도움이 되었다. 코헨과 멀렌더는 노숙인서비스센터에서 사회행동과 개인/대인관계 발달을 통합한 시치료집단에 대해 보고했다(Cohen & Mullender, 1999). 특히 이 집단의 목적은 대중에게 노숙인에 대해 교육하는 것이었다. 이러한 목적은 집단원의 글쓰기와 시 낭송을 통해 성취되었다. 또한 이 집단은 고통스러운 개인 및 대인관계 문제를 다룰 때 집단원이 서로의 창조적인 발전을 지원하는 상호 원조 능력을 발휘했다. 코헨과 멀렌더의 다차원적 집단작업과 일관되게 HEArt는 지역대학에 설립되었다. HEArt는 교수진과 지역사회 구성원이 포함된 대학생 조직이다. 이 다학제 조직의 목적은 두 가지이다. (1) 예술을 통해 복지와 개인의 발달을 촉진하고, (2) 노숙인의 곤경과 창조적 강점에 대한 지역사회의 인식을 증진시키는 것이다. 이 보고서의 초점은 HEArt 프로그램의 한 요소인 시치료에 있다.

▌7.3   시치료와 과업집단

토젤란트와 리바스는 과업집단(task group)이 세 가지 기본적인 목적을 가진다고 지적했다(Toseland & Rivas, 2005). "(1) 내담자의 욕구 충족, (2) 조직의 욕구 충족, (3) 지역사회의 욕구 충족"(28)이다. 그들은 또한 내담자의 욕구를 충족시키는 특별한 방법으로 팀, 치료 회의 및 진행요원 개발과 같은 과업집단의 유형을 제시했다.

　HEArt 프로그램은 예술을 통한 노숙인과의 작업에 참여할 목적으로 교육집단을 제공한다.

---

4   이 절의 이전 버전은 N. Mazza, Words from the HEArt : Poetry therapy and group work with the homeless, *Journal of Poetry Therapy*, 20(4), 2007 : 203~209에 게재되었다.

이 집단은 정보 제공을 위한 진행요원을 발굴하기 위함과 동시에 노숙인의 역량 증진을 돕는 표현예술 활용 기술을 개발하여 제공하기 위해 만들어졌다.

7.3.1　HEArt 교육집단

HEArt 조직은 노숙인이 창조적 표현을 추구하도록 돕기 위해 예술 활용에 관심이 있는 학생과 지역사회 사람들을 위해 정기적인 단일 회기 교육을 제공한다. 교육집단에서는 노숙인 인구에 대한 기술적 자료(예 : 문제의 범위, 잘못된 믿음, 욕구, 강점, 자원, 법적 및 윤리적 문제를 포함한 서비스 제공자의 한계)를 배운다. 표현 방법에 대한 교육에는 예술, 음악, 무용/동작, 연극 및 시/서사가 포함된다.

교육집단의 시/서사 교육의 요소는 다음과 같다.

1. 클러스터시(cluster poem)가 노숙인에 대한 참여자의 태도, 생각 및 감정을 탐구하기 위해 소개되었다(Rico, 1983). 이 기법은 칠판(또는 플립차트)에 단어(주제, 느낌 및 생각)를 써놓고 참여자들에게 그 단어로 연상되는 것을 묻는 것이다. 이 경우 중심 단어는 '노숙인'이다. 여기서 파생되어 나온 것들이 이후 연상의 기초가 될 수 있다(예 : '외로움'이 '노숙인'과 관련지어 나온 단어일 때, 그 단어를 가지고 "'외로움' 하면 무엇이 연상되나요?"라고 물을 수 있다). 노숙인에 대한 다양한 관점(예 : 우울, 외로움, 추위, 좌절)을 포착할 수 있는 수많은 단어들이 생성되었다.

2. 공동작업시가 클러스터시에 이어 소개되었다. 클러스터시에서 생성된 광범위한 '단어 풀'을 감안할 때, 공동작업시는 쉽게 개발될 수 있다. 공동작업시를 통해 집단원은 하나 이상의 행을 만들 수 있는 기회를 갖는다(Mazza, 1996). 일반적으로 중심 주제, 느낌 또는 문제는 집단 리더에 의해 상정된다. 공동작업시의 한 유형은 미리 구성된 감각을 담은 감각시가 될 수 있다(Ghostwriter, 1993). 다음의 시는 교육집단에 의해 만들어진 '노숙인'에 관한 시의 한 예이다(고딕으로 쓰인 단어가 집단원에 의해 생성된 것이다).

노숙인이 된다는 것은 **회색**이다.
그것은 **침묵**처럼 들린다.
그것은 **영원**할 것처럼 느껴진다.
그것은 **쓴맛**이 난다.
그것은 **썩은** 냄새가 난다.

그것은 당신에게 **무력감**을 느끼게 한다.

3. 발췌문을 읽는다. 『나는 나의 말보다 먼저 도착했다 : 노숙인 여성의 자전적 글쓰기』(Pugh & Tietjen, 1997)에서 발췌한 내용을 읽는다. 이 책은 노숙인 여성 5명의 글을 담고 있는 책이다.

4. 이전에 노숙인이었던 한 여성이 그 집단에서 강연을 하고 그녀의 시 중 하나인 「쉼터의 밤 (Shelter Nights)」을 함께 나누었다. 이 시에는 다음과 같은 내용이 포함되어 있다. "내가 외롭고 추울 때마다/쉼터 사람들이 내게 미소 지었다//많은 노숙인 남성, 여성/그리고 어린이들을 먹였다/나는 이 쉼터가 늘 그렇게 할 것임이 기뻤다/지친 내 머리를 쉬기 위해 여기에 있을 것이므로." 이 시는 노숙인의 휴머니티를 함양하고 집단원 간의 건강한 대화를 촉진하는 역할을 했다.

7.3.2 노숙인을 위한 봉사의 날

HEArt는 노숙인을 위한 지역연합이 후원하는 '노숙인을 위한 봉사의 날' 야외 지역 활동에 참여했다. 이 행사의 주요 초점은 기본 일상생활을 위한 서비스(개인용품, 음식, 치과 및 의료, 이발 등)를 제공하는 것이었다. HEArt는 '예술적 서비스'를 제공하도록 초대되었다. 여기에는 미술, 음악, 무용 및 시가 포함되었다. 다음과 같이 노숙 어린이들의 감각시(컬러마커로 쓰임)가 포함된 시를 완성하였다.

> **멍청이(Silly)**
>
> 멍청이는 무지개의 색깔입니다.
> 그것은 아이들이 노는 것처럼 소리를 냅니다.
> 그것은 큰 간지럼처럼 느껴집니다.
> 그것은 바나나 스플릿 맛이 납니다.
> **초콜릿이 잔뜩 뿌려진 거** 말이에요.
> 그것은 발꼬랑내 같은 냄새가 납니다.
> 그것은 당신이 웃고 미소 짓는 것처럼 느끼게 합니다.

비슷한 내용과 형식이 지역대학의 시민교육 및 서비스센터에서 봉사학습에 참여하는 학생공동체집단에 사용되었다. 여기서의 강조점은 학생과 서비스 수혜자에게 상호 이득이 되는 체험학습과 봉사에 있다.

▎7.4 시치료와 치료집단

토젤란트와 리바스는 다섯 유형의 치료집단을 구분하였다(Toseland & Rivas, 2005). (1) 지원, (2) 교육, (3) 성장, (4) 치료, (5) 사회화 등이다. HEArt 프로그램은 긴급단기주택 서비스 프로그램을 제공하는데, 아파트 단지에 임시주택을 제공하는 것과 더불어 사례관리 서비스를 제공하고 일상생활 기술을 교육하며 궁극적으로는 영구주택으로 이주하는 것을 염두에 두고 있다. 입주 노숙인에게는 이러한 기술을 가르치는 주간 교육 수업에 참석하는 것이 요구되었다. HEArt는 정기적으로 수업을 제공하도록 초대받았다. 수업의 주요 목적은 교육하는 것이지만 지원, 성장 및 사회화의 측면 또한 HEArt 집단 경험의 중요한 부분이었다.

HEArt 프로그램은 아동집단에게 미술 경험을 제공하고 성인에게는 시 경험을 제공했다.

7.4.1 수용적/처방적 요소

로버트 프로스트의 시 「가지 않은 길」(1915/1964)을 성인집단(24~40세 성인 12명)에게 소개하고 전체 또는 특정 행이나 이미지에 대한 반응을 이끌었다. 집단원은 자신의 삶에서 한 선택과 그에 따른 영향을 연결 지었다. 일부 집단원은 자신에게 여전히 가족 구성원의 삶을 향상시킬 수 있도록 해야 할 선택/결정이 있다고 말했다.

7.4.2 표현적/창조적 요소

공동작업시가 클러스터 기법에 따라 소개되었다(Rico, 1983). 「좌절감」은 집단이 집단시에서 다루기를 원하는 하나의 감정으로 나왔다.

좌절감

당신은 누군가에게 비명을 지르고 싶을 것이다

외롭고

덫에 걸린

나의 집

그녀의 집

우리의 삶은 펼쳐진 책이다

우리의 사생활 침해는

우리를 아이들처럼 느끼게 하고

그래서 분노가 시작된다

벽을 등지고

시간

압박

또 압박

나는 평온을 유지하고자 한다

아이들 생각

이 모든 것에서 나오는

스트레스

스트레스, 또 스트레스

머리카락이 삐죽 선다

내 아이들은 나를 지탱하게 하는 유일한 것이다

그것은 당신이 벽을 두드리기를 원한다고 느끼게 한다

하지만 그것은 단지 느낌일 뿐이다

좌 절 감

공동작업시는 호응을 얻었고 집단원은 수업을 마치기 전에 시 하나를 더 쓰기를 원했다.

계단과 열린 문

인생은 힘들다.

곤경에 처한 시간 동안

사람들은 들으려 하지 않았다.

항상 공평하지는 않지만,

인생은 아름답다.

실수를 하지 않는다면

믿음이 당신을 이끌 수 있다.

서로 사랑하고 지지한다면

이것이 열쇠이다.

인생은 계단이며

열린 문이다.

공동작업시는 집단원에게 그들의 관심사, 강점 및 능력에 목소리를 부여함으로써 힘을 실어주는 것처럼 보였다. 시치료에 대한 초기 연구(Golden, 2000; Mazza & Price, 1985)와 일치하게 공동작업시는 집단 응집력을 발전시켰다. 또한 처음에 공동작업시를 쓰고 토론한 후, 집단원 두 사람이 개별시를 써서 공유했다는 점도 흥미롭다.

7.4.3 상징적/의례적 요소

시치료의 이 구성 요소는 집단원이 시를 공유하고 읽음으로써 그들의 목소리를 타당화하고 강화한다는 점을 통해 입증되었다. 이 구성 요소는 회기가 끝날 때 아동집단을 성인집단으로 데려오면서 더욱 발전했다. 어린이들은 그들의 미술 작품을 공유했고 성인들은 자신의 시를 공유했다. 이 상호 교환은 모든 집단원으로부터 매우 긍정적인 반응을 얻었다. 몇 주 후, HEArt 집단 일원이 아파트 단지를 방문했을 때, 「계단과 열린 문」 공동작업시가 칠판에서 지워지지 않았음을 발견했다. 관리인은 입주민들이 그들의 시를 매우 자랑스럽게 생각하여 지우는 것을 원치 않았다고 말했다. HEArt팀은 그 시를 캘리그래피로 다시 써서 액자에 넣기로 했다. 액자에 넣은 시를 입주민들에게 주었을 때 그들은 관리인의 허락을 받아 그 액자를 단지 출입구 벽에 붙여놓았다. 이것은 그야말로 상징적인 것이며 하나의 유산이었다.

7.5 논의

노숙인과 함께 작업한 시치료의 실제가 과업집단과 치료집단의 사례로 모두 간단하게 소개되었다. 시치료는 예술 기반 접근의 집단작업 방식 내에서 고려되었다. 시치료에 사용된 방법은 교육집단 및 시민봉사집단에서 언급된 바에 따라 노숙인의 욕구와 강점에 대한 지역사회의 민감성을 고취시키는 데 도움이 되었다. 또한 작은 시집, 이야기, 미술작업 및 자료 목록들이 나중에 인쇄되어 지역 서비스 제공 기관(예: 쉼터, 보건 진료소, 구세군 및 도서관)에 배포되었다. 앞서 언급한 여러 집단에서 많은 시가 창작되었다.

시치료는 교육/지원 집단에서 입증된 바와 같이 자기표현 및 타당화, 역량 강화를 위한 수단을 제공하는 데 중요한 역할을 한다. 그러나 노숙인과 함께 집단 시치료 방법을 사용할 때는 주의가 필요하다. 집단 리더(들)는 항상 자신의 직업적 경계 내에서 일해야 하며 집단의 목적을 명확히 해야 한다. 또한, 참여자를 불쾌하게 하거나 선택한 방법을 지나치게 강요하지 않도록 문해 수준과 언어 능력을 신중하게 고려해야 한다. 집단원이 모임을 위한 준비가 되어있지 않거나 집단 리더가 해결할 수 없는 고통스러운 감정 경험을 불러일으킬 가능성이 있기 때문이다.

전반적으로, 시적 집단 방법은 건강한 문제 해결과 개인적 발달을 촉진함으로써 노숙인의 휴머니티를 고양시킬 수 있는 잠재력을 가지고 있다. 향후 질적 연구 및 양적 연구가 이루어지면서 시적 방법의 지속 가능성이 확정될 것이다. 그러나 노숙인을 위한 시치료가 얄롬이 밝힌 핵심 치료 요인 중 하나인 '희망'과 닿아있다는 점은 분명하다(Yalom, 1995).

다시 생각해 보기

1. 현재의 국내외적 혼란을 생각하면, 어떤 시가 떠오르나요? 당신은 이 시대에 관한 시를 써본 적이 있나요? 시가 건강한 지역사회에 어떻게 기여하는지 생각해 보세요.
2. 세계 지도자들에게 시 또는 편지를 써보세요.
3. 시인이 위험에 처해있다고 생각하나요? 그렇다면, 왜 그렇게 생각하나요?

제3부

발달 단계

직업상상(career fantasies)-
아버지와 딸

그녀는 받는다

아버지가 만든
나무 장난감 비행기

작은 손들이
부드럽게
날개 위를
지나가고
그녀는
비행기 조종사가 된다

그러는 동안
아버지는
마치 자신이 시를 나누는
장인이 된 듯한 기분을 느끼며
미소 짓는다

니콜라스 마짜[*]

[*] *Personnel & Guidance Journal*, 61, 1982: 173에 게재된 시를 American Association for Counseling and Development의 허락을 구하여 수록하였다.

어린이와 초기 청소년

어린이를 대상으로 한 치료를 위한 능력에 언어 기술을 사용하는 것은 전문문헌에서 중요한 관심을 받아 왔다(예 : Abell, 1998; Brand, 1987; Buskirk-Cohen, 2015; Del Valle et al., 2001; DeMaria, 1991; Gladding, 1987; Kloser, 2013; Lucas & Soares, 2014; Olson-McBride & Page, 2006). 그러나 이것은 새로운 개념이 아니다. 『청소년 시치료 : 모든 연령의 젊은이들을 위한 응급처치시』(Schauffler, 1931: xiii)는 "다른 사람들에게 환영받지 못하고, 자신에게 고통스러운 태도, 성격, 습관"을 예방하는 도구로서의 시에 대한 연구에 중요한 공헌을 한 초기 작품이다. 셔플러는 몇 가지 주제에 따라 어린이를 위한 시 모음집을 처방적인 형식으로 엮어 만들었다.

셔플러는 그 주제들 가운데 하나로 스포츠맨 정신을 다뤘는데, 일상생활에도 적용될 수 있는 다음 다섯 가지 특성이 포함된다. (1) 정정당당한 경기, (2) 협동작업(team work), (3) 명예로운 승리, (4) 용기 있는 패배, (5) 포기하지 않음. 예를 들어 루야드 키플링(Ruyard Kipling)의 시 「만약에」(If)는 "공정한 경기를 고취시키는 스포츠맨십(명예의 시)"의 범주에 포함된다. 다른 주제들의 경우, 상상력(「알라딘 램프의 Z 광선」), 에너지(「비타민」), 슬픔(「우울함을 가라앉히는 일광욕 : 미소 짓게 만드는 시들」), 통찰력(「상상력을 북돋우는 시와 예언의 지팡이 : 깊은 이해를 주는 시들」), 그리고 유머(「만병통치 웃음 : 재미있는 시들」) 등이 있다. 거의 70년 전에 출판된 이 책(Schauffler, 1931)의 체계와 책에 수록된 많은 시는 오늘날에도 유용한 가치를 지니고 있다. 어린이를 대상으로 한 치료에서는 개인치료, 가족치료, 집단치료 등 다양한 형태가 고려되어야 한다. 어린이를 대상으로 한 예방이나 치료를 목적으로 하는 치료 모델이나 치료 방법은 그들의 발달에 적합한 범위와 상황 내에서 행해져야 한다.

시에 대한 교육적이고 치료적인 사용에 있어 자주 간과되는 한 부분은, 입학 전 유아들의 경우이다. 어린이의 관심을 끄는 시의 한 측면은 리듬을 가지고 노는 놀이라는 요소이다. 이와 더불어 다양한 소리들과 시각화를 가지고 실험(작업)을 하면 글을 읽고 쓸 줄 아는 능력과 발전에 효과적일 수 있다.

보완적인 게 지원된다면 입학 전 유아들에게는 아크로스틱 형태가 효과적일 수 있다. 예를 들어 다음과 같이 아이들의 이름이나 반려동물을 이용할 수 있다.

리사(Lisa)

사랑(Love)

은(Is)

너무나(So)

놀라워(Awesome)

고양이(Cat)

잡기(Catch)

사과(Apples)

함께(Together)

학교에 입학하기 전 유아가 읽을 수 있는 그림책들은 셀 수 없이 많다(poets.org 참조). 예를 들어 일상생활을 포착한 일러스트레이션, 소리, 움직임들이 수록되어 있는 고전 작품이 하나 있다. 마거릿 와이즈 브라운(Margaret Wise Brown)이 지은 『시끄러운 책』(1939)이다. 좀 더 최근의 작품으로는 매리 닌(Mary Nhin)이 지은 『용감한 닌자 : 용기에 관한 어린이 책』(2020)이 있다. 이 책은 아이들의 두려움과 불안을 다루고 있어 이 문제들에 도움을 줄 수 있다. 웹 사이트(저자의 프로필)에 가면 자유롭게 출력할 수 있는 색칠하기 페이지도 있다. 이 이야기에 대한 피드백 차원에서, 그림 그리기나 시 혹은 이야기 만들기로도 발전시킬 수 있다. 사실상 글쓰기와 자유로운 그림 그리기가 자율적인 힘을 주는 것이다.

시적인 표현력을 키우는 데 사용할 수 있는 시의 사례로서 주디스 비오스트의 작품 「내가 세상을 담당한다면(If I were in charge of the world)」(1981)이 있다. 아이들은 만약 그들이 세상을 담당한다면 무엇을 할 것인지에 대한 질문을 받을 수 있다. 나는 …을 하고 싶다. 이는 공동 작업시로 발전될 수 있다. 또한 아이들은 만약 그들이 현재를 담당한다면 무엇을 할 것인지에 대한 질문도 받을 수 있다. 비슷하게 이것도 개인 혹은 집단 간의 작업으로 이뤄질 수 있다.

시적인 기법들의 상당수는 유아 및 아동들에게 효과적이다. 예를 들어, 우리가 리듬과 라임

(rhyme : 운)에 어떻게 반응하는가를 생각해 보라. 자작시는 아주 짧게 지을 수 있다(예를 들어, 하이쿠). 다른 사람의 시뿐 아니라 자작시를 외우는 것은 자부심을 키우는 데 도움을 줄 수 있다. 시를 공유함으로써 대인관계와 관련된 기술을 습득할 수 있다. 시를 연기로 발전시키면 특히 효과적이다. 예를 들어 시에 맞춰 춤을 추면, 재미있고 감정 표현이 풍부해지고 자율적인 힘이 생긴다.

특히 취학 전 유아들이 읽기에 적합한 보드북[1]의 한 예로서 린 올리버(Lin Oliver)가 지은 『작은 귀들을 위한 작은 시들』(2017)이 있다. 낭독을 위한 이 책에는 흥미로운 그림들이 수록되어 있는데[토미 드 파올라(Tomie de Paola)가 그림], 탄생으로부터 시작해서 움직이기, 걷기, 그리고 거닐기, 여기서 다시 감각들로 옮겨가고, 자동차 시트 만지기, 게임하기, 서랍을 따라 기어오르기, 잠자기, 그리고 '아빠 수염 만지기'로 옮겨간다. 이 23개의 시 모음집은 놀라움으로 가득 차 있고 참으로 시적이다.

다음은 페리 롱고(정신치료 전문가 겸 시치료 전문가)가 지은 시인데, 이는 어린이치료에 사용되었다. 시 다음엔 훈련(연습)이 뒤따른다. 이것은 수용적/처방적인 방식(기존 시를 공유하는 것)과 표현적/창조적인 방식(글로 표현하도록 격려하는 것)을 결합시킨 예이다.

딱 맞는 크기(JUST THE RIGHT SIZE)

나는 딱 맞는 크기야

펭귄처럼 뒤뚱뒤뚱 걸으며

빛나는 파란 바다로 나아갈 수도 있고,

불안정한 벌레처럼 꿈틀꿈틀 움직일 수도 있지

근데 너는 하루 종일 말하고 있구나.

나는 딱 맞는 크기야

소파 밑에 숨어서

괴물 얼굴을 빤히 쳐다볼 수도 있고,

바람이 거세게 불어서 무서울 때는

엄마 침대로 달려가서

벌레처럼 딱 달라붙어 있어도 돼.

1　board book : 표지뿐 아니라 모든 장이 두껍고 딱딱한 종이로 된 책으로 보통 어린이 도서에서 찾아볼 수 있다. ―역자 주

나는 너무 작아서 고릴라와 포옹할 수 없고,

혼자서 배를 조종할 수도 없고

아주 커다란 고래를 들어 올릴 수도 없어.

나는 너무 키가 커서 아무리 쥐어짜도 쥐구멍 속으로 들어갈 수 없어

하지만 나는 딱 맞는 크기야

그래서 나비의 날개 위에 공짜로 얻어 탈 수 있어

내가 슬프거나 행복할 때 혹은

내가 한 일이 자랑스러울 때

꼭 안아줄 수 있어.

시 : 「나는 딱 맞는 크기야」

"나는 딱 맞는 크기야"를 위한 라인의 시작 :

나는 _____을 하기에 딱 맞는 크기야

하지만 나는 너무 작아서 _____을 할 수 없어

나는 _____을 하기에는 충분한 크기야

하지만 나는 _____을 할 수 없어

예 : 난 너무 작아서 괴물이 될 수 없어

하지만 나는 친구가 되기에는 충분히 커.

나는 _____일 때 무서워

나는 _____을 두려워하지 않아

내가 _____을 할 수 있으면 좋겠어.

페리 롱고(California Poets in the Schools) 작성[2]

전체적으로 봤을 때 어릴 때 시를 쓰면 셀 수 없는 장점들을 얻게 된다. 또한 아이는 일상생활의 경험들(예 : 자연, 비행기, 영적인 활동들)을 시로 말할 수 있다. 어린 나이에 갖는 언어에 대한 사랑은 창의력, 정서적 건강함, 사회적 기술들, 기억력, 문해력, 그 외에도 아주 많은 장점을 제공해 준다.

---

2 페리 롱고 박사의 출판되지 않은 시와 내러티브. 허락을 구하여 수록하였다.

미국 전역에서 학교들이 과도한 시험과 공동의 수업 계획에 집중하는 시기에 아이들의 창의력을 키워주는 게 특히 중요하다. 테크놀로지/전자 매체가, 아이들에게 큰 소리로 시를 읽어주거나 예술적/창의적 글쓰기 프로젝트에 함께 참여함으로써 형성되는 인간적 따뜻함, 친밀감, 인간관계를 대체할 수는 없다. 그런데 아이들이 그들의 창의력을 어느 정도는 테크놀로지를 통해 발전시킬 수 있다는 점도 주목해야 한다(나의 관심은 그것에 대한 의존성을 피하는 것이다). 예를 들어 '글자 구름(Word Cloud)'(ABCya.com)을 보면 내러티브가 그 앱에 나타나 있고 글자의 빈도를 보여주는 그림 표현이 나타난다. 소여와 윌리스는 어린이와 청소년들을 위한 상담 도구로서 디지털 스토리텔링을 사용했다고 보고했다(Sawyer & Willis, 2011). 디지털 스토리는 필요하다면 학생 자신의 모국어로 쓸 수 있다. 스토리는 컴퓨터나 다른 매체들을 통해 볼 수 있다. 그 목적은 학생들이 프로그램적인 문제를 수정하거나 사회적인 기술을 발전시키는 것을 도와주려는 것이다. 스토리텔링과 테크놀로지를 결합시키는 것은 창의력, 자기성찰, 대인관계를 발전시키는 것으로 보인다.

로는 앨빈 어비(Alvin Irby)가 할렘에서 '이발관 책(Barbershop Books)' 프로그램을 어떻게 시작하게 되었는지를 설명하고 있다(Ro, 2021). 여기서 보면, 어비는 흑인 남자아이들이 읽을 만한 책을 꽂을 수 있도록 자투리 선반 공간이 있는 이발관들을 물색하고 다녔다. 이것은 글을 읽고 쓸 수 있는 능력을 키우게 된 성공적인 시도였다. 여기서 핵심은 표준화된 테스트의 수행과는 반대로 아이들 사이의 '정체성 확인하기'를 발전시켰다는 것이다. 이 프로그램은 아이들이 읽는 것을 돕기 위한 지역공동체 참여의 한 예이다. 책들은 어린이가 유머를 포함하여 다양한 방법으로 관련지을 수 있는 것들이었다. '이발관 책'은 이제 전국에서 참여하게 되었고 어린이에게 책을 나누어 준다.

톰슨과 루돌프는 어린이상담에 사용할 수 있는 적절한 방법을 조사하기 위해 어린이가 겪는 타인과의 갈등(외적 갈등)과 자신과의 갈등(내적 갈등)의 두 가지 차원에서 시를 사용했다(Thompson & Rudolph, 1992). 어린이상담에 시를 사용하는 몇 가지 방법 중 일부를 간략히 살펴보면 다음과 같다.

싸움, 잔인함, 불평, 반항적 행동은 어린이의 외적 문제에 속하며 그 원인은 다중적이다(예 : 관심 끌기, 학습된 대처기제, 사회적 기술의 부족 등). 시치료 방법 가운데 하나는 싸움에 개입된 어린이들에게 각자 하고 싶은 이야기를 글로 쓰도록 하는 것이다. 어린이가 쓴 이야기는 본인이 낭독하거나 녹음하여 토론하거나 평가 및 계획의 기초 자료로 활용할 수 있다(Collins & Collins, 1975. Thompson & Rudolph, 1992에서 재인용). 다른 사람이 없는 데서

치료자와 어린이만 일대일로 이야기하도록 하면 어린이들은 안심하고 감정을 표현하게 되는데, 이것은 곧 정서적 해방의 역할을 하게 된다. 나중에 치료자는 어린이가 쓴 이야기를 치료의 출발점으로 사용할 수 있다. 물론 이러한 방법은 부모 또는 교사들도 각자의 상황에 따라 사용할 수 있다. 어린이의 방 벽에 '낙서장'을 붙이는 것도 한 가지 방법이 될 수 있다. 그렇게 하면 어린이들은 자기 혼자만 있는 통제된 환경에서 공격적인 표현을 글로 쓸 기회를 갖게 된다.

톰슨과 루돌프가 외적 갈등을 위한 시치료 기법으로 제안한 다른 방법 중에는 싸움의 원인과 결과에 대해 토론을 유도할 수 있는 이야기와 영화를 사용하는 것도 있다. 이는 어린이들에게 이야기나 영화 속의 특정 인물이 취할 수 있는 대안적 행동들을 제안해 보도록 하는 것이다. 시와 음악은 긴장을 풀어주는 도구로 사용될 수 있으며, 자녀 양육에 관한 책 또는 부모가 아이들에게 읽어줄 수 있는 그림 이야기책이나 자녀 양육 관련 교육 도서를 부모에게 추천함으로써 전통적인 독서치료도 사용할 수 있다.

내적 갈등(자기 자신과의 갈등) 중에는 부정적인 자아 개념, 낮은 수준의 성취도, 부주의, 수줍음, 불안, 의존성, 완벽주의 행동 및 등교 거부증이 있다. 톰슨과 루돌프(1992)가 제안한 시치료 기법 중 몇 가지를 살펴보면 다음과 같다.

1. 어린이에게 자신에 관한 긍정적인 점 열 가지를 쓰도록 하라(예 : 나는 빨리 달릴 수 있다, 나는 동물을 사랑한다). 인지 이론과 부합하는 이 방법을 지속적으로 사용하면 자신에 대한 긍정적 인식을 고양시킬 수 있다.
2. 일기, 그림, 문장 완성하기(sentence stem), 이야기하기 등을 어린이의 생각과 감정을 이해하는 수단으로 사용하도록 한다.
3. 시험 보는 중 부정행위를 하는 것과 같은 문제의 경우, 영화나 이야기를 토론 자료로 사용할 수 있다. 나중에 어린이를 그런 행위에 관한 역할극 또는 인형극에 참여하도록 한다.
4. 무단결석과 같은 문제의 경우 어린이에게 "인생에서 성공하기 위해서는 무엇이 필요한가?"라는 질문에 대한 대답을 수필 또는 이야기로 써보게 함으로써 자신이 상상하는 어른 세계에 필요한 기술과 능력을 토론해 보게 한다.
5. 백일몽으로 인한 부주의와 같은 문제는 어린이에게 공상의 내용을 직접 써보게 함으로써 자신의 공상과 현실과의 대조를 구체적으로 학습하는 훈련을 통해 치료해 갈 수 있다.

물론 이러한 방법들은 신중하게 사용해야 하며 주의 깊은 평가와 진단이 필요하다.

특수교사인 클로디아 개포드 스타일스는 "보채기, 참견, 불평, 요구"(Stiles, 1995: 90)와 관련된 문제를 가진 10세 소년 보비를 돕기 위해 『높아진 언덕』(Meeks, 1959)을 읽고 편지 쓰기를 사용한 경험을 소개하고 있다. 그녀는 여기에, 어린이들이 그 주에 읽은 책을 이야기하는 모임 시간이 자기의 차례가 되기도 전에 끝났기 때문에 보비가 화가 난 이야기를 썼다. 그 모임에서 한 소녀가 크리스마스에 썰매를 선물로 받은 아이들에 관한 미크스의 작품을 발표했다. 이야기 속 아이들은 그 지역에 언덕이 없어 크리스마스 선물을 사용할 수 없게 되자 모두 함께 가서 시장과 마을 사람들에게 도움을 요청하게 되었고, 결국 그 마을에서는 아이들을 위해 언덕을 만들어 주었다. 보비는 자기 글을 발표할 기회가 주어지지 않았기 때문에 화가 났고, 모욕을 당했다고 생각했으며 그 모임을 담당했던 교사에게 화를 냈다. 보비의 문제를 해결하기 위해 특수교사는 『높아진 언덕』을 읽게 한 뒤 여러 가지 질문을 했다. 이야기 속의 아이들이 썰매는 있으나 언덕이 없는 것에 대해 어떻게 느꼈는지 보비에게 물어보았다. "그들은 어떻게 했니? 마지막으로 그의 문제를 해결하기 위해 무엇을 할 수 있었니?"라는 질문에 보비는 모임 시간을 더 연장해 달라는 편지를 선생님에게 쓰기로 결심했다. 보비는 편지를 쓰면서 비난과 화로 가득 찬 내용을 이성적이고 정당한 요청을 하는 내용으로 다시 쓰는 과정을 거쳤다. 보비는 나중에 그 책을 빌려달라고 했으며 '해낼 수 있다'는 가르침을 배우게 되었다.

시력이 손상되었거나 시각장애가 있는 사람

전문문헌에서 정보가 아주 빈약한 분야는 시각장애인이 이용하는 시 분야이다.

1931년에 로스앤젤레스 시각장애인 부서에서는 뛰어난 재능을 가진 시각장애 아이들(7~12세) 5명을 연구했다. 아이들에게 음악을 함께 들려주고 선생님들이 시집을 읽어주었다. 연극과 춤을 사용한 것은, 눈이 보이지 않아 항상 거부감을 가질 수 있는 학생들의 관심을 끌기 위한 것이었다. 연구결과를 보면 학생들은 그들의 학업 면에서 더 '정상인'과 같은 감정을 많이 느꼈고 자부심도 증가한 것으로 나타났다(Farley, 1933).

리빙스턴과 모렐은 시각장애를 가진 두 아이들의 시 쓰기가 행복에 끼치는 영향에 대해 논의했다(Livingston & Morrall, 2012). 한 환자는 시각에 심각한 손상을 입은 26개월의 남자아이였다. 이 아이의 시는 수많은 이미지로 아이의 내면의 목소리를 표현할 수 있는 손쉬운 청각적 장치로서 작용하고 있었다. 두 번째 환자는 시력이 망가진 3세 소녀였다. 이 환자의 경우 자신이 쓴 시에서 아름다움을 이해하게 되었다. 두 경우 모두 시는 환자가 시력 손상이라는 병적인 사로잡힘에서 해방되어 용기와 창조적 관점 쪽으로 옮겨가도록 도와주었다. 본질적으로 시는 질적인 평가 도구로도 작용했다.

주의 : 시력이 손상되거나 시각장애가 있는 사람에게 시를 사용할 때는 의학적 상황에 대한 지식이 필요하고 환자와 의사가 참여하는 가운데 적절한 의료진들의 자문 및 협동작업이 요구된다는 점을 기억할 것.

이 경우는 시적인 접근이 어떻게 아이들과의 실제 작업 속에서 결합될 수 있는지를 간략히 보여주는 예이다. 이 장의 다음 부분에서는 예방적이고 교육적인 치료 능력에서 어린이들과 함께 하는 시치료를 살펴볼 것이다.

▌ 8.1   예방 : 직업상상[3]

초등학생들에게 있어서 직업상상(career fantasy)은 건강과 행복을 증진시키는 데 도움이 된다. 직업상상 발달(career development)이 인간 발달의 일부로 받아들여질 때(Super, 1957), 어린이가 상상하는 직업의 기능에 대해 검토하고 그러한 기능에 필요한 것을 설명해 주면 교육적으로 도움이 될 뿐 아니라 치료에도 도움이 된다.

긴즈버그 등은 직업상상 발달 과정에서 상상 시기(fantasy period)가 대략 10세까지의 아동기에서 일어난다고 설명했지만(Ginzberg et al., 1951), 후기에 발표된 그의 논문에서는 상상의 중요성이 특정 연령대에 한정되는 것은 아니라고 말한다(Ginzberg, 1972). 직업상상과 직업인식(career awareness)을 구분하는 것은 중요하다. 직업상상에서는 경제적·사회적·인지적 제약 없이 무엇이든지 될 수 있다. 어린이는 즐거운 직업을 선택할 수 있고 원하면 생각을 바꿀 수도 있다. 그러나 직업인식은 어떠한 종류의 직업이 가능한가에 관한 것이며, 어린이로 하여금 다양한 직업이 존재한다는 것을 알게 하는 것이다. 이러한 구분에는 한계가 있다. 레너드는 직업상상 시기의 어린이는 자신이 원하는 무엇이든지 될 수 있지만 상상을 하기 위해서는 다양한 직업을 알고 있어야 한다고 주장한다(Leonard, 1971).

8.1.1   문헌고찰

어린이의 직업상상 패턴에 관한 기존의 연구로는 극히 소수의 실증 연구가 있다. 유아기 직업

---

3   이 절의 이전 버전은 N. Mazza & J. Mazza, Elementary school children and career fantasy: patterns, procedures, and implications, *Viewpoints in Teaching and Learning*, 58, 1982, Bloomington, IN: School of Education, Indiana University 에 게재되었으며, 허락을 구하여 수록하였다.

행동에 대한 문헌은 특히 제한되어 있고, 유아 및 초등학교 학생들을 대상으로 한 연구 대상의 표본 크기도 작다(Vondracek & Kirchner, 1974). 1983년과 1996년 사이에 발표된 12개의 연구에 대한 상위분석에서 베이커와 테일러는 어린이와 청소년에 대한 직업교육의 효과가 크지 않다는 사실을 발견했다(Baker & Taylor, 1998).

　어린이와 직업상상 발달을 대상으로 하는 연구에서 자주 논의되는 주제로는 성 역할의 고정관념화를 들 수 있다. 본드라섹과 키르히너는 유아들을 대상으로 한 연구에서 장래직업을 상상할 수 있는 능력에 관해서는 남녀 간 차이가 거의 없지만 상상의 패턴은 다르다는 사실을 발견했다(Vondracek & Kirchner, 1974). 남아는 일반적인 성인상태를 지향하는 반면, 여아는 부모의 역할과 더 빈번하게 관련되어 나타났다. 루프트도 여아가 남아보다 부모의 역할을 더 많이 원한다는 유사한 발견을 했다(Looft, 1971a, 1971b).

　본드라섹과 키르히너(1974)는 좀 더 나이가 많은 여아를 대상으로 한 연구에서 직업 선택의 범위가 협소한 것은 루프트가 말한 '직업배제'에 의해 가장 잘 설명될 수 있다고 말한다. 본드라섹과 키르히너는 직업배제가 이미 유치원 수준에서 발견될 수 있다고 주장한다. 그들은 직업배제를 나타내는 한 가지 구체적인 사례로 여자들이 남자들보다 직업상상에 대한 응답을 적게 한다는 사실을 들고 있다. 로젠탈과 채프먼은 "어린이에게 자신이 미래에 어떤 직업을 가질 것인지에 대해 이야기하도록 하는 것은 비교적 조악한 직업 정형화 방법"(Rosenthal & Chapman, 1980: 138)이라고 경고한다. 어린이가 선택할 수 있는 직업의 종류는 소수에 불과하며 그중에 좀 더 두드러진 직업을 선택할 것이라고 한다. 맥마혼과 패턴은 호주의 어린이와 청소년의 직업 발달 경험을 조사하여 직업상상이 대부분 정형화된 인식에 의한 것이라는 점을 발견했다(McMahon & Patton, 1997).

　시골 유치원 어린이들의 직업에 대한 관심을 연구한 스윅과 칼튼에 따르면 언어적 또는 비언어적 독서 과정이 직업인식을 발달시키는 데 중요하다(Swick & Carlton, 1974).

　저소득층 어린이들(백인 12명, 아프리카계 미국인 12명)의 직업에 대한 인식을 연구한 봐잉거는 그들이 가난으로 인해 장래의 직업에 제한이 있다고 생각하며 별 희망이 없는 태도를 취하고 있음을 발견하면서 어린이들이 자기 자신과 미래에 대한 믿음을 키울 수 있는 방법을 개발하는 것이 중요하다고 했다(Weinger, 1998).

8.1.2　어린이 문학

시치료와 관련하여 연구해야 할 분야 중 하나는 어린이 문학 작품이 직업상상에 미치는 영향이다. 문학 작품은 어린이가 성 역할 행동과 동일시하는 것을 도울 수 있는 매우 강력한 도구다(Hillman, 1976). 어린이 문학 작품이 실제 세계와 부합하는지 조사해 보는 것은 중요하다. 문학 작품을 사회화의 매개체라고 생각한다면 문학 작품은 장래직업 희망에 있어서 어린이들에게 큰 영향을 준다. 작품에 나타나는 직업에 대한 왜곡과 오해는 직업 부적응의 근본적 원인이 될 수 있다.

넬과 위너는 문학 작품 속에서 선별된 독서 자료가 어린이의 태도와 행동에 영향을 미칠 수 있다는 많은 실증적 사례를 발견했다(Knell & Winer, 1979). 저자들은 어린이 문학 작품에서 강한 성 편견이 발견된다는 것을 증명하는 수많은 자료도 제시하고 있으며 독서 자료가 성 역할 정형화하기 및 태도 형성에 미치는 영향을 다룬 연구가 너무 적다고 문제를 제기한다. 마찬가지로 윤리적 · 문화적 주제에 관해서도 문제를 제기할 수 있다.

직업에 대한 고정관념은 다양한 직업을 올바르게 평가하지 못하게 할 뿐 아니라 왜곡하거나 직업상상의 기회를 제한함으로써 어린이에게 부정적인 영향을 미친다. 상상은 어린이가 그러한 고정관념을 어떻게 인식하며, 고정관념이 어린이의 행동에 어떤 영향을 주는지를 파악할 수 있는 중요한 지표다.

8.1.3 기법

직업상상 훈련(career fantasy exercise)에서 사용할 수 있는 주요한 기법 중 하나는 어린이에게 장래에 무엇이 되고 싶은지를 글이나 그림으로 표현해 보게 하는 것이다. 이 방법을 변형하면 직업상상 훈련에 시를 사용할 수 있다. 시는 실제 세계에서 상상의 세계로 옮겨가는 훌륭한 수단이 될 수 있으며, 공동작업시를 통해 우호적인 분위기에서 어린이 자신의 시를 활용할 수 있다. 공동작업시는 "만약 내가 …이 될 수 있다면"과 같은 일반적인 주제로 시작한 다음에 학생들이 다음 구절을 완성해 나가도록 할 수 있다. 다음은 공동작업시의 한 예다.

> 내가 만약 인명구조원이 될 수 있다면…
>
> 사람들을 해변으로 구조하며
>
> "상어다! 여기 한 마리가 더 오고 있어요!"라고 소리칠 거야.
>
> 정비사가 될 수 있다면
>
> 경주용 차를 고칠 수 있을 거야.
>
> 경찰관이 되거나
>
> 육상선수가 될 수 있을 거야.

프로 풋볼선수가 될 수도 있을 거야.

농부가 될 수 있다면

농작물을 키울 수 있을 거야.

간호사가 된다면

입원실 문을 바삐 드나들 거야.

아니면 동물원의 사육사가 되어

사자들의 으르렁거림을 들을 거야.

스피드스케이팅선수가 될 수도 있을 거야.

작가가 된다면

극본을 쓰고…

심지어 변호사도 될 수 있고…

군인이 될 수도 있을 텐데.

용감한 사람이 된다면

위험한 곡예를 할 수 있을 거야.

나막신 댄서가 되거나 미스 USA가 될 수도 있을 거야.

수의사가 된다면 하루 종일 동물을 돌볼 거야.

야구선수가 된다면

야구공을 멀리 쳐낼 거야.

이 모든 사람이 되고 싶지만

지금 당장에는

바로 나 자신이 되고 싶어.

이 시는 매우 다양한 계층으로 구성된 북부 플로리다의 4학년 학급에서 만든 것이다. 이 시에는 많은 직업이 나열되어 있으므로 어린이 자신이 알고 있는 직업을 통해 직업인식을 확대할 수 있다. 모든 환경에서 이것이 가능한 것은 아니다. 교사 또는 상담자가 이야기, 시, 노래 등을 읽어주거나 소개함으로써 시치료 과정을 시작할 수도 있다. 그러한 자료를 찾는 데 도움이 되는 도서 목록 서적으로 『책 검색기』(Dreyer, 1977, 1992) 책들과 『자유의 모자 : 아이들을 위한, 존재하지 않는 재료들의 카탈로그』(Davis, 1977)를 들 수 있다. 교사나 상담자는 때로 특정 어린이가 직업상담에 필요한 지식을 가지고 있는지 확인하고자 할 수 있다(예 : 어린이가 실제로 알고 있는 정비사가 한 사람이라도 있는지 확인하기). 이 경우에 직업상담 훈련은 본질적으로 촉매제로 간주된다.

공동작업시의 발전된 형태나 대안은 직업에 대해 어린이들이 개별적으로 시를 쓰도록 하는 방법이다(어린이가 부담을 갖지 않도록 하기 위해 교사나 상담자는 어린이에게 운율은 맞추지 않아도 된다고 말할 것). 4학년 여학생이 쓴 (편집하지 않은) 다음 시를 보자.

나는 자라서
램프, 전화기 또는 자동차 등과 같은 것들을
수리하는 정비사가
될 것이라고 생각해.
영화에 출연하여
영화배우가 될 수도 있을 거야.
인기 있는 육상선수가 되어
모든 종류의 경기에서 달릴 수 있을 거야.
미용사가 되어
할머니들의 얼굴을 가꾸어 줄 수 있을 거야.
그러나 내가 가장 원하는 것은
나 자신이 되는 거야!

이 시는 다른 학생들의 시에서 발견되는 몇 가지 특징과 주제를 담고 있다. 이 시에는 비교적 성차별적 요소가 없으며(예 : 정비사), 다양한 가능성이 고려되고 있다. 가장 흥미로운 부분은 어린이가 '나 자신이 되어보기'에 관심을 가지고 있다는 점이다. 이 관심은 앞의 공동작업시에 서도 나타났다.

어린이의 자아 개념을 평가하고 건전한 인식을 장려하기 위해서는 특별한 노력이 필요하다. 시는 자기 자신에 대한 내적 자원으로부터 도출된 자신에 대한 표현이며, 직업상상은 이러한 자신을 개발하는 기회를 제공한다. 예술과 시는 건강한 표현을 위한 도구로 사용될 뿐 아니라 어린이의 직업상상을 관찰하는 도구로도 사용될 수 있다. 우리가 발전시켜야 하는 것은 어린이의 특정 직업상상이 아니라 그러한 상상을 할 수 있게 하는 그 어린이의 능력과 열정이다.

우수한 직업교육 키트와 훈련 패키지가 많이 있지만 교사와 치료자는 예산과 시간의 제약 때문에 그러한 자료를 구하거나 활용하기 어렵다. 앞에 소개된 방법들은 새로운 것은 아니지만 경제적이고 실용적이고 쉽게 적용할 수 있는 것이다. 그 방법들은 다양한 교육과 상담 목표와도 연계될 수 있다. 상담자는 직업을 관찰하여 어린이의 성취도에도 영향을 미치는 가족 또는 사회적 관계뿐 아니라 자아 개념에 대한 정보를 얻을 수 있다. 그 방법들을 상황에 맞게 바꿀 수도 있으며, 차별적으로 사용할 수도 있다.

8.1.3.1 학교 사회복지

마키와 마짜는 4학년과 5학년이 합쳐진 교실에 개입하면서 시치료를 사용했다고 보고했다(Maki & Mazza, 2004). 학생들은 다양하면서도 사회경제적 지위가 낮은 계층이었다. 개입은 한 번에 한 사람씩 외부의 사회복지사를 통해 이루어졌다. 다음의 개입들은 RES 모델 안에서 사용되었다.

1. 수용적/처방적인 방식(R)에서 학생들은 쉘 실버스타인의 「나무 집(Tree House)」(Silverstein, 1974)에 응하도록 초대되었다. 그들은 개인적인 경험과 장소에 대해 언급할 수 있었다. 한 학생은 심지어 나무에 기어오르는 척하면서 시를 가지고 신체적인 연기를 할 수 있었다.
2. 표현적/창조적인 방식(E)에서는 감각시로 맛, 촉각, 냄새, 소리, 느낌에 기초하여 시를 쓴다. 학생들은 다음의 시를 지었다(Maki & Mazza, 2004: 76).

   사랑

   사랑은 빨간색이다

   사랑은 달콤하다

   사랑은 장미 향기가 난다

   사랑은 부드럽다

   사랑은 네가 특별하다고 느끼게 한다.

3. 상징적/의례적 방식(S)에서는 학생들이 반 아이들 앞에서 자신의 시를 발표하도록 하였는데, 이러한 발표회가 효과가 있는 것으로 증명되었다. 이것은 학생들이 미래를 바라볼 때 영감을 주는 마무리행위 역할을 했다.

8.2   치료 : 아동 학대[4]

학대받은 아이들과 그 가족들을 치료하는 데 전통적인 치료 방법을 사용할 때 종종 어려움이 있다. 나이토브는 성적으로 학대받은 아이들은 흔히 언어 평가와 치료 방법을 위협적으로 받아들이는 경우가 많음을 발견하였다(Naitove, 1982). 어린이는 효과적 처치에 필요한 인지·정서적 발달이 충분히 이루어져 있지 않을 수 있다. 어린이의 현재 상태를 이해하려면 그에게 상처를 준 사건에 대한 기록과 구체적인 내용뿐 아니라 그의 기본 성격, 나이, 성별, 발달 수준, 가족 및 환경을 고려해야 한다(Kempe & Kempe, 1984; Sgroi, 1982). 학대 피해 아동은 관계를 형성하는 데 어려움을 겪게 되는데 내담자와 치료자와의 관계도 마찬가지다. 그들은 폭력과 거부가 있을 것이라고 예상한다(Green, 1978). 이 논의는 치료에 대한 수요가 많고 인력이 제한되어 있을 경우에 개별화된 평가와 치료를 위한 자료를 창조적으로 사용하는 것이 중요함을 시사한다(Hovda, 1977). 시를 사용하는 것은 기법으로서 그리고 실제 작업의 접근 가능한 방법으로서 논의될 것이다.

　학대 피해 아동을 치료하기 위해서는 여러 기관과 여러 전문 분야의 협력 및 가정과 사회의 참여가 필요하다. 그러나 이 절에서는 학대 피해 아동에 대한 개인치료 또는 집단치료에서 시치료를 사용하는 연구로 그 내용을 제한할 것이다. 임상 실제에서 시를 사용하려면 프로그램의 목표(신뢰감 형성, 안전감 제공, 의사소통 및 사회성 기술 향상, 자존감 높이기)와 치료의 방향이 일치해야 한다. 시치료는 표현적 방법(쓰기, 말하기)이나 수용적 방법(읽기, 듣기)으로 진행할 수 있다.

8.2.1   임상치료 시 고려사항

학대 피해 아동을 치료하는 데 시를 사용할 때는 주의를 기울여야 한다. 스템버는 학대받은 어린이에게 판화 만들기를 사용한 사례를 논의하면서 학대 피해 아동은 제대로 하지 못하면 맞을 것이라는 두려움을 가지고 있다고 말한다(Stember, 1977). 학대받은 어린이는 벌을 받는 것이 두려워서 호기심과 독립적인 행동을 억제하곤 한다. 이 문제를 가장 잘 묘사하고 있는 것은 해리 채핀의 '꽃은 빨간색이야(Flowers Are Red)'(1978)일 것이다. 이 노래에서 한 소년은 그림

---

4   이 부분의 이전 버전은 N. Mazza, C. Magaz, & J. Scaturro, Poetry therapy with abused children, *The Arts in Psychotherapy*, 14, 1987: 85~92에 게재되었다. 허락을 구하여 수록하였다.

그리는 것을 좋아하면서 학교를 다니기 시작하지만 미술 시간이 아닐 때 그림을 그리다가 교사로부터 꾸지람을 듣고 나서는 미술 시간에 꽃과 나뭇잎을 잘못된 색으로 칠하게 된다. 소년은 교사에게 항의하다가 '제대로' 할 때까지 구석에 서있어야 하는 벌을 받게 된다. 겁이 난 소년은 마침내 굴복하고 만다. 이러한 과제 수행 문제는 어떠한 새로운 시도라도 위축시켜 버릴 수 있다. 따라서 시를 소개할 때 문학적 기교보다는 감정, 이미지, 소리를 강조하는 것이 필요하다.

자신의 행동이 받아들여지고 격려되는 환경이 주어진다면, 아이들은 꾸미지 않은 시인이 되어 창작할 수 있을 것이다. 시 쓰기는 자기 자신을 표현하는 특별한 방식이다. 기존의 시에 대한 아이의 반응도 역시 특별한 시적 표현이라 할 수 있다. 모든 시는 미완성된 것이라 생각할 수 있고, 어린이는 자신의 느낌으로 시를 완성할 수 있다. 자신이 산산이 조각 났다고 느끼는 학대 피해 아동에게는, 시에 대한 아이의 반응에 반영된 온전함이라는 감각이 치유의 가치를 지닌다.

8.2.2 기존의 시들

기존의 시를 사용할 때 치료사는 어린이의 반응을 예상하고 탐색하려는 자세를 가지고 있어야 한다. 치료사는 시에 대한 자기 자신의 반응을 고찰함으로써 이 과정을 시작할 수 있다. 어린이는 말로 표현하지는 않으나 비생산적인 결론(예 : 죄책감)에 이를 수 있다. 치료사가 제시한 시는 그 시점에서 어린이가 받아들일 준비가 되어있지 않은 감정을 불러일으킬 수 있다. 기존의 시에 대해 토론을 끌어들이고 다른 결말이나 변화의 가능성을 열어두는 것은 평가 과정과 추후의 문제 해결 활동에도 도움이 될 수 있다. 시는 본질적으로 감정 표현의 도약판이 되어 어린이가 시 전체 또는 특정 구절이나 이미지에 대해 느끼도록 할 수도 있다.

시는 치료 목적과 일치되게 선택해야 한다. 예를 들어 학대 피해 아동에 대한 치료가 초기 단계일 때 자기표현을 촉진하기 위해 실버스타인의 「나무 집」(1974)을 사용할 수 있다. 집, 나무, 사람은 스스로 주제를 정해서 그림을 그리도록 했을 때 어린이들이 가장 많이 선택하는 주제들이다(Wohl & Kaufman, 1985). 따라서 이 시는 미술 시간에 사용되거나 집과 가정에 대한 토론의 출발점으로 사용될 수 있다. 니키 지오바니의 「가면(Masks)」(1980)은 그림과 토론 연습에 적합한 또 다른 시이다. "그 가면을 그리고 싶니?"와 "어떤 가면을 쓰고 싶니?" 같은 질문은 어린이의 활동을 북돋울 수 있다.

8.2.3 시 쓰기(말로 짓기 포함)

학대받은 어린이에게 모든 통로들이 막힌 것처럼 보일 때 시는 감정을 표현할 수 있는 통로가 된다. 시 쓰기를 어느 정도 미리 구조화하기 위한 자료 중에는 조셉이 쓴 『아무도 모르는 나』 (Joseph, 1969)(예 : 자기 자신을 어떻게 바라보는지와 이웃과 외부 세계와 그들이 만질 수 없는 것에 대해 어떻게 바라보는지)의 조직 체계와 어린이에게 시 짓기를 가르치는 코흐의 다양한 방법(예 : 모든 행이 "나는 …가 되고 싶어요"로 이루어지는 시 짓기) 등이 있다(Koch, 1970, 1973). 집단으로 하는 창조적 글쓰기는 자아존중감뿐 아니라 자아인식과 집단 상호작용도 고양시킬 수 있는 또 다른 치료 방법이다(Buck & Kramer, 1974; Lauer & Goldfield, 1970; Mazza, 1981b).

8.2.4 치료 사례

8.2.4.1 집단

성폭력 피해 아동에게 시간이 정해져 있는 집단은 특히 도움이 될 수 있다(Rose, 1985). 치료 기간은 상처의 심각성, 중요한 의미를 가지는 사람들이 어느 정도 정서적으로 지원할 수 있는 가와 같은 여러 요인에 의해 좌우된다(Porter et al., 1982). 그러나 장기 치료에서도 단기 치료 집단은 종합적인 치료 계획의 일부분이 될 수 있다. 성폭력 피해 아동에게 가장 선호되는 치료 법은 치료집단이 어린이의 사회성 기술, 상상 및 문제 해결을 위한 기회와 관련된 진단 정보, 그리고 일반화의 요소를 제공하는 것이다(Kempe & Kempe, 1984).

　다음 사례는 성적으로 학대받은 1학년 및 2학년 어린이(4명의 여학생과 2명의 남학생)를 위한 시간이 정해져 있는 집단(매주 50분씩 6주간 시행)에 관한 것이다. 이 집단은 대부분 사회 경제적 수준이 낮은 층에 속하며, 어린이 보호팀의 사회복지사에 의해 주도되었다. 집단 프로그램의 목적은 어린이를 지원하고 사회성 기술 발달을 도우며 참여자의 자아존중감을 높이는 것이다.

　집단 프로그램의 세 번째 회기에서 감정 단어 훈련이 소개되었다. 강연 등에서 뒤로 한 장씩 넘기며 보여주는 플립차트의 꼭대기에 가로로 슬픔, 기쁨, 화를 나열했으며, 어린이에게 이러한 감정을 표현할 수 있는 다른 단어를 말하게 했다. 나중에 어린이들에게 2인 1조로 짝을 지어 여러 종류의 잡지를 주고, 감정 단어를 표현하는 그림을 오려서 포스터에 붙이라고 했다. 작업이 완료된 후 각 조는 자신의 포스터를 전체 그룹과 공유했다. 나중에 모임을 정리하기 위해 공동작업시가 소개되었는데, 모임의 모든 참여자에게 시를 완성하도록 했다. 집단 리더가 시를 완성시키기 위해 제시되는 단어를 플립차트에 썼으며, 이로써 다음과 같은 시가 완성되었다.

어떤 때 행복하니?

내가 즐거울 때야.

나는 웃고 싶고

웃을 때가 아주 기뻐

그리고 나는 늘 사랑하고 싶어.

슬플 때는 울지.

왜 그러는 거야?

남동생이 미워

그가 내 마음을 어둡고 우울하게 만들 때에.

몹시 화나는 건 슬퍼, 그래서 미워.

언젠가 아빠 때문에 아주 화가 났었어

근데 아빠는 슬퍼하셨어

나를 사랑하기 때문에.

언젠가 나는 두려운 적이 있었어

룸메이트가 없어졌거든.

내가 무서운 쇼를 했거든.

그런데 엄마가 왔을 때

두려움이 사라졌어.

8.2.5 비밀 클럽

시 창작에 관한 몇 가지 핵심적인 점들을 주목해야 한다.

1. 집단의 각 구성원이 최소한 한 행을 짓도록 했다.
2. 언어적 행동('그리고'와 같은 접속사를 사용하고, 어떻게 느끼는지 묻는 것)과 비언어적 행동(밝은색의 마커로 차트에 쓰기, 눈 마주치기, 얼굴 표정) 모두 시의 완성에 기여했다(이전 모임에서는 아무 말도 하지 않았던 두 사람도 참여했다).
3. 이 집단은 "비밀 클럽(The Secret Club)"이라고 서명했다.
4. 시가 운율을 갖추지 않아도 좋다고 알려주었지만, 어린이들 스스로 전통적인 시의 구조를

선택했다. 이는 어린이들이 안전하고 친숙하게 느꼈기 때문이거나 아니면 재미있었기 때문이다.

앞의 시는 감정을 일반화하는 데 도움이 된 것처럼 보인다. 시는 집단의 구성원이 감정을 공유할 수 있게 하는 비위협적인 도구다. 시에 대해서 드러내 놓고 말함으로써 그들은 자신에 대해 이야기했으며, 어린이들은 자신만이 다음과 같은 문제 중 일부를 경험하는 것은 아니라는 점을 깨달았다(Porter et al., 1982).

- 우울감 : "슬플 때는 울지."
- 분노와 죄책감 : "언젠가 아빠 때문에 아주 화가 났었어/근데 아빠는 슬퍼하셨어"
- 두려움 : "언젠가 나는 두려운 적이 있었어/룸메이트가 없어졌거든."

집단의 참여자가 그들의 감정을 외부로 드러낼 수 있는 것은 희망 때문이다. 감정을 단어로 쓰면서 집단의 참여자는 자신에 대한 지배와 통제의 느낌을 갖게 되었다. 시에 "비밀 클럽"이라고 서명함으로써 그들은 일체감을 나타냈고, 그것은 집단에 대한 재확인이었다. 친밀감과 신뢰감이 강화되었다. 가장 중요한 효과 중 하나는 아마도 집단의 응집력, 즉 무언가를 창조할 때 '우리'라는 느낌이 형성된 것이다. 근본적으로 시는 집단치료 과정에 기여했으며 집단 발달의 중기 단계에 잘 부합했다.

▌8.3 논평

이 장에서는 러너를 참고하여 치료에서 시의 역할을 강조했다(Lerner, 1982). 모든 표현예술치료의 목표와 방향은 존슨의 "우리는 더 이상 치료 회기에 대해서만 시를 쓰지는 않는다. 우리는 오히려 이혼, 아동 학대, 정신병 또는 알코올 중독 등의 문제에 대해 직접적으로 시를 쓴다."(Johnson, 1986: 3)라는 말로 언급되었다. 이러한 관점으로 시치료 및 아동 학대 분야에서 연구되어야 할 주제는 다음과 같다.

1. 아동 학대 전문가에게 상담, 훈련, 교육의 도구로서 시를 사용하도록 하는 것
2. 모든 형태의 아동 학대에 대한 예방 및 치료에 활용할 수 있는 시 자료의 개발. 여기에는 인종 또는 성(gender)이 민감하게 관련된 자료도 포함된다. 또한 접근성의 문제도 있다. 이동 식사와 스템버(1977)의 이동화랑을 모방하여 바퀴 위의 시[5]를 만드는 것

그것은 빗방울 같은 소리가 난다

그것은 천국과 같이 느껴진다

그것은 사탕 같은 맛이 난다

그것은 장미 같은 향기가 난다

그것은 당신으로 하여금 소리치고 싶게 만든다

용기(Courage)

용기는 빨간색이다

그것은 사자 같은 소리가 난다

그것은 따뜻한 불같이 느껴진다

그것은 초콜릿 같은 맛이 난다

그것은 향기가 난다

그것은 당신이 무엇이든 할 수 있을 것같이 만든다

다음은 프로그램을 평가한 캠프 참여자들이 쓴 공동작업시의 한 예이다.

캠프(Camp)

캠프는 놀랍다

새로운 것들을 배울 수 있기 때문이다

사람들을 칭찬하는 법을

미래를 위해 결정하는 법을

책임지는 법을 배울 수 있기 때문에

드웨인 베이컨(농구선수 — 역자 주)을 만나 감격했고

음식을 좋아하며

새로운 사람들을 만나고

앨릭스와 게임을 하고

캠프는 놀랍다

캠프는 위대하다

플로리다주에서

시는 프로그램의 오직 한 부분이긴 하지만 모든 활동이 시적인 것으로 입증되었다.

다시 생각해 보기

1. 시에 대한 어린이들의 자발성에 대해 숙고해 보세요.

2. 당신은 시와 미술의 관계를 어떻게 바라보나요? 시와 스포츠의 관계에 대해서 어떻게 바라보나요? 시와 음악, 시와 춤, 시와 드라마의 관계에 대하여서는 어떤 생각이 드나요?

3. 시는 초기 청소년들의 자아인식과 자아존중에 어떻게 기여하나요? 당신의 초기 청소년기를 생각해 보세요.

청소년과 젊은 성인

언어 예술이 지니는 치유적 능력에 대한 큰 관심은 여러 문헌을 통해 알 수 있다(예 : Abell, 1998; Bowman, 1992; Cohen-Morales, 1989; DeMaria, 1991; Holman, 1996; Mazza, 1981b; Mazza, 1991a; Olson-McBride & Page, 2012; Roscoe et al., 1985; Sule & Inkstar, 2015; Utley & Garza, 2011). 제9장의 목적은 청소년과 젊은 성인들에 초점을 맞춰 시치료의 역할을 탐구하는 것이다. 청소년들과 자살 예방에 특별한 관심을 둘 것이다.

이 장의 기본 가정은 청소년들이 시 쓰기와 다른 형태의 작문에 자기 자신을 투사할 수 있다는 것이다. 초기 연구들은 시가 청소년이 자신의 감정을 탐구하고 대처하는 데 하나의 유용한 수단이라고 지적해 왔다. 존 쇼는 청소년기가 매우 창의적인 시기지만, 독립성이 증가하는 만큼 목표상실감도 동반된다고 말한다(Shaw, 1981). 그는 더 나아가 시간, 상실, 죽음의 주제들이 알프레드 에드워드 하우스먼, 에드가 앨런 포우, 실비아 플래스 같은 유명시인들의 청소년을 위한 시에서 나타나며 이것은 청소년과 창의성과 비탄이 상호 연관됨을 말해주는 것이라고 했다.

코발릭과 커우드는 사회 매체에서의 청소년의 시 쓰기와 읽기의 급증을 언급했는데 그들은 청소년들의 인스타그램에서의 시 사용 연구를 진행했다(Kovalik & Curwood, 2019). 저자들은 "미국 10대의 72%, 영국 10대의 40%가 인스타그램을 사용하고 있다."(Mediacom, 2017: 186에서 인용)라고 말했다. 그들은 '인스타시(instapoetry)'가 왜 그렇게 인기가 많은지를 조사하였다. 그들은 복합 문해력[1] 이론에 기초한 다양한 경우의 연구들을 사용했다. 청소년들은 사회 매체에서 시, 미술, 음악을 결합시키면서 다양한 접근 방식을 사용하고 있었다. 청소년들은

---

1 transliteracy : 전통적인 활자 매체, 전자 기기, 온라인 도구 등 다양한 방법을 이용하여 읽고 쓸 줄 아는 능력 — 역자 주

유동성과 접근성을 더하여 글쓰기를 디지털화하였다. 이것은 매우 혁신적인 것으로 입증되었다. 청소년들은 전 세계 청취자들에게 자신의 스토리들을 말하기 위해 테크놀로지를 아주 훌륭하게 이용하고 있었다. 그 연구는 청소년들이 피드백과 정서적 지지를 받기 위한 수단(즉, 관계 형성하기)을 찾아냈다는 것을 보고했다. 코발릭과 커우드는 표절을 포함한 한계들과 문제점도 확인하였다. 또한 부정적인 증오의 인터넷 게시글 사례들도 있었다. 전체적으로 인스타시는 저자들이 자신만의 스타일로 창작할 수 있도록 지원했고 여기엔 그래픽과 음악이 포함되었다. 이 연구를 보면 많은 참가자가 인쇄 매체로 한 걸음 더 나아가고자 하는 열망을 가졌고, 따라서 인스타그램에 시를 올린 것은 미래의 발전을 위한 첫걸음으로 비쳤다. 유동성과 접근성의 장점이 인스타시인들의 관심을 끌어들인 것으로 보였다. 그 연구는 교실 안과 교실 밖의 활동들을 따로 구분하지 않았으나 시와 글쓰기에 대한 전통적 시각에 많은 것들을 의존하고 있는 학교의 교육 과정에 대한 함축들을 지니고 있다. 예를 들면, 인스타시를 사용하는 것은 글쓰기와 읽기교육을 보완하는 데 사용될 수 있다.

청소년들의 인구통계적 변화는 젊은 성인들을 위한 도서관 서비스 협회(YALSA)의 보고서, "10대들을 위한, 10대들과 함께 하는 도서관 서비스의 미래 : 행동 개시"(Braun et al., 2014)에서 확인되었다. 유색인종, 혼혈인종, 라틴 아메리카계, 태평양 제도 거주민들의 상당한 증가가 특히 주목된다. 청소년들의 요구를 다룰 때 주목해야 할 다른 중요한 요소들로는 빈곤, 실업, 고등학교 중퇴자 비율, 노숙인 문제, 마약남용, 신체 및 성적 학대, 임신, 장애, 성적 정체성 등이 있다. 또한 성소수자[2] 학생들에게 종종 학교가 적대적 환경이 되고 있다는 점이 주목되었다. 괴롭힘(사이버 괴롭힘 포함), 섭식장애, 우울증, 불안 등은 모두 고려해야 할 문제이다. YALSA의 보고서에서 강조하고 있는 것은 청소년들의 작업은 그 무엇이든 그들이 테크놀로지의 사용에 만연해 있음을 고려해야 한다는 점이다. 여기서 기억할 것은 전자 장치들을 소유하고 있는 것은 인종과 사회경제적 지위에 따라 달라진다는 점이다. 이것은 청소년들을 돕는 전문가들이 모든 음악과 독서의 흥미들에 대해 최신식으로 준비해야 함을 의미하는 것은 아니다. 그보다는 청소년들이 삶에서 무엇을 경험하고 있고 어떻게 그것들을 가장 잘 표현하며 어느 분야에 가장 전문적인지를 찾아갈 수 있도록 환경을 만들어 주는 것이 그 전문가들이 해야 할 일로 보인다. 이러한 존경과 권한(자율권)은 언어와 스토리의 힘이 개인과 사회의 발전을

---

2 LGBTQ+ : 레즈비언, 게이, 양성애자, 트랜스젠더, 성소수자 등의 성적 정체성을 가지고 있는 사람들을 지칭 ― 역자 주

증진시키는 시치료의 과정을 나타낸다.

청소년들의 다양성을 고려할 때 이 집단의 다양한 범위의 시적, 서정(가사)적 관심들에 맞춰가는 것이 중요하다. 레이나가–아비코는 라틴계 청소년들의 식이장애를 집단치료로 이끌어 갈 때 이들을 돕는 전문가들은 문화적으로 능숙해야 할 필요가 있다고 언급했다(Reynaga-Abiko, 2008). 그녀는 지배적 미국 문화에서 나타나는 화제들에 대한 인식이 라틴계 공동체와는 상관없는 일일 수 있다는 것을 언급했다. 따라서 무엇보다도 시의 선택과 훈련이 신중하게 고려되어야 하고 내담자들에 대한 지식을 잘 조율해야 한다. 예를 들어 그녀는 서로 다른 문화에 따라 음식, 매력적인 여자의 우월적 이미지와 곡선미가 있느냐 아니면 말랐느냐에 대해 다른 접근이 필요하다는 것을 언급했다. 레이나가–아비코는 또한 시 소재를 영어로 제시해야 하는지 스페인어로 제시해야 하는지 아니면 둘 다 제시해야 하는지에 대한 의문을 제기했다. 그녀는 임상 실제에 도움이 될 수 있는 라틴어 선집 리스트를 제공했다. 빠르게 변화하는 테크놀로지와 사회 매체들을 대하면서 다양한 표현/의사소통의 자원과 방식뿐 아니라 사생활 이슈들을 함께 고려하는 것이 중요하다.

술래와 잉크스타는 널리 인정받는 힙합 아티스트 캔드릭 라마를 언급하면서 교육의 소중한 자원으로서 재즈, 힙합, 블루스, 낭송시(spoken word poetry)에 있어서 아티스트 영역에 대해 논의했다(Sule & Inkstar, 2015). 이는 전문가들이 도시 젊은이들에게 날마다 일어나는 문제들과 스트레스 요인들(예 : 중독, 우울증, 취약성)을 이해하도록 도움을 주었다. 타이슨은 아프리카계 미국 젊은이들과 라틴계 젊은이들에게 랩음악을 사용해 임상 실제 작업을 진행하였다(Tyson, 2004). 그는 랩음악의 인기가 백인 젊은이들에게도 통한다는 점을 언급했다. 타이슨은 랩음악을 문화적 민감성의 중요성과 살레베이(Saleebey, 2013)의 강점의 관점과 연결시켰다. 그는 춤, 의상, 그라피티, 1970년대로 돌아가는 일반적 분위기와 관련된 더 큰 맥락 안에 랩음악을 배치시킨다. 타이슨은 또한 랩음악의 형태들을 리얼리티 랩(빈민가의 스토리텔링), 정치적/진보적/급진적 랩, 갱스타/하드코어(폭력적, 여성혐오적) 랩, 상업적 랩, 시적인 랩으로 차별화시켰다. 타이슨은 랩음악이 젊은이들의 긍정적 자아 이미지와 사회적 기술을 향상시키는 데 도움을 줄 수 있다고 언급했다. 시토머와 시렐리는 저서 『힙합시와 클래식』(Sitomer & Cirelli, 2004)에서 시와 음악 사이의 밀접한 관계에 대해 묘사하고 설명하고 있다. 예를 들면 청소년들과의 작업에서 딜런 토마스의 「순순히 어두운 밤을 받아들이지 말라(Do Not Go Gentle into that Good Night)」와 관련된 의미들이 투팩 샤커(Tupac Shakur)의 '세상에 맞서는 나(Me against the world)'와 비교되었다. '생존을 위한 싸움'이라는 시적 주제는 양쪽 모두에 통한다. 저자들은 학생들에게 연습문제지를 주었는데 이는 장애물 극복, 의미의 창작, 기회 개발, 감사하기와 같은 주제들에 대한 토론과 자기반성을 촉진시켰다. 시토머와 시렐리는 또한 삶을 소중하게 바라보는 관점과 자신의 마음을 따르려는 의지가 딜런 토마스와 투팩 샤커의 공통된 신념의 일부라는 점을 언급했다. 저자들은 힙합시인들에 대한 일반 대중의 기존 관념들이라는 이슈에 특별히 주목하고 있었다. 힙합은 '갱스타'에 한정되어 있고, 힙합 가수는 지식이 부족하다는 등의 잘못된 인식이 있었다.

올슨-맥브라이드와 페이지는 힙합과 랩음악을 적용시킨 고객(치료 대상자) 중심의 집단작업적 접근을 진행시켰다(Olson-McBride & Page, 2012). 이 저자들은 전문화된 시치료의 형태로서 힙합과 랩음악이 젊은이들을 참여시켜 이들의 자기개방을 이끄는 데 도움이 된다는 것을 발견했다. 마짜(Mazza, 2003)의 RES 모델을 기초로 개입이 이루어졌고 수용적/처방적 구성요소가 진행되는 동안(또한, 구성원들이 자기 자신의 음악을 가져왔다는 점을 주목할 것) 랩과 힙합을 사용하였다. 집단 구성원들은 표현적/창조적 구성 요소의 일부로서 공동작업시와 개인적 시(일부 시들은 이전에 지어진 것들이었다)를 창작하였다. 상징적/의례적 구성 요소에는 구성원들이 그들의 시를 큰 소리로 읽고 공유하고 피드백을 받는 것이 포함되었다. 이 저자들은 그 개입들이 집단 구성원들의 상호작용을 강화시키고 자기개방을 확대시켰다고 언급했다(직접적 관찰 의견과 기록들의 분석을 사용함). 올슨-맥브라이드와 페이지의 결과물들은 RES 모델의 상호작용성에 있어 마짜(Mazza, 2003)의 핵심과 일치하였다.

예를 들면 그 노래 가사(R)는 개인적 표현(E)을 위한 발판으로 작용할 수 있다. 레비 등은 도시공동체에 속해있는 소수집단들의 필요를 충족시키기 위해 힙합과 낭송시를 치료적 개입으로서 제안했다(Levy et al., 2019). 그들은 "대중적인 힙합 연주들을 녹음하여 무료로 배포한 노래 모음집들… 힙합 믹스테이프"(4)를 살펴보았다. 이를 통해 개인적 스토리들의 발전을 허용하게 되었다. 나중에 그들은 학교상담에서의 청소년 참여 행동 연구(YPAR)에 초점을 맞췄다. YPAR은 청소년과 상담교사 사이에서 이끌어지는 연구 과정이다. 여기서 그들은 청소년의 개인적 삶과 지역공동체들에게 직접적 관심이 되는 주제를 살펴보기 위해, 공유된 토론에 참여하였다(5). 이 연구에 학생들이 참여하면서 그들의 자아인식과 비판적 사고가 가능해졌다. 본질적으로 상담교사는 청소년이 자신의 감정에 대해 토론하도록 하면서 이를 힙합음악들과 시로 나타낼 수 있도록 이끈다. 그 접근은 강점 지향적이다.

페기 오스나 헬러는 사회심리학자 로버트 콜스(Robert Coles)의 주장을 가지고 청소년들이 삶의 고난에 직접 맞서서 문제 해결에 참여하고 더 큰 집단으로 나아가는 것의 중요성을 언급했다(Heller, 2009). 정말로 최첨단사회에서조차 삶의 모든 문제들에 대답을 줄 수 있는 '앱'은 없다고 했다. 헬러는 스토리, 시, 다른 형태의 문학을 통해, 청소년을 돕는 전문가는 미지의 것들을 소개하면서 고난들에 대해 의미와 목적을 찾아갈 기회를 그들에게 제공할 수 있다고 언급했다. 치료집단에서 청소년들을 다룰 때에 헬러가 제공한 한 예를 보면 생텍쥐페리의 『어린 왕자』(1971)를 사용해서 집단 참여자들이 연극을 만들도록 하고 있다(Heller, 2009: 230에서 인용). 드라마 회기는 추가적인 치료적 개입들로 발전되는데 여기에는 창의적 글쓰기, 추가 도서 자료들, 스토리의 공유가 포함된다.

번스타인 등은 예비 연구에서 빈곤 청소년들의 극 쓰기(playwriting)를 다루었다(Bernstein et al., 2014). 청소년들로 하여금 실제 청중 앞에서 공연을 하도록 했을 때 그들에게 나타난 결과는 다음과 같다. 즉 전체적으로 긍정적이고 건강한 분노의 표현이 많았고 과잉 활동[3]과 무관심이 줄었으며 즐거움을 경험할 수 있는 능력이 증가했다. '코치들'(지역공동체에서 온 배우들, 작가들, 음악가들)의 사용을 수반하는 프로그램은 젊은 작가들이 표현과 연기 양쪽에서 함께 작업하는 데에 유익한 것으로 입증되었다. 측정할 수는 없지만 그 개입들이 화합과 희망의 주입과 같은 많은 집단의 작업 과정의 요소들을 증가시키는 것으로 보인다. 시치료에서와 같이 이 연구에서 비위협적인 허구의 인물들을 통한 작업이 코치들과 서로 간에 끈끈하고 건강한 관계들을 발전시킨 것으로 보인다.

느소누 등은 이야기치료와 드라마치료들로부터 끌어온 연극(한 지역 아동복지사가 쓴), 표현적인 글쓰기, 퍼포먼스를 사용했는데 이는 청소년들이 위탁보호제도에서 자랄 수 있도록 도와주었다(Nsonwu et al., 2015). 그들은 예술에 기초한 프로그램인 '위탁보호 연대기(Foster Care Chronicles)'를 개발했는데 이는 대학교 사회복지 프로그램 및 지역사회 서비스 아동복지 프로그램과 협력관계를 이루고 있다. 이 젊은이들이 연극/등장인물들과의 정서적 공감을 이루면서 그들의 감정이 보편화된 것으로 보인다. 그 연극에 반응하는 것은, 마짜(Mazza, 2003)의 RES 모델의 수용적/처방적인 영역 안에 있다. 꼬리표와 코러스 부분을 창작하는 것은 표현적/창조적인 영역 안에 있다. 상징적/의례적인 영역은 사회복지사들, 대학생들, 위탁양육 가족 및 생물학적 가족 구성원들과 그 외 다른 사람들(일반인들에게 공개된)과 같은 청중들 앞에서 연극을 보여주고 있는 학생들과 일치될 수 있다. 빈민 젊은이들을 위한 마짜(Mazza, 2012)의 예술 및 운동 프로그램과 비슷하게 전체적 프로그램은 대인관계와 자부심을 강화시켰을 뿐

---

3 hyperactivity : 활동이 비정상적으로 항진된 상태. 탐색, 실험을 좋아하는 ─ 역자 주

아니라 고등교육을 받고자 하는 자극제를 제공하였다.

교육적 관점으로부터 풀턴의 글쓰기 발전을 촉진하는 노래 사용은 어려움을 겪고 있는 그의 학생들에게 특히 도움이 되었다(Fulton, 2001). 풀턴은 그의 1학년 학생들의 글쓰기 워크숍에서 노래의 '스토리' 측면을 언급하면서 학생들에게 그가 좋아하는 몇 개의 노래들을 들어보라고 요청하였다. 그다음에 그는 학생들에게 그들이 좋아하는 노래를 들어보고 그 노래의 스토리가 무엇에 관한 거라 생각하는지 적어보라고 했다. 학생들이 그들의 생각 몇 개(눈에 띄지 않는, 우울증, 불안, 틀어진 관계)를 함께 공유한 후에 그는 그 노래를 다시 틀어주고서 노래 속의 인물에 대해 질문을 했다. 학생들의 생각 몇 가지에는 고등학교 소녀/소년, 집 없는 사람, 제대로 인정받지 못한 사람, 이혼함 등이 있었다. 토론이 끝나고 학급은 지휘에 의해 움직였다. "우리는 이 노래를 스토리를 위한 가이드로 사용할 것이다. 여러분은 그 가사를 인물의 철학이나 감정 혹은 인물의 삶의 스토리를 이루는 빌딩블록으로 사용해도 좋다. 여러분은 주인공이 되고 싶거나 완전 새로운 인물을 창조하고 싶을지도 모른다"(21). 그 훈련은 그들의 관심과 표현 기술을 발전시키는 글쓰기의 향상이라는 상당한 수확을 얻었다. 풀턴의 테크닉은 수용적/처방적인 것(시/노래를 공유하는 것)과 표현적/창조적인 것(글을 쓰는 것)이 어떻게 결합하여 상호작용할 수 있는지를 보여주는 하나의 예이다. 그들의 작업을 공유하는 것은 자신들의 경험을 확인시켜 주는 상징적/의례적인 구성 요소의 일부이다. 고 역시 청소년들과 관련해 가사를 분석하는 그의 연구에서, 수용적/처방적인 요소들과 표현적/창조적인 요소들을 결합시켰다(Ko, 2014).

▎9.1 청소년들의 자살[4]

일반 대중과 심리 전문가가 청소년들의 자살과 관련해 생각해 봐야 할 몇 가지 근본적인 요점들은 존스홉킨스의 웹 사이트에서 나온다.[5] 다음은 존스홉킨스가 제공한 일부 리스트이다.

자살은 15~24세 젊은이들의 세 번째 주요 사망 원인이다. CDC의 보고에 따르면 총기 사용은 젊은이들의 자살 방법에서 반 이상을 차지한다.

---

4 이 장에서 자살에 관해 다루는 이 절의 이전 버전은 S. M. Deats & L. T. Lenker, Eds., *Youth Suicide Prevention: Lessons from Literature*, New York: Plenum Press, 1989에 게재되었다.

5 https://www.hopkinsmedicine.org/health/conditions-and-diseases/teen-suicide

10대는 스트레스가 많은 시기이다. 그들의 삶은 중요한 변화들로 가득 차있다. 여기엔 신체적 변화, 사고의 변화, 감정의 변화 등이 있다. 스트레스, 혼란, 두려움, 의심과 같은 격렬한 감정들이 10대들이 문제를 해결하거나 의사를 결정할 때 영향을 줄 수 있다. 그 혹은 그녀는 또한 성공에 대한 압력을 느낄지도 모른다.

일부 10대들에게 평범한 발전적 변화들이 다음과 같은 일들, 즉 이혼이나 새로운 도시로의 이사와 같은 그들의 가족들에서의 변화들과 같이 일어나게 된다면 그들을 매우 불안하게 만들수 있다.

이들 문제는 극복하기에 너무나 어렵고 당황스러운 일일 수 있다. 일부 10대들에게 자살은 해결책처럼 보일 수 있다.

어떤 10대들이 자살의 위험을 겪고 있는가?

10대들의 자살 위험은 나이, 성별, 문화적 또는 사회적 영향들에 따라 다양하다. 위험 요인들은 시대에 따라 바뀔 수 있다. 위험 요인들은 주로 다음과 같다.

- 하나 이상의 정신적 혹은 약물남용 문제들
- 충동적 행동들
- 부모의 죽음과 같은, 원하지 않는 삶의 사건들이나 최근의 사망 사건들
- 정신적 혹은 약물남용 문제들에 대한 가족력
- 자살의 가족력
- 신체적, 성적, 혹은 언어적, 정서적 학대를 포함한 가정 폭력
- 자살 시도 전력
- 집 안에 총기가 있는 경우
- 감옥에 수감되는 경우
- 가족이나 또래 혹은 뉴스나 소설에서 다른 사람들의 자살행위에 노출되는 경우

청소년 자살의 경고 신호들로는 무엇이 있는가?

자살의 경고 신호들 중 상당수는 다음과 같은 우울증의 증상으로도 보인다.

- 가장 좋아하는 소유물들을 남에게 주거나 중요한 소지품들을 버리는 것
- 우울증의 시기를 겪고 나서 갑자기 발랄해지는 것
- 기괴한 생각들을 말로 나타내는 것
- 하나 이상의 유서를 적는 것

시치료의 사용은 특히 청소년 자살을 다룰 때 효과적이다(Mazza, 1989). RES 모델의 세 가지 방식들이 모두 적용될 수 있다.

9.1.1 수용적/처방적 요소

청소년들의 경험과 관련된 기존의 시들이나 노래들을 사용해서 이들의 반응을 불러온다. 물론 시나 노래가 승인의 느낌을 주고 자기개방의 감각을 제공할 수 있지만 내담자들이 아직 만날 준비가 되지 않은 감정을 불러올 수도 있다. 시가 부정적으로 인식될 수도 있고 희망을 주지 못할 수도 있다.

우울증과 자살을 다루고 있는 가장 강력한 노래 중 하나는 피터 가브리엘과 케이트 부시의 '포기하지 마(Don't give up)'(Gabriel, 1986) 공연이다. 또한 빌리 조엘의 '너는 유일한 사람이야(You're Only Human)'(1985)는 아마도 청소년들의 자살을 낙관적으로 다룬 가장 직접적인 노래일 것이다. 이 노래는 많은 희망을 이야기하고 있다. 좀 더 가벼운 주제를 보자면, 에밀리 디킨슨의 「나는 아무도 아니야(I'm Nobody)」(1861/1959)는 성공과 피상성에 대한 시인의 관점에 청소년들이 동일시할 수 있도록 허용한다(Mazza, 1989: 56~57).

음악을 사용할 때에는 10대가 의미 있는 노래들을 찾아낼 수 있는 '전문가'가 되도록 만드는 장점이 있다. 청소년 자살과 관련된 시들과 노래들은 '10대의 자살을 막아라(STOP Teen Suicide)' 프로그램 같은 온라인에서 발견할 수 있다. 이 사이트에 가면 10대가 직접 쓴 시들을 볼 수 있다.[6]

> **자기혐오와 자살 생각**
>
> 나는 무엇을 말해야 하나 나는 어떻게 느껴야 하나?
> 가련한 괴물아, 뭐가 사실인지 내게 말해봐.
>
> **우울증과 자기 학대로 힘들어하는 것에 관한 시**
>
> 나의 조용한 비명은 눈에 띄지 않아,
> 나의 어두운 꿈들은 억제되지 않아.

젊은이들의 자율권(권한)과 관련된 가사들과 리스트들이 나와있는 웹 사이트가 있다.[7]

---

6 https://www.familyfriendpoems.com/poems/teen/suicide/

7 https://www.billboard.com/articles/news/pride/8013886/25-empowerment-anthems-songs-extra-boost-confidence

몇 가지의 유명한 노래들의 리스트는 다음 사이트들에서 확인할 수 있다.

https://www.teenvogue.com/story/best-songs-of-2020-teen-vogue-editors

https://yourteenmag.com/health/teenager-mental-health/talking-about-mental-health

1. 숀 멘데스 — 내 피 안에(In my Blood)
2. 케샤 — 기도(Praying)
3. 로직 — 1-800-273-8255 (이 노래의 제목은 미국의 '국립 자살 예방 생명선'의 전화번호이다.)

이 사이트에 나와있는 10대들이 쓴 시들은 처방적인 방식으로 사용될 수 있다. 혹은 RES 모델의 표현적/창조적인 방식을 적용시키는 예들로서 사용될 수 있다.

9.1.2　표현적/창조적 요소

개인적인 용도로 고등학교 학생들이 시를 쓰거나 다른 형태의 글쓰기를 하는 건 아주 흔한 일이다(Bruscoe. Mazza, 1989에서 인용). 앞에서 언급한 것처럼 10대들은 자살 생각을 포함한 그들의 문제들에 대해 인터넷상에 글을 쓰고 있다. 다음은 청소년집단의 공동작업시(하나의 주제에 각 구성원들은 한 줄 혹은 그 이상 참여함) 가운데 일부를 발췌한 것이다(Mazza, 1989: 62).

그것을 잊으려면 죽어라고 노력해 봐

그리고 때로는 좀 더 좌절을 느껴.

잠들 수 없어

계속 생각한다면

그건 계속 돌아올 거야.

이 시는 구성원들의 어려움을 표면화하여 화합의 감정을 제공해 주었다.

9.1.3　상징적/의례적 요소

집단에서 10대가 쓴 시를 공유하는 것은 상징적/의례적인 행위가 되는데 그것이 집단 구성원들의 힘을 확인시켜 주기 때문이다. 시나 노래들을 선택하고 공유하는 것은 도전의 극복을 표시하려고 사용할 때와 비슷한 효과를 지닌다.

9.1.4   논평

이전에 언급한 것처럼 자살 가능성이 있는 청소년들에게 기법을 사용할 때에는 극도로 주의해야 한다. 기존 시에 대한 잠재적 반응들은 자기 파괴적인 것으로 인식될 수 있다. 10대들이 쓴 시는 '분석되지' 말아야 한다. 그 분석은 사생활과 신뢰를 깨뜨리는 것일 수 있기 때문이다. 또한 10대들의 해석은 그 어떤 것도 정당한 것임을 기억해야 한다. '진정한' 의미라는 것은 없다. 초점은 시가 아닌 사람에게 맞춰야 한다. 적절한 전문가의 경계선 안에서 사용된 시치료가 청소년 삶의 단계에 희망과 성취감을 주는 행동의 가능성을 지니고 있다.

9.2   젊은 성인

이 절에서는 젊은 성인, 특히 대학생의 시치료에 초점을 두고자 하였다. 어려움에 처한 젊은 성인들은 자주 교육자들과 고등교육의 조력 전문가들로부터 관심을 받아 왔다. 대학상담센터에 대한 전국적인 조사에서 책임자들 중 94%가 심각한 심리적 문제가 보이는 학생들이 큰 폭으로 증가 추세에 있다고 보고하고 있다(Gallagher, 2014). 보고된 주요 문제들은 불안장애(89%), 임상적 우울(58%), 캠퍼스 성폭행(43%), 학습장애(47%), 초기 성학대에 관련된 문제들(34%)이었다. 대학생들을 위한 상담 서비스에 대한 요구가 증가하고 사회적, 심리적 문제들에 대한 식별과 예방이 절박하게 필요한 상황에서 부분적으로 시치료가 그 문제를 다룰 수 있다. 젊은 성인들은 일상적으로 그들의 교과 과정에서의 쓰기 과제, 사회적 매체, 음악 감상, 일기 쓰기, 이메일, 춤/동작을 통하여 그들의 문제 일부를 표현한다.

앨시와 세이저는 대학상담센터에서 장기 치료보다 단기(시간제한) 치료가 훨씬 더 많이 이루어지며, 단기 치료가 장기 치료보다 더 적합하다고 보았다(Alcee & Sager, 2017). 대학상담센터의 서비스에 대한 요구가 증가하는 상황에서 시와 음악이 치료의 일부분으로 제공되는 것이 유익하다. 학생들은 종종 다양한 범위의 문제를 가지고 온다. 저자들은 당면한 문제와 주제에 대한 단기 치료가 관계치료의 맥락에서 음악 및 시와 통합되는 것이 학생들의 병리를 찾으려는 치료보다 긍정적인 결과를 가져온다는 사실을 발견했다.

학생/내담자들은 자신의 역할과 정체성에 주목하면서 글쓰기, 예술, 그리고 음악을 통하여 그들의 고통과 혼란을 표현할 수 있다. "중심 주제를 반성적으로 활용함으로써 임상가로서 학생들과 함께 역동적인 방식으로 진단, 재평가 및 개입하여 보다 음악적이고 시적인 경험을 가능하게 하는 데 도움이 된다. 시와 음악이 가진 압축적 형식의 장점에 의존하여 도움을 청한다"(211~213). 시는 다양한 사람들에게 유용하게 활용될 수 있으며 디지털 시대에도 양립할 수 있다. 저자들은 치료의 각 회기가 시와 비교될 수 있다고 생각한다. 치료와 시는 둘 다 압축적이어서 상담자들이 치료의 효과를 극대화할 수 있다. 저자들은 상담을 통하여 치료받았던 학생들이 상담 회기가 끝난 지 한참 지난 후에도 이러한 시적 경험을 오랫동안 간직할 수 있다고 생각한다.

국제적인 관점에서 엘리아사와 이스완티는 인도네시아대학교의 지도 및 상담학과의 학생들과 독서치료의 사용에 대해 연구하였다(Eliasa & Iswanti, 2014). 연구자들은 진로 동기와 진로 문제에 초점을 두었고 질적 방법과 양적 방법을 둘 다 활용하였다. 연구결과, 학생들의 동기와 지식이 증가하고 학생들이 자신의 장점과 한계를 파악하고 자신감을 갖는 긍정적 효과가 있는 것으로 나타났다. 나폴리언 힐은 '풍성하게 생각하고 성장하기'가 학생들의 다양한 진로 주제와 긍정적 사고에 기여하는 것을 확인함으로써 그 유용성을 보여주었다(Hill, 2007).

와풀라는 케냐에서 젊은 성인이 대학에서 직장으로 옮겨가는 어려운 과정을 연구했다(Wafula, 2020). 이것은 불안 및 자아 개념과 관련된 이슈를 포함하였다. 그녀는 진로 이야기를 통하여 학생들에게 역량을 강화하기 위한 개입을 하였다. 진로 구성 이론에 근거한 집단 양식을 활용한 개입이었다. 시 읽기와 쓰기는 집단 참여자들이 진로 이야기를 진전시켜 나가는 데 핵심이었다. 와풀라는 시치료와 내러티브 진로상담의 조합이 21세기의 진로 도전에 직면한 젊은 성인 대학생들의 욕구를 충족시켜 주는 데 도움이 되었다고 하였다.

와풀라는 내적으로 정의된 진로 이야기를 발전시키면서 진로 적응성과 유연성을 키우기 위한 이야기로서의 진로를 강조하는 '나의 진로 이야기(MCS; Savickas & Hartung, 2012) 워크북'을 개발하였다. 이 워크북에는 그들의 생애 이야기나 자서전에 대한 성찰을 촉진하기 위한 질문들이 포함되었다(139). 이 질문들은 진로를 계획하는 데 도움이 되었다. 이 워크북은 개인상담이나 집단상담에서 활용될 수 있다.

시치료는 진로 이야기 워크북에 통합되어 경계 경험(대학과 직장)을 하는 학생들에게 도움이 된다. 시 읽기와 쓰기 과제는 지금까지 고려되었을 수도 있고 아닐 수도 있는 개인적 진로 관심사를 통해 가족과 지역사회의 관심사에 기반한 진로 관련 기대가 나타나도록 돕는다(143). 케냐의 이 학생들은 대학에 다니는 첫 세대임을 주목해야 한다.

시치료 과제 중의 하나의 예는 자신의 진로에 대해 글을 쓰게 하는 것이다. 또 다른 예는 의사 결정에 관심 있는 학생들에게 시를 읽어주는 것이다(예 : 로버트 프로스트의 「가지 않은 길」). 집단 구성원들에게 어떻게 자신의 이야기를 현실화할지에 대한 산문시를 통해 그들의 새로운 진로 이야기를 공유하도록 할 수 있다. 또한 시각예술과 영상이 통합될 수 있다. 집단원들이 신뢰하고 지지를 받을 수 있는 사람들을 식별하도록 돕기 위해 '지지의 손'을 그리도록 한다. 협업시가 이 방식/개입에서 활용될 수 있다. 이 연구가 케냐에서 이루어진 것이긴 하지만 이러한 원칙과 개입이 훨씬 더 넓게 적용될 수 있다는 점은 분명하다.

편지를 쓰는 오랜 전통이 있지만 누군가에게 편지를 쓰기 위해 시간과 노력을 들이는 것은 축약된 전자 수단(예 : 이메일, 트위터)의 시대에 사춘기 청소년과 젊은 성인들에게 일상적이지 않다. 게다가 편지 쓰기는 일반적으로 편지를 보내는 사람이 자기 치유를 의도하고 쓰지는 않는다. 그러나 편지 쓰기의 치유적 측면은 편지를 보내는 사람이나 받는 사람에게 모두 의미 있다는 증거가 증가하고 있다.

앤드류 캐럴은 소말리아와 보스니아의 내전에 참여한 남녀 군인들이 쓴 편지를 모았고, 이것을 통하여 흥미 있는 역사적 사실을 알 수 있었다(Carroll, 2001). 전시통신에서 우편에 대한 갈망은 공통적인 주제인 것으로 나타났다. "편지는 연인들의 몇 안 되는 확실한 연결고리가 되었고 군인들에게는 집으로부터 말 한마디라도 들을 수 있는 방법이었다"(35). 현재 우리가 사용하는 이메일 이전에는 2차 세계대전 동안에 쓰였던 V(victory)-메일이 있었다. V-메일은 무료이고 빨랐지만, 전하고자 하는 메시지가 단지 하나의 짧은, 미리 인쇄된 페이지로 수신자에게 전달되었다. 이 페이지는 기계로 전송되어 사진으로 찍히고 수천 통의 V-메일에서 나온 원판이 필름 한 통에 담겨 처리센터로 보내지고, 거기서 분류되어 수신자에게 전달된다(35).

모셔와 대노프-버그는 108명의 대학생을 대상으로 실험 연구를 하였다(Mosher & Danoff-Burg, 2006). 한 집단에는 자신을 힘들게 하는 사람에게, 다른 집단에는 자신에게 도움을 주는 사람에게 마음을 표현하는 편지를 쓰게 하는 실험집단을 구성하였고 통제집단에는 일반적인 관계를 주제로 학교 사무실에 편지를 쓰도록 하였다. 연구결과 통제집단에 비하여 실험집단(즉, 자신을 힘들게 하거나 도움을 주는 사람에게 편지를 쓴 집단)의 수면 시간이 더 길고, 질병과 관련된 활동이 더 적은 것으로 나타났다. 또한 자신을 힘들게 하는 사람들에게 편지를 쓴 참여자들은 통제집단보다 수면의 질이 더 좋은 것으로 나타났다. 이 연구에 전제된 가정은 수면 시간과 질은 학업 수행, 부정적 정서, 알코올과 담배의 이용에 영향을 미친다는 것이다. 연구자들이 후속 연구에서 대인관계 맥락, 특히 용서의 이슈가 편지를 쓴 참여자들에게 어떠한 영향을 미치는지를 연구한 결과 "부정적 정서를 일으키는 것이 반드시 건강 개선을 위한 선결 요건이 되지는 않는다."(1134)라는 점을 발견했다. 이 연구는 직접적 편지가 건강과 성장의 가능성을 제기할 뿐만 아니라 편지를 쓴 사람과 수신자에게 대면할 준비가 되어있지 않은, 해롭고 위험한 감정을 불러일으킬 수 있다는 가능성을 보여준 것이다. 물론 편지뿐만 아니라 (자신을 힘들게 한 사람에게 글을 쓰는) 내담자의 글쓰기 과정에서도 고통스러운 경험이 유발된다.

상담심리학자인 잭슨은 대학 1학년생들을 위한 문학세미나 수업 '앨리스 워커의 글쓰기에서 얻은 인생교훈'에 대해 보고하였다(Jackson, 2009). 그 수업은 5~15분간 캠퍼스생활과 관련된 자신의 관심사에 대한 '자유 글쓰기'로 시작되었다. 그리고 학생들이 자발적으로 자신이 쓴 글을 읽고 건설적인 피드백을 받을 수 있는 기회를 갖도록 하였다. 공통적이거나 보편적인 주제들이 그들의 감정을 타당화하는 과정에서 나타났다. 그다음에는 그 수업에서 할당된 특정 자료를 읽었다. 학생들이 앨리스 워커와 연결되었고, 그녀의 작품이 타당화와 대인관계에서의 연결감을 제공하였다. 마지막으로 학생들이 앨리스 워커에 의해서 혹은 그녀에 관해서 쓰인 것들에 대해 공식적으로 발표를 하였다. 잭슨이 그렇게 말하지는 않았지만, 이는 RES 모델(Mazza, 2003)이 분명하게 예시된 것이다. 앨리스 워커의 작품에 응답하는(Responding) 학생들은 창조적 글쓰기에 참여하고(Engage), 자신의 작품을 공개적으로 공유하고(Share) 수업에서 최종적으로 발표하였다. 학생들이 "자신의 목소리와 창의적 능력을 발달시키도록 하는 수업은… 성장하고 변화해 갈 것이다"(Jackson, 2009: 107).

퍼먼은 대학신입생들에게 문학 자료를 어떻게 사용하였는지를 보고하였다(Furman, 2014). "시의 문학적 사용을 넘어서"라는 그의 수업 목표는 구술과 필기를 통한 의사소통 기술, 세계적인 관점의 계발, 비판적 사고 기술의 계발이다. 그는 문학과 창의적 글쓰기가 학생들의 개인적이고 학술적인 목표를 달성하는 데 도움이 된다는 사실을 밝혔다. RES 모델과 일관되게, 젊은 성인들이 문학/시에 반응하기(R), 창의적 글쓰기(E)와 시 공연(S)을 함으로써 대학 내 혹은 대학 밖의 삶을 준비할 수 있게 되었다.

벡커 등은 젊은 성인 학생들의 대학생활로의 이행을 돕기 위해 학생 거주자들을 위한 서지연결(bibliolinking : 독서치료의 한 형태) 훈련 모델을 개발하였다(Becker et al., 2008). 학생들은 가정에서 대학으로 옮겨가는 과정에서 종종 불안을 느끼는 것으로 알려졌기 때문에 서지연결모듈에 자기계발서뿐만 아니라 소설, 짧은 이야기, 기타 문학 자료들을 읽고 그 경험을 공유하는 것을 포함하였다.

시치료는 춤과 동작, 젊은 성인들의 두려움과 강점을 말하는 것과 통합될 수 있다. 나는 지방의 한 대학에서 춤 레퍼토리 극장(Dance Repertory Theater, DRT)의 객원강사로서 공동작업 시를 소개했다. 학생들이 시를 창작한 후에 그것을 춤으로 연출하고 공연하였다(Mazza, 2006).

허리케인

흔들리는 나무와 굴러가는 지붕의 널들

창문의 빗방울

도플러 레이더의 초록색 빨간색 소용돌이

알지 못할 두려운 어둠이

하늘을 덮는다

잠잠히 태풍의 눈을 가리고

무엇인가 예측되는 어리석은 녀석은 아직 오지 않았다

덤 다 덤 덤

조심하렴!

나뭇가지가 날아간다

촛불과 카드들이 테이블을 가로질러 미끄러진다

일상이 갈가리 찢어진다

전원이 꺼졌다

담요처럼 깔린 도자기 모래 외엔 남은 것이 하나도 없다

소리 하나 없는 고요

6피트 높이 뚫고 오르는 콘크리트

우리가 알고 있는 모든 것 앗아가고

길이나 강도 앗아갔다

하늘에서 내리꽂히는 위협적인 깔때기

촛불들 옆에서 이야기를 하는 것 외에는 할 일이 하나도 없다

학교가 휴교인가?

3주가 지났는데 ─ 학교는 아직도 열지 않았나?

일부러 네가 지나가는 길에 서있어 보았지

나는 굽히지 않아

내 뿌리는 깊거든

이 작품은 마음, 몸, 영혼의 상호 관련성에 대해 말하였다. 표현적/창조적 경험(공동작업시)과 상징적/의례적 춤 퍼포먼스를 통하여 젊은 성인들은 자신의 목소리와 통제력 및 웰빙의 느낌

을 확인하게 되었다.

물론 모든 젊은 성인이 대학생은 아니다. 다음에서는 군인들에게 시가 어떠한 힘을 갖는지, 그리고 섭식장애로 고통받고 있는 젊은 성인 여성의 치료에서 시치료와 이야기치료가 어떻게 활용되는지를 보여줄 것이다.

크룸은 자신이 고등학교 졸업 후 미공군에 근무하는 동안 시, 힙합, 창작 글쓰기 경험이 자신의 삶에 어떻게 긍정적으로 영향을 미쳤는지를 공유하였다(Croom, 2015). 그는 군복무 단계 중 기초군사훈련 기간(처음으로 가족, 친구와 헤어져서 지내는 기간) 동안에 신체적, 심리적으로 힘든 요구를 받을 때 시와 표현적 글쓰기를 통하여 자신의 마음을 열 수 있었다. 글을 쓰는 것과 편지를 받는 것은 매우 큰 도움이 되었고 그것을 통하여 희망과 지지를 얻을 수 있었다.

두 번째 단계는 전투와 수중 서바이벌을 하는 특별훈련 기간 52주이다. 이 기간 동안 크룸은 힙합의 공통 주제가 '성공하기 위해 모든 역경을 극복하는 것'이라는 점과 이것이 군대생활(특히 영구적 자유작전과 이라크 자유작전을 하는 시기)을 하는 데 필요하다는 점에 주목하였다. 그는 힙합을 통하여 자신이 동기부여가 되며 힙합에 그의 경험과 관련된 은유가 있음을 알게 되었다.

세 번째 단계는 화물제트기에 비행사로 탑승하는 146주이다. 이 단계에서 그의 훈련은 마무리되고 비행 임무를 맡게 된다. 그는 자신의 시 읽기와 쓰기가 크게 좋아졌다는 것을 알게 되었다. 크룸은 911 테러가 발생했을 때 시, 철학, 힙합이 필요하다는 걸 알았다. 특히 문화, 생명을 위협하는 상황, 도덕적 질문을 다루고 자신과 가까운 사람의 죽음을 다루는 데 필요했다.

미공군 복무를 완성하는 네 번째이자 마지막 단계에서 크룸은 시 쓰기, 철학, 심리학, 언어학을 계속 공부했다. 그는 시, 힙합, 철학을 통하여 긍정적인 경험과 부정적인 경험을 통해 이해할 수 있는 것, 영감을 주는 것, 심지어 아름다운 것을 만들 수 있다고 결론지었다.

로빈스과 페르슨은 신경성 식욕부진으로 치료받고 있는 젊은 성인 여성의 치료에 서사 및 시치료가 사용될 수 있다고 하였다(Robbins & Pehrsson, 2009). 언어의 힘, 특히 내담자를 지칭하는 장애와 관련하여 내러티브 접근 방식은 내담자 정체성을 진단하고 분리하는 데 도움이 된다. 문제를 '외재화'함으로써 내담자는 그녀(혹은 그)가 싸우는 어떤 것을 볼 수 있게 된다. 본질적으로 내담자는 시를 통하여 자신의 이야기를 씀으로써 목소리와 힘을 부여받는다. 연구자들은 12개의 주제에 초점을 맞춘 회기를 통하여 젊은 여성과 개인작업을 한 사례를 제시하였다. 1회기에서 내담자에게 신경성 식욕부진을 외재화하도록 하였고 그것에 이름을 붙임으로써 자기비난을 감소하고 희망을 증가시키도록 하였다. 그녀는 자신의 증상에 '아나'라는 이름을 붙였고, 표현적/창조적 시를 쓰면서 자신이 자신으로부터 걸어 나오고 있음을 알게 되었다. 2회기에서 내담자는 자신이 쓴 시를 가져와서 치료자에게 질문을 받으며 그것을 발전시켰다(예 : "아나는 언제 당신을 사로잡나요?" "만일 당신이 아나의 요구에 응답하지 않는다면 어떤 일이 일어날까요?")(50). 에밀리 디킨슨의 「나는 오랫동안 배고팠습니다(I had been hungry, all the years)」(Robbins & Pehrsson, 2009: 51에서 인용)라는 시를 소개하는 수용적/처방적 방법이 활용되었다. 다음 회기에서는 사전에 구조화한 주제와 일치하는 새로운 시를 소개하였다. 주제는 양가성, 투쟁, 두려움, 분노, 외로움, 비밀, 희망, 역량, 수용, 승리였다. 연구자들은 시와 내러티브(특히 자신의 이야기 다시 쓰기)를 연결하여 사용하는 것이 역량, 희망, 생동감을 준다는 결론을 내렸다(53).

　　요약하면 시치료는 사춘기와 젊은 성인기를 보내는 사람들의 건강과 웰빙을 증진시키는 생명력을 주는 요소를 가지고 있다. 이 장에서 소개된 대상들의 공통적 주제에는 친구 및 가족과 떨어져 지내는 데 어려움을 겪는 것, 자신의 삶을 사는 것, 관계, 정체성 및 친밀감이 포함된다. 공통적 강점은 부정적인 경험과 긍정적인 경험 모두를 다룰 때 검증하고, 보편화하고, 권한을 부여하는 시를 감상하고 창조할 수 있는 잠재력이다.

다시 생각해 보기

1. 사춘기 청소년들이 음악과 시를 통하여 어떻게 힘을 받고 있는지에 대해 생각해 보세요. 당신 자신의 사춘기를 생각해 보세요. 당신은 사춘기에 시 쓰기와 저널 쓰기를 해보았나요?

2. 시가 사춘기 청소년들의 저항을 어떻게 극복하도록 할 수 있을까요?

3. 당신의 젊은 성인기에 글쓰기가 의사 결정에 어떠한 역할을 하였는지에 대하여 개인적, 학문적, 또는 진로 결정에 글쓰기가 준 역할의 관점에서 생각해 보세요.

성인들

이 장에서는 건강, 노숙, 가정 폭력에 대한 성인들의 시치료에 초점을 두었다.

▌10.1 건강

슈미트 등은 동기 강화 면접과 마찬가지로 구조화된 치료적 쓰기 과제가 섭식장애 문제가 있는 내담자의 변화 동기를 증진시키는 데 유용하다고 하였다(Schmidt et al., 2002). 예를 들어, 로빈스와 페르슨은 사춘기 청소년과 젊은 성인들에 대해 이전 장에서 언급했던 기법과 비슷하게 내담자들에게 자신의 섭식장애에게 친구로서 그리고 적으로서 편지를 쓰도록 하였다(Robbins & Pehrsson, 2009). 이것은 그들의 장애에 대한 인지행동 이론, 특히 장애에 대한 내담자의 신념과 관련이 있다. 저자들은 이야기치료적 관점에서 나온 '문제의 외재화'라는 부가적 기법을 적용하여 폭식증 내담자들에게 쓰기 훈련을 하였다. 내담자들에게 자신의 위장의 관점에서 '내 위장의 하루'에 대해 이야기를 써보도록 하였다(303). 이것은 보조 기법이며 치료사의 이론적 지향 및 전문적 배경과 일관되게 사용되어야 한다.

  프레이저는 우울증의 치료에 시치료를 활용하는 것에 대해 말하였다(Fraser, 2011). 그녀는 기분장애와 관련 있는 생각과 감정을 반영하고 이해하는 작가로 에밀리 디킨슨을 언급하였다. 예를 들어, 「내 마음이 찢어지는 것 같았다(I felt a cleaving in my mind)」에서 그녀는 내면의 혼란을 조정하지 못한 것에 대한 좌절을 표현하였다. 시는 우울을 경험하는 사람을 인정하여 주고, 내담자가 자기개방을 할 수 있도록 방안을 제시하고, 건설적 치료 과정에 참여하도록 한다.

엡턴 등은 자기긍정이 건강을 위한 행동변화에 미치는 효과에 대한 메타분석 연구에서, 자기긍정이 내담자가 건강 위기에 관한 정보를 수용하고 행동변화에 참여하도록 하는 것과 긍정적으로 관련이 있음을 밝혔다(Epton et al., 2015). 저자는 건강 위기에 관한 정보에 대해 긍정적으로 반응하려면 자기성찰이 필요하다고 하였다. 이것은 가치, 강점, 대인관계를 탐구하는 쓰기 활동으로 할 수 있다. 이 연구결과는 자기긍정을 위해 기존의 시를 사용하는 힘(수용적/처방적 영역)과 자기성찰에 초점을 맞춘 표현적 쓰기(표현적/창조적 영역)와 관련된 시치료문헌과 일관성이 있다.

10.1.1   사례 연구 : 안나[1]

다음 사례 연구는 초점화 저널 쓰기 기법이 심리치료에서 부수적 과정으로 사용될 수 있음을 보여준다(Kathleen Connolly Baker. Baker & Mazza, 2004). 이것은 치료의 단계들에서 구조, 회기들 간의 연속성과 치료관계가 끝난 후 문제 해결을 위한 추가 도구를 제공하는 방법으로 활용될 수 있다. 안나는 자신이 앓고 있는 루푸스와 만성적인 고통의 진행을 멈출 수 있는 치료가 더 이상 없다는 대화를 류머티즘 전문의와 나눈 후 극심한 스트레스를 받고 있다고 말하였다. 안나는 "내 담당의가 나를 포기했어요. 더 이상 의사가 나를 위해 할 수 있는 것이 없어요."라고 말하였다.

안나는 정상적으로 보이기 위해 많이 노력했다. 50대 중반인 그녀는 세련된 옷, 코디된 액세서리, 멋지게 자른 백발, 예쁜 화장으로 놀랍도록 매력적이었다. 이렇게 깔끔한 겉모습을 가진 그녀가 진행성 질환으로 심각한 신체적, 심리적 고통을 겪고 있다는 것은 상상하기 어려웠다. 그녀는 행복한 겉모습 때문에 다른 사람들과의 관계에서 한계를 정하는 것이 어려웠다. 그녀를 잘 알고 있는 사람들을 제외한 대부분의 사람들은 그녀가 아프다는 것을 믿기 어려워했다.

초기 면접에서 안나는 치료에 대해 회의적이었다. 안나는 유방암을 포함하여 18세부터 만성적 질병을 앓고 있었지만 지금까지 (심리)치료를 받지 않았었다. 안나는 자신이 (심리)치료에 저항한 이유를 '강한' 사람은 치료자를 필요로 하지 않는다고 믿었기 때문이라고 하였다. 그녀에게 치료 참여는 패배를 상징한다. 그녀는 자신에게 더 이상의 치료적 선택지가 없다는 복합적 무기력에 대해 말하였다. 그녀는 자신이 개인적으로 할 수 있는 것을 다 했다고 확신했

---

1   이 절의 이전 버전은 K. C. Baker & N. Mazza, The healing power of writing: Applying the expressive/creative component, *Journal of Poetry Therapy*, 17(3), 2004: 141~154에 게재되었다.

기 때문에 무력감과 절망을 느꼈다.

이 사례에서 글쓰기 패러다임의 원리를 활용한 구조화 저널 쓰기가 개인치료를 보조하기 위해 사용되었다. 우리는 그녀를 가장 괴롭히는 것, 즉 만성적 고통과 그로 인한 피로에 개입하기 시작하였다. 그녀는 증상 때문에 자신이 그동안 얼마나 힘들었는지에 대해 기술하였다. 그녀는 첫 상담을 시작하기 6개월 전에 지방 변호사 사무실의 오피스 매니저 직업을 풀타임에서 파트타임으로 변경하였다. 그녀는 힘들게 주당 20시간씩 일하는 것이 부담되며, 여행이나 쇼핑처럼 단순한 일들을 더 이상 즐길 수 없다고 하였다. 그녀는 최근에 쇼핑을 하던 중에 너무 지쳐서 벤치에 앉았는데 일어서려다 넘어져 한 시간 정도 불안해하며 다시 힘을 내려고 노력하다 포기하고 남편에게 전화해서 도움을 요청하였다. 그녀는 불안이 증가하여 공공장소에서 혼자 있을 때 주기적으로 공황발작을 하는 것에 대해 자책하였고 자신이 쇼핑하다가 쓰러진 일을 비꼬듯이 이야기했다.

안나는 5년 전에 루푸스를 진단받았다. 이 기간 동안에 그녀는 증상에 따라 신체적, 정서적으로 롤러코스터를 탔다. 재발되기 전에 18개월 동안 증상 없이 삶을 즐겼고 자신의 병을 잊고 지낼 수 있었다. 현재는 병이 커져서 그녀는 강렬한 고통으로 물리적 한계를 경험하였고 자신이 그 병을 이기지 못한 것에 대해 절망하였다.

많은 만성질환자, 특히 만성적 고통으로 투쟁 중인 환자들처럼 안나는 자신이 했던 노력과 남편과의 시련에 대해서 토론하기를 꺼렸다. 그녀는 루푸스 만성질환 때문에 남편에게 돌봄을 기대하고 의지하게 되는 것에 대해 더 부담을 느꼈고, 도움을 요청하는 것을 어려워하여 치료 받지 않고 지냈다. 그녀는 자기 자신을 주장하거나 도움을 요청하기보다는 육체적으로 어려운 상황에서도 견디려고 노력하였고, 그 결과로 며칠 만에 증세가 악화되어 신체가 제대로 기능하지 못했다. 게다가 남편과 함께 공유할 수 있는 활동들인 골프, 스키, 여행 등을 못 하게 되어 결혼생활에 어려움이 생기기 시작하였다.

안나는 치료적 저널 쓰기를 하기에 좋은 후보자였다. 그녀는 표현을 잘하고, 지적이며, 자신의 증상에 적응하기 위해 약 이외의 추가적 방법을 찾고 있었다. 치료 시작 단계에서 안나에게 저널 쓰기를 위한 주제를 주었다. 고통관리가 그녀의 주 호소 문제였다. 초기에 그녀에게 고통의 강도와 고통과 정서적 반응을 유발시키는 생활 사건을 기록하도록 하였다. 이것은 그녀가 하루의 시간, 스트레스, 통증을 악화시키는 활동에 어떠한 패턴이 있는지를 확인하는 데 유용하였다.

이것으로 그녀는 생활 사건과 정서를 연결시키는 과정을 시작하게 되었다. 이 기록은 그녀가 나중에 통증주기의 증거로 사용되는 문서가 되었으며, 힘든 날뿐만 아니라 좋은 날을 주목하는 데 도움이 되었다.

이 단계에서 그녀의 글쓰기 발췌본은 증상을 감정과 연결시켜서 식별하도록 해준다. 그녀는 이렇게 글을 썼다. "나는 종이봉투에 갇힌 것 같은 느낌이 든다. 나는 점점 더 좋아지는 게 아니라 나빠지고 있는 것 같다. 의사가 나를 포기한 것 같아서 나는 희망을 잃고 있다."

치료 회기가 시작될 때, 치료자는 그 순간에 느끼는 고통의 수준뿐만 아니라 지난 회기 이후에 고통이 어떠하였는지에 대해 질문한다. 이것은 안나가 자신의 만성적 고통에 대해서 이야기하고 그것을 관리하고 방지하는 방법을 개발하도록 인정하고 격려하기 위한 것이다. 안나는 종종 자신이 일기 쓴 것에 대해 이야기하였고 이것을 토대로 회기 중에 안나를 위한 개입이 이루어졌다. 회기 중에 토론했던 것과 유사하거나 확장된 내용으로 일기 쓰기 과제를 함으로써 회기들 간에 연속성을 유지할 수 있다는 것은 일기 쓰기의 또 다른 이점이다.

연속적으로 일기 쓰기를 하는 것은 안나가 자신의 만성적 고통에 반응할 수 있는 인지행동적 변화에 대한 자각을 증진시키므로 효과적인 고통관리 전략이다. 우리는 이러한 전략을 '도구상자 만들기'라고 하는데, 이는 그녀가 치료 초기에 자신의 상황을 희망 없는 것으로 느꼈던 것에 일기 쓰기가 영향을 미칠 수 있다는 점을 강조한 것이다.

이러한 치료 과정을 통하여 안나는 자신이 증상 때문에 희생되고 있다는 느낌을 덜 느끼게 되었다. 그녀는 병이 자신에게 타격을 준 패배의 상징이라고 했었는데, 이제는 증상을 관리하는 것이 개인적 도전이라고 생각을 바꾸었다. 그녀가 이 시기에 일기를 씀으로써 그녀의 역량이 점점 커질 수 있었다. 그녀는 "한때 나는 35명의 스태프를 관리하며, 억대 연봉을 받는 슈퍼우먼이라는 것에 대해 큰 자부심을 느낀 적이 있다. 이제 나는 나의 통증을 관리하는 새로운 직업을 갖고 있다."라고 썼다.

안나의 일기 주제는 안나가 병을 자신의 일부분으로 받아들이는 것으로 변해갔다. 안나는 자신의 병을 수용하는 과정을 통하여 자기 자신, 가족, 건강을 돌봐주는 분들에 대해 적절히 기대할 수 있게 되었다. 그녀는 다른 사람에게 도움을 요청하는 것을 약점이라고 생각했었는데 이제는 그것이 강점이라는 것을 인정하게 되었다. 자기를 수용함으로써 안나는 지팡이와 가사도우미를 요청하는 것을 거절하거나 직장 동료가 그녀의 정해진 업무일정을 초과하도록 일을 요청할 때 한계를 설정하지 않는 것과 같은 자멸적 행동을 변화시킬 수 있게 되었다.

이러한 변화의 결과로 그녀는 태도가 변화될 뿐만 아니라 자신의 질병을 더욱 효과적으로 관리할 수 있게 되었다. 그녀는 이렇게 썼다. "나는 내가 고집스럽게 병을 수용하지 않는 것이

설상가상으로 문제를 악화시킨다는 것을 깨닫게 되었다. 나는 완고함을 결심으로 대치하였다. 나는 병에 의해 제한받지 않기로 결심하였다. 질병은 나의 전부가 아니고, 나의 일부이다."

애너톨 브로이어드는 『뉴욕 타임스』의 이전 저자이자 『뉴욕 타임스 북 리뷰』의 편집자였는데 사람들이 질병에 걸렸을 때 선택할 수 있는 것들에 대하여 광범위하게 글을 썼다. 그는 『병에 취하여』(Broyard, 1993)라는 책에서 1989년에 전이성 전립선암으로 진단받은 후에 나타난 그의 신체적, 정서적 변형에 대해 기술하였다. 그는 우리가 질병과 죽음에 어떻게 대응하는가는 선택의 문제라고 하였다. 긍정성, 용기, 인내심을 갖는 방법은 아주 간단하다. 그는 앓고 있는 질병이 자신의 목소리를 낼 수 있도록 개인적 스타일을 개발하라고 충고하였고, 이는 그가 병든 몸에 대처하기 위해서 작가가 되어 작가의 기술을 사용하는 것과 같다. 안나의 사례에서, 그녀가 글쓰기를 함으로써 자신의 병과 거리 두기를 할 수 있었고, 그 덕분에 질병의 의미를 더 충분히 이해할 수 있었다. 정서와 질병을 연결짓는 점진적 일기 쓰기를 함으로써 자신의 관점을 과거로부터 현재로 이동시킬 수 있다. 그녀는 이러한 새로운 도구를 통하여 질병에 대처하였고 질병과 자기 자신 둘 다에 대한 명료함이 증진되었다.

▌10.2　가정 폭력

시치료는 가정 폭력에 대한 인식을 증진시키므로 생존자의 치료에 효과적이다(Mazza, 1991b). 키스먼은 여성들의 시와 다른 형태의 창조성이 생존에 도움이 된다는 다양한 예시를 제시하였다(Kissman. Mazza, 1991b에서 인용). 시는 종종 여성 쉼터나 프로그램의 소식지와 다른 인쇄물, 전자 자료에서 발견된다.

시치료는 생존자와 자녀의 안전과 웰빙을 위한 것으로서, 구타당하는 여성의 치료에 보조 기법으로 유익하다. 이것은 "신뢰감을 형성하고, 안정감을 제공하고, 자아존중감을 개발하고, 자기 역량을 발달시키는 것"(Mazza, 1991b: 35)에 초점을 둔다.

RES 모델의 다음 기법들이 특히 효과적이다.

수용적/처방적 방식(R)에서 이전에 존재하는 시와 노래(가사)를 사용함으로써 생존자의 감정을 타당화하고 안전한 환경에서 자기개방을 더 하도록 할 수 있다. 다음 노래들은 '그런 노력을 하는 사람들과 실천의 공동체를 구축함으로써 성폭력과 관계 폭력을 일차적으로 예방하는 것'을 목표로 하는 프로그램인 '방지하고연결하자(PreventConnect)'에서 주목한 곡들의 샘플이다.

- 아샨티   '비를 맞으며(Rain on me)'
- 빌 앤더슨   '삶의 냉혹한 사실들(The Cold Hard Facts of Life)'
- 크리스티나 아길레라   '난 괜찮아(I'm Okay)'
- 딕시 칙스   '굿바이 얼(Goodbye Earl)'
- 에미넴   '범죄자(Criminal)'
- 건즈 앤 로지스   '그녀를 사랑하곤 했었지(Used to love her)'
- 마티나 맥브라이드   '독립기념일(Independence Day)'
- 티나 터너   '사랑이 무슨 상관이야(What's Love Got to Do with It)'

이 프로그램/웹 사이트에는 영향에 대한 주의사항, 중고등(7~12학년) 학생을 위한 수업 계획 및 기타 유용한 정보가 포함되어 있다.

내가 사용한 노래 중 하나는 트레이시 채프먼의 '벽 뒤에서(Behind the Wall)'(1983)였다. 이 노래에는 경찰에 전화하는 것이 아무 소용 없음을 개탄하는 가사들이 포함되어 있다. 이 노래는 피해자들이 자신의 경험을 공유할 수 있는 기회를 제공하는 귀중한 수단이다. 노래에 대해 이야기하기 시작하면서, 그들은 필연적으로 자신에 대해 이야기하게 된다. 매 맞는 여성들은 노래와 감정적으로 동일시함으로써, 자신의 경험(예 : 덫에 걸린 느낌)을 타당화할 수 있고, 대안적 해결 방법을 찾을 수 있고(예 : 위기 상황에서 그들은 경찰에 의존할 시간이 없을 수도 있다), 신화를 불식시킬 수 있다[예 : 일부 경찰 부서는 실제로 친-체포정책(pro-arrest policy)을 가지고 있고 피해자 문제에 예민하다](Mazza, 1991b: 36).

표현적/창조적 방식에서 시나 일기 형식으로 글을 쓰는 것은 자기표현을 위한 수단, 강력한 감정의 발산, 힘의 척도를 제공한다. 글쓰기에서는 문장 완성하기 방법을 활용할 수 있다(예 : 당신이 나를 안다면…, 가장 두려운 것은…, 나의 가장 큰 강점은…). 가정 폭력에 대한 시와 음악은 '모든 폭력을 중단하라(Stop All Violence)'[2]와 같은 온라인 프로그램에서 검색할 수 있다. 생존자들이 쓴 시의 제목/첫 행을 생각해 보라.

학대가 얼마나 나를 수치스럽게 하고 분노하게 했는지

내가 받은 학대가 나를 정말 수치스럽게 하고 분노하게 했다.

---

2 https://stopalldomesticviolence.com/songs-and-poems/

노인들[1]

노인과 그 가족의 요구를 이해하기 위해서는 전통적인 임상 실제 방법과 달리 정서적으로 깊이 있는 방법이 필요하다. 이 장에서는 언어, 상징, 이야기에 반영된 노인들의 주관적인 경험에 초점을 맞출 것이다.

슐로스버그는 노화가 신체 나이보다 "얼마나 사랑하고, 일하고, 노는가?"(Schlossberg, 1990: 7)라는 기능적 나이로 고려되어야 한다고 했다. 이 장에서는 노인들을 하나의 총체로 분류하여 공통적인 이슈를 다루지만, 노인들은 (이전에 언급한 다른 발달집단과 마찬가지로) 명확하게 정의되고 구별 가능한 단일집단이 아님을 인식하는 것이 중요하다. 노화에 대한 생물학적, 심리학적, 사회학적 이론에 덧붙여, 이 장에서는 시를 통하여 노인을 이해하려고 한다.

시가 노인들에게 다양한 교육 및 지원 역할을 할 수 있다는 점에 대해 전문문헌에서 인정되어 왔다. 겟절은 노인들과의 사회적 집단작업에서 시 쓰기가 집단에 미치는 영향을 조사했다 (Getzel, 1983). 실버마리는 양로원 거주노인들에게 구술적으로 시를 지어보라고 했을 때 노인들 사이에 우정이 깊어지고 기관에서 지내는 시설 내의 외로움과 소외가 감소한다고 밝혔다 (Silvermarie, 1988). 많은 다른 작가들도 노인 프로그램에서 시 읽기 및/또는 시 쓰기를 통합하는 것이 긍정적인 영향을 미친다고 하였다(예 : Coberly et al., 1984; Kaminsky, 1974; Koch, 1977; Mazza, 1988b; O'Dell, 1984; Peck, 1989; Reiter, 1944; Saunders, 1983).

인생의 이 시기를 노인들은 독특하고 창의적으로 보낼 수 있다. 시는 노인들에게 상실을 초

---

1   이 장의 이전 버전은 Human Sciences Press에서 간행한 N. Mazza, *Journal of Aging and Identity*, 3(1), 1998에 게재되었다.

월하도록 돕고, 대인관계와 세대 간의 연결에 상당한 기여를 할 수 있다. 인본주의 심리학을 지향하는 샤바한기는 의료 기술과 의학적 개입으로 노화를 이해하고 처리하려는 접근과 질병과 손실의 관점에서 노화를 바라보는 일반인과 전문가 집단의 경향에 반대되는 시적 관점을 제시했다(Shabahangi, 2010). 그는 인생을 총체적으로 고려해야 할 한 편의 시로 보는 '노화에 대한 시적 접근 방식'을 제시했고 그 예로 '치매라는 시(the poem called dementia)' 즉 '알츠하이머병'이 있다. 그는 '질병' 접근법 대신에, "새롭고 흥미로운 다른 행성으로 여행하는 시"를 생각했으며, "마음으로만 볼 수 있다. 본질은 눈에 보이지 않는다."라는 대사가 있는 『어린 왕자』에 대해 말했다(193). 그리고 그는 망각은 질병인가 아니면 영혼으로의 관문인가에 대해 문제를 제기했다.

▌11.1   시의 관점

이 절에서는 노인 및 그들의 가족들과 관련된 몇 가지 인기 있는 시들을 확인하고 알아보고 논의할 것이다. 이 절이 임상 실제와 교육에 시를 통합하기로 선택한 사람들을 위한 출발점이 되기를 바란다.

11.1.1   상실

신체적, 정신적 능력뿐만 아니라 대인관계와 타인의 존중을 상실하는 것은 보통 노인의 자아개념에 부정적인 영향을 미친다(Myers, 1989). 마지 피어시의 시 「빛이 우리를 배반하는가, 우리가 빛을 배반하는가?(Does the Light Fail Us, or Do We Fail the Light?)」(1985)는 요양원에 거주하시는 치매 환자 아버지의 고통과 분노를 담아냈다. C. K. 윌리엄스는 「알츠하이머 : 아내(Alzheimer's: The Wife)」(1987)에서 아내의 병세가 악화되는 것을 지켜보는 남편의 고통을 환기시켰다.

루실 클리프톤은 「미스 로지(Miss Rosie)」(1987)에서 자신의 정체성을 포함하여 모든 것을 잃은 노숙인 여성을 다루고 있다. 시인은 여성의 존재를 확인하였고, 우리가 이미지와 이야기를 통해서 늙고 집 없는 여성에 대해 관심을 갖도록 하였다. 임상교육과 슈퍼비전에서, 이 시는 노인과 노숙인에 대한 태도를 논의하는 훌륭한 발판이 될 수 있다. 각각의 사람은 개인적인 역사를 가지고 있다. 우리는 어떤 역사에 더 관심이 있는 것인가? 나이 들어가는 각 사람의 중요성은 어떻게 결정되는가?

11.1.2　전환

다음은 노인들의 적응과 전환 문제를 다룬 시들이다. 니키 지오바니의 시 「유산」(1976)은 세대 간 의사소통의 두려움과 어려움에 관한 것이다. 이 시에서, 한 할머니가 손녀에게 롤빵을 굽는 법을 가르치고 싶어 하지만 손녀는 할머니를 상실하는 것이 두려워 배우려고 하지 않는다. 화자는 두 사람이 자신의 느낌을 명확하게 표현하지 못한 것에 대해 언급하며 말을 맺는다. 죽음, 상실, 그리고 무언의 감정의 주제는 몇몇 인기 가요에도 시적으로 반영되어 있는데, 가장 유명한 것은 마이크와 머캐닉스의 '살아가는 세월(The Living Years)'(Rutherford & Robertson, 1988)이다.

　죽음을 마주하는 것은 궁극적인 전환이며, 분노에서 수용에 이르기까지 다양한 감정을 불러일으킬 수 있다. 다음의 관점을 고려해 보라. 딜런 토마스의 「순순히 어두운 밤을 받아들이지 말라」(1952)는 노인에게 삶의 마지막 순간까지 싸우라고 간청한다. 시어도어 뢰트커의 「깨어나기(The Waking)」(1970)는 여행이라는 맥락을 활용하여 노화와 죽음 문제를 해결하였다. 시는 또한 미래 세대에게 교훈이 된다. 윌리엄 카를로스 윌리엄스의 「나의 영국 할머니의 마지막 말(The Last Words of My English Grandmother)」(1939)에는 분노와 해결이 담겨있다. 이 시에서 할머니는 처음에는 구급차에 실려 병원으로 옮겨지는 것에 대해 분노하였지만, 얼마 지나지 않아 창밖을 내다보며 풍경과 삶 모두에서 피곤함을 나타낸다. 할머니는 삶이 끝나는 것에 대한 마음을 표현했고, 떠날 준비를 하였다. 이 시에 대해 다양한 해석이 가능하다. 많은 가족들이 노인들에게 병원치료를 받도록 설득하느라 어려움을 겪는다. 이 시는 돌봄과 관련된 많은 문제들(예 : 죄책감, 무력감, 절망)을 제기하는 데 도움이 될 수 있다. 랠프 왈도 에머슨은 「종착역(Terminus)」에서 여행으로서의 삶과 죽음이 긍정적인 경험이 될 수 있다고 하였다(Emerson. VanDoren, 1946 : 346~347에서 인용).

> 늙어가는 시간
> …
> 바르게 전진하면 무탈하게 나가리라.
> 배를 몰아갈 항구가 가까이 있나니,
> 모든 파도가 아름답구나.

이 시에서, 19세기 학자는 시를 읽은 사람들이 교육적으로 삶과 죽음을 배의 은유와 관련지어 탐구할 수 있도록 이미지와 철학을 제시했다. 어떤 조력 전문가든 노인들에게 도움을 주기 전에, 개인적인 관점(철학)을 먼저 검토해야 한다. 이 시는 전문가로서의 지원 여정에 방향을 정하는 출발점이 될 수 있다.

11.1.3 커플/부부관계

사랑하는 관계의 힘이 세대 간에 영향을 미치는 지속적인 생명력이라는 점을 다음 시에서 찾을 수 있다. 그웬돌린 브룩스(Gwendolyn Brooks)의 「콩을 먹는 사람(Bean Eaters)」(1963)은 재정적인 지원을 거의 받지 못하는 노부부에 대한 시이다. 하지만 그들은 일상적인 활동에서 만족과 내면의 평화를 찾는다. 그들은 주변에 있는 물건들(예 : 꽃병, 오래된 영수증)에서 기억을 떠올릴 수 있다. 이것은 치료적 측면에서 추억이 헤아릴 수 없을 정도로 가치 있는 것임을 말해준다. 그 부부는 기억을 통하여 과거, 현재, 미래를 연결하여 통합할 수 있다. 이 시는 노부부가 죽음이나 어떤 상황(예 : 병원에 있는 한 파트너) 때문에 헤어지는 고통뿐만 아니라 관계의 힘을 다루고 있다. 케시 마테아의 노래 '당신은 어디에 있었나요?(Where've You Been?)' (Vezner & Henry, 1989)는 구애에서 노년에 이르기까지 부부관계를 시적으로 추적한다. 60년간 결혼생활을 해 온 배우자들은 현재 병원의 다른 층에 각각 입원 중이다.

앨리스 워커의 「약(Medicine)」(1968)은 아픈 할아버지 옆에 누워있는 할머니의 치료적 힘에 대해 떠올린다. 한 측면에서 보면, 할머니는 할아버지의 고통을 덜어주는 약을 주기 위해 그곳에 계신다고 할 수 있다. 그러나 더 중요한 수준에서, 부부관계가 진정한 약이라고 볼 수 있다. 이 시는 노인들이 병원에 입원하거나 요양원에 수용될 때 관계 유지가 중요함을 가르쳐 준다. 이 시는 또한 심리사회적 서비스를 의학적 치료와 연결시키는 것의 중요성을 논의하는 데 사용될 수 있다.

「약」은 부부관계뿐만 아니라 자녀 및 손자들과의 관계가 어떠한 영향을 미치는지를 생각하게 해준다. 모든 조력 전문가들은 교육과 훈련을 받으면서 자신의 노부모나 조부모에 대한 경험을 떠올린다. 세대 간 메시지와 관련된 시적 소재의 훌륭한 원천은 대중음악이다. 부자관계를 다루는 해리 채핀의 '요람 속 고양이', 모녀의 관점에서 인생주기의 문제를 다루는 패티 러브리스의 '작별인사를 어떻게 도와줄까요?'(Collins & Taylor-Good, 1993), 조부의 전 생애에 걸친 아내 사랑 이야기에 대한 15세 소년의 기억을 노래하는 콜린 레이의 '사랑해 줘요, 나를 (Love, Me)'(Ewing & Barnes, 1991) 등의 가사에는 힘이 있다.

▌ 11.2   노인의 목소리

공동체나 시설 환경에서 노인들이 쓴 시(예 : 소식지)는 현장, 교육, 훈련에서 사용될 수 있는 자원이 된다. 『아무에게도 말하지 않았어요 : 양로원에서 시 쓰기를 가르치는 것』(Koch, 1977)에서 코흐는 그와 동료가 양로원에서 사용했던 구조화된 작업을 많이 소개한다. 예를 들어, (1) 당신이 태어난 곳에 대해 기억하는 것을 쓰시오, (2) 당신이 좋아하는 색깔에 대하여 쓰시오, (3) 명상한 것을 쓰시오(72~74).

펙은 양로원에서 워크숍을 개발했으며 많은 시들이 『깊은 내면으로부터 : 양로원의 시 워크숍』(Peck, 1989)에 수집되었다.

카민스키는 노인을 위한 시 쓰기 프로그램을 제공한 개척자 중의 한 사람으로서 그의 방법과 경험을 이야기로 기술하고 노인들이 쓴 시 모음집을 만들었다(Kaminsky, 1974).

손더스는 요양 시설에서 시를 사용했다(Saunders, 1983). 앞의 저자들과 비슷하게 그녀는 교육적인 자격으로 일했지만 시의 치료적 효과에 대해서는 의심의 여지가 없다.

요약하면, 교육적 혹은 치료적 프로젝트의 한 부분으로서 쓴 노인들의 독창적인 시는 비록 최고의 질을 필수적으로 갖춘 것은 아니지만 전문 도우미들의 교육과 훈련에 가장 강력한 효과가 있었다.

▌ 11.3   적용

라이터는 수용적/처방적, 표현적/창조적, 상징적/의례적인 시치료의 양식을 노인들에게 적용하여(Reiter, 1994), 리 에드윈 카이저(Lee Edwin Kiser)의 「거친 날씨가 좋은 목재를 만든다(Rough Weather Makes Good Timber)」라는 시 도입부가 우울하고 집에만 있으며 여러 신체질환을 앓고 있는 한 86세 과부의 저항을 어떻게 깨뜨릴 수 있었는지를 보여주었다. 시는 개인적 이야기를 통하여 자기표현을 할 수 있도록 한다. 라이터는 이야기들을 기록하고, 그 이야기들을 이야기시들로 요약하고, 그 시들을 내담자에게 제시하였다. 시적 개입은 강력한 정서적 영향력이 있으며 이 내담자의 감정과 경험에 타당성을 제시했다. 라이터는 이 내담자가 어려운 상황(건강이 나빠지고 소외된 과부)을 다룰 수 있도록 희망의 요소를 제공하는 시를 처방했다. 이것은 상징적 스토리텔링과 시치료의 창조적 방식으로 이어져서 이 내담자의 삶의 질을 향상시켰다. 라이터가 말했듯이, "노인들은 수많은 이야기들과 아직 쓰이지 않은 시를 간직하고 있는 사람들이다."

노인들로부터 이야기를 듣는 것 외에도 노인의 시적 경험을 평가하는 것이 유익하다. 노인들이 어렸을 때부터 익숙했던 시[예 : 「바바라 프리치(Barbara Fritchie)」, 「괭이를 든 남자(The Man with the Hoe)」, 「정복되지 않는 자(Invictus)」]를 회상하는 것은 시적 접근의 타당성과 노인 내담자들과의 관계를 형성하는 수단을 제공한다. 에밀리 디킨슨의 시 「희망은 날개 달린 것」의 도입부에 대한 반응으로, 다음의 두 공동작업시가 장기 요양 시설의 노인집단에서 만들어졌다(Mazza, 1988b : 83. 허락을 구하여 수록하였다).

가끔

가끔
나는 고개를 숙여요.
그리고 두 손을 모아요.
나에게 내적인 힘을 달라고 요청해요.
가끔은
무언가 다른 일을 찾아보기도 하죠.
나가서
많은 행복한 날을 생각해 보거나
좋은 책을 읽기도 하고
가끔은
말할 게 많지 않을 때도 있죠.
생각하는 것이 좋다는 걸 아는데
내 마음을 가다듬어야 하는 걸 느끼네요.

이 시에서 환자들은 종교와 기억을 포함한 내적 자원을 찾는다. 그들은 또한 침묵하는 날이 있다는 것을 깨닫는다. 그리고 이것을 수용할 수 있는 것으로 생각하게 된다.

희망

희망이란 손녀가 나를 만나러 오는 것,
그리고 나의 어머니를 자랑스럽게 여기는 것,
두 발로 다시 걸을 수 있는 것,
할 수 없는 것들을 해내는 것.

젊었을 때는 희망이 있었고

그것이 빛을 보여주었었지.

희망은 남편이 날 이해해 주는 것.

말로는 설명하기 어렵고

직접 느껴봐야 해.

이 시를 쓴 환자들은 과거와 현재에서, 가족들을 지지의 원천으로 바라본다. 그들은 희망을 가족과 종교의 관점에서 그리고 빛의 이미지를 활용하여 정의하였다. 시는 또한 각 개인이 자신의 신체적 자기를 인식하고 한계를 인정하지만 여전히 생산적이길 갈망한다는 것을 보여준다. 시의 마지막 행은 말이 불충분할 때가 있음을 보여준다. 우리는 감정과 무언의 말을 신뢰한다.

시들은 본질적으로 심리사회적 지지를 제공하고 자기가치감을 촉진하는 자기표현을 위한 수단이다. 병원 소식지에 공동작업시 일부가 실리게 되므로 환자들의 자존감이 오르고 상징적/의례적 경험을 할 수 있게 되었다.

실버마리는 양로원 거주자들과의 집단작업에서 시치료의 표현적/창조적 그리고 상징적/의례적 방식을 결합했다(Silvermarie, 1988). 그녀는 요양 시설 거주노인들에게 구두로 시 짓기를 격려했고, 그 구절들을 받아 적었다. 그리고 집단 구성원들에게 특정 기억에 대한 몇 줄의 시를 쓰도록 부탁했다. 그녀는 각 개인의 시를 집단에 읽어줌으로써 그 시적 요소들을 확인해 주었다. 실버마리는 의식의 사용을 통해 상징적/의례적 방식을 추가했다. 구성원들의 신체적 한계(예 : 청각, 기억 또는 시각 장애)를 고려하여 각 회기에서 각 구성원의 이름을 플래카드에 적었다. 실버마리는 그녀가 각 집단원의 시를 읽을 때 해당 집단원의 뒤에 서있었다. 이 의식은 그녀가 누구의 시를 읽는지에 대한 시각적 단서를 줌으로써 이 시의 저자를 확인시켜 주기 위한 것이다. 특별히 의례적 중요성이 있는 회기를 시작할 때 촛불을 켜서 특별한 날이나 공휴일과 비슷한 분위기를 만들었다. 촛불을 켜는 것은 구성원들의 성찰을 증진시키고, 회기가 끝날 때 촛불을 끄는 것은 마무리와 긍정적 확인의 의미를 제공한다.

데이비스-버먼과 버먼은 은퇴 시설[2]에서 시치료의 상징적/의례적 방식과 일치하는 '인생이야기 집단(Lifestories Group)'을 발전시켰다(Davis-Berman & Berman, 1998). 맥애덤스(McAdams, 1993)와 화이트와 엡스턴(White & Epston, 1990)의 작업을 바탕으로 하여 저자들은 이야기와

---

2 은퇴 시설은 독립적으로 살 수 없고 정기적인 간호나 개인적인 보살핌이 필요한 거주자들을 위하여 의료 및 기타 지원 시설을 갖춘 주거 시설을 의미한다. ─ 역자 주

스토리텔링이 개인의 삶에 미치는 핵심적인 역할에 주목하였다. 이 집단은 독립적으로 살고 있는 77~86세의 8명 멤버로 구성되었다. 집단은 세 단계로 구조화되었다. "1단계에서는 참여자들이 자신의 삶을 이야기하도록 하고, 2단계에서는 자신의 지배적 이야기의 몇 가지 측면에 대해 알 수 있도록 참여자들에게 질문을 하고, 3단계에서는 그 이야기와 관련된 일과 활동을 하도록 했다"(Davis-Berman & Berman, 1998: 7). 저자들은 집단 구성원들의 인지적, 정서적, 행동적 영역을 다루고 연결하였다. 집단 구성원들은 개인적으로 도전이 되는 다양한 경험을 공유하였다. 구성원들은 자신의 이야기와 관련된 개인적인 물품들을 가져와서 멤버들과 공유했다. 곧 특정 주제들이 등장했는데, 가장 눈에 띄는 것은 상실과 죽음이었다. 집단 과정에서 집단원들은 경험의 개인적 의미에 관심을 기울이고 새로운 이야기를 개발하였다.

홍과 최는 작곡 활동이 치매노인의 인지기능을 향상시킨다는 것을 발견했다(Hong & Choi, 2011). 음악치료사들이 사용한 특별한 기술은 다음과 같다. "노래의 빈칸 채우기, 가사 바꿔 쓰기, 변주곡 만들기, 랩 만들기, 가사 쓰기"(222). 물론 이러한 기법들은 시에도 사용될 수 있다.

하겐스 등은 요양원에서 인지적으로 장애가 있는 노인들과 일할 때 사용할 수 있는 치료 도구로 시 쓰기와 기억상자를 소개했다(Hagens et al., 2003). 개별 그리고 집단 회기에서 거주자들의 대화로부터 나온 말들을 시로 배열하고[전문문헌에서는 '발견된 시(found poetry)'라고 함], 이어서 가족들이 참여하여 각 개인별 기억상자를 구성하도록 한다. 이 활동은 거주자, 가족, 그리고 직원들 간의 의사소통을 증진시키는 데 특히 도움이 된다. 이를 통해 직원들은 거주자들에 대해 의학적 문제나 진단이 아닌 매우 개인적인 수준으로 알 수 있게 된다.

데쉬판데는 노인들을 대상으로(요양원에 있는 93세 백인 여성에 대한 사례 연구) 자기심리학의 보조 개입으로서 시치료를 활용하였다고 보고하였다(Deshpande, 2010). 그녀는 시 읽기, 스토리텔링, 그리고 표현적 글쓰기(부치지 않은 편지)를 조합하여 그 거주노인이 감정을 표현할 수 있도록 하였다. 그 거주노인은 11세 때 아버지에게 성 학대를 당하는 등 괴로운 개인사를 가지고 있었다. 그녀에게 이에 관한 시를 읽고 수영에 관한 시를 쓰라고 하였을 때 자신이 평생 수영을 배웠고 그것이 얼마나 어려웠는지를 관련짓게 할 수 있었다. 수영 은유는 그녀의 삶의 경험을 긍정하기 위해 사용되었다. "D씨는 자신의 삶이 투쟁이었고, 순전히 인내와 강인함으로 큰 역경을 극복했다는 것을 받아들일 수 있었다"(6). '부치지 않은 편지' 기법을 통해 그 거주노인은 감정을 표현할 수 있고 긍정적인 관점을 개발할 수 있었다. 치료사는 또한 시적 개입을 한 이후에 거주자의 행동변화, 즉 다른 사람들과의 대화, 저녁식사를 위해 타인들과 함께 자리에 앉는 것, 그리고 가까운 곳으로 여행을 가는 것 등을 관찰하였다.

웩슬러는 교육/자원봉사 자격으로 중도 정신 및/또는 신체 장애 진단을 받은 사람들을 위한 요양원/단기 재활 시설에서 시 낭독을 하였다(Wexler, 2014). 그는 시와 음악(예 : 브로드웨이 뮤지컬, 포크송과 팝)을 결합했다. 노래들은 거주노인들의 의식을 두드리는 역할을 했다. 그는 또한 시와 노래와 함께 파워포인트 사진을 사용하였다[예 : 워즈워스의 시 「수선화(Daffodils)」를 위한 호수 옆의 수선화밭 그림]. 그는 발표를 몇 개의 주제들로 나누어서 했는데, 몇몇 시들이 (예를 들어, 휘트먼, 롱펠로우, 디킨슨과 예이츠의 시) 거주노인들에게 더 인기가 있다는 것을 알게 되었다. 또한 희망, 영성, 아름다움, 사랑, 신뢰, 상실과 같은 특정한 주제들이 재조명되었다. 웩슬러가 보고서에서 밝힌 내용은 시가 노인들의 내적 세계에 도달하여 자신의 삶의 경험을 긍정하고, '마음과 영혼'에게 말한다고 했던 전문문헌들의 내용과 일치한다.

제니 K. 라이트는 노인들이 은퇴와 관련하여 직면한 많은 문제들을 다루었다(Wright, 2018). 그녀는 창의적 글쓰기가 '유급노동'으로부터 벗어나는 데 도움이 될 수 있다는 것을 알게 되었다. 은퇴자들은 소득, 성별, 건강과 관련하여 다양한 도전에 직면한다. 라이트는 많은 사람들이 글을 쓸 능력이 없다는 무언의 두려움을 느끼고 있음을 알아냈다. 이것은 초기 학교 경험에서 생긴 것으로서 수치심과 관련이 있다. 그녀는 모든 사람들이 글을 쓸 수 있고, 목록을 작성하는 것으로 시작할 수 있다고 확신한다. 그녀의 내담자들이 회기에 가져온 몇몇 글쓰기 사례는 다음과 같다. 부치지 않은 편지, 노래 가사, 꿈 일기, 다른 사람과의 대화, 이야기에 대한 시를 쓰는 것이다. "글쓰기는 특히 상담사들과의 대면상담보다 감정을 관리하는 데 덜 위험하고 덜 부끄러울 수 있다"(298).

수치심은 유급노동자로서의 정체성을 잃는 것과 자신의 신체능력(예 : 시력, 청력, 위)이 약해지지 않았던 초기의 고통스러운 성찰과 관련이 있다. 이야기를 하고 글을 씀으로써 우리의 정체성을 되찾고 우리의 과거를 긍정할 수 있다. 이 작업은 개인 및 집단 단위로 수행할 수 있다. 글쓰기의 또 다른 가치는 예술이 될 수 있을 뿐만 아니라 사생활로 지켜질 수도 있다는 것이다. 창의적으로 글을 쓰는 것에는 비용이 필요하지 않아서 모든 사회경제적 집단에서 사용될 수 있다.

휠뤼어와 맥도날드는 노인의 사회적 삶의 디지털화 효과에 대해서 연구했다(Hülür & Macdonald, 2020). 그들은 인터넷과 사회 통합 간의 관계에 대한 연구가 있었지만 그중에 노인들과 관련이 있는 것으로 밝혀진 연구는 거의 없다는 사실에 주목하였다. 노인과 기술과 관련된 몇 가지 요인들 중에는 기술에 대한 인식뿐만 아니라 나이와 관련된 변화(예 : 인지 저하 및 운동 기술)가 포함된다. 온라인에서 시와 개인적 이야기의 매력을 맛봄으로써 노인들은 사회적 삶과 건강 정보와 같은 다른 영역에서 인터넷을 더 많이 사용하게 될 수 있다.

▮ 11.4 논평

노인들과 시치료를 하기 전에 고려해야 할 요소들이 있다. 즉 내담자의 개인사, 강한 동기를 다룰 수 있는 능력, 문학에 대한 이전 개념, 그리고 현재의 환경 등이다.

하지만 일단 노인들에게 시를 경험할 수 있는 기회가 있다면, 임상가들은 열정과 헌신으로 치유와 삶의 질을 증진시킬 수 있는 상황을 설정할 수 있다. 임상 실제에서 시적 접근법은 치료 과정에서 노인들을 독점적인 수혜자라기보다는 참여자로 본다.

다시 생각해 보기

1. 시와 글쓰기가 신체적 변화/제한점에 대처하는 데 어떻게 도움을 주나요?

2. 회상에서 시와 글쓰기가 차지하는 위치를 생각해 보세요. 이야기하기가 노화 과정에서 어떻게 도움이 되는지 설명해 보세요.

3. 글쓰기가 어떻게 노년층의 장점을 확인하는 데 도움이 될 수 있을까요? 그리고 은퇴와 관련하여 어떻게 활용될 수 있을까요?

죽음과 상실[1]

인생은 유년기부터 노년기에 이르기까지, 그것이 한 거주지나 학교에서 다른 곳으로 이동하는 것이든, 이혼, 실업, 신체적 능력, 정체성이든 상실과 가능성의 연속이고, 그것을 가장 관통하는 것은 꿈의 상실이다. 이 장에서는 특별히 죽음과 상실에 초점을 두고, 관련 문헌의 개요와 몇 개의 사례를 예시로 제시할 것이다. 나는 톰 롬바르도의 『충격 이후 : 삶을 뒤흔드는 사건들을 위한 회복시』(Lombardo, 2008)에서 다음과 같이 썼다(Mazza, 2008 : xvii~xviii).

나는 이 서문을 쓰다가 여러 번 중단하였다. 나의 21세 아들 크리스를 2005년 11월 1일에 교통사고로 상실한 트라우마를 다시 경험하였기 때문일 것이다. 나는 다시 아들과 작별인사를 해야 했다. 내가 크리스를 생각하지 않은 날이 단 하루도 없다. 하지만 나는 말의 힘에 대해서 알고 있다. 시는 우리가 깊이 느낄 수 있고, 제한 없이 생각하고, 때때로 흔들리는 땅에 설 수밖에 없도록 한다. 죽음과 상실의 영역에서, 나의 '전문성'은 '그 상상할 수 없었던 것'을 다루는 데 도움이 되는 것이 아니라 오히려 잔인한 농담처럼 보인다. 물론, 나는 대학원 사회복지학 수업에서 학생들에게 슬픔의 모든 임상 모델이 불완전한 지침 역할만 한다는 것을 알려준다. 인생은 일반적으로 예측 가능하지 않고 질서정연하지 않다. 죽음과 상실은 가장 이상한 시기에 불청객으로 나타날 수 있다. 그리고 인생에서 일어나는 상실이 항상 직접적인 상관관계에 따라 나타나는 것은 아니다. '종결(closure)'이라는 용어는 종종 오용되고 부적절하게 사용된다. 인생은 정말로 일련의 상실과 기회들의 연속이다. 사회과학 및 의학 문헌에서 종종 죽음과

---

1 이 장의 초기 버전은 The place of the poetic in dealing with death and loss, *Journal of Poetry Therapy*, 15, 2001: 29~35에 게재되었다.

상실에 대해 환원주의적으로 접근하기 때문에 교육과 임상 실제가 기계적으로 이루어진다. 도움을 주는 직업들에 대한 전문문헌에서 점점 더 많이 요구되는 것은 '증거 기반 실천'이고, 이것은 보통 양적 연구를 의미한다. 이것은 좋지만 충분하지는 않다. 시는 가장 높은 단계의 요구이다. 우리가 개인, 가족, 공동체를 진정으로 이해하는 것은 언어, 상징, 이야기를 통해서만 가능하다. 우리가 의미를 만들고, 관계를 형성하고, 치유/성장을 촉진하는 것은 단지 언어(음성 아니면 비음성)를 통해서만 가능하다. 궁극적으로 나는 시를 통하여 작별인사를 할 수 있으며, 이전과 같이 삶을 유지할 수 있음을 깨달았다. 우리는 혼자가 아니다. 삶과 죽음 사이에서 우리는 비극적이고 충격적인 경험을 하게 되고 이것을 시로 표현할 수 있다. 상실은 각각의 사람에게 고유한 것이며 인류에게 보편적인 것이다. 이 모음집의 각 시는 시가 시간과 공간을 초월한다는 증거이다.

회복은 '완료되었음'을 의미하는 것이 아니라 변형과 희망을 의미한다. 회복은 실제로 개인의 신념 체계, 문화, 발달 단계, 역할과 관련된 것으로서 매우 개인적이고 주관적이다. 회복은 포기하고 상실을 감수하면서 사는 것이므로 겉보기에 모순되는 과정이다. 그러나 이 과정은 한 사람의 삶에 새로운 의미와 목적을 가져올 수 있다. 시는 개인이 상실이라는 현실을 인정하고, 상실에 대한 이해를 발달시켜서 개인의 삶의 여정이 계속되도록 하는 데 도움을 준다.

바우먼은 전문적, 개인적인 경험을 바탕으로 가족애도를 위한 돌봄과 독서치료에 대해 조사했다(Bowman, 2021). 그는 이야기가 가족의 애도 과정을 돌보는 데 필수적인 부분이며 조언보다 더 오래 기억될 것이라고 하였다. 그는 또한 치료적 경청의 중요성을 강조하였다. 러쉬 등은 소아 완화치료에서 개인 및 집단 상담을 수행하는 사회복지사를 위한 치료 개입으로서 독서치료를 활용하는 것에 대해 논의했다(Rusch et al., 2020). 저자들은 아이가 죽기 전에 사별 절차를 진행한다는 사실에 주목하였다. 독서치료는 죽음을 맞이하는 아이들과 그 가족들을 지지하는 데 도움을 준다. 책을 활용하여 아이는 책 속 인물과 동일시할 기회를 갖게 되고 안전한 거리에서 자신만의 대처 기술을 개발한다. 책은 지원 체계의 역할을 하며, 누군가 아플 때 가족이 어떤 사건이나 사람들에 대한 이야기를 들려주는 활동과 같은 강점을 갖는다. 죽음을 맞이하는 아이들은 의미를 만드는 일에 참여할 수 있다. 몇 권의 책이 추천되었는데, 베스 바버(Beth Barber)의 『내가 주도한 내 인생: 불멸의 책(My Life by Me: A Forever Book)』, 세서미스트리트 커뮤니케이션스(Sesame Street Communications)의 『편안하고 아늑한 둥지(Comfy-Cozy Nest)』, 벤 새들리(Ben Sadley)의 『형편없는 것들: 바꿀 수 없는 것을 받아들이고 할 수 있는 것에 전념하기 위한 10대의 가이드(Stuff that Sucks: A Teen's Guide to Accepting What You Can't

Change and Committing to What You Can)』등이다. 저자들은 또한 책이 어린아이들의 감정 식별을 돕는 데 특히 도움이 될 수 있다고 언급하였다. 추천된 책은 섹스톤 프레이만과 조스트 엘퍼스(Saxton Freymann & Joost Elffers)의 『안녕하세요(*How are you peeling?*)』이다. 색칠공부 책인 앨런 울펠트(Alan Wolfelt)의 『내 느낌은? : 슬픈 아이들을 위한 색칠공부 책(*How I feel: A Coloring Book for Grieving Children*)』도 추천되었다. 사전에 구조화되거나 비구조화된 형태의 예술은 특히 아이들이 자신의 감정을 식별하고 처리하도록 돕는다.

예술 작품에 반응하여 시를 씀으로써 마음을 표현하고 힘을 얻을 수 있다. 죽음을 맞이하는 아이들의 형제를 위한 지지집단에서, 독서치료는 애도 과정을 정상화하고 대처 기술을 개발하는 데 도움이 된다. 마찬가지로 부모, 조부모, 간병인을 위한 지지집단도 독서치료 기법에서 도움을 받을 수 있다.

죽음과 상실을 다루는 데 지름길은 없다. 이것은 약물로 치료될 수 없고, 부인하는 것은 틀림없이 문제를 야기할 수 있다. 상실은 영구적이지만 우리는 그것을 새로운 이야기로 만들 수 있다. 우리는 비슷한 처지에 있는 사람들로부터 용기를 얻는다. 우리의 이야기는 삶이나 일에서 일어나는 변화에 관한 것이며 이 이야기는 계속해서 펼쳐진다.

> 나는 좋은 친구이자 전미시치료학회 동료인 테드 바우먼으로부터 아마도 가장 중요한 상실은 '꿈의 상실', 즉 우리가 미래의 삶을 상상하지 못하게 되는 상실(예 : 유망한 운동선수의 미래를 축소시킨 사지의 상실, 배우자와의 이혼으로 오랫동안 함께 살아가는 꿈을 끝내야 하는 상실, 자녀가 죽음으로써 자녀의 행복한 삶을 꿈꿀 수 없게 된 상실)이라는 점을 배웠다… 비록 내가 쓰는 모든 글에 늘 빈 공간이 있겠지만 난 늘 글쓰기를 통해 성찰하는 것이 추모가 될 수 있고, 이러한 행위가 앞서간 사람들을 위해 남기는 유산이 될 수 있다고 되새기곤 한다. 시와 이야기를 통하여 우리는 의미를 창출하고 관계를 형성한다. 당신의 시와 이야기가 항상 끝나지 않기를 바란다.[2]

키에르케고르의 불안정함(groundlessness)에 대한 슈나이더의 논의를 통하여 우리의 많은 문제, 특히 시치료가 죽음과 상실을 다루는 데 도움이 될 수 있는지에 대해 생각해 보게 된다(Schneider, 2015). 슈나이더는 "인간이 겪는 대부분의 문제는 불안정함에 매달려 있음, 즉 경험의 근본적 신비함에서 비롯된다. 상실, 파괴, 질병, 거부, 그리고 버림받음으로 인간은 원초

---

2 N. Mazza, The distance between the way we die and the way we live. In T. Lombardo, Ed., *After shocks: The poetry of recovery for life-shattering events*, Atlanta: Sante Lucia Books, 2008a: xvii~xxii. 저자의 허락을 구하여 수록하였다.

적인 진실에 다가갈 수 있다."(408)라고 하였다. 또한 "이러한 상황에서 치료적 도움을 받지 못한다면 이것으로 인하여 우리 삶이 얼마나 황폐해질 수 있겠는가에 대해 생각해 보라."(408)라고도 하였다. 슈나이더는 우리의 기쁨, 돌파구, 해방의 대부분도 존재가 불안정함에 매달려 있다는 것에서 찾을 수 있다고 하였다. 슈나이더는 형제의 죽음을 다루는 데 있어 치료사의 '현존'과 심오한 이해가 중요하다고 하였다. 이전에 있던 것이든 혹은 내담자가 쓴 것이든, 내담자는 시를 안전하게 공유하고, 정서를 분별하고, 창작하며 존중하는 과정을 통해 안정을 찾을 수 있게 된다. 내담자가 자신의 경험에 대해 글을 씀으로써 질서와 통제의식이 확립된다.

인지행동 관점에서 베일리와 크레스는 어린이와 청소년의 외상적 슬픔을 해결하는 데 사용될 수 있는 일련의 창조적 개입을 검토하였다(Bailey & Kress, 2010). 이러한 개입은 인지적 왜곡을 식별하고, 혼란스러운 이미지에 대한 대안으로서 아름다운 작품을 생성하고 감정을 관리하는 일반적인 인지적 변화를 촉진하는 데 도움이 될 수 있다. 글쓰기 개입은 다음을 포함한다. 외상적 경험에 대해 쓰기, "내가 …에 대해 알았을 때"와 같은 유도문 사용하기, 죽은 사람을 기리는 비문 쓰기, 일기 쓰기, 독서치료(이야기, 책), 창조적인 글쓰기, 죽은 사람에게 편지쓰기, 드라마, 그리고 의식들.

콘론은 심각한 암치료 부작용과 자녀에 대한 걱정, 화난 남편과의 어려움을 겪고 있으며 끝내야 할 일을 처리하지 못하는 성향이 있는, 폐암 4기로 진단된 31세 성인에게 시치료를 시행한 사례 연구를 제시하였다(Conlon, 2012). 그녀는 환자가 중요한 정보를 기록하기 위해 수첩을 보관하고 있는 것을 보고, 환자에게 끝내야 하는데 하지 못한 일들에 대해 시 형태(길이와 스타일은 상관없는)로 글을 쓸 수 있는지에 대해 질문하였다. 환자는 이 제안에 관심을 보였고, 치료사와 짧은 시를 계속 공유했다. 콘론은 "브루크의 시는 자신을 탐구하고 어려운 주제를 다루는 촉매제가 되어 그녀가 병원에 머무는 동안 의미 있는 일을 할 수 있게 해주었다."(6)라고 언급하였다. 시를 쓰는 것은 실제로 환자가 자신의 끝내지 못한 일들(예 : 그녀가 기분 상하게 했던 누군가에게 편지를 쓰는 것)을 끝내는 데 도움을 주었다. 본질적으로, 시적 치료 과정은 "반성, 처리, 행동"(7)의 과정을 거쳤고 환자의 필요와 소망을 충족시키는 것으로 증명되었다.

리히텐탈과 브라이트바트는 사랑하는 사람을 잃은 후 정체성 문제로 어려움을 겪는 성인들에게 도움이 될 수 있는 시적 기법을 제시하였다(Lichtenthal & Breitbart, 2016). 실존 이론과 일치하는 의미 중심 활동의 제목은 '나는 누구인가?'이다. 슬픔을 겪는 내담자에게 네 개의 질문에 대한 대답을 글로 쓰도록 요구한다(18).

첫 번째 질문 : "사랑하는 사람이 아프기 전에 나는 무엇이었는가?"

　　　　　　 – "나는 …한 사람이었어요."

두 번째 질문 : "사랑하는 사람이 아플 때, 나는 누구였나?"

세 번째 질문 : "지금 나는 누구인가?"

마지막 질문 : "내가 되고 싶은 사람은 누구인가?"

앞의 질문/응답은 내담자의 특성, 역할, 가치를 표현하는 데 도움이 된다. 이러한 질문들은 치료사가 자아인식, 진정성, 성장, 사랑하는 사람의 기억을 존중하고, 개인의 성장을 촉진하고 동시에 상실을 받아들이고 고인이 된 사랑하는 사람의 정체성을 존중하는 데 도움을 줄 수 있다.

스테파코프는 수용적/처방적 및 표현적/창조적 방법을 통합하여 슬픔을 겪는 사람들과의 임상집단과 비임상집단 작업에서 '그래퍼-시적 과정(graphopoetic process)'을 개발하였다(Stepakoff, 2014). 이 과정은 이전에 존재하던 시를 소개하고, 반응을 유도하고(시와 관련된 기억을 포함), 반응들의 차이와 공통점을 식별하고, 시에 대한 자신의 반응을 표현적/창조적 글쓰기 방식으로 표현하도록 하는 것이다. 이것은 마짜(Mazza, 2003)의 RES 모델의 상호작용 가능성을 다시 보여준다. 집단 구성원들은 자신의 작업을 공유하도록(필수는 아니고 자원하여) 초대되며, 마지막에는 집단 촉진자가 그 회기 동안에 일어난 주요한 통찰 등을 간략하게 요약해 준다. 치료사가 작업을 공유하도록 하는 것과 요약해 주는 것은 RES 모델의 상징적/의례적 구성 요소와 일치한다. 스테파코프는 어느 자살 슬픔 지지집단의 회기를 제시하였다. 폴 던버의 시 「우리는 가면을 쓴다」가 중간의 한 회기에서 제시되었다. 이 시는 집단 구성원들이 상실을 '극복'하라고 충고하는 사람들을 대하는 것이 얼마나 고통스러운지에 대해 이야기하도록 발판이 되어주었다. 글쓰기 활동은 그들의 더 깊은 감정과 믿음을 표현하는 수단이 되었다. 한 구성원은 자살에 대한 분노를 풀어놓는 편지를 썼다. 이 편지는 그가 자신의 아이들을 돌보고 자신의 건강을 위해 노력하는 것에 관한 카타르시스이고 자기설명이다. 이 편지를 쓰면서 그는 아내가 병과 고통으로 인해 자살했지만 아이들을 사랑하는 것에는 변함이 없음을 확인하였다. 스테파코프는 자료를 선택하고 활동을 개발하는 데 있어 문해 능력과 문화적 민감성이 중요하다고 하였다.

앳킨스는 호스피스 프로그램의 후원을 받는 슬픔 지지집단과 함께 작업할 때 이완과 유도 상상 활동(guided imagery)을 조합하여 치료적 글쓰기를 하는 것에 대해 기술하였다(Atkins, 2014). '나는'이라는 시 작업에는 다음의 내용이 포함된다. "'내게 위로가 되는 장소는' 혹은 '나의 안전한 장소는'으로 시작하는 다섯 개 이상의 문장을 쓰시오"(74). 집단 구성원들은 가능한 한 상세하게 기술해야 한다. 그리고 집단 구성원들은 파트너와 시를 공유하고 글쓰기가 상실을 다루는 데 어떠한 도움을 주었는지에 대해 토론하도록 초대된다. 그다음에는 둘이 진행한 활동을 더 큰 집단에서 다시 반복한다. 시치료에서 표현적/창조적 요소는 시를 창작하는 과정에서 드러난다. 둘 이상의 더 큰 집단에서 공유하고 토론하는 것은 시치료의 상징적/의례적 요소이다. 전반적으로 이 활동은 비통한 개인의 강점을 확인하고, 보편성(동시에 각 개인의 슬픔이 지닌 고유한 측면을 유지하면서)을 통한 대인관계 발달과 집단의 견고한 응집력을 촉진하는 것으로 보였다.

나이마이어는 다양한 상실(건강, 사랑, 죽음)을 다루는 내담자를 다시 참여하도록 하는 고유하고 간결한 방법을 제공하였다(Neimeyer, 2014). 내러티브치료 방법으로서, '우리 인생의 챕터들'이라는 방법은 우리의 삶에 의미를 부여하고 상실을 통합하는 우리 삶의 이야기를 개발할 필요성을 보여준다. 내담자는 자기 삶의 이야기를 '목차'가 있는 자서전으로서 성찰하도록 요구받는다(80~85). 이것은 전체 이야기를 다 글로 쓰라고 요구받는 것보다 훨씬 쉽다. 이러한 활동을 과제로 줄 수도 있다. 나이마이어는 조직, 예측(내러티브는 언제 시작되었나? 미래에는 그것이 어떻게 될 것인가?), 진화(점진적이든 돌발적이든 미래에 그것이 어떻게 보이겠는가?), 저자(어머니와 같은 다른 분이 그것을 썼다면 어떻게 보이겠는가?), 청중, 관점(당신의 내러티브에 제목을 붙인다면 무엇이겠는가? 주제는? 장르는 코미디, 비극, 기타?)에 대한 안내를 제시하였다. 이 기법은 개인에게 자신의 강점에 대해서 말하도록 하고, 개인을 진단명으로가 아니라 이야기로 이해하는 점에서 특히 효과가 있다.

나는 마짜(Mazza, 2017)의 공동작업시를 슬픔과 상실이라는 두 가지 맥락에서 사용하는 것에 대해 보고했다. 첫 번째로, 슬픔을 겪는 아이들(5~12세, 8명)을 위해 60분간 진행되는 지지 집단의 회기 끝부분에서 아이들의 소외감을 감소시킬 목적으로 각 개인의 감정 단어들을 모아서 공동작업시 만들기 활동을 하였다(Mazza, 2012: 446).

상실의 슬픔

파도와 같아요.

혹은 롤러코스터일 수도 있어요.

우리가 여러 감정을 경험하게 하거든요.

좋은 날도 있고 슬픈 날도 있어요.

물론 다 같을 순 없지만요.

누구나 상실의 슬픔을 느껴야 해요.

당신은 혼자가 아니며

당신에게는 말할 권리가 있다는 것을 아세요.

울며 기댈 어깨는 항상 있어요.

그러니 모든 시련을 겪을 때는

당신의 감정을 표현하세요.

이 시는 집단 구성원들의 강점을 확인하고 그들의 감정을 보편화하는 역할을 했다. 이 시를 통해 각 구성원들은 슬퍼하고, 지지를 구하고, 서로를 도울 수 있는 목소리를 찾았다. 이 시는 나중에 상실의 슬픔에 잠긴 아이들과 가족들을 위한 특별한 행사를 위해 벽에 붙었고, 이로써 상징적/의례적 요건을 갖추게 되었다.

　　다음은 전문가들이 자신의 슬픔과 상실에 대처할 수 있도록 돕기 위해 슈퍼바이저/자문가가 사용할 수 있는 공동작업시의 한 예이다. 이 시는 직원들(심리학, 사회사업, 정신건강상담, 예술치료)에 의해 만들어졌다. 구성원들은 죽음 및 상실과 관련된 문제들을 내담자들과의 작업 경험에서뿐만 아니라 자신의 개인적 경험으로부터 이끌어 내도록 요청받았다.

상실

상실은 빈 구멍이다

무엇으로 채울 수 있을까?

노력하고 또 노력했지만 소용이 없었다

그것은 나를 안 보이는 사람으로 만들었다

방의 침묵이 나를 귀먹게 만들었다

잠시 멈추어 보자

나는 혼란에 빠졌다

느낄 수밖에 없다─모두 내 잘못인가?

이 시는 실천가들이 내담자들의 상실을 다루는 과정에서 겪는 그들의 어려움과 그것이 자신의 취약점을 어떻게 건드리는가를 식별하는 데 도움이 된다. 궁극적으로 이 시는 트라우마와 상실을 다루는 건설적인 접근을 촉진하는 역할을 했다. 경험이 공유되고 보편성을 갖게 됨으로써 구성원들은 지지를 받으며 희망과 자신감으로 새로워진다.

　　RES 시치료 모델의 표현적/창조적 요소의 일부분으로서, 공동작업시는 죽음과 상실의 문제를 겪는 사람들의 고통과 집단적 강점을 공유하는 치료 도구로서의 가능성을 보여주었다. 공동작업시는 표현적/창조적 기법으로서 수용적/처방적 영역(기존의 시에 대응하여 시를 작성함)과 상징적/의례적 영역(고인이 된 사랑하는 사람의 삶을 기념하는 공동체 활동에서 시를 읽거나 게시함)을 조합하여 사용된다.

다른 기법과 마찬가지로, 공동작업시와 다른 표현적 글쓰기는 주의가 필요하다. 내담자는 고통스러운 감정을 표현할 준비가 되어있지 않아서 이전의 외상적 경험이 되살아날 수 있다. 아마도 이러한 문제에 대한 최선의 보호책은 내담자가 안전하고 지원적인 환경에서 자신의 이야기를 하도록 허용하되 강요하지 않는 것이다.

▌12.1   사례[3]

41세의 회계장부 담당자인 C씨는 아들 브래드(14세)가 '학교 문제'를 겪고 있고, 아들이 집에서 어머니인 자신의 말을 듣지 않는다는 이유로 나에게 예약전화를 했다. 첫 면담에서 C씨와 브래드와 함께 이야기를 나눈 후, 각각 개별적으로 이야기를 나누었고, 마지막에는 공동으로 면담을 마쳤다. 다중적인 면담 형식을 활용하여 개인과 가족 수준의 문제, 강점, 의사소통 패턴을 평가할 수 있었다. 시적/내러티브적 관점에서 나는 어머니의 이야기, 아들의 이야기, 가족의 이야기를 들을 수 있었다. 또한 어떤 것이 사적인 이야기이고, 어떤 것이 가족적인 이야기이며, 어떤 것이 공개해도 되는 이야기인지를 아는 데 도움이 되었다.

C씨와 브래드. 부모–자녀 면담에서, 나는 제시된 문제를 이해하기 위해 노력했다. C씨는 아들 브래드가 학교 성적이 안 좋고(A와 B에서 D와 F로 떨어짐), 싸움에 휘말리고, 집에서는 화를 내고, 자신이 세운 규칙과 책임(예 : 집안일, 제시간에 귀가하는 것, 욕설)을 지키지 않았다고 말했다. 매우 침착하고 직접적인 방식으로 C씨는 브래드가 아버지의 죽음으로 여전히 혼란스러워한다고 하였다. 브래드는 어머니를 보지 않으며 고개를 숙인 채, "별일 아닌데, 엄마는 너무 걱정을 많이 해요."라고 조심스럽게 흘리듯이 말하였다. C씨와 브래드는 강력한 감정의 발산을 막기 위해 '이야기를 닫은 채'로 지내는 것으로 보였다.

C씨. C씨와의 면담에서 나는 브래드의 아버지(C씨의 전남편 존)가 1년 전에 사망했다는 것

---

3 N. Mazza의 허락을 구하여 수록하였다(2016a: 312~315). The collaborative poem. In R. Neimeyer, Ed., *Techniques of grief therapy*, 2, New York: Routledge.

을 알았다. 나는 죽음을 둘러싼 구체적 사건과 상황을 이해하고 싶었다. 나는 브래드의 아버지가 교통사고로 갑자기 돌아가셨고, C씨가 이 소식을 전남편의 두 번째 부인으로부터 들었다는 사실을 알게 되었다. C씨는 이 일로 마음이 황폐해지지는 않았지만 매우 힘든 시간을 보냈다고 하였다. 계속해서 그녀는 자신과 존이 이혼한 지 5년(결혼하고 12년 되던 해)이 지났다고 말했다. C씨는 브래드에 대한 모든 양육권을 가지고 있었다. 존은 이따금("1년에 몇 번") 브래드를 방문하곤 했다. C씨는 전남편이 알코올 중독 전력이 있으며 이혼 후 관계가 매우 껄끄러웠다고 하였다. 그녀는 좌절, 분노, 두려움의 감정을 이야기하며 마음이 진정되는 것 같았다. 그녀에게는 여전히 전남편에 대한 분노가 남아있었다. 그녀는 좌절감을 겪으면서 능력 있는 보호자가 되려고 애썼다. 그러나 그녀는 아들의 문제행동으로 더 힘들어질 것이고, 브래드와의 관계가 영원히 손상될 것이라는 두려움을 느꼈다.

브래드. 브래드와의 면담에서 나는 그가 아버지의 행동, 특히 그가 죽기 전에 1년 동안 단지 세 번만 자신을 만나러 왔다는 것에 대해 화가 나있다는 것을 알게 되었다. 브래드는 그의 아버지의 술 취한 행동을 회상했다. 브래드는 어머니가 자신에게 '너무 많은 불공정한 규칙'을 설정한 것과 교사가 '불공정하고 지루한 것'에 대해 화가 나있었다. 브래드는 몇몇 괴짜들 때문에 학교에서 싸움에 휘말렸다고 말했다. 브래드는 상담을 하는 것에 대해 큰 기대가 있는 것 같지는 않았지만 상담을 수락하는 것으로 보였다. 브래드의 이야기에는 실망, 상실, 분노가 담겨있었다. 아버지에 대한 실망, 아버지를 잃은 것, 아버지와의 관계가 개선될 것이라는 희망을 잃은 것, 그리고 분노가 그의 주변에 있는 모든 사람들에게 옮아갔다.

C씨와 브래드. C씨와 브래드와의 초기 면담이 끝난 후 나는 개별적으로 그리고 두 사람과 함께 상담하여 문제를 밖으로 드러냈다. C씨는 어머니로서 그리고 회계장부 담당자로서 그녀에게 '요구된 것들'을 처리해야 했다. 브래드는 자신의 삶을 최대한 누리는 것을 막는 '분노'를 다루어야 했다. C씨와 브래드는 학교 일과 집에서의 생활에 어려움을 일으키는 '문제'를 다루어야 했다. 구체적인 일정을 정하지는 않았지만 나는 우리가 약 6~8주간 격주로 두 사람을 각각, 또 동시에 상담하는 방식으로 만나는 것을 제안하였다.

▌12.2 치료 개요

전체 치료 과정에서 개별 회기와 합동 회기가 유연하게 번갈아 진행되었다. 치료 초기에는, 기본 계약과 과제(심부름, 숙제, 시간제한에 관한 것)를 통하여 부모의 경계를 설정하고 C씨와 브랜드가 문제를 해결하는 데 능동적으로 참여하도록 하였다. 어머니와 아들 모두에게(개인적으로나 집단적으로) 그들의 이야기를 하도록 하였고 슬픔과 관계적인 문제들에 치료의 초점을 두었다.

나는 브랜드가 아버지의 장례식이나 그 어떤 추모식에도 참석하기를 거절했다는 것을 C씨로부터 (2회기의 개별상담에서) 들었다. 관심을 기울일 필요가 있는 해결되지 않은 슬픔의 문제가 있는 것이 분명하였다. 브랜드와 C씨의 개별적인 슬픔 문제를 파악하는 것 외에도, 나는 어머니와 아들 사이에서 이루어지는 슬픔에 대해서 다룰 필요가 있다고 생각했다. 슬픔이 부모-자녀 '체계'에 문제가 되지는 않았지만 상호작용을 어렵게 하였다. C씨와 브랜드는 공유된 경험(전남편/아버지의 죽음)이 있지만 그것을 서로 공유하지 않았다. 나는 또한 어머니의 다소 밋밋한 슬픔에 대해서 브랜드가 어떻게 생각하는지에 대해 관심을 가졌다. 비록 이 가족의 기본 구성은 의미 있게 달라지지 않았지만(브랜드는 어머니와 살고 있고 아버지는 단지 정기적으로 방문하는 상황이었으므로), 아버지와 아들의 관계가 개선될 수 있다는 희망은 사라졌다.

RES 시치료 모델을 활용하여 나는 브랜드가 슬픔을 표현하고, C씨와 브랜드가 경험을 공유하고 슬픔의 이슈를 해결하기 위해 행동하고 의미 만들기에 참여하도록 함으로써 건강한 삶의 전환을 촉진하였다.

나는 브랜드의 느낌을 인정해 주고 자기개방을 촉진하기 위해서 마이크와 머캐닉스의 '살아가는 세월'을 소개했다(녹음 재생 및 가사 사본 제공). 브랜드는 아버지의 죽음, 세대 간 갈등, 말하지 않은 말들을 다루는 이 노래에 정서적으로 동일시할 수 있었다. 전남편에 대한 분노와 적개심을 품고 있으면서 또한 아들의 출생을 포함한 사랑의 경험을 인정하고 있는 C씨에게도 이 노래를 들려주었다. 이 회기에서 시치료의 RES 모델의 수용적/처방적 방식을 통해 중요한 슬픔의 작업이 시작되었다.

네 번째 회기에서, RES모델의 표현적/창조적 방식이 도움이 되었다. 모자간의 상호작용을 촉진하고 관계를 형성하기 위해 코흐(Koch, 1970)가 개발한 문장 완성하기 기법이 사용되었다. C씨와 브랜드에게 다음의 문장을 완성해 달라고 요청했다. "나는 …한 적이 있다./그러나 나는 지금…" 브랜드는 다음과 같이 작성했다.

나는 항상 화가 난 적이 있다.
그러나 나는 지금 분노를 통제한다.

C씨는 이렇게 썼다.

　　나는 브래드에게 좌절한 적이 있다.

　　그러나 지금은 이해한다.

시를 쓰고 공유하면서, 브래드와 C씨는 존의 죽음을 둘러싼 그들의 감정을 공개적으로 토론할 수 있었다.

　5회기에서 작별인사와 관련된 미해결 이슈가 여전히 있는 것으로 확인되었다. 그 회기의 개별상담 파트에서, 브래드는 아버지의 묘소를 방문하고 싶고 거의 준비가 되었다고 하였다. 회기의 합동상담 파트에서 브래드와 C씨 두 사람이 함께 번갈아 2인시를 만들었다.

　　아빠는 천국에 계세요. (브래드가 쓴 1행)

　　그리고 그는 너를 지켜보고 있어. (C씨가 응답한 2행)

눈물겨운 교류가 이루어지면서 협력적인 동맹과 정서적 연결이 표면화되었다. 다음 단계는 성묘를 계획하는 것이었다. 브래드가 성묘와 관련되어 무엇을 어떻게 하고 싶어 하는지에 대한 논의가 집중되었다.

　4회기와 5회기에서 사용된 표현적/창조적인 시치료 방식은 이제 6회기와 7회기에서 실행되기를 기다리던 상징적/의례적인 방식으로 자리를 내주고 있었다. 6회기(합동 회기)에서 브래드의 요청으로 C씨는 지난 회기 이후 존의 묘소에 갔다고 말했다. 브래드와 C씨는 (음성적으로나 비음성적으로나) 안도감과 성취감을 표현했다. 회기 중에 브래드는 또한 아버지의 묘소에 노란 장미 덤불을 심고 싶다고 말했다. 그는 또한 아버지에게 편지를 쓰고 싶어 했다. 이것은 진정으로 표현적이고 상징적인 행동들이었다. 노란 장미는 사랑과 기억을 상징할 것이다. 그리고 작별하는 분위기와 일관성 있게, 이 가족의 전환 이슈와 병행되어 치료의 종결이 논의되었다.

　7회기(개별 및 합동 회기)에서, 브래드는 그가 혼자 아버지의 묘소에 가서 편지와 장미 덤불을 심었다고 보고했다. 8회기이자 마지막 회기에서는 학업, 개인 및 가족 수준에 대한 진전을 검토하였다. 치료 효과(모자간의 관계 개선, 성적 향상, 학교에서 싸움 안 함)는 확고했다. 6개월 후에 C씨에게 전화상담을 하여 브래드가 학교에서 잘 지내고 있고(학점이 전체적으로 B 범위에 있음), 가끔 모자 갈등이 있었지만 해결할 수 없는 일은 없었고, 브래드가 두 번 더 아버지의 묘소를 방문했다는 이야기를 들었다. 그녀는 브래드가 '평화롭게' 있는 것처럼 보였고, "그가 다시 웃는 것을 보니 좋다."라고 보고했다. C씨는 우연히 만난 남자와 사귀고 있으며, 그 남자와 브래드가 잘 지내고 있다고도 하였다.

12.3 논평

C씨와 브래드는 개별적으로 그리고 집단적으로 마침내 자신들의 상실 경험에 대해 이야기를 할 수 있었다. 수용적이고 표현적이고 상징적인 수단을 통해, 그들은 그들의 문제를 외재화할 수 있었다. C씨와 브래드는 두 사람이 공유하고 있는 포화상태의 문제 이야기를 해체하고 예외를 찾아 가족력, 사망, 상실을 받아들일 수 있었다.

시적 경험(정서적, 인지적, 행동적 영역을 두드리는)은 혼란스러운 사건에 대해 의미와 통제력을 제공한다. 본질적으로 가족 이야기에는 시작, 중간, 끝이 있다. C씨와 브래드는 개인적 발달과 공유된 가족의 발달적 문제에 대해 수용적 단계를 거치면서 새로운 이야기를 펼쳐나갈 수 있었다. 궁극적으로 치료결과는 구성원들의 역량이 강화되어 '저자'로서의 삶을 살 수 있는 선택권이 회복되는 것으로 나타난다.

> **다시 생각해 보기**
>
> 1. 당신의 개인적 상실을 돌아보면서 무엇이 당신을 위로하고 지지하는지, 시와 개인 노트가 위로가 된 적이 있는지, 고인에게 편지를 써본 적이 있는지 생각해 보세요.
> 2. 죽음과 상실을 다루기 위한 당신의 제의가 있나요?
> 3. 상실을 다루는 내담자 혹은 학생의 글쓰기에서 무엇을 배웠나요?

제4부

연구, 교육과 전문성 개발

13

연구[1]

이 장에서는 시치료의 연구 기반을 검토하여 발전시키고자 하며, 사회과학 연구에서 시적인 것의 자리를 탐색해 보고자 한다. 제1장에서 말한 것처럼, 시치료는 언어와 상징과 이야기가 담고 있는 치유하고 성장시키고 교육하고 공동체를 형성하는 역량을 사용하는 것으로 정의할 수 있으며, 시치료에는 독서치료, 내러티브 그리고 은유(메타포)가 포함된다. 연구 목적으로 보면, 시치료 용어들은 여전히 문제가 되고 있다. 이는 부분적으로는 시치료 기반의 다학제성(예 : 심리학, 간호학, 사회복지학, 정보과학, 상담학)과 사용 방식의 차이(예 : 상담의 보조 기법, 이론적 지향, 실천 방법의 차이) 때문이다. '독서치료' '문학치료' '저널치료' '각본치료'[2] '글쓰기치료' '비블리오내러티브(biblionarrative)' 같은 관련 용어들이 모두 연구문헌에 등장하며, '상호작용 독서치료'(Hynes & Hynes-Berry, 1986/2012)와 '시치료'(Leedy, 1985; Lerner, 1978)는 대체로 동의어로 사용된다.

맥컬리스는 시치료에 대한 연구들(1996년과 2006년 사이에 진행된 일곱 개의 통제된 연구)을 검토하면서 경험적 연구가 부족하다고 말한다(McCullis, 2011a). 하지만 서술적 연구와 탐색적 연구의 양은 상당하다. 글쓰기 접근법(예 : 표현적 글쓰기, 자서전, 저널치료, 프로그램화된 글쓰기. L'Abate & Sweeney, 2011 참조)과 인간 서비스 환경에서의 내러티브치료에 대

---

1 이 장의 이전 버전은 Elsevier Science에 의해 N. Mazza, Toward a research agenda for the 1990s, *Arts and Psychotherapy*, 14(1), 1993과 N. Mazza, & C. Hayton, Poetry therapy: An investigation of a multidimensional clinical model, *The Arts in Psychotherapy*, 40, 2013: 53~60에 게재되었다.

2 scriptotherapy : 치료적 재연의 방식에서 외상적 경험에 관한 모든 것을 글로 쏟아내거나 즉시 써내는 과정 — 역자 주

한 연구를 고려하면 연구는 훨씬 더 많다. 헤임스는 시치료 연구문헌을 체계적으로 검토하면
서(PsycINFO, Medline, Cochrane 등 주요 연구 데이터베이스 사용) 1,129개의 항목을 찾아냈
는데, 그중 자신의 분석 기준을 충족하는 203개를 사용했다(Heimes, 2011). 검색어는 '시치료
(poetry therapy)' '치료적 글쓰기(therapeutic writing)' 그리고 '글쓰기치료(writing therapy)'였다.
그는 대부분의 연구가 증거 기반 의학 수준 5(비판적 평가가 없는 전문가 의견)임을 발견했고,
시치료가 다양한 장애(예 : 우울, 신체화, 불안)와 다양한 집단에 적용되고 있음도 발견했다.
연구자가 선택한 핵심어들이 타당하기는 하지만 포괄적이지는 않다는 점은 주목할 만한 부분
이다. 독서치료나 은유, 스토리텔링, 내러티브(이 모두가 시치료의 일부이다)에 관련된 연구
용어들을 사용하지 않았기 때문이다. 그럼에도, 증거 기반 실천에 초점을 맞춘 이 리뷰는 시치
료 연구문헌에 중요한 기여를 하고 있으며, 다른 표현예술치료들 가운데서 시치료의 자리를
확실하게 해주고 있다.

　　지난 10여 년간 사회과학, 행동과학, 보건과학에서 연구 방법 혼합 연구가 중요하다는 인식
이 증가해 왔다(Ivankova, 2015; Koelsch, 2015). 앞서 말한 것처럼(Mazza, 2009), 최근에 과학
적으로 검증되고 증거에 기반한 연구들에 대한 기대는 분명 근거가 충분하고 윤리적이고 효과
적인 실천의 요구에 대한 응답이다. 하지만 똑같이 중요한 것은, 임상적으로 시치료를 실행한
다는 것은 아름다움과 규율과 내재된 언어를 지닌 예술임을 인식하는 것이다. 임상의가 이용
가능한 최상의 (질적, 양적) 증거를 사용하고, 개인, 가족, 집단의 고유한 이력과 강점을 인식
할 수 있는 것은 윤리적 문제이다. 이는 주로 언어와 상징과 스토리에 대한 감수성을 포함하는
시적 탐구를 통해 촉진된다. 대규모 무선통제 실험 연구와 양적 연구의 메타분석에만 배타적
으로 의존하면 내담자/환자들의 개인적 경험을 간과하게 된다. 내담자의 강점과 문제들을 측
정 가능한 결과로 축소하는 환원주의적 접근 방법은 내담자의 주관적인 역사와 문화, 그리고
임상적 치료와 개인의 발달 과정 그 자체를 설명하지 못한다. 양적 연구가 질적 연구와 균형을
이루지 못하면, 시치료 안에서 어떤 개입을 선택할 것인가를 결정할 때 적절하게 선택하지 못
할 수 있다. 예를 들어, 치료자는 분명한 교훈적 메시지를 가진 시를 사용해야 할까 아니면 문
제의 감정(예 : 우울, 불안)에 응답하는 열린 결말을 가지고 있어서 내담자의 다양한 반응과 내
면을 드러내게 하는 시를 선택해야 할까? 독서치료를 하면서 당신은 자기계발 매뉴얼을 더 사
용하는가, 아니면 자기성찰과 문제 해결 과정에 내담자를 참여시키는 단편 소설이나 시를 사
용할 가능성이 더 높은가? 다시 말해, 당신은 양적 측정(예 : 표준화된 도구의 사용)에 가장 도
움이 되는 문제와 개입을 선택하고 기술할 가능성이 더 높은가?

▌**13.1** 글쓰기와 뇌

필즈는 글쓰기가 뇌에 미치는 영향을 논의하면서, 허구문학(fiction)이 어떻게 사람들이 노년기를 살아가는 데 도움이 되는 생존 도구가 될 수 있는지에 대해 연구하였다(Fields, 2017). 그는 우리가 미래의 문제를 예측하고 예상되는 문제를 해결하고자 하는 데 문학이 어떻게 도움을 줄 수 있는지를 조사한 인지과학자 스티븐 핑커(Steven Pinker)를 언급한다. 또한, 노인들은 종종 단어와 이름을 기억해 내는 데 문제가 있는데, 글쓰기는 뇌의 여러 부분을 활용하기 때문에 이 문제를 완화시키는 데 도움이 된다고도 말한다. 손으로 쓰는 것이 컴퓨터를 사용하는 것보다 더 유익하다는 연구결과도 지지한다. "단지 당신 자신을 컴퓨터에서 떼어놓는 것만으로도 운동 기술, 기억력 그리고 더 느린 속도의 경험이 결합되어 작가로서의 슬럼프에서 빠져나오는 데 도움이 된다." 버그랜드는 학교가 디지털학습과 키보드 사용에 의존하도록 지속적으로 추진하는 것에 대하여 이러한 경향은 필기체를 버리는 대가를 치르게 하며, 필기체를 버리는 것은 배우고 기억하는 뇌의 기능에 해로울 수 있다는 과학적 연구를 지적했다(Bergland, 2020).

뉴로릴레이의 한 보고서는 글쓰기가 뇌에 미치는 영향에 대해 다음과 같이 밝히고 있다(Neuro Relay, 2013).

1. 사실의 목록만 제공하는 것보다는 이야기가 정보를 더 잘 기억하는 데 도움이 된다.
2. 저널 쓰기는 스트레스를 줄일 수 있다.
3. 프린스턴대학교의 한 연구에 의하면 이야기를 하는 사람과 듣는 사람 모두에게 상호 이익이 있다('화자-청자 신경연결').
4. 글을 쓴다는 물리적 행동은 정보를 전면에 가져오고 뇌가 더 주의를 기울이도록 촉발한다.
5. 파워포인트 프레젠테이션(주요 항목)이 언어 처리와 관련해 한계가 있음이 지적되었다.

로스와 애덤스는 표현적 글쓰기가 어떻게 "경험에 따른 신경학적 변화"(Ross & Adams, 2016: 217)를 가속화할 수 있는지 다루었다. "우리는 생각을 바꿈으로써 뇌를 바꿀 수 있다. 우리는 의도, 주의집중, 자기 주도적 행동 등의 힘을 통해 우리의 마음을 바꿀 수 있다."(41)라고 말하면서 변화를 가져오는 많은 특정한 활동에 대해 언급하였다. 이 말은 저자들이 생각하는 자기 주도적 신경가소성 틀과 잘 어울리는 말이다. 캐이 애덤스(Kay Adams)가 만든 저널 사다리(journal ladder)에 기반해서 고도로 구조화된 것에서 비구조화된 것으로 움직인다. 즉, 의도

(intention)에서 출발하며, 주의집중(attention)은 글을 쓰는 사람이 자신의 생각과 감정을 탐색하는 글쓰기 그 자체이고, 행위(action)에는 글로 쓴 자료를 다시 읽어보고 성찰하기를 포함한다. 예를 하나 들면, (a) 세 개의 감정 단어를 찾아봅시다. (b) 문장 완성하기를 해봅시다(예 : 내가 변화에 대해 생각할 때 내가 알아차리는 것은…). 성찰하기 : 이 글을 읽으면서 내가 알아차린 것은… 내가 알게 된 것은… 내가 관심 있는 것은…

와질리위스키 등은 신경과학을 사용하여 시어의 정서적 영향에 대한 과학적 조사를 수행했다(Wassiliwizky et al., 2017). 저자들은 "시는 일차적 보상과 관련된 뇌 영역에 관여할 수 있는 강력한 정서적 자극"(1239)임을 발견한다. 그들은 또한 시의 효과를 음악과 비교하면서 신경의 상관(neural correlates)에 다시 주목한다. "인간의 감정 표현 형태들의 진화 과정에서 음악과 노래로 대체될 수 없었던 시적 언어의 독특한 자질에 대한 신경의 상관 관점에서 볼 때, 시가 유발하는 오싹한 느낌은 음악에 의해 유발되는 오싹함과는 다르다"(1239). 선사시대까지 거슬러 올라가서 현재에 이르기까지 살펴보면서, 저자들은 왜 시의 힘이 음악만큼 인정받지 못했을까를 질문한다. 그들은 학교 경험이 시작될 때부터 시에 대한 노출이 불충분했기 때문에 이런 관심의 결핍이 생겼을 것이라고 추측한다. 또한 "시의 강력한 영향과 대중의 인식"(1239)에 대한 더 많은 과학적 연구가 필요하다고 강조한다. 이 연구는 시치료가 현재 실천과 교육과 공동체 발전에서 어떤 효과를 내고 있는지, 또한 어떤 잠재력을 가지고 있는지 보여주는 중요한 연구이다.

미첼은 글쓰기가 발달적 성장에 어떤 영향을 미치는지 논의했다(Mitchell, 2018). 그녀는 (컴퓨터로 타이핑하는 것과 대조되는) 손글씨 쓰기와 글쓰기의 치료적 측면에 대한 과학적 증거가 있다고 말한다. 인지 처리, 글쓰기치료와 표현적 글쓰기에 관해서 살펴보면, 글을 쓰는 행위는 외상후스트레스장애(PTSD) 증상을 현저히 감소시켰고 인지건강을 전반적으로 개선했다. 그녀는 학습장애가 있는 성인과 아동에게 손글씨 쓰기, 읽기, 글쓰기 기술이 미치는 영향에 대한 롱샴 등의 연구에 주목하였는데, 이 연구자들은 "글쓰기가 뇌의 운동피질 및 감각 임계 영역의 참여를 필요로 한다."라는 사실에 부분적으로 기인하는 매우 긍정적인 결과를 찾아낸다.

미첼은 필기체 쓰기가 어린아이들에게 도움이 된다는 연구에 주목하면서, "그것은 창의력을 높이고 뇌기능을 자극하여 뇌의 생산성을 두 배로 높인다. 또한, 필기체는 어린이와 성인이 난독증과 다른 심리적 장애를 극복하는 데 도움이 된다고 밝혀졌다."라고 말했다.

글쓰기와 뇌 활동의 관계는, 특히 시치료가 장애에 적용되면서 시치료의 표현적/창조적 방식을 더욱더 지지한다. 필기체 쓰기의 이점에 대한 특별한 관심은 펜과 종이를 사용하는 전통적인 방법으로 이루어지는 저널 쓰기의 사색적 행위가 특히 치료적이라는 것을 시사한다.

이러한 연구결과는 개인적 스토리텔링의 중요성을 강조하는 시치료 연구문헌들과 일치한다. 스토리텔링의 환기력은 인간 경험의 정서적, 인지적, 행동적 영역에 초점을 맞추는 시치료와도 일치한다. 이러한 연구결과는 개인적 발달을 위한 치료 도구이자 수단으로서의 표현적 글쓰기와 저널 쓰기를 더욱더 지지한다. 특히 흥미로운 것은, 이야기를 하는 사람과 듣는 사람이 뇌의 활동으로 연결되어 상호 이익이 된다는 점이다. 이러한 사실은 휴머니즘적 참조 틀에도 적절하다.

▍13.2 연구로서의 시

질적 연구에서 자료를 제시하는 형식인 연구시(research poems)는 전문적 연구문헌에서 어느 정도 주목을 받아 왔다. 쾰쉬는 질적 페미니즘 방법인 '듣기 지침(The Listening Guide)'에서 개발된 '나 시(I poems)'의 사용을 논하였다(Brown & Gilligan, 1992. Koelsch, 2015: 97에서 인용). 이것은 매우 민감하고 도전적인 경험이나 금기시되는 경험을 말하기 어려워하는 개인들의 목소리를 이해하는 데 도움을 주기 위해 고안되었다. 전반적인 방법론은 다음과 같다(Koelsch, 2015: 98).

일단 인터뷰가 기록되고 나면, 연구자는 적어도 네 개의 '목소리(voices)'를 확인하기 위해 본문을 적어도 네 번 따로 읽거나 듣는다. 첫 번째 목소리는 이야기의 내러티브인 플롯의 목소리다. 두 번째 목소리는 '나 목소리(I voice)'로서 텍스트 전반에 나타나는 참가자의 행위주체성과 자기에 대한 인식을 담고 있다. 세 번째와 네 번째 목소리는 주제에 따라 달라진다. 이 목소리들은 종종 대위법적 목소리들이며, 두 번째와 세 번째 독해는 이 목소리들 사이의 긴장과 모순을 부각시킨다. 마지막 단계에서 이 목소리들은 모두 일관된 내러티브를 만들기 위해 하나로 묶인다. 모든 독해가 가치 있고 흥미로운 분석으로 이어질 수 있지만, 여기서 나의 관심은 두 번째 단계이다. 자기에 대한 인식을 듣고자 하는 목표를 가지고 연구자는 두 번째 독해에서 '나'라는 단어 사용에 주의를 기울일 것이다… 연구자는 이 단계를 마무리하면서 하나의 '나 시'를 완성할 수도 있다… 연구자는 단어를 생략할 수는 있지만 어떤 단어도 추가하지는 않는다. 목표는 참여자의 자기에 대한 인식을 전면에 드러내는 것이다. 시를 창조하기 위해 연구자는 '나'가 나오는 모든 경우를 찾아내어 그것을 인터뷰 텍스트의 나머지 부분과 분리한다. 일반적으로 연구자는 '나'와 더불어 의미 있는 구절 전체(나 구절)를 만들어 내는 데 필요한 동사와 단어들을 포함하기도 한다.

퀼쉬는 다음과 같은 구절을 포함하는 '나 시'의 몇 가지 예를 제공한다. 예를 들면 다음과 같은 시이다. "난 취했었어/난 준비가 안 됐어/난 압도되었었어/난 정말 피곤해…." 이러한 행위주체성 인식(자기통제)은 평가를 내리고 적절한 치료 계획을 세우는 데 매우 중요한 듯 보인다. 퀼쉬는 '나 시'가 일반적으로 정량화할 수 없는 '자기'에 대해 더 많은 것을 배울 수 있는 수단을 제공한다고 결론짓는다. 퍼먼 등은 국제적 맥락에서 질적 연구 방법으로서의 연구시 사용을 탐구했다(Furman et al., 2006). 그들은 연구시에 대한 포인덱스터의 초기작업을 인용한다(Poindexter, 1997. Furman et al., 2006: 23에서 인용).

> 전사된 인터뷰를 일일이 코딩할 때, 나는 베껴 썼었지
> 구절들, 문장들, 문단들을, 그것들은 마치
> 독특한 성격이나 관점을 부각시키는 듯했지
> 응답한 사람의 그것들을, 그리고 그것들을 옮겨 만들었지
> 또 하나의 컴퓨터 문서를. 그리고 그 과정의 끝에
> 나는 응답자들의 구절들을 정렬해서
> 시의 연으로 만들었지, 내가 보기에 정말로 잘 나타내도록
> 내러티브의 흐름과 의미를, 하나도 바꾸진 않았지
> 응답자가 실제로 말한 것은.

저자들은 연구시와 문학적 시의 차이에 주목한다. 연구시는 내담자의 원텍스트나 경험에 일치해야 하며 자료 제시가 목적이다. 문학적 시는 물론 이 원리에 제한되지 않는다. 현실을 그리는 것일 수도 있고 아닐 수도 있다. 퍼먼과 딜은 데이터를 줄이기 위한 수단으로 (하이쿠 혹은 소네트와 유사한) 연구단카(research tanka)를 보고했다(Furman & Dill, 2013). 손더스 등은 정신건강관리에 대한 원주민 연구에서 스토리텔링과 글쓰기가 시적 탐구에 사용되었으며 이는 반성적 글쓰기가 데이터 수집 및 분석 방법으로 발전한 것이며 이러한 접근법이 정신건강관리 제공자로 하여금 다양한 배경의 고객을 더 많이 이해할 수 있게 하였다고 말했다(Saunders et al., 2015).

교육적 관점에서, 로버츠 등은 가르치는 과정에서 (이론에서 실천으로 이동하여) 프랙시스(praxis)를 함양하기 위해 시적 탐구 형식인 연구시의 활용을 살펴보았다(Roberts et al., 2014). 연구의 초점은 현직 문해력 교사들(K~8)의 개인시(유도문이 있는)와 공동작업시들이었다. 시

자료들을 분석한 결과 시험에 직면한 학생들의 스트레스나 불만 같은 공통 주제들이 드러났고, 이는 스트레스를 줄이고 자신감을 키우는 전략을 개발하고자 하는 교육자들에게 도움이 되었다. 챈은 자신이 홍콩에서 박사 과정 학생이었을 때 썼던 시들의 치유적 측면을 살펴보았다(Chan, 2003). 그녀는 자신의 시 가운데 일부를 선정하여 여섯 개의 주제 영역을 구성하였는데, 상실과 고립, 끝없는 공부, 환상, 엄마-아들 관계, 신체 증상 그리고 '편재하는 응시'(가르치는 동안 관찰된다는 압박) 등이었다. 그녀는 자신의 시들이 자아인식을 재현했고 자율적인 행위주체가 되었다고 말했다. 네드먼-맥로런은 일부 연구자들이 어떻게 시를 이용해 연구 결과를 조합하고 표현했는지도 논하였다(Nedman-MacLaren, 2015). 그녀는 자문화기술적 시(auto-ethnographic poetry)를 제공했는데, 이는 파푸아 뉴기니에서 박사 과정 학생으로서의 자기 경험을 반영하는 시들이었다.

엘리스 등은 질적 연구로 2차 자료의 사용을 살펴보았다(Ellis et al., 2020). 이 연구의 초점은 수감된 청소년(성적 행동 문제)이 쓴 시를 살펴보는 것인데, 앨라배마 작가포럼을 통해 촉진되었다. 6명의 조사자(미국인 4명, 중국인 1명, 튀르키예인 1명)가 있었고 시의 주관적 성격과 감정 코딩이 포함되어 있다는 이유로 해석학적 현상학 연구(Interpretative Phenomenological Analysis, IPA)가 적절하다고 여겨졌다. 저자들은 시의 각 행에 감정을 할당했는데, 한 시를 예로 들면 다음과 같은 감정들, 즉 "황량한, 슬픔, 눈물 어린, 슬픈, 그리고 좌절"(218) 등이 부여되었다. 139개의 시행을 검토한 결과 광범위한 감정 목록(94개)이 확인되었다. 저자들은 자신들의 사회적 정의 작업의 중요성은 '낙인찍힌' 청소년들을 위해 목소리를 제공하는 것이라고 말한다. 그들은 또한 시를 리뷰하는 것이 실천가들이 통찰력과 감정 표현 방법을 발전시키는 데 도움이 될 수 있다고 주장한다. 시치료의 다학제적 작업과 일관되게 이 연구는 문학 프로그램(앨라배마 작가포럼)과 임상사회복지사업 프로그램이 결합한 또 하나의 작업 예가 된다.

하우와 카실로바는 듀오민속지학(duoethnography)을 사용해서 자신들의 삶의 다중언어상태를 탐색했다(Howe & Khasilova, 2018). 우즈베키스탄 혈통인 카실로바와 애팔래치아에 뿌리를 둔 하우는 관련 문헌을 검토하면서 자신들의 시, 단편, 삽화 등을 포함한 연구를 진행한다. 주제분석에는 다중언어와 인지 발달, 단일언어교실에서의 방언 포용 정도, 세계시민양성 등이 포함되었고, 저자들은 결론에서 교육적 실천으로서 다중언어의 중요성에 주목한다.

시치료에서 도출된 질적 방법은 사회과학 연구의 주요 자원으로 부각되고 있으며, 초기 단계이긴 하지만 시적·내러티브적 탐구는 내담자들을 깊이 이해하는 기회를 제공하며 이는 전통적인 양적 연구 방법을 보완한다고 요약할 수 있다.

13.3 시치료 연구 기반

이제 시치료 연구 기반에 기여하려는 노력의 일환으로 시치료의 세 가지 양식 즉 (1) 수용적/ 처방적 방식, (2) 표현적/창조적 방식, (3) 상징적/의례적 방식을 살펴보려 한다. 그동안 보조 기법으로서의 시의 역할, 시치료 방법, 이론적 틀, 그리고 치료철학 등 시치료의 여러 측면에 대한 탐색을 진행하였는데, 시치료의 다양한 용도를 다루는 시치료 연구 모델이 우리 시대의 그리고 최신의 심리적 치료 방법과 가장 일치한다.

버진과 가필드는 『심리치료와 행동변화 핸드북』(Bergin & Garfield, 1994)에서 이 책에 기고 한 저명한 학자들의 글을 요약하면서 우리는 "절충주의와 경험주의 시대"에 그리고 "무이론 시대"에 있다고 한다(821). 저자들은 임상적 실천에 세 가지 전통적인 관점이 있다고 하면서 (1) 사회학습 이론, (2) 인본주의 현상학적 관점, 그리고 (3) 카타르시스와 의례를 구체적으로 다루는 사회심리학을 언급한다. 버진과 가필드는 이 모든 관점에 장점이 있지만, 모든 심리 요 법의 치료 효과를 설명할 수 있는 단 하나의 단일한 접근 방식은 없다고 말한다. 동시대의 견 해들을 살펴보면서 버진과 가필드는 다시 세 가지 관점을 확인한다. 첫 번째 관점에는 정서 표 현을 가능하게 하고 인지숙달을 발달시키고 행동조절을 촉진하는 기법들을 결합하는 일종의 **기술적 절충주의**가 포함된다. 이 모델은 기법들의 특정한 조합이나 통합에 대한 경험적 증거가 부족하다는 지적을 받았다. 이런 문제는 시치료의 경우도 마찬가지다. 예를 들어, 우울한 노인 을 위한 인지적 독서치료(Landrevelle & Bissonnette, 1997)와 트라우마와 관련된 건강상의 결 과를 개선하기 위한 글로 감정 표현하기(Pennebaker et al., 1997)처럼 그 효과가 증명된 특정 방식들이 있지만, 그것들을 결합하였을 때의 효과는 증명되지 않고 있다.

버진과 가필드가 확인하는 두 번째 동시대의 관점은 형식적, 기법적, 대인관계적, 임상적, 그리고 시간적 측면들을 포함하는 **포괄적** 모델이다. 이 모델은 과정과 결과에 관해 모델의 요 소들을 통계적으로 분석한 것에 기반을 두고 있다. 개념적 틀은 시치료를 위해 고려할 가치가 있다. 하지만 대부분의 시치료 모델에서 예술적/과학적 가정과 양적 연구가 부족하다는 점을 고려하면 임상 결정을 위한 엄격한 양적 분석은 문제적일 수 있다.

세 번째 관점은 1986년에 밴두라(Bandura)에 의해 발전된 **사회인지 이론**이다. 이 관점은 사 회심리학과 인지적/행동적 전통에 기반을 두고 있다. 이 관점에서 치료의 핵심은 **인지 재구성** 이다. 치료적 관계와 사회적 통제 역시 치료 이후 오래 지속되는 효과를 지니며 치료에서 긍정 적 변화를 촉진하는 핵심 원리로 확인된다. 시치료의 형태들은 대부분 다양한 연구 방법과 측정을 요청하는 이 관점 안에서 손쉽게 고려될 수 있었다. 다행히도 시치료는, 버진과 가필드에 의하면, "결과의 임상적 의미가 새롭게 강조되는"(826) 시기에 연구되고 있다. 이들은 또한 결과 연구를 보완하는 과정 연구가 새롭게 강조되고 있다고도 말한다. 이는 특히 중요하다. 다양한 시치료 기법들이 가족치료와 집단치료에 사용되고 있기 때문이다.

심리학적 방법에 대한 내러티브 연구, 질적 연구, 민속지학적 연구들이 점점 더 수용되고 있다는 것은 특히 고무적이다. 이러한 접근들은 과학적(대부분 양적) 연구들을 기반으로 하면서도 시치료의 예술적 요소에 대한 연구를 진전시키는 데 도움이 된다. 버진과 가필드는 "주관적 현상에 대한 객관적 접근이 엄격함과 많은 경우 수량화를 사용해 질적으로 그리고 기술하기를 통해 다뤄질 수 있다."(828)라고 말함으로써 임상 연구에 대한 균형 잡힌 접근 방식을 제안했다. 앨드리지는 과정과 결과 양쪽 모두를 적절한 수준의 엄격함으로 연구하기 위해 창조적 예술치료사를 위한 단일 사례 연구 설계를 제안했다(Aldridge, 1994).

수 등은 소수민족에 대한 심리치료 연구를 살펴보면서 연구 질문들의 유형, 측정 방식의 선택, 문화의 역할 등을 포함한 몇 가지 핵심 이슈를 확인한다(Sue et al., 1994). 시치료의 실천과 연구는 모두 발견 과정의 일부이며 분리된 영역일 필요는 없다. 하이네만과 윗킨은 전통적인 실험 설계를 대체하고 보완하는 휴리스틱[3] 패러다임을 지지한다(Heineman, 1981; Witkin, 1989). 타이슨은 휴리스틱 패러다임이 하나의 과학철학이며, 문화적, 인지적, 언어적 연구들을 포함한다고 말한다(Tyson, 1992). 시치료의 학제적 기반과 언어, 감정, 표현 및 소통에 대한 관심을 고려하면 이는 탐구할 만한 가치가 있는 패러다임이다. 그것은 또한 문화적 다양성이 가지는 강점에 의존하고 젠더에 민감한 시치료의 철학적 기반과도 일치하는 것으로 보인다.

요컨대, 한 연구 방법이 다른 것보다 우월한지 아닌지에 대한 논쟁보다는 연구 방법의 맥락과 목적이 더 우선시되어야 한다. 대부분의 심리학적 모델에 요구되는 일반적인 연구 질문들은 시치료에 대해서도 적용할 수 있다. 예를 들어, 단기 심리치료의 결과에 대해 연구한 코스와 부처의 질문에 기반을 두고 시치료에 대해서도 다음과 같은 질문을 해볼 수 있다(Koss & Butcher, 1986).

---

3 heuristic : 심리학에서 인간의 추론, 의사 결정, 문제 해결 등의 특징을 기술하기 위해 사용되는 개념으로서 인간의 '직관'을 반영하는 사고방식이다. 시간이나 자료의 부족, 인지적 자원의 제약, 문제 특성 등의 이유로 답을 도출하기 위한 정확한 절차를 사용하지 않고 경험과 직관에 의존해 '대충 때려 맞히는' 방법이다. 일상적인 우리말로 가장 비슷한 단어를 꼽자면 '감', '어림짐작' 정도가 될 수 있다. ― 역자 주

1. 시치료에 의한 개선을 다른 방법에 의한 개선과 비교하면 어떤가?

2. 시치료의 접근 방법들 가운데 어떤 하나가 다른 것보다 우월한가?

3. 시치료 방법으로 최대의 효과를 내는 데 관련된 내담자의 특성은 어떤 것인가?

시치료 연구에서 중요한 것은 **특정성**(specificity)과 **재현성**(replication)이다. 시치료에 대한 획일적인 정의는 여전히 존재하지 않는다. 연구를 수행하는 데 장애가 되는 것은 '시'라는 용어에 대한 엄밀한 정의가 없다는 사실이다. 그러나 우리가 폴(Paul, 1967)의 특정성 질문을 고수한다면, 이 장애물은 극복될 수 있다. 즉, "어떤 치료가, 누구에 의할 때, 어떤 상황에서, 그 특정 문제를 지닌 이 개인에게 가장 효과적인가?"(111)와 같은 질문이다. 예를 들어, 자격증을 가진 시치료사가 출판된 시(예 : 로버트 프로스트의 「가지 않은 길」)를 사용하면, 치료의 초기 단계에서 진로 결정과 관련된 우울증을 줄일 수 있는가? 이 예는 특정 시, 그 시가 소개되는 시점(회기가 얼마나 진행한 후인가) 및 제시 방법(구두, 인쇄물, 혹은 두 가지 방법 모두) 등을 특정함으로써 정교해질 수 있다. 시치료 기법은 다른 치료사들이 재현할 수 있도록 충분히 세밀하게 제시되어야 한다. 기법을 평가하기 전에 기법에 대한 적절한 설명이 먼저 이루어져야 한다. 명확성이 창의성을 훼손하지는 않는다. 엄격함과 규율은 예술과 과학 모두에 적용된다. 지속적으로 정교화할 필요성을 인식하고, 시기와 적절함과 목적, 그리고 임상 이론과의 일관성 등을 고려하여 수용적/처방적, 표현적/창조적, 혹은 상징적/의례적 시치료 양식 각각 안에서 다음과 같은 시치료 기법을 논의하고자 한다.

13.3.1 수용적/처방적 요소

13.3.1.1 기존의 시들

개인이나 가족 또는 집단에 (시의 복사본을 주고) 시를 읽어주고 (혹은 내담자들이 시를 읽게 하고) 그에 대해 반응하게 한다. 단편 소설이나 다른 형태의 문학도 사용할 수 있다. 대중음악의 가사를 제공해 주고 녹음된 노래를 들려주는 것도 이 방법의 또 다른 변형이다. 실제 사용된 기법이 치료 과정과 결과에 어떤 효과를 가져오는지 조사하는 것 외에도 임상가들이 직면하는 가장 어려운 문제 중 하나는 문학 자료의 선정이다. 제2장에서 말한 것처럼, 이 문제는 여러 저자가 제기했던 문제이다.

　시치료에서 가장 일반적인 지침 중 하나는 리디가 주장한 **동일성 원리**(isoprinciple)의 사용이다(Leedy, 1969c). 이 원리가 요구하는 것은 시의 분위기와 환자/내담자의 감정적 상태를 일치시켜야 한다는 것이다. 예를 들어, 우울한 사람을 치료하기 위해서는 슬픈 어조로 되어있지만 희망으로 끝나는 시를 사용한다는 식이다. 루버는 이 동일성 원리가 환자의 기분(mood)과 시의 분위기(mood) 양쪽 모두를 정확하고 일관되게 식별할 수 있다는 가정에 기초하고 있다고 말한다(Luber, 1976). 정신건강 전문가, 영문학 교수, 정신의학과 환자들로 구성된 30명의 피실험자들에 대한 연구에서 루버는 이 가정을 실험해 보았다. 10편의 시의 전반적 분위기(긍정적 또는 부정적)를 식별하기 위해 의미분류법을 사용하였는데, 그 결과 10편의 시 가운데 2편만 집단의 등급 매기기에서 유의미한 차이를 보였고 다른 모든 시는 세 집단에 의한 평가 기준에서 큰 차이를 보이지 않았다. 루버는 "시는 전반적 분위기(긍정적 또는 부정적)로 분류될 수 있으며, 이러한 식별은 매우 다양한 평가자나 독자에 의해 일관되게 이루어진다."(50)라고 결론지었다.

이후 연구에서 루버는 "시의 분위기와 시치료집단 참여자들의 기분, 즉 감정상태 사이의 상호작용"(Luber, 1978: 212)을 조사하였다. 피실험자들은 정신병원 부분입원 프로그램에 있는 10명의 환자로 구성되었다. 환자들은 일련의 다섯 실험집단(시치료)과 다섯 통제집단(현재 사건)에 참여했다. 모든 회기는 동일한 치료사가 3주 동안 수행했다. 소재와 주제의 의미분류법을 이용하여 시 자료가 피실험자들의 기분에 미치는 영향을 평가하는 것이 목적이었다.

이 연구의 결과는 "실험집단이나 통제집단 어디에서도 첫 번째와 두 번째 기분 등급 매기기(읽기 전과 읽은 후) 사이에 유의미한 차이가 없었다."(213)라는 것을 보여준다. 더 나아가, 읽기 전과 회기 후 기분 등급 매기기에서 발견된 단 하나의 유의미한 차이는 통제 회기들(현재 사건들) 가운데 하나에서였다. 루버의 데이터는 동일성 원리의 전제에 도전한다. 그는 환자의 기분과 시의 분위기 사이에 아무 상호작용 효과가 없다는 것을 발견한다. 그는 또한 시 때문에 기분이 변화했다는 증거가 부족하다고도 말한다. 이는 앞서 제시된 리디(1969c)의 제안과 상반된다. 루버는 치료에 시를 사용하는 치료사는 시가 정서나 기분에 영향을 미친다는 것 이외의 근거를 찾아야 한다고 말한다. 더 나아가 그는 집단치료에서 이론적으로 타당한 기반 위에서 시를 사용하려면 집단 분위기를 파악하는 것도 필요하다고 말한다.

브라운은 감정 중심적 시에 대한 반응과 감정, 흥미 및 개인적 욕구 사이의 관계를 조사하면서 동일성 원리에 대한 부분적 지지를 찾아냈다(Brown, 1977/1978). 사람들이 가장 잘 반응하는 시는 자신의 개인적 경험 범위 안의 감정을 표현하는 시임을 밝혔다. 브라운은 "피실험자의 지각 정도는 그 개인의 평소 감정 혹은 전형적인 감정 특성보다는 현재 경험하고 있는 감정과 관련이 있어 보인다."(88)라고 말한다. 그는 또한, 현재 기분과 지각력 사이에 관계는 있지만 개인들은 시에 자신의 평소 기분을 투사하기도 하고 그래서 시에 존재하지 않는 분위기를 보기도 한다고 말한다. 일시적인 감정적 특성과 지속적인 감정적 특성 모두 시에 대한 개인의 반응에 영향을 미친다고 말한다.

브라운의 연구결과는 미학적 반응이 감정적이고 기질적인 특성들과 일치한다고 본다. 아이센크(Eysenck, 1940)의 이전의 연구결과와 대조적이다. 브라운의 연구는 동일성 원리의 기초가 되는 요인들 가운데 일부를 확인하였다는 점에서 의미가 있는데, 특히 성격 요인과 시적 반응에 관련해서 그러하다. 그는 기분의 투사가 존재함을 확인했다. 이 연구가 시사하는 바는 시를 선정할 때 시의 분위기를 내담자가 현재 경험하는 감정상태에 맞춰야 한다는 점이다. 이것은 또한 시를 다룰 때 사전 구조화된 회기는 금해야 함을 시사한다. 루즈벨트 역시 '표면 수준' 시들과 비교되는 '심층 수준' 시들의 효과를 연구하기 위해 의미분류법을 사용했다(Roosevelt, 1982).

뤼트케 등은 피실험자(n=베를린자유대학교 학생 20명)의 시에 대한 감정적 반응을 탐구한 혼합 방법 연구에서, 문학적 가치에 경도된 미적 감정과 공감과 감정이입 같은 내러티브적 감정을 구분했다(Lüdtke et al., 2014). 저자들은 시가 다양한 종류의 정서적 반응을 이끌어 낼 수 있다는 자신들의 가설을 지지하는 결과를 확인한다. 그들은 특정 상황에 적합한 시의 특정성과 그 시에 대한 독자의 친밀감 등이 독자가 그에 상응하는 기분을 가질 수 있는 중요한 요소라고 말한다. 이러한 유형의 연구는 내담자의 기분 및/혹은 상황에 맞게 시를 선택하는 시치료의 동일성 원리(Leedy, 1969c)와 관련해 유익한 연구가 될 수 있다.

앞서 언급한 바와 같이, 슐로스는 약 1,400명의 치료사를 대상으로 치료에 사용되는 시의 범위를 조사하였다(Schloss, 1976). 결과는 결론을 내리지 못하는 상황이었지만, 슐로스의 작업은 시를 분류할 때 겪는 어려움 중 일부를 확인하는 데 도움을 주었다.

베리는 사람들의 읽기 및/혹은 글쓰기가 그들의 대처 능력에 어떤 역할을 하는지 살펴보기 위한 연구를 수행했고, 또 다른 연구에서는 치료사가 환자를 위해 시를 선택하는 일련의 객관적 방법을 제공하는 것이 가능한지 여부를 결정해 보려고 했다(Berry, 1978). 첫 번째 연구에서 그는 읽기를 즐기는 사람들은 문학치료의 어떤 형태에 더 수용적일 수 있음을 확인하였고, 글쓰기 기술을 가진 사람들은 창조적인 글쓰기의 어떤 측면을 포함하는 치료에 더 잘 적응할 수 있음을 알게 되었다. 베리의 두 번째 연구에서는 심리학 입문 수업을 듣는 27명의 대학생이 피실험자로 참여했다. 정신병원에서 자신의 회기를 진행할 때 시를 사용하는 어떤 치료사가 제공한 목록에서 5편의 시를 무작위로 선택하였다. 피실험자들에게 설문지를 돌려 다음을 확인하였다. (1) 해석은 어떻게 했는가—특정 시행, 연, 제목을 토대로 했는가 아니면 시 전체를 토대로 했는가? (2) 각각의 해석에서 어떤 감정이 유발되었는가? 행복, 슬픔, 혹은 분노? (3) 5점 척도를 기준으로, 그 시를 얼마나 좋아하는가? 설문지 결과가 보여준 것은, 해석을 만들어 내고 이후 감정을 불러일으키는 데 가장 중요한 것은 시 전체라는 사실이었다. 피실험자들에게 주어진 5편의 시 가운데 프로스트의 「눈 내리는 저녁 숲가에 서서(Stopping by Woods on a Snowy Evening)」의 선호도가 가장 높았고 절대적이었다. 베리는 또한 "시의 선호도 등급에 가장 큰 영향을 미친 것은 시가 독자에게 얼마나 많은 감정들을 불러일으켰는가"(1978: 140)였음을 발견한다.

롤프스와 수퍼는 한 기술조사에서 시 선정 과정의 중요성을 확인하였고 전이-역전이 문제에 주목하였다(Rolfs & Super, 1988). 저자들은 사례들을 통해 시의 가능한 모든 의미들을 고려하는 것이 중요하다고 말한다. 집단치료에서 시를 선정하기 위한 구체적인 실천 지침이 제시되었고, 지침들은 치료 목표, 내담자 반응에 대한 기대, 범주화, 그리고 사용하는 시의 순서 등과 관련되어 있다. 다수의 연구 방법론이 각각의 지침에 기초해 사용될 수 있었다. 예를 들어, 각 목표가 어느 정도 충족되었는지 결정하기 위해서는 목표 달성 척도를, 각 시에 대한 치료사와 내담자의 반응을 조사하기 위해서는 의미분류법을, 시들을 범주화하기 위해서는 내용분석을, 그리고 사용된 시들의 배열순서를 조사하기 위해서는 관찰 측정법을 사용할 수 있었다.

로시터 등은 시의 선택이 치료 과정과 결과에 미치는 영향을 조사했다(Rossiter et al., 1990). 질적 연구 설계를 사용해서 저자들은 시/치료사/참여자 상호작용에 대한 분석을 수행했다. 그들은 문학이 치료 과정에서 촉매 그 이상이라는 점을 발견했다. 즉, 특정한 시의 성공과 실패는 시와 치료사가 무엇을 '질문'하는가에 달려있거나 내담자 자신에게 달려있는 듯했다.

하인즈와 하인즈-베리는 치료할 때 시적 자료를 선택하는 가장 상세한 기준을 제시했다(Hynes & Hynes-Berry, 1986/1994). 그들은 상호작용적 독서치료(시치료)의 과정과 결과 둘 다를 살펴보기 위해 상세한 기록 형태를 개발했는데, 이 양식은 가르치고 연습하고 연구하는 데 유용했다. 하인즈는 이 양식의 '독서치료 대화(Bibliotherapy Dialogue)' 부분을 사용해서 "특정 문학에 대한 반응과 그 결과로 인한 대화라는 행동상의 증거를 구축할 수 있다."(Hynes, 1988: 57)라고 강조했다. 그것은 시치료 연구 기반을 발전시키는 데 귀중한 도구가 되어야 한다.

라이터는 전미시치료학회 동료들을 대상으로 그들이 실제 현장에서 가장 자주 사용하는 시들을 조사했다(Reiter, 1997). 다음 22편의 시가 가장 많이 선택된 시들이다.

1. 매리 올리버 「여정(The Journey)」

2. 포샤 넬슨 「짧은 다섯 장의 자서전(Autobiography in Five Short Chapters)」

3. 로버트 프로스트 「한 아름(The Armful)」

4. 에드워드 피츠제럴드 「오마르 카얌의 루바이얏(The Rubaiyat of Omar Khayyam)」

5. 스티븐 크레인 「이 너덜거리는 코트를 벗어 던지고」

6. 로버트 프로스트 「가지 않은 길」

7. 주디스 비오스트 「자기 개발 프로그램(Self-Improvement Program)」

8. 드니스 레버토브 「릴케의 테마에 의한 변주곡(Variation on a Theme by Rilke)」

9. 엘턴 에반스 「유리잔 속의 남자(The Man in the Glass)」

10. 제임스 캐버노 「난 이 아이를 알아(I Knew This Kid)」

11. 린다 패스턴 「흔적(Marks)」

12. 에드가 앨런 임호프 「1963년의 진실(The Truth in 1963)」

13. 드니스 레버토브 「깊은 슬픔에게 말하기(Talking to Grief)」

14. 캐럴 번스턴 「메시지(Message)」

15. 윌리엄 카를로스 윌리엄스 「내가 단지 말하려는 건(This Is Just to Say)」

16. 랭스턴 휴즈 「막다른 골목(Impasse)」

17. 도리 프레빈 「계속할 순 없어(I Can't Go On)」

18. 엘리자베스 비숍 「한 가지 기술(One Art)」

19. 일레인 N. 클로넌 「돼지 돌보는 사람(Swineherd)」

20. 윌리엄 워즈워스 「나는 구름처럼 홀로 헤매었네(I Wandered Lonely as a Cloud)」

21. 찰스 스윈번 「알지몬의 드림랜드 발라드(A Ballad of Dreamland by Algemon)」

22. 매리 올리버 「그 여름 날(The Summer Day)」

이 목록은 비공식 연구의 결과이다. 특정한 시들의 효과를 분류하고 연구하기 위한 추가작업이 필요하다.

올슨–맥브라이드는 예비 연구에서 라이터(1997)가 주목한 시치료에서 자주 사용되는 시들에 대해 내용분석을 수행했다(Olson-McBride, 2012). 그녀는 시의 선택이 하인즈와 하인즈–베리(1994)에 의해 확립된 기준(주제 : 보편성, 강력함, 이해 가능성, 그리고 긍정적 특성; 문체 : 리듬, 이미지, 언어, 복잡성)과 일치한다는 것을 발견한다.

13.3.2 표현적/창조적 요소

시치료의 표현적/창조적 방식은 광범위한 기법들을 포함하고 있으며, 실천과 연구가 겹쳐있음을 보여준다. 예를 들어, 윌리엄스는 아동기 성적 학대를 견디고 생존한 성인들의 신념 체계를 식별하기 위해 다음과 같은 두 가지 평가 방법을 도입했다(Williams, 1992). 하나는 (1) 윌리엄스-맥펄 신념 척도(Williams-McPearl Belief Scale)로서 안전, 신뢰, 힘, 자존감 및 친밀감에 대한 신념을 측정하기 위해 설계된 31개 항목의 척도이다. 또 하나는 (2) 생존자들을 위한 주관적 글쓰기(시와 저널 쓰기) 사용이다. 윌리엄스는 "성 학대 생존자들의 창조적 글쓰기는 그렇지 않으면 숨겨져 있거나 억압되어 있을 그들이 받은 학대, 자아 개념, 그리고 기본 신념에 대한 정보를 훨씬 더 많이 드러낸다."(19)라고 말한다. 신념 체계와 웰빙의 변화에 영향을 주는 변수들을 따로 분리해 내기는 어렵지만, 주관적인 글쓰기 방법이 선택권과 자신의 목소리를 회복시킬 수 있다면 그것을 치료 기법과 사정 도구로 활용하는 것은 합리적 실천으로 보인다. 창조적 글쓰기의 경우, 개입이 곧 측정이기도 하다. 한 개인의 가치와 존엄성에 대한 존중을 내포하는 특별한 종류의 측정이다.

13.3.2.1 창조적 글쓰기

앞서 언급한 바와 같이, 많은 연구가 글로 감정을 표현하는 것에 치료적 이점이 있음을 뒷받침하고 있다(Smyth, 1998). 창조적 글쓰기(시, 이야기, 일기 또는 저널)의 사용은 평가와 치료 둘 다에 도움이 될 수 있다. 자유로운 글쓰기(모든 주제, 모든 형식)일 수도 있고 사전에 구조화된 글쓰기("나 혼자 있을 때…" 같은 기본 문장 사용)일 수도 있다. 창조적인 글쓰기 연습은 개인(White & Epston, 1990), 가족(Chavis, 1986) 및 집단(Wenz & McWhirter, 1990)에 사용되어 왔다. 정신적 건강과 신체적 건강을 증진하기 위해 글로 표현하기 방법을 사용하는 것에 대해서는 상당한 연구가 진행되어 왔다(Pennebaker, 1992; Smyth, 1998).

샬린과 쉔하의 연구는 청소년의 창조적 글쓰기가 진단적 가치를 가지고 있음을 보여준다(Sharlin & Shenhar, 1986). 저자들은 자살한 두 청소년의 시(89편)와 자살하지 않은 두 청소년의 시(64편)를 비교 연구한다. 그들은 의미 영역을 분류하기 위해 단어분석을 사용하였으며, 의미가 풍부한 말과 두 핵심 초점인 '죽음'과 '나쁜 상황'에서 자살집단과 통제집단 사이에 유의미한 차이를 발견한다. 비록 다소 적은 수의 표본으로 작업했지만, 저자들은 청소년의 자살을 예측하는 데 도움을 주는 또 하나의 방법을 개발하는 데 기여했고, 청소년 자살을 조기 발견하기 위한 지침 모델을 구축했다.

13.3.2.2　2인시

이 기법은 커플을 위해 개발되었다(Mazza & Prescott, 1981). 관련된 노래나 시에 대해 커플과 이야기를 나눈 다음, 이들에게 시나 노래의 의미에 대해 두 줄의 진술이나 시를 쓰도록 요청한다(각자 한 줄씩 쓰게 한다). 시를 도입할 것인지 노래를 도입할 것인지는 선택사항이다. 커플은 단순히 자신들의 관계에 대해 2인시를 지을 수도 있다. 이러한 시는 다음과 같은 것을 평가하려는 목적에 유용하다. (1) 시구가 상호 보완적인가, 대조적인가? (2) 누가 먼저 썼는가? (3) 그 과제에 커플은 어떻게 접근하였는가? 시의 내용분석에 더해서, 관찰 측정은 과정, 특히 비언어적 반응을 연구하는 데 유용할 수 있다.

13.3.2.3　공동작업시

이 연습에서 각 구성원은 집단시에 한 행 혹은 그 이상의 시행을 쓰도록 요청받는다. 이 작업은 흔히 한 회기가 끝날 무렵 이루어지며 일반적으로 집단의 현재 분위기나 주요 주제를 반영한다. 다음 회기에 집단시를 타이핑해서 각 구성원에게 복사본을 나눠주는 것도 유용하다. 공동작업시는 집단 응집력을 촉진하고(Golden, 1994; Mazza, 1981b; Mazza & Prescott, 1981; Mazza & Price, 1985) 집단의 발전 단계를 반영한다(Mazza & Price, 1985)는 것을 몇몇 연구가 보여주고 있다. 집단시에 대한 내용분석을 포함하는 추가 연구가 가능하다. 관찰 측정 역시 공동작업시의 발전 과정을 연구하기 위해 사용될 수 있다.

13.3.2.4　저널 쓰기

저널, 일기, 로그 등은 목적과 내담자의 필요에 따라 비구조화된 것에서부터 고도로 구조화된 것까지 다양할 수 있다. 애덤스는 구조화된 저널치료 평가(임상 인터뷰 및 자기보고 설문지 방법)와 관련된 50건의 사례를 보고했다(Adams, 1996). 그 저널들은 정신건강 입원 시설에서 사용되었다. 긍정적 결과와 환자들의 구체적인 요구(예 : 더 많은 글쓰기 기법, 안내 지침, 방향 제시 등에 대한 갈망)를 바탕으로 각자 자신의 진도에 맞춰 학습할 수 있는 워크북이 개발되었다(Adams, 1993 참조).

　　막달레나는 근거 이론 연구 방법론(grounded theory methodology)을 사용해서 ‘퍼포먼스시’ [구어시, 슬램시(slam poetry : 행동과 몸짓으로 하는 현대시 ― 역자 주)]에 참여한 사람들이 정신건강의 이점을 경험하고 강점을 발전시킬 수 있었음을 발견했다(Maddalena, 2009). 특히 주목할 만한 내용은 다음과 같다. “결국에 가서는 이 시인들은 자신의 오래된 트라우마를 새로운 용어로 정의했고, 새로운 시마다 계속해서 자신을 재정의했으며, 자신의 삶에 대한 자신의 인식을 예술적으로 통제했다… 슬램 콘테스트는 시인들을 이러한 틀에 담아주고 건강에 대해 자신의 관점을 가진 것에 보상을 해줌으로써 이를 장려한다"(230). 앨버리즈와 먼즈는 질적 연구에서 특히 구어시 퍼포먼스가 "시인들이 두려움을 극복하고, 다른 사람들과 시를 나누고, 다른 사람들이 내 말에 귀를 기울인다는 느낌을 받고, 타당화를 받고, 자기 작업을 성장시키는 데 통합할 수 있는 지속적인 피드백을 받을 수 있게 하였다."(Alvarez & Mearns, 2014: 267)라는 점에서 특히 유익했음을 보여주었다. 저자들은 임상 집단작업을 할 때 구어시를 사용함으로써 내담자의 두려움을 줄일 수 있었고, 내담자를 공동체와 연결시키는 데 도움을 줄 수 있었다고 말한다.

13.3.3   상징적/의례적 요소 : 은유와 이미지

내담자의 언어와 경험에서 나온 시적 표현이나 이미지 혹은 상징들을 사용하는 것도 변화를 촉진하는 데 도움이 될 수 있다(Combs & Freedman, 1990; Goldstein, 1989). 예비조사로 자기 모니터링 절차가 사용될 수 있지만, 인지한 것과 이미지 같은 개인적 사건을 측정하는 것은 여전히 문제로 남아있다. 시미네로는 "인지, 이미지, 감정과 인간행동에서 그것들의 기능적 의미 사이의 관계에 대한 정교화된 가설을 검사할"(Ciminero, 1986: 36) 평가 절차는 아직 개발되지 않았다고 말한다. 이 영역은 내러티브 연구 절차를 정당화할 수 있는 영역이다. 쇼는 역동적 치료에서 치료적 해석과 관련해 은유의 역할을 탐색했다(Shaw, 1993). 벡커는 은유적 상태가 인내심을 증가시키는 효과를 평가했다(Becker, 1993). 두 연구 모두 은유를 치유적으로 사용하는 것에 대해 긍정적인 결과를 얻었다. 그러나 이 영역은 훨씬 더 많은 연구가 필요하다.

13.3.4   복합 영역(RES)

모하마디언 등은 탐색적 임상시험 설계에서 이란 여대생들(테헤란 캠퍼스에 거주)을 위한 시 치료 집단 개입(7회기, 기존의 시 사용, 시의 빈 곳 완성하기, 공동작업 글쓰기)의 결과 그들의 우울, 불안, 스트레스가 감소되었음을 발견했다(Mohammadian et al., 2011). 데쉬판데는 18개월에 걸친 시치료(베트남전쟁 참전용사들과 기존 시와 글쓰기 작업을 사용한 집단 양식)에 대한 질적 연구에서 그것이 트라우마 회복에 도움이 되었음을 발견했다(Deshpande, 2010). 참전용사들에게 친숙한 언어를 사용하여 그 프로젝트는 '재구성 임무(Recon Mission)'라는 이름으로 불렸다.

13.4 RES 모델에 대한 연구[4]

13.4.1 연구 목적

시치료 RES 모델의 개념적 기반은 전통적 의미의 시치료뿐 아니라 어떤 형태로든 언어 예술을 활용하는 다른 관련 학문 분야와 방법들도 포괄한다(Chavis, 2011; Gladding, 2010; Mazza, 2009). 따라서 독서치료, 저널치료, 이야기치료, 표현예술치료, 나아가 음악, 무용, 미술 및 드라마 치료까지 RES 다차원 모델의 범위에 포함된다. 시치료의 광범위한 분야가 이러한 다양성을 담고 있기 때문에 우리는 다음과 같은 합리적 기대를 할 수 있다. 즉, 이러한 다양한 학문 분야들은 그 실천 모델의 한 구성 요소에 초점을 맞추고 있을 수 있고 그래서 한 분야와 다른 분야를 구분하는 것에 대한 경험적 지지는 치료사들이 그 구성 요소들을 어떻게 사용하는가를 탐색함으로써 이끌어 낼 수 있다고 기대하는 것이 합리적이다. RES 모델을 더 정교하게 만들기 위해 현재 연구는 임상가들에 대한 온라인 설문조사를 통해 수집된 데이터를 검토한다.

현재까지 임상에서의 시치료 사용에 대한 경험적 지지는 거의 존재하지 않는다. 하지만 시치료가 다양한 형태로 비교적 널리 사용되고 있다는 사실은 치료사협회, 아이디어들의 보급 및 증거를 갖춘 지지, 그리고 치료사 수련 과정과 자격증이 존재한다는 것 등을 통해 확인할 수 있다. 절충주의와 여러 접근법의 통합이라는 현재의 분위기 속에서 일반 치료사들이 시치료의 하나 혹은 그 이상의 방식들을 혹은 시치료와 관련된 학문 분야들을 자신들의 치료에 통합할 것이라고 기대하는 것도 합리적이다. 하지만 실제 치료에 대한 데이터를 수집하는 것은 복잡한 작업이다. 본 연구의 부수적인 목적은 50% 이상의 응답률이 보고된 웹 기반 연구를 위해 제안된 프로토콜의 타당성 또는 실용성을 테스트하는 것이었는데, 이메일 요청이 기존 우편과 결합되었을 때 응답 비율이 더 높았다(Dillman, 2000; Dillman et al., 2009; Couper et al., 2001; Groves et al., 2004).

13.4.2 구체적인 목표

따라서 본 연구는 사회적으로 중요한 다학제적 연구 기반의 축적을 시작하고자 한다. 이는 건강과 치유를 위해 '예술'과 '과학' 사이에 다리를 놓는 한 걸음이 될 것이다.

---

4 이 부분의 원전은 N. Mazza & C. Hayton, Poetry therapy: An Investigation of a multidimensional clinical model, *Arts in Psychotherapy*, 40, 2013: 53~60에 게재되었다.

마짜의 다차원 시치료 모델은 각 차원을 지지하는 최선의 이용 가능한 증거에 기반하여 개발되었다(Mazza, 1999, 2003). 이러한 증거의 대부분은 일화 보고서, 사례 연구 및 질적 연구로부터 나왔다. 가장 강력한 경험적 지지가 나온 곳은 표현적 글쓰기가 건강에 어떤 도움을 주었는가에 대한 관련 연구들(예 : Pennebaker, 1993; Pennebaker & Chung, 2007; Tegner et al., 2009)과 독서치료에 관한 연구(Hynes & Hynes-Berry, 2012; McCullis, 2011b; Rossiter & Brown, 1988)이다. 본 연구는 시치료의 연구 및 실천 기반을 검토할 때 여전히 문제로 남아있는 용어들을 명확히 하고자 한다. 예를 들어, 수용적/처방적 요소를 주로 강조하는 독서치료는 어떤 경우에는 시치료와 동의어로 여겨진다. 치료적 맥락에서 어떤 특정한 형태의 언어 예술을 사용하는 서로 다른 범주의 치료사들이 활용하는 RES 모델의 세 가지 구성 요소에 식별 가능한 차이가 있을 것이라는 가설이 제기되었다. 이 연구와 향후 연구는 실제 치료를 하는 치료사들이 이 모델을 어떻게 사용하는지도 탐색할 것이다.

13.4.3 방법

이상적인 연구 세계라면, 면허를 가지고 치료를 하는 모든 임상사회복지사들에 대한 동등한 접근이 보장되어야 한다. 이와 관련된 현실은 본 연구가 발견한 것처럼 이러한 바람직한 상태와는 거리가 멀다. 제한된 예산을 이용해서 동시에 진행된 두 가지의 예비 과제 중 하나는 온라인 설문조사에 참여하도록 이메일로 초대장을 보낼 수 있는 치료사들에 대한 데이터베이스를 작성하는 것이었다.

13.4.4 이메일 주소 취득 절차

본 연구에 포함된 미국이나 그 외 다른 국가에서 활동하는 면허 있는 임상사회복지사들과 관련 치료사들의 사용 가능한 연락처 정보를 기록하고 제공하는 단일 출처는 존재하지 않는다. 게다가 그런 정보를 담고 있는 출처에 연구자들이 평등하게 접근할 수는 없었다. 몇몇 조직들은 구성원 연락처 목록에 다양한 수준의 접근을 허용하고 있지만, 흔히 현재의 연구에 그것을 사용하지 못하게 하는 조건을 내세웠다. 그 결과, 치료사들의 총모집단의 크기는 알 수 없었고, 그들 모두에게 평등하게 접근할 수 없었다. 그래서 이 두 요소가 결합된 상태에서 확률적 표집은 불가능했다. 따라서 이 연구는 늘, 연구팀이 얼마나 많은 치료사의 이메일 주소를 얻을 수 있는가에 기반한, 일종의 편의표집에 의존하게 된다. 메일 목록을 모으기 위해 취한 단계들은 다음과 같다.

1. 검색어 '시치료(poetry therapy)' '독서치료(bibliotherapy)' '표현예술(expressive arts)' '표현적 글쓰기(expressive writing)'를 각각 사용해 구글 검색을 시작하였다.

2. 검색을 할 때는 글쓰기를 하거나 담화 형식을 취하거나 RES 모델의 세 가지 접근 중 하나 이상을 사용한 치료로 검색된 결과 목록 중에서 치료 기관(조직)이나 개인 치료사의 웹 사이트가 링크된 항목들을 찾았다. 다음과 같은 영어권 국가들의 조직과 실천만 포함하였다. 미국, 영국(잉글랜드, 스코틀랜드, 웨일스, 북아일랜드), 아일랜드공화국, 캐나다, 호주, 뉴질랜드, 남아프리카공화국.

3. 관련 사이트에 대한 링크를 북마크하고 연락처 정보(우편 주소, URL, 전화번호, 이메일 주소)를 기록하고 목록화하였다.

4. 각 웹 사이트에서 제공하는 링크를 따라가서 2, 3, 4 단계를 반복했다.

5. 이 과정이 더 이상 유의미한 수의 새로운 관련 웹 사이트를 제공해 주지 않게 되면 검색을 종료했다.

6. 목록에 있는 각 조직이나 실무자에게 연락해서 전문적 구성원이나 치료사들의 수를 확인했다.

7. 시치료 및 관련 치료에 대한 온라인 설문조사에 참여하기 위한 초대장을 이메일로 발송하기 위하여 회원 이메일 주소 목록을 요청하였다.

이렇게 확인된 조직들을 연구에 얼마나 유용한가에 따라 다섯 개의 넓은 범주로 분류하였다.

a. 비응답자들

b. 회원이 되면 연구를 포함한 특정 목적을 위해 회원들의 이메일 주소를 사용할 수 있게 허용했던 조직들 혹은 웹 사이트에서 회원 연락처 정보를 자유롭게 사용할 수 있게 했던 조직들

c. 회원들과 접촉할 수 있는 연락처 정보를 구매할 수 있게 했던 조직들. 이런 조직을 통하면 우리가 비용을 지불한 만큼 많은 수의 회원들에게 설문조사에 참여하라는 초청장을 나누어 줄 수 있었을 것이다. 이 방법은 많은 치료사에게 빠르고 광범위하게 접근하게 해주었을 것이지만, 비용이 수만 달러에 달해서 본 탐색적 연구에서는 시도할 수 없었다.

d. 엄격한 데이터 보호법이나 스팸 차단 규칙 때문에 우리가 요청한 방식으로 지원할 수 없다고 밝힌 조직들. 그러나 이러한 집단들 일부는 전자 소식지, 목록 서비스 또는 온라인 집단을 통해 참여해 달라는 초청장을 배포해 주거나 우리를 대신하여 회원들에게 이메일을 보내주는 방식으로 도움을 주겠다고 제안했다.

e. 어떤 상황에서도 그들의 이메일 연락처 정보를 사용할 수 없었던 조직들

앞에서 취한 단계 외에도, 연락처 정보에 이메일 주소를 포함한 미국 내 면허를 가진 임상 사회복지사들이나 치료사에 대한 안내책자를 찾기 위한 추가 인터넷 검색이 수행되었다. 이 검색에 사용된 키워드는 '치료사(therapist)'와 '안내책자(directory)'였다. 모든 방법을 사용해 도달한 마지막 잠재적 데이터베이스는 개인들로 구성되어 있다. 연구팀이 직접 이메일로 접촉할 수 있었을 개인들, 그들이 회원으로 있는 조직의 총무를 통해 이메일로 간접적으로 접촉할 수 있었을 개인들(이들의 이메일 주소를 연구팀은 알 수 없었다), 그리고 전자 방식의 조직 소식지들, 목록 서버들 혹은 온라인 포럼에서 홍보를 통해 간접적으로 접촉할 수 있었을 개인들(다시 말하지만, 이러한 개인들의 이메일 주소는 알 수 없었다)이다. 시간과 기금의 제약으로 연구팀이 직접 연락할 수 있는 치료사들만 최종 데이터베이스에 포함되었다. 따라서 연구팀이 경험한 것은 아주 상당한 정도의 기금이 없다면 '교과서'적 표본추출 시나리오로부터 아주 멀게나마 유사한 어떤 것도 성취할 수 없었다는 사실이다.

13.4.5   조사기구 개발

치료사 이메일 주소 데이터베이스를 모아 편성하는 작업을 하면서 동시에 전문가 검토 및 동료 검토를 반복하는 과정을 거쳐 설문지를 개발하였다. 설문 문항의 초안들을 종이 문서와 전자 방식을 사용해서 테스트했다. 그 결과 만들어진 최종 결과물은 매력적이고 따라 하기 쉬운 인터넷 기반 설문지 디자인이었다. 각 웹 페이지마다 균형 있게 배열된 질문들, 읽기 쉬운 글꼴 스타일과 크기, 일관되게 표시된 지침들, 응답 선택지의 순서, 각 페이지에 충분한 여유 공간이 있는 깔끔해 보이는 서식 등이 포함된 디자인이었다(Dillman, 2000; Murphy, 1993).

기본적인 인구통계학적 정보를 요구하는 질문을 한 후, 설문지 시작에 응답자의 이론적 지향, 이 분야에서 훈련받은 정도, 치료에 시를 사용하는 것에 대한 그들의 감정 등을 분명히 밝히게 하고자 하였다. 이러한 목적으로 사용된 질문 유형의 예는 이 장 끝의 부록 1에 나와 있다. 설문지 대부분은 여섯 부분으로 구성되었으며, 각 부분은 RES 모델에서의 특정 형태의 시 치료법 사용에 대해 다루었는데, 이때 시와 다른 형태의 글쓰기 표현 양쪽 모두의 사용을 다루었다(부록 2를 참조하면 예를 볼 수 있다). 설문지의 끝부분에서는 응답자의 작업환경, 전문가 회원자격, 최종학위 및 실천 분야와 관련된 추가적인 인구통계학적 정보를 얻고자 하였다.

13.4.6 설문조사 실시

웹 설문조사 구현에 대한 지침은『인터넷, 메일 및 혼합 양식 설문조사 : 맞춤형 설계 방법』 (Dillman et al., 2009)의 제7장을 참고하였다. 처음에 이메일 발송을 위해 수집하였던 9,082개 의 주소들 가운데 13개가 불량해서 남은 9,069개에 설문조사에 참여해 달라는 요청을 성공적 으로 보냈다. 기억을 되살리는 두 번째, 세 번째 메일을 보낸 이메일 주소 데이터베이스로부터 응답받은 주소들을 선별해 냈다. 개별적으로 발송된 이메일이 더 나은 응답률을 보이는 경향 이 있다는 딜먼 등(2009)의 주장이 있었지만, 관련된 주소의 수가 너무 많았기 때문에 우리가 할 수 있었던 유일한 선택지는 대량으로 이메일을 보내는 것이었다.

13.4.7 응답

응답자는 676명으로 7.5%의 응답률을 보였다. 676명의 응답자 가운데 384명이 "자신이 어떤 형태로든 시치료 또는 관련 유형의 치료를 실행하는 사람이라고 생각하는가"라는 질문에 긍 정적으로 대답했고, 240명은 이러한 치료 유형 중 하나를 긍정적으로 확인해 주었다. 이 글은 240명의 응답자에 초점을 맞추고 있으며, 앞으로는 이들을 표본이라고 칭할 것이다.

13.4.8 응답한 시치료 치료사들의 구성

시치료 또는 관련 형태의 치료를 사용하는 240명 표본 내에서 80.4%가 여성이었고 19.6%가 남성이었다. 90%가 백인이었고, 오직 1.3%만이 히스패닉이라고 확인해 주었다. 나이는 21세 에서 99세까지 다양했고, 평균 나이는 약 46세였다. 전문직 종사 연수는 0년에서 57년 사이였 으며, 평균은 약 15년이었다. 연평균 소득은 40,000~49,000달러 범위였으며, 22.1%는 개인 상담실에서만 일한다고 답했다.

　시 또는 관련 치료 사용자 중 약 25%가 최종학위로 학사학위를 취득했고, 49.2%가 석사학 위를, 23.3%가 박사학위를, 그리고 2.5%가 다른 유형의 학위를 취득했다.

　다양한 전문 조직에 속한 240명 표본의 비율은 표 13.1에 요약되어 있다. 주목할 만한 것은 응답자집단 중 가장 높은 비율을 차지하는 것이 미국음악치료학회(AMTA) 회원들이라는 점 이다. 이 표본(n=240)의 약 27.5%는 주요 접근 방식을 절충적/통합적 접근이라고 밝혔고, 27.5%는 휴머니즘적 접근이라고 밝혔다. 16.3%는 주로 인지행동적 접근, 5%는 내러티브적 접근, 4.2%는 정신분석적 접근이라고 밝혔다. 자신의 주된 영역 혹은 훈련받은 영역을 확인해

표 13.1 특정 전문 조직 구성원 표본의 비율(N = 240)

조직	구성원 비율 (%)
전미시치료학회 National Association for Poetry Therapy (NAPT)	31.8
미국음악치료학회 American Music Therapy Association (AMTA)	52.1
저널치료센터 Center for Journal Therapy	7.1
전미사회복지사협회 National Association of Social Workers (NASW)	16
미국가족치료아카데미 American Family Therapy Academy (AFTA)	5
미국결혼및가족치료학회 American Association for Marriage and Family Therapy (AAMFT)	11
미국심리학회 American Psychological Association (APA)	12
미국상담학회 American Counseling Association (ACA)	15
캘리포니아 결혼및가족치료사협회 California Association of Marriage and Family Therapists (CAMFT)	5

달라는 물음에 52.1%는 음악치료, 12.1%는 일반상담, 9.6%는 심리치료, 7.9%는 부부 및 가족치료, 7.5%는 사회복지라고 답했다.

표 13.2는 240명 표본에서 스스로가 특정한 시 또는 관련 치료 유형을 사용하는 치료사라고 확인한 사람들을 요약해 보여준다. 표 13.2에서 볼 수 있듯이 이러한 치료사의 50% 이상이 음악치료를 주로 사용하는 사람들로 확인되었는데, 데이터베이스에 있는 9,000여 개 정도의 이메일 주소 중 상당 부분(약 1,500개)이 AMTA 회원이라는 사실에서 나온 결과이다. 전반적으로 본 연구는 RES 모델 내에서 훈련 및 이론적 지향과 관련해 시적 방법의 활용에 대해 더 자세히 알아보고자 하였다. 그러나 유의해야 할 점은, 절충적/통합적 분류는 본 연구에서 사용한 잘 확립된 이론적 접근법들 중 하나 혹은 그 이상을 포함할 수 있다는 점이다.

표 13.2 특정 형태의 시 또는 관련 치료법으로 식별되는 표본의 비율(N = 240)

시치료 혹은 관련 치료 유형	주요 치료법이라고 답한 비율 (%)
시치료	7.9
독서치료	6.7
표현예술치료	5.8
저널치료	8.3
내러티브치료	9.2
음악치료	53.8
미술치료	3.3
무용치료, 드라마치료, 사이코드라마, 소시오드라마 등	5.0

13.4.9 통계분석의 결과

표 13.2는 기본적으로 자신을 여덟 개 범주의 치료사 중 하나로 확인한 비율을 보여준다(시치료사, 독서치료사, 표현예술치료사, 저널치료사, 내러티브치료사, 음악치료사, 미술치료사, 그리고 드라마 또는 무용 치료사). 이 분류는 RES 실천 모델의 구성 요소 측면에서 그들 사이에 구별되는 차이를 식별할 수 있는지 여부를 결정하는 데 사용되는 통계분석의 독립변수였다.

13.4.10 세 가지 주요 모델 구성 요소의 사용

설문지는 참여자들에게 RES 모델의 세 가지 구성 요소 각각을 치료에 사용했는지 여부를 명시하도록 요청했다. 수용적/처방적 요소와 표현적/창조적 요소에서는 두 가지 하위 범주, 즉 실제 시를 사용했는지 아니면 다른 글 자료를 사용했는지를 구분하였다.

　단일집단으로 분류되었던 240명을 구성하는 각 치료사 범주 간에 RES 모델의 구성 요소를 사용하는 데 유의미한 차이가 있는지 확인하기 위해 'PASW Statistics 18' 통계 소프트웨어를 사용하여 비교하였다. 교차분석을 수행하는 데 있어, 각각의 통계검정을 2×2 테이블로 구성했기 때문에 연속성이 수정된 카이-제곱 값을 사용했다. 하나 이상의 셀에 5 미만의 값이 할당된 경우에는 피셔의 정확검정(Fisher's Exact Test)으로 산출한 p 값을 사용하여 확증도의 유의미한 차이로 집단 간 차이를 확인하였다.

　다른 치료사에 비해 시치료사의 실천에서 R/P 방식($p = .001$)으로 접근할 때 기존 시를 활용할 가능성이 유의미하게 높았고 E/C 방식($p=.001$)으로 접근할 때는 내담자가 직접 쓴 시를 활용할 가능성이 훨씬 높았다. 표현예술치료사들(시를 사용하는 표현예술치료)은 E/C 방식($p=.044$)으로 접근할 때 시보다는 다른 형태의 글쓰기 표현을 활용할 가능성이 유의하게 높았다. 반면, 음악치료사들은 R/P 방식에서 시를 활용하거나($X^2=13.493$, $p<.001$), E/C 방식에서 시를 활용하거나($X^2=13.997$, $p<.001$), E/C 방식($X^2=7.912$, $p<.005$)과 S/C 방식($X^2=13.087$, $p<.001$)에서 (시가 아닌) 다른 형태의 글쓰기 표현을 활용할 가능성이 다른 모든 집단에 비해 유의미하게 낮았다.

이러한 결과가 지니는 한계는 특히 편의표집의 비무선성, 적은 수의 표본, 그리고 집단들의 동등성 위배(음악치료사가 $N=240$의 50% 이상을 구성)에서 비롯되고 있다.

각 치료사집단과 모든 다른 집단 각각 사이에서 카이검정을 수행함으로써, RES 모델의 서로 다른 구성 요소를 사용할 가능성이 다시 고려되었을 때 약간 더 상세한 그림이 나타났다(모든 비교분석에서 5 미만 빈도를 포함하는 셀이 없어야 한다는 교차분석의 규칙에 위배되기 때문에 피셔의 정확검정으로 추출한 p 값만을 제공하였음).

13.4.11 R/P(수용적/처방적) 방식

독서치료사($p=.032$), 내러티브치료사($p=.011$) 그리고 음악치료사($p<.001$)보다 시치료사가 R/P 방식의 기존 시를 사용할 가능성이 유의미하게 높았다. 표현예술치료사 또한 음악치료사보다 이 방식의 시를 사용할 가능성이 유의미하게 높았다($p=.01$). R/P 방식의 다양한 형식의 글을 사용하는 경향에 대해서는 유의미한 차이가 보고되지 않았다.

13.4.12 E/C(표현적/창조적) 방식

시치료사들이 보고한 바에 의하면, 시치료사들은 독서치료사($p=.013$), 표현예술치료사($p=.008$), 저널치료사($p=.008$), 내러티브치료사($p=.023$), 음악치료사($p<.001$) 및 예술치료사($p=.019$)보다 내담자가 손수 쓴 E/C 방식의 시를 사용하는 경향이 훨씬 더 유의미하게 컸다. 드라마치료사는 음악치료사보다 E/C 방식의 내담자 시를 사용할 가능성이 훨씬 더 유의미하게 높았다. 음악치료사는 또한 유사하게 시치료사($p=.026$)와 표현예술치료사($p=.021$)보다 E/C 방식으로 된 다양한 형식의 내담자 글쓰기를 사용할 가능성이 유의미하게 낮았다.

13.4.13　S/C(상징적/의례적) 방식

독서치료사($p=.031$)와 표현예술치료사($p=.021$)는 음악치료사보다 일반적으로 S/C 방식을 사용할 가능성이 유의미하게 높았다.

13.4.14　E/C(표현적/창조적) 방식의 특정 형식 사용

응답자들이 다양한 형태의 표현적 또는 창조적 언어 예술(내담자가 쓴 편지, 노래 가사, 저널, 블로그 및 다른 형태의 글로 쓰인 표현들)을 어떻게 사용하는지 그리고 치료적 맥락에서 시나 문장 완성하기를 어떻게 사용하는지 기술하는 데이터를 수집하였고, 근본적인 연속성을 지닌 6점 척도를 사용했다. 표 13.3은 여덟 집단의 치료사들 각각이 E/C 방식의 글로 쓰인 다른 자료들 여섯 범주를 어떻게 사용하는지에 대한 평균 빈도값을 요약했다. 이러한 평균 반응은 독립표본 t-검정을 사용하여 비교하였으며, $p=0.05$를 유의미 임계치로 사용했다. 독립표본 t-검정을 위한 무선표집과 등분산성의 가정에 위배되는 한계가 있었으며 더 나아가 모집단의

표 13.3　E/C 방식에서 시의 형태가 아닌 특정 형태의 글쓰기 표현에 대한 평균* 사용값

	치료자집단							
	시 (N=18)	독서 (N=14)	표현예술 (N=14)	저널 (N=17)	내러티브 (N=17)	음악 (N=91)	미술 (N=7)	드라마 (N=9)
편지	3.50	3.64	3.44	3.51	3.36	2.04	3.14	3.93
노래, 가사	2.50	2.79	3.14	2.53	2.35	4.52	1.86	2.89
저널, 일기, 로그	3.89	4.29	4.14	4.53	3.65	2.30	4.00	4.56
시 혹은 문장 완성하기**	3.83	3.29	2.93	3.12	2.71	3.00	3.14	3.67
웹로그	1.33	2.00	1.43	2.18	1.82	1.12	1.29	1.56
기타	2.67	2.29	2.71	2.82	2.06	1.58	1.71	2.44

* 원문항에 대한 척도 응답들은 다음과 같다. 1=전혀, 2=가끔, 3=종종, 4=자주, 5=매우 자주, 6=항상.
** 이러한 기법을 사용하면 내담자 작성 시를 생성할 수도 있지만 여기 포함된 이유는 이것들이 글로 된 반응을 유도하는 독특한 기법이기 때문이다.

정상분포 가정에도 위배되었다. 그러나 이러한 가정의 위배가 결과에 큰 영향을 미칠 가능성은 낮다는 판단에 의해 분석이 수행되었다. 나아가, 세 범주의 사용 빈도 데이터분포는 정상(normal)이 아니었다. 저널 사용의 경우 단봉분포가 아니었고 첨도가 상당히 높았다(-1.007). 응답자의 73%가 웹로그를 치료적으로 사용해 본 적이 없고, 그 결과 높은 첨도(6.328)와 왜도(2.462) 분포를 보였다. 응답자들의 61%는 치료적 맥락에서 글로 쓰인 표현의 다른 형태들을 한 번도 사용해 본 적이 없다고 대답했다(왜도 1.085). 이러한 위반이 결과에 영향을 크게 미칠 가능성은 낮다는 판단에 따라 분석이 수행되었다(Smith et al., 2009).

E/C 방식의 시가 아닌 글로 쓰인 표현 각 범주의 평균 사용 빈도를 비교한 t-검정 결과는 표 13.4에 제시되어 있다. 연구에서 나타난 주요 패턴을 살펴보면, 음악치료사들은 다른 모든 유형의 치료사 각각에 비해 의뢰인이 작곡한 노래와 가사를 훨씬 더 자주 사용한다고 보고한다. 동시에 음악치료사들은 편지 쓰기, 저널이나 일기 쓰기, 웹로그 및 다른 형태의 글로 쓰인 표현을 사용할 가능성이나 시 또는 문장 완성하기 기법을 사용할 가능성이 낮았다(표 13.4 참조). 저널치료사는 치료적으로 저널과 웹로그를 사용한 빈도가 훨씬 더 높았으며, 내러티브치료사보다 저널 쓰기를 더 많이 사용했다고 보고함으로써 시치료사와 구별되었다. 표현예술치료사들은 시치료, 저널치료, 음악치료의 창조적 요소를 포괄하는 광범위한 접근 방식을 가지고 있는데, 이들은 내러티브치료사와 미술치료사보다 작사의 사용이 훨씬 더 빈번하다고 보고했다.

13.4.15 S/C(상징적/의례적) 방식의 특정 형식 사용

앞 절에서 E/C 방식의 구성 요소에 대해 했던 것과 유사한 방식으로, 여덟 집단의 치료사들이 S/C 방식의 여섯 개 세분별 사용 빈도에 대한 데이터를 설문지 응답을 통해 얻었다. 각 집단이 보고한 평균 사용 빈도는 표 13.5에 요약되어 있다. 여섯 범주 중 다섯 범주의 사용 데이터 빈도는 정상 매개변수 내에 분포하고 있지만, '기타' 범주의 경우 응답자의 67.2%가 다른 형태의 E/C 방식(왜도 1.583, 첨도 1.40)을 사용한 적이 없으며 이 데이터는 정상적 분포가 아니다. 다른 한계들은, 독립표본 t-검정 사용이라는 측면에서, E/C 데이터에 대한 것과 같다.

S/C 방식에서 활용된 특정 기법 형식의 평균 사용 빈도를 비교한 t-검정 결과는 표 13.6에 제시되어 있다. 이 데이터에서 나온 패턴들을 보면 다시 음악치료사들이 눈에 띄게 등장한다. 음악치료사와 드라마치료사 둘 다 쓰인 단어에 기반을 둔 치료사들(시치료사, 독서치료사, 저널치료사, 내러티브치료사)보다는 훨씬 더 자주 동작을 사용한다고 보고하지만, S/C 방식의

표 13.4 E/C 방식에서 시 형태가 아닌 특정 형태 글쓰기 표현에 대한 집단 간 t-검정 결과

	시 (N=18)	독서 (N=14)	표현예술 (N=14)	저널 (N=17)	내러티브 (N=17)	음악 (N=91)	미술 (N=7)	드라마 (N=9)
시(N=18)					d. 2.558, .008			
독서(N=14)						a. 5.063, <.001c. 5.562, <.001e. 5.204, <.001		
표현예술(N=14)					b. 2.167, .020	a. 4.612, <.001c. 5.181, <.001e. 2.090, .020f. 2.958, .002	b. 2.265, .018	
저널(N=17)	c. 2.220, .017e. 2.594, .007				c. 2.744, .005	a. 5.061, <.001c. 7.028, <.001e. 6.842, <.001f. 3.415, <.001		
내러티브(N=17)						a. 4.955, <.001c. 4.201, <.001e. 4.829, <.001		
음악(N=91)	b. 7.344, <.001	b. 5.385, <.001	b. 4.285, <.001	b. 6.872, <.001	b. 7.741, <.001		b. 6.216, <.001	b. 4.216, <.001
미술(N=7)						a. 2.655, .005c. 3.486, <.001		
드라마(N=9)					c. 2.199, .019	a. 5.097, <.001c. 5.239, <.001e. 3.304, <.001		

주) p의 값은 평균 차이가 현저한 경우에만 나열되어 있다. 숫자들은 수직축의 자료수집 지표축에 있다. 주어진 p 값은 컴퓨터 통계 검정(PASW) 결과의 양방향 p 값의 절반이다. 왜냐하면, 검정들이 일방검정으로 이뤄졌기 때문이다. a=문자들, b=노래/가사, c=저널, 일기, d=시/문장 완성하기 사용, e=블로그, f=기타 형식의 글쓰기 표현.

표 13.5 S/C 방식의 형태들에 대한 평균* 사용값

	치료자집단							
	시 (N=18)	독서 (N=14)	표현예술 (N=14)	저널 (N=17)	내러티브 (N=17)	음악 (N=91)	미술 (N=7)	드라마 (N=9)
은유	4.54	4.50	4.36	4.18	4.07	2.91	4.20	4.11
동작, 무용	2.00	1.83	3.27	2.09	1.79	3.43	3.00	3.67
퍼포먼스	3.62	2.75	3.55	3.09	2.57	3.20	2.20	4.22
제의, 의례	3.00	3.08	3.73	3.45	3.29	2.68	3.20	4.11
스토리텔링	3.69	3.42	3.27	2.91	3.93	2.75	3.40	3.67
기타 S/C	1.23	1.67	2.18	1.73	1.50	1.91	2.00	2.67

* 원문항에 대한 척도 응답들은 다음과 같다. 1=전혀, 2=가끔, 3=종종, 4=자주, 5=매우 자주, 6=항상.

표현 요소들을 포함하리라 기대되는 표현예술치료사들은 그렇지 아니하다(표 13.6 참조). 또한, 드라마치료사들은 독서치료사, 내러티브치료사, 음악치료사와 미술치료사보다 퍼포먼스를 더 자주 사용하였고, 독서치료사와 음악치료사보다 의례를 더 자주 사용했다. 반대로 음악치료사들은 다른 모든 집단보다 은유적 사용의 빈도가 현저히 낮았고, 시치료사, 독서치료사, 드라마치료사보다 스토리텔링의 사용 빈도가 낮았으며, 표현예술치료사, 드라마치료사보다 의례의 사용 빈도가 낮았고, 시치료사 및 드라마치료사보다 퍼포먼스 사용 빈도가 낮았다고 보고했다.

13.4.16 논의

앞의 결과를 통해 RES 모델의 구성 요소를 기반으로 치료사 유형을 어느 정도 분류할 수 있었다. 현대적 실천이 절충적 성격을 가지고 있고 표본의 다양한 치료사집단이 불균일하게 재현되고 있음을 염두에 둔다면, 얻어낸 그림은 당연히 불완전하다. 하지만 결과는 편의표집에도 불구하고 데이터 세트의 유효성을 지지하고 있으며 비논리적인 것을 제시하고 있지는 않다. 음악치료사들은 당연히 음악 사용에 초점을 맞추는데, 음악은 설문조사에서 언어 형태라고 특정된 것에 포함되지 않기 때문에 당연히 다른 치료사들 전체에 비해 RES 모델의 대부분의 구

표 13.6 S/C 방식에서 활용된 집단 간 t-검정 결과

	시 (N=13)	독서 (N=12)	표현예술 (N=11)	저널 (N=11)	내러티브 (N=14)	음악 (N=56)	미술 (N=5)	드라마 (N=9)
시(N=13)					c. 2.857, .004	a. 4.290, <.001c. 2.545, .011e. 3.010, .002		
독서(N=12)						a. 4.242, <.001e. 2.015, .024		
표현예술(N=11)		b. 2.569, .009			b. 3.203, .002	a. 3.568, <.001d. 2.533, .007		
저널(N=11)						a. 3.428, <.001		
내러티브(N=14)				f. 2.222, .018		a. 3.313, <.001f. 4.084, <.001		
음악(N=56)	b. 4.254, <.001	b. 4.409, <.001		b. 3.513, <.001	b. 5.131, <.001			
미술(N=5)					b. 2.376, .015	a. 2.352, .011		
드라마(N=9)	b. 3.039, .003d. 2.297, .017f. 3.004, .004	b. 2.953, .004c. 2.666, .008		b. 2.385, .014	b. 3.662, <.001c. 4.064, <.001f. 2.304, .016	a. 2.870, .003c. 2.498, .008d. 3.118, .002e. 2.523, .007	c. 3.315, .003	

연 p의 없은 평균 차이가 현저한 경우에만 나열되어 있다. 숫자들은 수직축의 지료사 유형이 E/C 형식을 더 자주 사용하도록 배열되어 있다. 주어진 p 값은 컴퓨터 통계 검정(PASW) 결과의 영향값증 p 값의 절반이다. 왜냐하면, 검정들이 일방검정으로 이뤄졌기 때문이다. a=은유, b=동작, 무용, c=퍼포먼스, d=제의, 의례, e=스토리텔링, f=다른 상징적/의례적 형식.

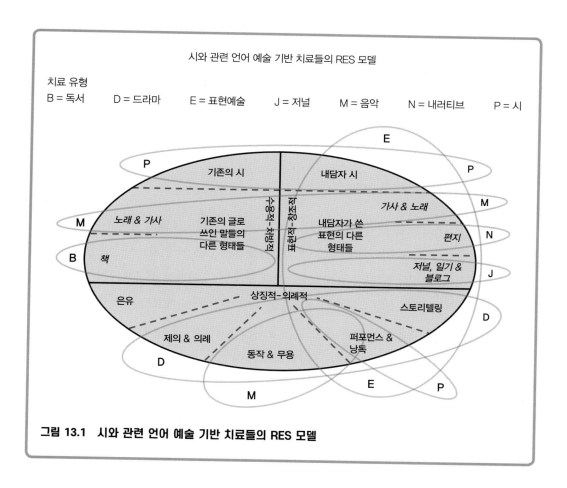

그림 13.1 시와 관련 언어 예술 기반 치료들의 RES 모델

성 요소를 사용할 가능성이 낮았다. 그들이 활용하는 것은 R/P 방식에서 글로 된 다른 표현 형식들 범주 아래 있는 노래 가사이므로, 그들이 나머지 다른 치료사들처럼 이 방식을 사용하리라는 건 타당하다. 음악치료사와 드라마치료사들은 둘 다 작사나 동작과 퍼포먼스 같은 그들 각각의 실천에서 중요한 방법들을 지원하리라 예상되는 모델 구성 요소를 사용할 가능성이 훨씬 높았다. 시치료사들은 두드러지게 시를, 저널치료사들은 두드러지게 저널 글쓰기를 사용했다. 표현예술치료사들은 그 집단의 기법이 이 넓은 집단에서 사용되는 기법들 영역에 속하는 더 협소하게 정의되는 집단들과 공통성을 보여주었다. 은유는 모든 치료사집단에서 넓은 영역으로든 좁은 영역으로든 공통적으로 사용되었다.

결과는 또한 RES 모델을 더 정교하게 발전시킬 방향을 제시하는데, 이러한 시도는 RES 모델의 구성 요소들과 관련해 기술된 언어 예술 기반 치료 방법의 범주들을 기반으로 한다 (Mazza, 2003). 그림 13.1은 설문결과를 분석한 내용에 근거하여, 모델 구성 요소의 주요 하위 범주들과 본 연구에서 살펴본 언어 예술 기반 치료들의 관계를 요약한 것이다. 후속연구에서는 시치료 설문지로부터 얻은 데이터를 통해 시치료와 관련 치료들이 어떤 유용성이 있는지 (예를 들면, 평가에서), 그것들이 내담자의 문제를 치료하는 데 도움이 되는지, 그리고 그것들의 사용과 긍정적 결과 사이에 어떤 관계가 있는지 등에 대한 치료사들의 의견을 살펴보게 될 것이다.

13.4.17 요약

시치료 설문지로부터 얻은 데이터를 이용한 이 예비연구는 RES 모델의 구조를 지지한다. 그리고 모델의 특정 구성 요소와 언어 예술 기반 방법을 사용하는 특정 치료사집단 사이에 연결이 있음을 시사한다. 설문결과는 편의표집을 통해 도출된 것이지만 지금까지의 통계분석결과는 RES 모델의 구성 논리에 일치하는 자료들을 보여주었다. 이 자료들은 시치료와 관련 분야에서 (시치료 모델의) 활용에 대한 의미 있는 통찰을 제공할 것이다. 이는 이 데이터가 시치료와 그와 관련된 전문 학문 분야들의 사용에 대해 의미 있는 통찰력을 제공하고 있음을 시사한다.

다시 생각해 보기

1. 종이에 쓰는 것과 키보드로 치는 것 중 어느 것을 더 선호하나요? 둘 다 선호하나요? 그 이유는 무엇인가요? 읽기와 글쓰기가 기억에 도움이 되나요?

2. 시치료 연구에서 가장 주목해야 할 중요한 문제들은 무엇인가요?

3. 질적 연구와 양적 연구를 비교하고 대조해 보세요. 더 선호하는 연구 방법이 있나요? 이유는 무엇인가요?

제13장 부록 1. 시치료 설문지 질문 예 : 임상적 치료에서 언어, 상징, 이야기의 조사

질문 7 : 당신이 치료할 때 다음 이론들은 얼마나 중요한가요?

	중요하지 않음	약간 중요	다소 중요	중요	아주 중요	가장 중요
1. 행동	1	2	3	4	5	6
2. 인지행동	1	2	3	4	5	6
3. 인본주의	1	2	3	4	5	6
4. 내러티브	1	2	3	4	5	6
5. 정신분석	1	2	3	4	5	6
6. 절충적/통합적	1	2	3	4	5	6
7. 기타 ____	1	2	3	4	5	6
8. 없음	1	2	3	4	5	6

제13장 부록 2. 시치료 설문지 섹션 예 : 임상적 치료에서 언어, 상징, 이야기의 조사

다음 질문들은 마짜의 다차원적 시치료 모델을 기반으로 하고 있습니다. 각 섹션의 시작 부분에 있는 설명을 주의 깊게 읽고 당신의 경험에 가장 가까운 답을 골라주세요.

수용적/처방적
시치료의 수용적/처방적 방식은 치료 능력이 있는 기존의 시 도입을 포함한다(예 : 감정을 타당화하기, 자기표현 촉진하기, 집단 과정 진전시키기).

질문 11 : 당신은 치료 능력이 있는 기존 시를 사용하는 수용적 / 처방적 방식을 사용하나요?

예

아니요   (이 경우 질문 23 답하기를 자동으로 건너뛴다)

부록 2 (계속) 시치료 설문지 섹션 예 : 임상적 치료에서 언어, 상징, 이야기의 조사

기존 시 활용에 관한 질문	전혀	가끔	종종	자주	매우 자주	항상
12. 전문적 치료에서 얼마나 자주 이 양식을 사용하나요?	1	2	3	4	5	6
13. 이 시치료 양식을 사용할 때, 얼마나 자주 회기 시작에 사용하나요?	1	2	3	4	5	6
14. 이 시치료 양식을 사용할 때, 얼마나 자주 회기 중반에 사용하나요?	1	2	3	4	5	6
15. 이 시치료 양식을 사용할 때, 얼마나 자주 회기 끝 무렵에 사용하나요?	1	2	3	4	5	6

부록 2 (계속) 시치료 설문지 섹션 예 : 임상적 치료에서 언어, 상징, 이야기의 조사

기존 시 활용에 관한 질문	강력히 반대	반대	약간 반대	약간 동의	동의	강력히 동의
16. 이 시치료 양식 사용이 내담자 평가에 도움이 된다.	1	2	3	4	5	6
17. 이 시치료 양식 사용이 내담자 치료에 도움이 된다.	1	2	3	4	5	6
18. 이 시치료 양식 사용이 긍정적 결과와 직접 관련이 있다.	1	2	3	4	5	6
19. 이 시치료 양식 사용으로 내담자가 도움을 받았다.	1	2	3	4	5	6

교육

사회복지에서 석사학위로의 길에서

니콜라스 마짜

시계를 본다,
해야 할 일이 계속 생긴다.
내담자들을 보고
당신 자신의 부분들을 본다.
텍스트의 페이지들을 보고
당신 자신의 부분들을 본다.

마감일이 어디에나 있다.
"참고문헌을 놓쳤나?
내 아이의 야구 경기를 놓쳤나?
모임을 놓쳤나?
생일을 놓쳤나?
놓쳤나?
놓쳤나?"

내 안의 힘
밖에 있는 힘
모두 시험을 받는다.
친구들, 사랑하는 사람들
동료와의 관계들이 긴장을 주고/혹은
지지를 준다, 이 여행을 하는 동안.

사람들이 당신의 삶에 들어오고
사람들이 당신의 삶에서 나간다.
당신은 계속 그 길을 간다,
각 경험의 시를 포착하려 하면서.

당신은 고통을 느낀다.
당신은 약속을 느낀다.
때로, 당신은 기쁨을 느낀다.
그리고 당신은 계속해서 느낀다.

문제가 드러난다.
어떤 건 당신의 사무실에서
어떤 건 교실에서
어떤 건 길에서
그리고 어떤 건 집에서.
어떤 문제는 해결된다.
어떤 건 그렇지 않다.
어떤 사람은 고맙다고 말한다.
어떤 사람은 비난한다.
어떤 사람은 그냥 아무 반응이 없다.
하지만 당신은 그들을 감동시켰지….

책, 논문 그리고 교육 그 너머에
사회복지라는 시가 있다.
당신의 일이 시이고
당신이 시인이다.
그것이 차이를 만든다,
우리가 접촉하는 사람들의 삶에서.

삶의 변화는 쓰이거나 말해지기를 기다리는 시이다.
억압받는 사람들에게 목소리를 주는 것
아마도 그것이 가장 소중한 시일 것이다.
그리고 그것은 우리의 행동을 통해 계속 살아 숨쉰다.

승리와 패배 너머에
정신에 대한 찬양이 있다.
그것이 시이다.
그것이 사회복지이다.
이제 당신이 찬양할 시간이다.
당신의 시가 계속 끝나지 않기를 바라며…

니콜라스 F. 마짜, 박사
사회복지학과 학장, 퍼트리샤 V. 반스 교수
『시치료학술지』 편집자
플로리다주립대학교 사회복지대학
플로리다주 탤러해시 nfmazza@fsu.edu

『지속 가능 사회복지교육 학술지(*Journal of Continuing Social Work Education*)』,
6(2), 1994: 32.
뉴욕주립대학교/올버니대학교의
넬슨 A. 록펠러 공공정책대학과 사회복지대학으로부터
흔쾌한 허락을 받았다.

이 장은 시치료와 교육에 초점을 맞추고 있다. (a) 먼저 사회복지교육과 이와 관련된 조력 전문가 교육 과정에 시적 방법들이 어떻게 스며들어 있는지 살펴보고, (b) 독립적인 시치료 과정의 발달을 살펴본 후, (c) 슈퍼비전과 수련 과정을 살펴보고자 한다.

▌14.1 기존 교육 과정에 스며들기

사회복지교육에서 시적 요소를 사용하는 것에 관심을 보인 초기 학자들은 브라이언트와 슐레진저이다(Bryant & Schlesinger, 1977). 이들은 도시생활을 연구하는 사회과학 자료와 문학 자료를 어떻게 결합하여 사용하였는지 기술하였다. 그들은 학생들이 문학 작품을 함께 읽음으로써 창조적 글쓰기에 더 잘 참여하도록 자극을 받더라는 사실을 발견하였다. 사회복지교육에서의 예술에 대한 국제적 인식이 높아지고 있음을 보여주는 한 가지 지표는 사회복지교육에서의 예술에 대해 다루는 『사회복지교육(*Social Work Education*)』 특집호(2012년 제31권 제6호)의 발간이다. 해포드-렛치필드 등은 편집자의 글에서 내담자들(특히 공공 서비스 기관)과 실천가들의 경험에 더 효과적으로 연결되기 위해서는 사회과학에 국한되지 말고 예술과 인문학의 귀중한 기여를 인식하는 것이 중요하다고 말했다(Hafford-Letchfield et al., 2012). 그들은 일반 대중(소수 엘리트에 국한하지 않고)의 창의성을 인정했고, 도움을 줄 수 있는 예술의 국제적이고 학제적인 호소력을 인정했다.

해포드-렛치필드와 하퍼는 학생들이 리더십 개념, 특히 공공 서비스의 도덕적, 윤리적 딜레마와 관련된 리더십 개념에 대해 배우게 하기 위하여 사례 연구로 문학 작품의 사용[예 : 아서 밀러의 『세일즈맨의 죽음』(1949)]을 소개했다(Hafford-Letchfield & Harper, 2014). 저자들은 문학 작품이 어떻게 사회복지교육 실천에 대한 성찰적 접근을 촉진할 수 있었는지 설명했다.

모게인과 카푸스-드실러스는 반-억압적 사회복지 실천을 다루면서 그들의 교과서에 '현장 이야기들'을 포함한다(Morgaine & Capous-Desyllas, 2015). 이 이야기들은 사회정의와 관련된 개인적 성찰이며, 실천가 자신의 시를 포함한다. 독자를 위한 자기성찰 질문들이 포함되어 있다. 예를 들어, 다음 질문들은 경제적, 인종적 정의와 관련 있다.

1. 나키타가 자신의 개인적 이야기와 시에서 드러내는 교차 정체성들은 어떤 것이 있는가?
2. 당신이 가지고 있는 교차 정체성은 무엇인가? 그것들은 어떻게 특권적 위치를 제공하는가? 그것들은 어떻게 소외된 정체성을 나타내는가?

클라크, 러브록, 맥네이는 사회복지교육에서 시 사용에 대한 마짜(Mazza, 1986)의 연구를 인용하면서, 1학년/초급 단계 학생들과 교육생집단에 위기 개입을 가르치면서 표현적/창조적 방법을 적용했다(Clarke, Lovelock, & McNay, 2015). 그들은 글쓰기 유도문을 사용한다(예 : 위기는 어떤 모습인가요?). 이 연습은 학생들과 서비스 사용자들 모두가 위기에 대한 자신들의 해석을 공유하게 했고, 그 후에는 그들 자신이 위기에 처했던 경험을 공유하게 이끌었다. 수업이 진행되면서, 학생들은 위기 이론과 연결될 수 있었다. 학생들은 나중에 더 큰 집단에서 이전의 서비스 사용자들과의 소집단에서 확인된 다양한 주제들을 통합하여 위기에 대한 공동작업시를 창작했다. 학생들은 매우 개인적이고 고통스러운 경험들(예 : 상실, 인종적 동기로 인한 공격)을 이야기할 수 있었다. 시적 경험과 감정의 공유는 이러한 긴장에 대한 다양한 그룹(아시아인, 흑인, 백인) 간의 공개 토론으로 이어졌다. 전반적으로, 저자들은 사회복지교육에서 감성 지능의 발달을 추구하는 인문교양 관점을 진전시키기 위한 다양한 예술 기반 방법들(예 : 영화, 음악, 미술)을 논의하였다. 그들은 예술에 노출되는 것이 정서적 발달과 인지적 발달 둘 다를 촉진할 수 있고 사회복지 실천에서 감정적이고 실제적인 도전에 더 잘 대비할 수 있게 준비시킨다고 주장한다.

게어는 호주의 한 대학에서 사회복지교육에서의 깊은 공감을 촉진하기 위해 하이쿠를 도입하였다(Gair, 2012). 그녀가 발견한 것은 "사전에 미리 교육을 받아 발전하는 학생들, 즉 공감이 언제 자신들에게 더 어려울 수 있는지 더 깊이 이해하고 지속적으로 성찰하기 위해 자신의 창의적인 글쓰기 기술을 개발하는 학생들은 아마도 졸업한 후에 그리고 그들과 일하는 모든 내담자집단에 지속적인 혜택을 줄 수 있을 것이다. 실제로 이러한 배움이 사회복지 학생들에게만 제한될 필요는 없다. 사람들에게 도움을 주는 학문 분야의 많은 학생은 공감이 언제 더 오래 지속될 수 있는지 탐색함으로써 이익을 볼 수 있을 듯하며, 이러한 것은 전문교육과 수련 프로그램을 통해 촉진될 수 있다"(80). 가정 폭력 생존자들과 함께 일할 때 공감이 특별히 필요하다는 사실에 주목하면서, 그녀는 창의적 글쓰기의 사용이 조력 전문가를 양성하는 교육자들에게 매우 도움이 된다는 것을 발견했다. 글래딩은 상담자교육에서 시적인 것의 사용에 대해 논했고, 시적인 것의 사용이 공감과 문제 해결을 촉진하는 데 매우 도움이 된다는 점을 발견했다(Gladding, 1982).

워런과 덱커트는 사회복지학과 학생들에게 자기 돌봄의 중요성을 가르친다(Warren & Deckert, 2020). 특히, 저자들은 세 가지 성찰적 실천을 확인하고 논의한다. (1) 마음챙김은 "생각, 감정, 습관적 반응의 흐름에 집착하지 않고 현재의 순간과 상황을 무비판적으로 수용하면서 자기 자신에게 의도적으로 친절한 주의를 기울이는 알아차림의 방식"(15)이다. 시와 치유적 글쓰기는 시적인 순간에 개인으로서 집중하고 시에 자발적으로 반응하거나 시를 창조하는 과정을 통해 마음챙김과 같아진다. (2) 포토보이스(photovoice) 성찰은 "텍스트 기반 교육에서 한 발짝 물러서서 이미지를 개념과 짝 짓는 기법"(15)이다. 여기서 시치료는 사적인 의미를 보편화하기 위해 이미지와 사진을 사용하는 미술치료와 제휴하고 있다고 할 수 있다. 개인들의 반응은 다른 학생들과 공유될 수 있으며, 여기에는 전문적인 사회화뿐만 아니라 저널 쓰기도 포함될 수 있다. 강사가 제공한 주제를 재현하는 무엇인가를 학생들이 사진으로 찍도록 지시받은 예를 보여주었는데, 여기서 학생들은 캡션(사진에 대한 설명)을 제공했고 그 후에 사진과 주제를 둘이서 그리고 집단으로 논의했다. 이것은 내적인 성찰적 대화를 제공하는 역할을 했다. (3) 실내 또는 실외에서의 미로 걷기는 점토로 만든 손가락 미로, 비디오와 컴퓨터로 만든 미로를 포함한다. 시치료에서 움직임과 시의 결합은 확실히 이 기법과 잘 맞는다. 전반적으로 시치료와 다른 성찰적 실천의 통합은 사회복지 전공 학생들과 다른 조력 전문가 과정 학생들에게 도움이 된다. 또한, 자기 돌봄을 발전시키는 데도 도움이 된다.

블레이크와 캐쉬웰은 강의실 수업에서 다양성에 대한 의사소통을 촉진하기 위해 시를 사용하는 모델을 개발했다(3시간 수업을 위해 개발되었지만 다른 시간/구조를 위해 수정이 가능하다)(Blake & Cashwell, 2004). 길런과 길런(Gillan & Gillan, 1994)의 다문화 시선집과 시웰(Sewell, 1991, 1996)의 여성 시집들에서 선별된 시를 읽고 토론한 후에 학생들은 직접 자신의 시를 지었고 이 시를 서로 공유하였다. 수업은 공동작업시로 마무리했다. 마짜는 전문적인 사회복지교육에서 인문교양적 관점을 필수적인 것으로 인식하는 사회복지교육협회가 채택한 교육 과정 정책 보고서와 일치하는, 사회복지교육에서의 시와 대중음악의 활용에 대해 보고하였다(Mazza, 1986). 마짜는 사회복지교육 과정에 통합될 시나 노래를 학습 목표(예 : 주어진 문제, 문화적 문제를 더 깊이 있게 인식하도록 촉진하기, 문제나 강점에 대한 조건 이해하기 등)에 일치하도록 선택하는 것이 중요하다는 사실에 주목하면서 다음과 같은 교육 기법을 도입하였다. (1) 시나 노래를 수업에서 공유하고(허용이 된다면 복사본을 배포한다. 늘 "저작권 있는 자료 : 교육용으로만 사용 가능"이라고 표시한다) 시에 반응하게 하기. 반응은 시 전체에 대해서도 가능하고 특정한 시행이나 이미지에 대해서도 가능하다. (2) 역할극에서 사용할 내담자 프로필을 만들기 위해 소집단에서 시나 노래를 자극제로 사용하기. (3) 공동작업시(집단시) 창조하기. 소집단(더 큰 수업에서도 가능하다)의 각 구성원은 공동작업시에 시행을 기여할 기회를 가진다. 이 기법은 요약이나 종결 장치로 특히 도움이 될 수 있다. (4) 강의실에서 그리고/혹은 실제 대화에서 파생된 시적 이미지 활용하기. (5) 학생들이 자신의 시를 쓰도록 도와주기, 문학 형식이나 장점보다 감각과 자기표현의 중요성을 강조하기. 다음은 몇 가지 간단한 예이다. 니키 지오바니의 시 「니키 로사」는 가난하고 갈등을 겪고 있는 흑인 가족의 힘과 사랑에 대한 논의를 이끌어 내기 위해 여러 강좌(예 : 인간행동과 사회환경, 위기 개입, 가족상담)에서 사용되었다. 이 시는 학생들이 그들의 잠재적 내담자들에 대해 고정관념이나 신화에 근거해 '성급한 결론'을 내리지 않고 다양한 욕구와 자원을 재고하도록 촉구하는 역할을 했다.

위기와 트라우마에 대해 말해보자면, 사냥 여행 중 동생을 우발적으로 살해하는 등 복합적인 트라우마를 경험한 시인 그레고리 오르는 생존과 변모를 위한 시의 잠재력을 포착한다(Orr, 2002: 4~5).

> 생존이 시작하는 것은 우리가 우리의 위기를 언어로 '번역'할 때이다—여기서 우리는 그것을 자아가 펼쳐지는 드라마로 그리고 자아를 공격하는 힘들로 상징적으로 표현해 준다. … 우리가 창작하는 (혹은 독자로서 반응하는) 시는 여전히 그것이 극화하는 삶의 위기를 정확하게 반영하고, 여전히 존재하는 삶에서의 무질서와 질서의 상호작용을 보여준다. 그러나 시를 만드는 과정에서 보통의 삶과 다른 중요한 일이 적어도 두 가지는 일어난다. 첫째, 우리는 위기를 우리로부터 견딜 만한 거리로 옮겨놓았다. 상징적이기는 하지만 생생한 언어의 세계로 그것을 옮겨놓았다. 둘째로, 우리는 관객으로서 위기를 수동적으로 견디기보다는 우리 상황에 대한 이런 모델을 정확하게 만들고 형성했다.

시인은 트라우마로부터 어떤 질서 감각과 의미를 창조하려고 노력한다. 아마도 오래 침묵당했던 다른 사람들에게 목소리를 빌려주면서 그렇게 한다. 트라우마 생존자들의 글과 말은 확실히 자기 치유가 될 수 있는 잠재력을 가지고 있다. 하지만 그것은 또한 대중교육에 필요한 통찰력과 공감적 이해도 제공한다. 시는 작가와 독자 사이에 특별한 연결을 제공하는 방법을 가지고 있다. 이것은 '기존의 시인/작가들'뿐만 아니라 생존자들의 개인적인 이야기에도 적용된다. 위기 개입 교육 과정에서는 학생들이 자신의 감정을 알아차리고 위기에 있다는 것의 주관적 측면을 인식할 수 있도록 돕기 위해 글쓰기 활동이 일부 사용되었다. 학생들은 자극 질문에 기반해서 위기에 대한 자기 자신의 정의를 개별적으로 작성한다. "여러분은 위기에 처한 적이 있나요? 그것은 어떤 느낌(모습, 소리, 냄새, 맛)인가요? 어떤 것이 필요한가요? 어떤 것을 원하나요?" 그런 다음 학생들을 소그룹(5~7명)으로 나누어 그들 자신의 정의/반응에 대해 논의한 다음, 위기에 대한 공동작업시를 쓰라고 안내한다. 다음의 예들을 보자.

위기

통제할 수 없는 것

참을 수 없는 고통과 홀로 있는 것

지원이 필요해

방향이 필요해

…

위기는 아픈 아이

캄캄한 한밤중에

…

도와줘요… 탈출하고 싶어요. 저 멀리로

혼자라는 소름 끼치는 순간으로부터

토할 듯한 공포

지끈지끈한 관자놀이

다른 사람이 필요해

간신히 버티며

어떤 방향으로도 움직이기 두려워

전속력으로 달려가며

필사적으로 광분하다 마침내

나의 시계는

태엽이 다 풀려버린다

…

위기는 고통과 무력함

베개에 놓인 얼굴이 비명을 지르고

움츠러들고

그래도 바라며 원하며

…

학생들은 위기라는 용어의 주관적 측면들을 명확히 전달했다. 이것은 위기의 소유권을 확실히 하는 데 중요하다. 내담자의 위기인가? 작업자의 위기인가? 중요한 타자의 위기인가? 또한, 이러한 집단 활동은 집단작업(지지적, 임상적, 상호 원조적, 교육적)이 위기에 처한 사람들과 함께 하는 작업에 어떻게 도움이 될 수 있는지 보여주었다. 집단 참가자들은 '문제와 고립'을 줄일 수 있는 기회를 얻었고, 공통적인 '지원과 방향성의 필요'를 경험할 수 있었다. "한밤중에 아픈 아이"를 포함해서 서로 다른 촉발 사건들을 검토할 수 있었다. 소집단 시들은 반 전체(25명)와 공유되었다. 더 많은 응집력, 연속성 및 성취감을 주기 위해 다음 시간에 복사본을 만들어 나누어 주었다.

고급 가족상담 수업에서, 관계(어머니와 딸, 남편과 아내, 아버지와 아들, 형제자매 등)와 관련해 쓰인 단편집인 제리 체이비스의 『가족 : 내면의 이야기들』(Chavis, 1987a)을 임상 연구 사례집과 함께 사용해서 학생들이 가족사, 발달 단계 및 역동을 검토하고 가족치료 시뮬레이션에 적용될 수 있는 가족치료법을 공식화할 수 있게 준비시켰다.

데이비스는 아동 및 청소년과의 작업에서 창의적 방법을 사용하는 상담자교육 과정을 제시하였다(Davis, 2008). 수업의 일부는 음악과 시를 사용하는 방법을 포함한다. 강사는 악기 연주곡(해석/반응에 편견이 들어가지 않도록 가사가 없는 음악)을 공유한다. 다음에 학생들은 음악과 관련된 단어들의 목록 형태로 그들의 반응을 적도록 요청받는다. 일단 목록이 완성되면, 학생들을 소집단으로 나누고 그 안에서 집단원들이 서로 자신들의 단어 목록을 교환하게 한다. 그런 다음 각 사람은 자신이 받은 단어를 사용하여(필요하면 다른 단어를 더해서) 시를 쓰도록 지시받는다. 완성된 시는 이제 파트너에게 돌려준다. 마지막으로, 집단원들은 자신들의 시를 소집단 전체와 크게 소리 내어 읽을 수 있다. 수용적/처방적(음악에 반응하기), 표현적/창조적(단어 목록과 시), 그리고 상징적/의례적(시를 소리 내어 읽고 서로 나누기) 방식들을 결합하는 방식은 신뢰를 높이고 개인내적 그리고 상호관계적 학습을 촉진하는 질문들을 고무했다. 강의자는 "다른 사람에게 당신의 단어들을 줄 때 느낌이 어땠나요? 다른 사람의 단어들을 가지고 시를 만드는 느낌은 어땠나요? 당신의 시가 다른 사람에 의해 읽히는 것을 듣는 느낌은 어땠나요?"(229)처럼 과정에 대한 질문을 할 수 있다. 실용적인 관점과 상징적인 관점 양쪽 모두에서 이 연습은 "신뢰와 수용이라는 아동과 청소년 발달의 두 가지 중요한 측면"(229)을 모델링할 수 있다.

14.2 지역사회 실천 수업

맥퍼슨과 마짜는 학부의 지역사회 실천 수업에서 성찰적 실천을 진전시키기 위해 시치료의 RES 모델(Mazza, 1999, 2003)을 사용한 것에 대해 보고했다(McPherson & Mazza, 2014). 이는 폭력을 막고 집단 폭력을 제거하려는 전 지구적 예술 액티비즘 노력인 인권 프로젝트 '100만 개의 뼈'(www.onemillionbones.net)의 일환이었다(9). '100만 개의 뼈'는 미국에 본부가 있는 국제 예술 액티비즘 프로젝트로, 인간 뼈 복제품을 만드는 단순한 행동으로 참가자들을 집단 학살과 집단 폭력에 맞서는 싸움에 참여시킨다. 뼈는 점토, 걸쭉한 종이반죽, 나무, 유리 등 어떤 재료로도 만들어질 수 있고 손으로 던지기, 형태 만들기, 조각하기 등 어떤 방법이든 사용할 수 있다. 한 번에 하나씩 만들어지는 이 뼈들은 현재 잔혹행위가 진행 중인 콩고민주공화국, 미얀마, 수단 및 그 외 다른 나라들의 집단 폭력 희생자들의 뼈를 나타내기 위해 만들어졌지만, 그것들은 또한 뼈 하나를 만드는 개개인의 창조성과 비전을 담고 있다.

뼈들은 국제적인 의미를 넘어서 더 많은 지역 폭력의 유산을 불러내는 잠재력도 가지고 있다. 예를 들어, 미국에서 노예제도와 인종(차별)주의가 지역사회에 미치는 영향 그리고 허리케인 카트리나의 여파로 인한 끔찍한 고통 등이 있다. 그것들은 두 가지 추가적 방식으로 의미와 힘을 가지고 있다. 첫째, '학생 갱생'(www.studentsrebuild.org)과의 파트너십을 통해 '100만 개의 뼈'에서 만든 최초의 50만 개의 뼈들이 대규모 폭력의 생존자들을 돕기 위한 '케어 인터내셔널(CARE International)'에 뼈 하나당 1 미국달러로 기부되었다. 둘째, 그 뼈들은 대규모로 설치되어 전시됨으로써 대규모 인권 범죄에 대한 주의를 환기시켰다. '뼈들'의 주요 설치가 미국 전역의 도시(예 : 앨버커키, 뉴올리언스, 시카고, 탤러해시)에서 이루어졌고, '100만 개의 뼈' 프로젝트는 2013년 6월에 미국 국회의사당 앞에 100만 개의 '뼈들'을 설치함으로써 절정에 달했다. 현재 뉴멕시코주 앨버커키에 그 뼈들을 영구히 전시하기 위한 노력이 진행 중이다(4).

8주 학기의 6주 차에, 지역사회 실천 수업은 사회복지대학 로비에 '뼈들'을 설치하는 '100만 개의 뼈' 프로젝트 전시를 준비했다. '100만 개의 뼈' 프로젝트는 그 당시 대학에서 8개월 동안 진행되었으며 그때까지 6,000개 이상의 도자기 뼈가 만들어지고 구워졌다. 그 뼈들은 대학에서 상징적인 집단 무덤을 재현하기 위해 전시되었다. 설치 후에 이 논문의 저자들은 학생들이 시를 통해서 세 가지 성찰 연습을 하도록 이끌었다(9).

이러한 '100만 개의 뼈' 프로젝트 설치 맥락에서, 우선은 상징적인 집단 무덤을 만드는 퍼포먼스에 집단의 각 구성원을 참여시키는 의례 행사인 설치를 통해, 다음에는 학생들에게 인권과 관련된 시를 소개함으로써, 마지막으로는 집단 표현적 글쓰기 과정을 촉진함으로써 성찰을 촉진했다. 촉진자들은 시 쓰기 과정의 일부로 RES 모델을 학생들에게 교육했다.

수용적/처방적 방식으로 학생들은 아프리카계 미국인 작가들이 쓴 차별에 관한 두 편의 시인 랭스턴 휴즈의 「꿈」(1926/1994)과 마이아 앤절로의 「혼자서」(1975)에 반응하라는 요청을 받았다. 학생들은 시에 대한 그들의 반응을 공유했고, 촉진자들은 학생들의 반응이 어떻게 정서적, 인지적, 행동적 수준에서 시가 우리 집단에 영향을 미치고 있음을 보여주는지 설명했다 (예 : 휴즈의 경우 꿈과 희망의 중요성 논의하기, 앤절로의 경우 우리가 어떻게 상호 의존적인지 논의하기). 이러한 도입은 표현적/창조적 요소를 중요하게 사용할 수 있는 토대를 마련해준다.

다음에는 **표현적/창조적** 방식으로 넘어가서 우리는 학생들에게 '100만 개의 뼈' 프로젝트와 관련된 그들의 경험에 대해 공동작업시를 함께 쓰자고 요청했다. RES 모델(Mazza, 2003)에 따라 각 참가자에게는 그 프로젝트에의 참여에 대한 한두 줄의 시행을 쓸 기회가 주어졌다. 학생들은 문학적 법칙이나 관례에 제한받지 않고 단지 서로 앞에 쓴 시행에 기반을 둔 시행을 쓰도록 요청받았다. 다음은 그 과정에서 만들어진 집단시이다.

> 사람들이 지나갈 때 그들의 눈에서 언뜻 희망의 빛을 보았다.
>
> 으음. 그들은 정말로 이해하는 걸까?
>
> 내가 보는 게 희망일까, 아니면 그들이 그냥 내 기분을 맞춰주는 걸까?
>
> 그들은 뼈 무덤를 볼 수 있나?
>
> 어떻게 그들을 이해시킬 수 있을까?
>
> 이름 없는 뼈들이
>
> 눈물로 매끈하게 닳았다.
>
> 잃어버린 이야기들, 이젠 우리의 것.
>
> 너무 많은 사람이 여전히 신경 쓰지 않는다.
>
> 급히 지나쳐 간다.
>
> 내 느낌처럼 순진해 보이나요, 내가?

흥미로운 것은 '100만 개의 뼈' 프로젝트의 일부로 그들이 겪었던 가장 깊은 경험을 되돌아보라고 했을 때, 학생들이 교실 문밖에 방금 만든 거대한 뼈 무덤을 즉시 언급하지는 않았다는 사실이다. 대신, 그들의 시는 그들을 다시 지역사회로 데려갔고, 대의에 낯선 이를 참여시키는 일의 어려움에 대해 말했다. "그들은 정말로 이해하는 걸까?" 다시 한번, 학생들은 다른 사람들에게 성찰을 촉진하는 자신들의 능력에 대해 성찰한다. 이 시는 인간 경험의 다양한 수준에서 작동한다. (그들이 느낀 것을 보고한다는 점에서) 정서적이고, (다른 사람들을 참여시키는 어려움을 살핀다는 점에서) 인지적이다. 시에 대한 집단소유권을 촉진하고 그들의 작업을 타

당화하기 위해 촉진자들은 학생들에게 물었다. "시를 읽고 싶은 사람이 있나요?" 여러 학생이
원했기 때문에 학생들은 서로 돌아가며 시행을 읽는 데 동의했다. 이러한 협업은 집단시가 만
들어 낼 수 있는 응집력을 나타내는 또 다른 지표이다.

　학생들이 공동작업한 두 번째 시는 일본 하이쿠 형태를 연결한 버전인 렌쿠의 변형이었다
(Rojcewicz, 2002). 첫 번째 시가 (규칙 없는) 자유시로 쓰도록 장려되었다면, 촉진자들은 이제
학생들에게 렌쿠는 3행으로 된 연과 2행으로 된 연을 번갈아 쓰는 특정한 패턴을 따른다고 지
시했다. (학급의 각 학생이 시행 하나를 쓰면) 총 8개의 시행이 있게 된다. 처음 3행과 마지막
3행은 5-7-5 음절 패턴을 따르는 반면, 중간 2행은 각각 7음절로 구성된다. 학생들은 함께 렌
쿠를 지으면서 손가락으로 음절을 세었다. 다음은 그 결과로 지어진 시이다.

> 구워진 진흙이 달그락 덜그럭
>
> 얼마나 많은 뼈가 필요할까?
>
> 팔들, 다리들, 늑골들, 손가락들
>
> 얼마나 많은 날이 필요할까?
>
> 이 사람들이 평화를 찾을 때까지
>
> 상실, 분노, 고통, 눈물
>
> 그들은 제자리를 얻을 수 있을까?
>
> 우리는 세상을 바꿀 수 있을까?

이 시는 우리가 설치한 것들이 달그락거리는 소리로 시작해 폭력 피해자들에 대한 공감으로
나아가고 학생들 자신이 기여한 것의 가치를 묻는 질문으로 끝난다.

　마지막 연습에서 학생들은 '여섯 단어(어절) 이야기' 쓰기 작업을 했다(Smith & Fershleiser,
2009). 여기서 그들은 '100만 개의 뼈' 프로젝트 이야기를 했다. **점토 뼈는 실제 인간의 희생을
나타낸다.** 학생은 이 작업을 즐겼다고 보고했다. 수업이 마무리되는 과정에서 학생들은 자신들
의 '여섯 단어 이야기'를 계속 썼다. 때로는 진지하게(예 : 회고록), 때로는 긴장을 푸는 우스운
이야기로 썼다.

　앞의 사례에서 표현적/창조적 요소는 상징적/의례적 요소(설치)에 뒤따라온 것이지만, 글
쓰기 그 자체는 실천의 또 다른 차원인 상징적이고 의례적인 제공물로도 볼 수 있다. 학생들은
그날 저녁에 쓴 '다시 생각해 보기' 글에서 수업 시간에 시를 쓴 경험에 대해 매우 긍정적으로
답했다. 대다수 학생들은 이전에는 시에 대해 "겁이 났었다." "전혀 관심이 없었다." 혹은 "그

냥 익숙하지 않았다."라고 적었었기 때문에 그들의 반응은 그 경험에서 그들이 느낀 예상치 못했던 즐거움을 반영하고 있었다. 다음 예들은 학생들이 협업을 했던 경험과 더불어 그들이 시에 대해 느꼈던 놀라움과 기쁨을 보여주는 반응들이다.

> 시가 어떤 것에도 적용될 수 있다는 것, 그리고 시가 감정을 정말로 잘 전달할 수 있다는 것이 대단하다고 생각합니다. 선생님의 도움으로 우리가 수업에서 만든 시는 정말로 좋았고 계몽적인 연습이 되었습니다. 우리가 조직한 뼈 행사에 대해 사람들이 나와 같은 생각을 하는 것을 보니 좋았습니다.
>
> 우리 반 친구들과 제가 각각 다른 시를 창조하는 데 기여한 것은 아름다운 활동이었고, 그 때문에 우리 모두가 우리의 개인적인 경험을 공유할 수 있었습니다. 저는 시 자체에 대해 더 많이 배웠을 뿐만 아니라, 몇 마디의 말이 정말로 얼마나 강력할 수 있는지 깨닫게 되었습니다.
>
> 제가 가장 좋아하는 부분은 '100만 개의 뼈' 프로젝트에 대한 시를 만든 것이었습니다. 우리 각자가 어떻게 그런 감동적인 작품에 기여하는지 지켜보는 것은 정말 흥미로웠습니다.

8명의 학생들 모두 '100만 개의 뼈' 프로젝트 참여가 그들의 삶에 지속적인 영향을 미칠 것으로 기대한다고 썼다. 학생들의 전형적인 반응은 자신들이 더 성찰하게 되고 더 참여하게 되었다는 반응이었다. 예를 들어, 한 학생은 이렇게 썼다. "저는 그것 때문에 제가 더 높은 의식과 의식적인 삶의 상태가 되었다고 생각합니다. 저는 또한 이러한 잔혹행위 생존자들에 대해 더 많이 배우고 미래에 함께 일할 수 있기를 원합니다." 또 다른 공통적인 주제는, 예를 들어, 세계적인 자아 감각의 개발이었다.

> 프로젝트에 참여한 후, 저는 이제 제 주변뿐 아니라 전 세계에서 어떤 일이 일어나고 있는지에 더 많은 관심을 가지고 관찰하게 되었습니다. 저는 여전히 많은 사람과 저의 경험을 공유하고 있으며 제가 배운 것을 다른 사람들과 공유할 수 있다는 것이 너무 기쁩니다.

이러한 성찰과 과정은 인간의 고통과 관련 있는 인간 경험의 깊이를 포착하지 못하는 많은 과학적 연구의 환원주의적 접근에 대한 일종의 완충재라고 결론 내릴 수 있다. 예술은 고통받는 사람들의 고통과 힘을 포착할 뿐 아니라 변화를 위한 희망도 포착할 수 있다는 희망을 준다.[1]

---

1 이 부분은 원래 J. McPherson & N. Mazza, Using Arts Activism and Poetry to Catalyze Human Rights Engagement and Reflection, *Social Work Education: The International Journal*, 2014에 처음 게재되었으며, Routledge 출판사의 허락을 받아 수록하였다.

▌14.3   의학교육

샤피로 등은 의학교육에 성찰적 글쓰기를 어떻게 사용할 수 있는지에 대해 논했다(Shapiro et al., 2006). 개인적이면서 창조적인 글쓰기는 의대생들이 환자 돌봄에 대해 성찰할 수 있게 도움을 주었고 의학에 사회화 수단을 제공했다. 저자들은 성찰적 글쓰기를 위한 3단계 모델을 제시했다. (1) 개인적 글쓰기 : 내적 성찰과 목소리와 관련됨, (2) 소규모집단의 읽기와 듣기 : 자기개방, 타당화 및 지지를 포함함, 그리고 (3) 교육학적 결과 : 특히 전문적 발전, 환자 돌봄, 가치 명료화와 전문적 정체성을 다룸. 캠포는 의학교육의 일환으로 시 쓰기의 중요성을 강조했다(Campo, 2006). "언어에 대한 열정을 억누르거나 아름다움을 보지 못하는 의사들은 이러한 경이로움을 그들의 일반 환자들을 위해 그리고 우리 주변의 더 큰 사회를 위해 가장 의미 있는 용어로 번역하는 데 어려움을 겪을 것이다⋯ 다시 말하자면, 인간의 고통에 대한 이해가 없다면 그것을 완화하고자 하는 암에 대한 새로운 치료법은 도대체 무엇이란 말인가?"(254). 캠포는 우리의 기술이 계속 발전하면서 과학과 인문학의 상호작용이 필요하다고 강조했다. 샤피로는 의학교육자들이 학생들의 성찰적 글쓰기(일반적인 내러티브와 시)를 연구함으로써 교육 과정을 통해 학생들의 정서적 반응과 염려에 대해 더 많이 배울 수 있다는 것을 발견했다. 로드리게즈, 웰치와 에드워즈는 학생과 교수진과 직원들을 위해 개발되었던 『치유 : 예술과 문학을 통해 발전하는 휴머니즘(*HEAL : Humanism Evolving through Arts and Literature*)』이라는 새로운 의과대학 창의 예술 학술지의 영향을 연구했다(Rodríguez, Welch, & Edwards, 2012). 그 내용은 에세이, 시, 사진과 시각 예술을 포함한다. 학술지에 투고한 사람들을 연구하면서 그들은 이 학술지가 자기표현과 전문적 관계의 전반적 강화를 촉진한다는 사실을 발견한다.

▌14.4   시치료 과정 구축하기

이 장에서 이 부분은 시치료에 관한 대학교육 과정을 구축하는 데 초점을 맞춘다. 기본적인 가정은 어떤 제안서(강의계획서 포함)든 먼저 학과/대학의 사명, 학문적 표준, 교육 과정과 내규(대학 활동에 관련되어 있으므로)에 일치해야 한다는 것이다. 이는 일반적으로 각 학문 영역의 인가 프로그램[예 : 상담 및 관련 교육 프로그램 인가위원회(CACREP), 사회복지교육협회(CSWE) 인가위원회, 미국심리학회(APA) 인가위원회]에 의해 의무화되어 있다. 학문적 수준(즉 학사, 석사, 박사)에 대한 고려가 내용뿐만 아니라 경험적 방법의 유형과 강도, 전문적 경계, 평가 등과 관련하여 특히 중요하다.

필자의 경험을 말해보자면, 나는 우선 전공과 비전공 학생들이 수강할 수 있는 '특별 주제 (special topics)' 과목 하나를 대학원 과목으로 제안했다. 몇 년 후 이 과목은 정규 선택과목으로 승인되었다. 다음은 3학점 수업을 위한 나의 강의계획서의 일부에 대한 개관이다.

14.5   시치료의 이론과 실천

14.5.1   I 교육 과정 설명

이 과정은 시치료의 이론적 기초와 실천 기법을 학생들에게 소개하도록 고안되어 있다. 시적인 것(언어, 상징 및 이야기)을 개인과 부부, 가족, 집단 및 지역사회 실천에 사용하는 것에 특별한 주의를 기울인다. 강의 방식에는 강의, 주제와 사례 토론, 기술 개발 연습과 역할극 등이 포함되어 있다. 수업 활동과 과제는 다양한 인간 서비스 환경에서 시치료를 사용하는 것과 관련되어 있다.

설명 : 이 내용은 대학원 과정 수업에 대한 매우 일반적인 설명이다. 이 과정은 RES 모델을 중심으로 구축되므로 학생들은 시와 다른 형태의 문학을 확인하고 읽고 반응하기, 개인 및 집단 창작 글쓰기, 그리고 상징적/의례적 활동에 참여한다.

14.5.2   II 교육 과정 목표

이 과정을 완료했을 때 학생들이 할 수 있게 되는 것은 다음과 같다.

목표	방법
과제와 토론을 통해 시치료의 역사적, 이론적 기초에 대한 지식을 보여준다. (*FPO 5)	과제 및 수업 참여
과제와 토론을 통해 직접적으로 그리고 더 전통적인 치료법의 보조물로서 치유력 있는 언어 예술의 사용에 대한 지식을 보여준다. (*FPO M6)	과제, 자료집, 발표 및 수업 참여
과제와 토론을 통해 개인, 가족, 집단 치료에서 예술치료의 공통 요소에 대한 지식을 보여준다. (*FPO 7)	과제 및 수업 참여
과제와 토론을 통해 개인, 가족, 집단 치료에서 시치료의 기본 원리와 기술에 대한 지식을 보여준다. (*FPO 7)	과제, 발표 및 수업 참여
사례분석과 역할극을 통해 개인, 가족, 집단 및 지역사회 실천에서 이러한 원칙과 기술을 내담자에게 적용할 수 있는 능력을 보여준다. (*FPO M6)	과제 및 수업 참여

(계속)

목표	방법
과제와 토론을 통해 질적 그리고 양적 방법으로 시치료를 평가하는 능력을 보여준다. (*FPO 9)	과제 및 수업 참여
과제와 토론을 통해 시치료법을 이해하고 특수 모집단(예 : LGBT, 장애 있는 사람들, 억압받는 가족들 및 소수자들)에 적용할 수 있는 능력을 보여준다. (FPO 2, 3)	과제, 자료집, 발표 및 수업 참여
과제와 토론을 통해 젠더에 민감한 사회복지 실천을 촉진하는 시치료의 역할을 보여준다. (*FPO 3)	과제, 자료집 및 수업 참여
과제와 토론을 통해 사회정의를 촉진하는 시치료의 역할을 보여준다. (FPO 4)	과제, 자료집 및 수업 참여

*사회복지교육협회의 교육정책 및 인증 기준에 대한 해당 FPO(Foundation Program Objective, 기초 프로그램 목표)는 위의 각 관련 과정 목표 끝에 번호별로 나열되어 있다. 이러한 목표에 대한 자세한 내용은 http://www.cswe.org에서 확인할 수 있다.

설명 : 이 목표는 비교적 광범위한 방법(학과목 과제들)과 연계되어 있으며, 이는 사회복지 학과목이기 때문에 목표들은 CSWE 인증 표준과 연계되어 있다.

14.5.3 III 주 교재

니콜라스 마짜, 『시치료 : 이론과 실제』, 뉴욕 : 브루너-루트리지, 2003. (이 책의 초판)

14.5.3.1 추천 자료

『시치료학술지』(플로리다주립대학교의 e - 저널)

『예술과 심리치료 학술지』(플로리다주립대학교의 e - 저널)

NAPT 웹 사이트 : www.poetrytherapy.org

설명 : 주 교재는 시치료를 위한 다차원적인 토대를 제공하며 학생들이 사용할 수 있는 많은 자료와 연습을 포함한다(예 : 훈련 연습, 선별된 시, 연구 관찰 양식). 이번 제3판은 확장된 자료들(부록들)을 포함하고 있다. 추천 자료들은 특히 시치료에 대한 연구를 수행하는 학생들에게 도움이 된다. 이제 출판 34주년을 맞이하는 『시치료학술지』는 광범위한 다학제 논문들을 제공하고 있을 뿐 아니라, 시치료가 학술적 역사를 가지고 있으며 현재 여기에 머물고 있다는 '증거'가 되고 있다. 학생들은 또한 많은 연구 데이터베이스(예 : PsycINFO, Google Scholar, Articles First 등)를 사용하도록 강력히 권장된다. 강의계획서에는 주요 예술 기반 자료 목록과 문학 자료 목록이 첨부되어 있다. 자료들에 대한 링크도 제공되며 NAPT 웹 사이트에 대해서도 언급되어 있다.

14.5.4   과제 및 기대

1. 학생들은 토론과 체험 활동에 참여할 것으로 기대된다.

2. 특별한 관심 주제(예 : 시와 노인, 가족치료에서의 은유 사용, 젠더에 민감한 치료를 촉진하기 위한 문학 자료)에 대한 발표(10분). 참고 자료(APA 스타일)를 포함해서 발표에 대한 두 쪽 분량의 요약문(복사본 2부)도 발표 당일에 요구된다.

3. 시치료/독서치료 자료(약 100개 항목)에 대한 자료집 개발. (기한 : 날짜)

4. 시치료에 관한 본격 보고서(14~16쪽 분량, APA 스타일, 복사본 2부 제출). 특정 집단의 특성이나 배경에 특별한 관심을 주어야 한다. (기한 : 날짜)

이 요구사항에 대한 추가 정보와 지침은 수업 시간에 제공될 것이다.

　설명 : 수업 참여의 일환으로, 학생들은 기존의 시나 노래/가사를 가져와 반 학생들과 공유하도록 요구된다(매주 한두 사람이 교대로 반 전체를 위해 복사본을 가져온다. 평가는 하지 않는다). 학생들은 시에 반응하도록 요청된다(개인적인 차원에서 혹은 그 시가 치료에서 어떻게 사용될 수 있을지에 대해서). 학급 규모는 보통 20명 정도이다. 수업의 상호작용적 특성을 고려할 때, 출석이 요구되고 참여가 기대된다(학생들이 수업에서 말을 할 때 편안해하는 정도가 다를 수 있다는 것은 인정한다).

　과제들은 학생들이 전문가로서 치료할 때 필요한 기술들, 글쓰기 능력, 의사소통하기/구두 발표하기 등을 갖추도록 고안되었다. 학급 친구들과 시를 선택하고 나누는 것은 시치료의 수용적/처방적 요소를 직접 경험할 수 있게 한다. 또 다른 학생들은 더 많은 시 자원을 개발하기도 한다. 자료집 과제에서 학생들은 치료에서 사용할 수 있는 노래 가사/시를 모으고 구조화하도록 요구된다(보통 약 100개). 그들에게 구조화 틀을 주지는 않는다. 그보다는 스스로 조직화 틀을 개발하도록 요구한다(예 : 자료집은 특정 집단이나 문제들에 따라 조직된 일반적인 것일 수도 있고, 죽음과 상실—아이들과 사별의 슬픔, 반려동물, 호스피스 등에 대해 작업하기—처럼 특정한 주제에 대한 것일 수도 있다). 이 과제는 학생들이 인턴직이나 일터로 나아갈 때 특히 도움이 되며, 시간이 지나면서 더 확장될 수 있다. 발표는 자율성을 향한 또 하나의 단계이다. 학생들이 공적인 프레젠테이션을 하면서 전문가가 되어가기 때문이다. 이것은 또한 학생들이 배운 것을 확인하는 상징적/의례적 기능을 하기도 한다. 학기말 최종 논문은 학생들에게 연구(문헌 검토)에 참여하고 그들이 배운 것을 시치료에서의 특별한 관심들에 적용할 것을 요구한다.

14.5.4.1 학과목 개요

주 차별 학과목 개요는 이 책의 각 장(예 : 양식들, 인구집단, 연구, 전문적 문제)들과 일치한다. 교수자는 죽음과 상실, 자살, 가정 폭력 등 특별한 주제도 다룬다.

RES 모델에 대한 장과 다른 양식들에 대한 장에서 설명된 기법들(예 : 2인시, 공동작업시, 은유와 상징 창조하기)은 모두 수업에서 제시하고 연습한다. 렌쿠 형식은 "3행과 2행이 교대로 구성되어 있다. 3행 스탠자는 하이쿠와 비슷하며, 각각 5-7-5를 넘지 않는 음절을 포함한다. 사실, 하이쿠는 렌쿠의 첫 번째 스탠자에서 유래되었다. 2행 스탠자는 각각 7-7을 넘지 않는 음절을 포함한다. 음절 수는 절대적인 규칙이 아니라 일반적인 지침이다. 따라서 두 스탠자를 함께 보면 잘 알려진 단카의 시 형식과 유사하다. 단카는 5-7-5-7-7 음절의 5행으로 되어 있기 때문이다"(Rojcewicz, 2001 : 107~108). 다음은 한 가지 예이다. 나는 주제와 첫 번째 스탠자를 제시했다. 렌쿠는 한 수업에서 시작해서(수업 중에 돌아가며 지었다) 다음 수업에 다시 가져오기를 반복하면서 시를 완성시켰다. 렌쿠의 초안들은 학생들에게 이메일로 보내서 각자의 스탠자를 수정하도록 하였다.

평화

나뭇잎이 땅에 떨어진다.
아이들이 즐거움을 발로 찬다.
우리는 신호를 찾는다.   [이름]

나뭇가지 사이로 태양이 환히 빛난다
웃음소리가 사방에 울려 퍼진다   [   ]

평화롭고, 고요한 시냇물
나무 바로 너머 불빛이 반짝인다
흥겨움이 공기에 떠다닌다   [   ]

사람들은 모른다 평화가 무엇을 가져올 수 있는지
그들이 평화 곁에 정말로 얼마나 가까이 있는지   [   ]

내면에 있을까?
이제 막 모퉁이를 돌고 있을까?
희미한 희망의 빛   [   ]

낙엽들이 바스락거린다 너의 부츠 아래서
걸음걸음마다 희망이 느껴진다   [   ]

이러한 순간들 너머로 나아가기
빛도 희망도 없는 순간들 너머로
이젠 평화가 찾아질 수 있다   [   ]

태양빛과 그림자
평화가 함께하기를 그리고 기쁨도   [   ]

선택하자 태양빛을 보겠다고
그것이 당신이 갈망하는 평화
당신에게 희망을 가져다주는 것   [   ]

희망은 지연된 약속
묵은 여름의 죽음처럼   [   ]

살금살금 천천히 기어가는
음산한 가을과 겨울이
우리를 봄으로 데려간다   [   ]

얼음과 눈이 녹기 시작한다
새로운 생명이 자리를 잡기 시작한다   [   ]

좋은 기회
증기처럼 우리를 휘감는다
들이마시자; 깊이 마시자; 손을 뻗자!   [   ]

숭고한 꿈을 좇으면
성공이건 실패건 만족스럽다   [   ]

내가 찾는 것은 방향
좋은 것 나쁜 것으로 내 돛을 채우며
내 길을 배운다   [   ]

비록 내가 길을 잃어 헤매도
우회로에서 희망을 찾을 수도 있다   [   ]

어둠이 슬며시 물러나고
새로운 빛이 나타나 우리를 가득 채워
온기 속에 다시 새롭게 만든다   [   ]

희망과 평화가 내 심장을 사로잡는다
나는 깃털처럼 가볍다   [   ]

나 자신을 넘어, 저 멀리
평화를 연장할 수 있기를 바란다
고군분투하는 사람들에게까지   [   ]

아이들과 가족들
우리는 그들에게 손을 내민다   [   ]

맞잡은 손들
우린 모두 이것의 일부다
함께 우리는 서있다   [   ]

사랑, 희망, 평화는 생명을 구할 수 있다
우리는 다른 사람들과 나눠야 한다   [   ]

결국
우리는 속해있다
서로서로에게   [   ]

이 과정은 저자가 가르친 하나의 사례에 불과하다. 다양한 접근법과 자원으로 시치료를 가르칠 수 있다. 다양한 기본 텍스트를 사용할 수 있다. 예를 들면, 체이비스의 『시와 이야기 치료』(Chavis, 2011), 하인즈와 하인즈-베리의 『독서/시 치료 : 상호작용 프로세스』(Hynes & Hynes-Berry, 1994/2012)가 있다. 또는 주요 논문과 책들로부터 선별한 읽기 자료 모음집을 개발할 수도 있다. 예를 들면, 제리 체이비스(시치료의 선구자)는 학부의 우등생 과정으로 '성

장과 치유를 위한 문학'(4학점)을 가르치는데 이 과정에서는 개인적 성장을 촉진하는 데 소설, 시, 회고록, 저널 쓰기, 표현적 글쓰기가 지닌 힘을 다룬다. 그녀는 성찰적인 저널, 글로 쓴 혹은 구두로 발표하는 리포트, 집단 프로젝트 등을 과제로 내준다(Chavis, 2015, 개인적 교신).

14.5.5 수련과 슈퍼비전

시치료는 조력 전문가의 수련과 슈퍼비전에 유용할 수 있다. 워드와 소머는 다양한 슈퍼비전 모델 개발의 맥락에서 슈퍼비전에서의 이야기 사용에 대해 보고했다(Ward & Sommer, 2006). 서사 이론을 기반으로 저자들은 이야기가 동기, 자율성, 자아인식과 타인인식의 변화 같은 주요 문제들을 다루는 데 도움이 된다는 것을 발견했다. 특히 그들은 의미 형성의 중요성에 주목하면서, 슈퍼비전 과정에 이야기를 통합함으로써 수련생들이 자신의 경험에 대해 성찰하는 기회를, 또한 그들이 전문가로서 발달하면서 겪는 다양한 경험에 개인적 의미를 부여할 기회를 가질 수 있다는 것을 발견했다. 저자들이 제공한 다음과 같은 사례는 슈퍼바이저들에 대한 의존 문제와 관련되어 있다(64).

> 『바살리사(Vasalisa)』는 동유럽에 기원을 두고 있는 동화로서, 주인공이 어떻게 의존성/자율성 갈등과 피해 경험을 다루는지 수련생들이 그 방법을 살펴보면서 자율성의 발달에 대해 숙고하도록 도움을 줄 수 있는 동화이다(Estes, 1992; Crossley-Holland, 1998. Ward & Sommer, 2006에서 인용). 이야기의 핵심은 죽어가는 어머니가 준 인형과 바살리사의 관계를 중심으로 전개된다. 그녀는 불을 찾는 탐색을 완수해야 했는데 그녀의 인형이 이 위험한 여행에 필요한 정보와 도움을 주었다. 핵심적으로, 바살리사는 외부의 너무 좋은 어머니에 대한 의존에서 벗어나 내적인 자율성 감각에 의존하기 시작해야 했다. 독립성과 지혜를 얻는 이 과정에서 바살리사는 청소하기, 정리하기, 자급자족하기 같은 임무들을 완수해야 했다. 이 이야기에서 바살리사는 정보를 얻고 안내를 받기 위해 그녀의 작은 인형에 의존했다. 수련생들에게 그들이 바살리사의 인형에 어떤 개인적인 의미를 부여하고 있는지 생각해 보도록 요청할 수 있다.

저자들은 수련생들이 이 이야기를 통해서 자신의 가치를 살펴보고 바살리사의 임무들과 곤경을 자기 자신의 의존성/자율성 수준과 비교해 볼 수 있다고 말한다. 수련생들은 자신의 작업을 타당화하고 내담자의 그리고/혹은 슈퍼바이저의 믿음이나 가치로부터 자신의 믿음이나 가치를 분리하고 조직화하기 위한 외적 지침을 마련하기 위해 슈퍼바이저들에게 얼마나 많이 의존하는가? 수련생들이 스스로의 성장하는 지식과 기술에 의존하면서 변화할 수 있게 지지를 해주어야 한다.

유사하게, 그레이엄과 페르슨은 상담자교육 슈퍼비전에서 아이들을 위한 이야기의 사용에 대해 논했다(Graham & Pehrsson, 2009). 저자들은 상담자교육에 창조성이 결정적으로 중요하다는 사실에 주목하면서, 이야기들이 슈퍼비전을 받는 학생들의 인지적, 정서적, 행동적 관심사들을 다룰 수 있는 은유를 사용한다고 말한다. 또한, 상담을 배우는 많은 학생들이 슈퍼비전 과정에 대해 걱정을 하고 있고 그들이 서로 다른 발달 단계에 있음을 고려한다면, 이야기들은 위협적이지 않게 믿음의 관계를 발전시키는 데 도움이 될 수 있는 잠재력을 가지고 있다.

저자들은 다음과 같은 구조화된 질문/유도문을 제공했다(370).

1. 이야기는 무엇에 대한 것이었나요?
2. 이야기에서 일어난 중요한 일들은 무엇이었나요?
3. 등장인물들은 어떤 생각을 했나요? 무엇을 느꼈나요?
4. 등장인물에게 어떤 일이 일어나고 있는지 말해봅시다.
5. 어떤 주제 혹은 패턴이 눈에 들어오던가요? 상담자 수련이나 내담자와의 작업과 관련해 어떤 것이 익숙해 보이던가요?
6. 이 이야기로부터 어떤 점을 활용하고 싶은가요?
7. 당신에게 가장 관련된 것처럼 보이는 것에 대해 말해봅시다.

또한 다음과 같은 이야기를 추천했다(374).

제목	상담자 슈퍼비전 주제
『아낌없이 주는 나무』(Silverstein, 1964)	자기 돌봄, 의존성, 변화, 성장, 발달, 관점, 공감, 종결
『알렉산더와 그 끔찍하고 무섭고 좋지 않고 아주 나쁜 날』(Viorst, 1972)	분노, 투쟁, 감정, 거리 두기, 실망, 자기 돌봄, 타당화, 통제

시치료의 원리와 기법에 대한 워크숍을 수행하면서 (또한 가정 폭력, 죽음과 상실, 건강과 웰빙 같은 특별한 주제에 시치료를 적용하기 위해 이것들을 수정하면서) 나는 그것들을 RES 모델을 중심으로 구조화하면서 교훈적 방법, 경험적 방법, 토론 방법 등을 통합했다. 다음이 하나의 예가 된다.

14.5.5.1 시치료 : 임상적 치료에서 언어, 상징, 이야기의 위치

치료에 대한 시적 및 서사적 접근의 일부로서 언어, 상징, 이야기의 위치는 마짜의 시치료의 RES 다차원 모델을 통해 검토되고 입증될 것이다(Mazza, 1999/2003). 이 모델은 세 가지 주요 차원으로 구성되어 있다. (1) R — 수용적/처방적 : 문학을 실천에 도입한다. (2) E — 표현적/창조적 : 글쓰기 표현을 포함한다. (3) S — 상징적/의례적 : 은유와 의례들의 사용을 포함한다.

RES 모델의 세 차원을 뒷받침하는 연구를 간략히 살펴보겠다. 각 차원을 위한 구체적인 기법들이 대체로 체험적인 워크숍에서 제시되고 시연되는데, 다음과 같은 것들이 포함된다. 즉, **수용적/처방적** : *치료적 맥락으로 시/노래/이야기 도입하기; **표현적/창조적** : *클러스터 시, *시 완성하기/유도문, *공동작업(가족, 집단)시, *2인시, *내러티브, *여섯 단어 이야기; **상징적/의례적** : *비유 만들기, *의례들, *비언어적/동작. 증거 기반 시치료를 위한 새로운 방향이 임상적 시치료의 과학과 예술이라는 맥락에서 논의될 것이다.

목표

1. 참가자들은 임상적 시치료에서 시치료를 사용하는 기본 원리와 기법을 파악할 수 있게 된다.
2. 참가자들은 마짜(1999/2003)의 RES 시치료 모델의 세 차원을 이해할 수 있게 된다.
3. 참가자들은 어린이와 청소년을 대상으로 한 임상적 시치료에서 시치료 기법을 활용할 수 있게 된다.
4. 참가자들은 성인을 대상으로 한 임상적 시치료에서 시치료 기법을 적용할 수 있게 된다.
5. 참가자들은 부부와 가족을 대상으로 하는 임상적 시치료에서 시치료 기법을 적용할 수 있게 된다.
6. 참가자들은 집단작업에서 시치료 기법을 적용할 수 있게 된다.
7. 참가자들은 시치료 사용과 관련된 전문적인 문제들(예 : 한계, 법적이고 윤리적인 문제, 자격증)에 대해 이해하게 될 것이다.

다음은 지역의 가정 폭력 쉼터 전문가와 자원봉사자를 대상으로 한 워크숍에서 만들어진 사전 구조화된 집단시(표현적/창조적)의 예다.

성폭력은 빨간색이다
그것은 기차 같은 소리가 난다
그것은 불같이 느껴진다

그것은 피마자유 맛이 난다

그것은 스컹크 같은 냄새가 난다

그것 때문에 토할 것 같다

조력 전문가들은 흔히 자격/인증 요건을 충족하기 위해 지속적인 교육 학점을 받아야 하므로 목표, 시간 및 내용을 명시하는 것이 아주 중요하다.

인쇄물 및 온라인 전송을 위한 교육 모델도 개발될 수 있다. 다음은 주 교재 텍스트로부터 발전시킨 모듈[10개의 평생교육 단위(Continuing Education Units, CEU)] 중 일부 샘플 테스트 질문을 발췌한 것이다.

목표

1. 독자는 시치료의 역사적, 이론적 토대를 이해하게 될 것이다.

2. 독자는 시치료의 기본 원리와 기법을 이해하게 될 것이다.

3. 독자는 RES 다차원 시치료 모델을 적용할 수 있게 될 것이다.

4. 독자는 시치료의 연구 기반을 이해하게 될 것이다.

5. 독자는 시치료와 관련된 전문적 문제들(예 : 윤리, 자격증명)을 이해하게 될 것이다.

6. 독자는 특별한 인구집단에 시치료법을 적용할 수 있게 될 것이다.

샘플 테스트 질문들

제1장

1. 시가 정신건강 목적을 위해 처음 사용된 시기는?

   a. 19세기 초반 *

   b. 1925년 셔플러의 『시치료(*The Poetry Cure*)』출간과 함께

   c. 1969년 시치료학회(APT) 설립 때부터

   d. 1981년 전미시치료학회(NAPT) 설립과 함께

2. 마짜가 발전시킨 실천 모델에는 다음과 같은 요소가 포함된다.

   a. 수용적/처방적

   b. 표현적/창조적

   c. 상징적/의례적

　　　d. 위의 사항 모두 *

3. 내담자의 감정상태에 맞는 시를 선정하는 원리는 다음과 같이 알려져 있다.

　　　a. 수렴하기

　　　b. 감정적 동일시

　　　c. 동일성 원리 *

　　　d. 타당화

4. 부부가 이행시를 쓰는 기법(한 사람이 한 행을 쓴다)은 다음과 같이 알려져 있다.

　　　a. 2행 연구(couplet)

　　　b. 짧은 가족시

　　　c. 시 유도문

　　　d. 2인시 *

5. 시치료를 집단에서 사용할 때 주의해야 하는 이유는?

　　　a. 시가 뒤로 물러나 있는 상태를 유지할 수단을 제공할 수 있기 때문에

　　　b. 리더가 집단이 아닌 자신의 욕구를 충족하는 시를 선택할 수 있기 때문에

　　　c. 시가 집단 과정을 촉진하기보다 차단할 수 있기 때문에

　　　d. 위의 사항 모두 *

6. 실버마리(Silvermarie, 1988)가 알아낸 바에 의하면, 구술로 시를 짓는 것은

　　　a. 집단 응집력을 증진시킴

　　　b. 우정의 형성을 증가시키는 데 도움이 됨

　　　c. 단체에서의 고립감과 외로움을 감소시킴

　　　d. b와 c *

7. 마짜(Mazza, 1981)와 골든(Golden, 1994)에 의한 연구가 알려주는 바에 의하면 공동 작업시는

　　　a. 집단 발단 단계를 반영함

　　　b. 집단 응집력을 증진시킴 *

　　　c. 자기 발견을 증진시킴

　　　d. 위의 사항 모두

8. 페니베이커(Pennebaker, 1992)의 글쓰기 표현에 대한 연구가 보여주는 바에 의하면, 상당한 연구가 축적된 기반이 있는 부분은 다음과 같다.

   a. 신체적 건강을 증진시키는 데 글로 쓴 표현의 사용에 대하여

   b. 정신적 건강을 증진시키는 데 글로 쓴 표현의 사용에 대하여

   c. 치유적 시의 힘에 대하여

   d. a와 b *

9. 시치료는 다음과 같이 여겨질 수 있다.

   a. 기법

   b. 방법

   c. 이론

   d. 위의 사항 모두 *

이 내용은 단지 시치료 수련의 한 표본일 뿐이다. 저널치료, 변모시키는 글쓰기, 치료적 글쓰기, 그리고 더 넓은 표현예술치료 등 관련 영역들에 대한 훈련과 슈퍼비전을 공식화하고 진행하고 있는 많은 프로그램이 전국적으로 존재한다(부록의 자료 참조). 요약하자면, 시치료는 다른 과목을 가르치거나 사람들을 돕는 조력 전문가에게 중요한 주제들을 다루는 워크숍을 제공할 때 도움이 되는 것으로 교육과 수련 양쪽 모두에서 점점 더 인정을 받고 있다.

다시 생각해 보기

1. 당신은 당신의 학부 수업이나 대학원 수업에서 시치료를 어떻게 사용하나요?

2. 시는 어떻게 배움을 증진시키나요? 과제로 저널 쓰기를 사용해 본 적이 있나요? 어떻게 평가를 하나요?

3. 시치료를 사용하면서, 당신은 학생들로부터 무엇을 배웠나요?

전문성 개발과 새로운 추세

시치료의 실천과 교육과 연구는 모두 법적, 윤리적, 그리고 책임 문제에 토대를 두고 있다. 이전 장에서 살펴보았듯이, 인간 서비스에 대한 시치료의 지속적인 기여는 주로 시치료에 대한 연구/학술, 교육 및 수련 감독 프로그램, 그리고 사회가 필요로 하는 것에 대한 시치료의 반응성에 의해 결정될 것이다. 이 장에서는 전문가로서의 정체성, 실천 기준, 전문적 협력 및 비전의 필요성을 포함하여 시치료 분야를 발전시키기 위한 추가 요소에 초점을 맞출 것이다.

로드스 등은 에든버러대학교의 대학교육자를 위한 전문성 개발에 시적 탐구가 어떻게 이용될 수 있는지 연구했다(Loads et al., 2019). 그들은 시를 창작하는 과정이 참석자들 사이에서 감정이입을 발달시키는 데 도움을 준다는 것을 발견하였다. 시는 연상시키는 힘 때문에 특별히 도움이 되었다.

창의력 있는 예술치료사에 대해 레빅이 제기한 질문(Levick, 1985)을 바탕으로 시치료와 관련하여 다음과 같은 질문을 제기해야 한다.

1. 현재 정신건강 전문 영역에서 시치료사들을 가시적인 일원이 되지 못하게 하는 장애물은 무엇이고, 이런 장애물들을 극복하기 위해 어떤 조치가 필요한가?
2. 건강과 정신건강에 시치료는 어떤 독특한 기여를 할 수 있는가?
3. 시치료와 건강 및 정신건강 관련 직종의 상호작용에서 어떤 것을 얻을 수 있는가?

임상 실제에서 시치료를 사용하는 일에 관련된 사람들은 전미보건예술기구(National Organization for Arts in Health), 미국상담학회의 한 분과인 상담창의협회(Association for Creativity in Counseling), 혹은 미국심리학회(APA)의 10분과인 미학, 창의성 및 예술 심리학회(Society for the Psychology of Aesthetics, Creativity and the Arts)와 같은 그들이 속한 전문적인 조직에서 눈에 띄는 구성원이 될 기회를 가진다. 이 외에도 관련된 시치료 분야에서 치료를 하고 글을 써온 많은 다른 미국심리학회 분과들이 있는데 가장 눈에 띄는 분과로는 32분과(인본주의 심리학), 39분과(정신분석), 29분과(심리치료)가 있다. 레빅은 실험적 심리학과 인지과학(3분과), 임상심리학(12분과), 상담심리학(17분과), 성인 발달과 노년(20분과), 이론적, 철학적 심리학(24분과), 여성심리(35분과), 어린이, 청년, 가족 서비스(37분과), 건강심리(38분과), 가정심리(43분과) 그리고 집단심리(49분과)의 논문을 주로 인용하고 있다.

간단히 말하자면, 시적인 요소는 심리학의 대부분 영역에서, 그리고 미국/국제 학술대회와 학술지에 의해 입증되었듯이 관련된 모든 조력 전문직(예 : 사회복지, 간호, 결혼 및 가족 치료, 의학)에서 부각되어 왔다. 부족한 것은 학제적 관심과 성과를 연결시킬 수 있는 다리이다. 더 나아가, 학제적 작업을 위한 다리는 예술과 심리학 서로에게 이득이 될 것이다. 린도어는 예술에 관심이 있는 심리학자들에게 경계를 넘어 예술학과 인문학 분야에 관한 발표를 하고 논문을 투고하라고 격려하였다(Lindauer, 1995). 심리학자들은 또한 심리학 이외의 영역에서 얻을 수 있는 데이터베이스를 사용하는 법에 대해 더 많이 배울 필요가 있다.

여러 학문 영역을 잇는 다리는 전미시치료학회(NAPT)의 공식적인 통합이 이루어진 1981년부터 존재해 왔다. 약 200명의 회원이 있고 1969년에 시치료학회로 처음 설립된 이 학회는 현재 의학, 간호학, 심리학, 사회복지학, 문학, 교육학, 도서관학/정보학, 종교, 상담, 결혼과 가족 치료 등을 포함한 다양한 분야의 회원들로 구성된 강력하며 잘 운영되고 있는 조직이다. 미국의 다양한 지역에서 개최되는 연례 학술대회들은 미국과 해외의 관심을 끌었다. 전미시치료학회의 과거 학술대회 주제들은 아마도 다학제적 관심을, 그리고 '단어'와 '치유' 사이의 밀접한 관계를 가장 잘 보여주고 있다고 할 수 있다.

- 2021년(온라인) : 떨어져 있지만 연결되기 : 시와 글쓰기를 통해 우리들의 삶의 폭풍우를 지나가기
- 2020년 : COVID-19로 인해 취소됨
- 2019년(메릴랜드주 볼티모어) : 등대들과 안전한 항구들 : 시치료를 통해 개인적, 사회적 도전을 극복하기
- 2018년(미네소타주 채스카) : 성장, 치유, 그리고 사회정의로의 통로들
- 2017년(콜로라도주 덴버) : 시적 여정을 따라 새로운 고지에 도달하기

- 2016년(미주리주 캔자스시티) : 마음, 몸, 정신 치유를 위한 시적 표현
- 2015년(노스캐롤라이나주 애슈빌) : 푸른 산마루 감상 : 성장과 치유를 위한 말의 경로
- 2010년(워싱턴 D.C.) : 앞을 내다보기, 뒤를 돌아보기, 집으로 오기 : 언어, 상징, 이야기를 통한 성장과 건강을 향상시킨 30년을 기념하기
- 2005년(미주리주 세인트루이스) : 온전함을 향한 통로 : 개인, 가족, 공동체를 위한 시치료
- 2003년(플로리다주 마이애미) : 언어 탐구하기 : 시적 치유를 위한 다문화적 여정
- 1999년(사우스캐롤라이나주 찰스턴) : 인문학과 치유의 교차로에서 : 쓰이고, 발화되고 공연된 말들이 인간의 이야기와 정신을 풍요롭게 한 방법
- 1998년(캘리포니아주 산호세) : 우리들의 이야기 말하기 : 자신, 공동체, 환경에 연결점을 만들기
- 1997년(오하이오주 클리블랜드) : 우리들의 삶—웃음, 상실, 사랑—에 대해 쓰기 : 전문적인 치료와 개인적인 성장을 위해 언어 예술 사용하기
- 1996년(오하이오주 콜럼버스) : 삶을 위한 말들 : 응용 언어 예술의 임상적, 교육적 발달

하지만 전미시치료학회가 성장할 수 있게 도움을 준 것은 아마도 더 초기의 학술대회 주제들이었을 것이다.

- 1985년(일리노이주 에반스턴) : 시를 통해 우리의 기술사회를 인간답게 하기
- 1984년(뉴욕주 뉴욕) : 다양한 세대의 시치료 : 아동기부터 노년기까지

원래는 전미시치료학회가 자격과 회원등록에 기준을 마련했으나 현재는 독립된 조직인 세계독서/시치료연맹(http://ifbpt.org)이 그 역할을 하고 있다.

전미시치료학회는 자체의 윤리강령을 엄격하게 준수하고 있으며 회원의 다양성을 위해 그리고 시치료의 도움을 받는 모든 사람을 위해 헌신하고 있다. 다문화주의는 정말로 시치료의 중심이 되어야 한다. 루이스는 "국가 내 민족의 다양성과 심리치료에서 예술의 국제적 사용에 대해 더 많이 인식하고 더 많이 연결되도록 하는 지속적인 과정"(Lewis, 1997: 226)을 요구했다. 이것은 또한 LGBTQ+, 즉 레즈비언, 게이, 양성애자, 트랜스젠더, 퀴어 혹은 퀘스처닝(questioning)에게도 적용된다. 시치료의 원칙과 적용에는 특히 미국심리학회의 2012년 "레즈비언, 게이, 양성애자 내담자를 위한 실천 지침"이 적합한데, 그 이유는 그 지침이 특히 낙인에 대한 이해와 도전, 정신질환 분류에 대한 반박, 차이점 존중, 자아인식 촉진에 관련된 것이기

때문이다. 다양성과 시치료는 장애인에게까지 사용될 수 있는데, 특히 적절한 언어를 이해하고 어려운 문제들만이 아니라 장점까지 인식하는 데 시치료가 고유하게 기여할 수 있다는 점에 주목할 수 있다.

시치료사는 건강과 웰빙을 증진시키기 위해 도서관, 학교, 요양원 및 공공 단체와 같은 비임상적 장소에서 독립적으로 작업하거나 정신건강 기관, 호스피스, 병원 및 아동복지 기관과 같은 임상적 환경에서 일한다. 하지만 중요한 점은 시치료를 하는 사람들은 전문 교육과 훈련을 받은 범위 내에서 일해야 한다는 것이다.

교육 및 훈련은 이전 장에서 다루었다. 수련 감독은 물론 교육적 요소를 포함하지만, 여기서는 실제로 조력 전문가들의 전문적 발전의 일부로 고려하고자 한다. 캘리쉬는 시치료사에게 원칙적으로 적용될 수 있는 예술심리치료사를 위한 절충적 수련 감독 모델을 제공했다(Calisch, 1989). 캘리쉬는 임상 실제의 절충적 또는 통합적 모델을 향한 현재의 움직임에 발맞추어, 정신역동적, 대인관계적, 인간 중심적, 행동적 접근 방식을 통합한다. 정신역동적 요소는 전이-역전이 문제를 강조한다. 대인관계적 요소는 지금-여기의 문제를 다룬다. 인간 중심적 요소는 지지, 공감, 성장을 포함한다. 행동적 요소는 목표, 기술 향상, 인지 과정 및 자기 관찰에 중점을 둔다. 그러나 수련 감독은 항상 전문가로서의 정체성, 이론적 지향, 발전 수준 및 목적과 일치해야 한다. 일부 개인은 자신의 이론 및 실천 모델과 일치하는 특정 시치료 기법을 배우는 데에만 관심이 있을 수 있다. 반면에 다른 사람들은 시치료를 하나의 전문 분야로 발전시키기를 원할 수 있다. 항상 위험과 한계를 강조해야 한다.

수련 감독과 관련된 주제는 누가 치유자를 치유하는가의 문제이다. 글래딩은 치료사의 자기 재개발의 중요성을 언급하고, 치료사에게 그 자신의 "현재의 현실, 과거의 이상, 미래의 꿈에 대한 은유와 이미지를 신장"할 수 있는 "점검 장소"가 필요하다고 주장했다(Gladding, 1987: 101). 정신과 간호사인 머서는 글쓰기의 자기 치유적 양상에 대한 개인적 관점을 제공했다(Mercer, 1993). 똑같이 간호사인 데이비스는 자신의 글쓰기작업과 글을 통해 '핵심 이미지'가 어떻게 떠오르는지에 대해 썼다(Davis, 1998). 소아과 의사인 이오비노는 자신의 시가 그녀 자신을 치유하는 데 어떻게 도움이 되었는지를 보여주었다(Iovino, 1996). 몽고메리와 그레이엄-폴은 "심리치료사, 암 생존자 및 종양학자가 저널처럼 쓴 한 편의 시가… 어떻게 임상의와 환자가 각각의 주관적인 목소리를 통해 서로의 이해와 경험에 가까워질 수 있게 하였는지"(Montgomery & Graham-Pole, 1997: 103)에 대해 썼다.

▌ 15.1 개인적인 예

반려동물의 죽음은 우리에게 사랑과 상실에 대한 귀중한 교훈을 가르쳐 줄 수 있다. 돌이켜보면 시치료의 세 가지 방식이 우리 고양이의 죽음에 대한 우리 가족의 반응에서 분명하게 나타난다는 것을 발견할 수 있었다. 나는 주디스 비오스트의 『바니에 관한 열 번째 좋은 것』을 아이들에게 읽어주었다. 우리는 고양이를 묻을 때 묘지를 위한 특별한 표지를 만드는 의식을 포함했다. 그리고 우리 각자는 우리 고양이에 대한 특별한 짧은 글을 썼다. 나중에 나는 다음과 같은 짧은 이야기를 썼다(Mazza, 1995a).

형제자매 의식

크리스마스 아침에 로비는 매 순간을 재는 듯이 천천히 선물들을 열고 있었다. 그의 어머니는 왜 5세인 아들이 포장지를 찢지 않는지, 왜 새 농구공을 튀기지 않는지 의아해했다. 그의 아버지는 커피를 마시고 있었다. 베스는 남동생을 손으로 찌르며 "무슨 일이야?"라고 물었다. 로비는 "아무것도 아냐."라고 중얼거렸다. 그는 크리스마스트리와 모든 작은 조각상이 완벽한 순서로 놓여있는 예수 성탄 세트를 계속 응시했다. 마침내 그는 "산타클로스는 불공평해!"라고 불쑥 말했다. 침묵 뒤에 아버지의 질문이 이어졌다. "무슨 일이야, 로비?" 같은 질문에 같은 답이 이어졌다. "아무것도 아니에요."

마지막 선물인 공룡 퍼즐을 연 로비는 부엌 찬장으로 걸어가 고양이용 통조림을 찾았다. 그는 수프 깡통 뒤에서 하나를 찾았지만 열 수 없었다. 그는 부모에게 캔을 열어달라고 부탁할 수 없었다. 이상하다고 볼 것 같아서였다. 어쨌든 고양이 톰이 추수감사절에 죽었으니 지금은 먹이를 줄 고양이가 없었다. 베스의 시선이 로비를 좇았다. 10세인 그녀는 고양이용 통조림을 열 수 있었고 떨리는 남동생을 안아줄 수 있었다. 그리고 그들은 어떤 일을 했다. 아이들은 톰이 묻힌 뒷마당으로 갔다. 그들은 작은 담요와 약간의 음식을 그곳에 두었다. 로비는 자신의 선물 가운데 하나에서 빨간 리본 한 조각을 들고 누나에게 매장 표시로 사용되었던 나뭇가지에 묶어달라고 부탁했다. 특별한 기도 후에는 농구 게임을 했다.

나중에 저녁식사를 하러 집에 들어왔을 때 베스와 로비는 크리스마스트리의 화환이 산산이 조각나 거실 바닥에 흩어져 있는 것을 보았다. 아무도 질문을 하지 않았다. 어색한 미소뿐이었다. 마음으로부터 나온 동물의 발자국은 보이지 않는 흔적을 남긴다.

몇 년 후, 나는 또 다른 단편 소설을 쓰는 것이 또 다른 더 치명적인 상실에 대처하는 데 도움이 된다는 것을 알게 되었다. 다음 글은 '고양이가 준 교훈'이 등장하는 글이다(Mazza, 1995b).

어떤 평화

케이티는 『탤러해시 민주당원(*Tallahassee Democrat*)』 신문에 크리스마스 이야기를 쓰고 싶었다. 그녀는 특정한 이야기가 크리스마스 날에 출판된다는 것을 읽었다. 그녀는 "마음에서 우러나오게 쓰면 글이 잘 써지고 특별해질 거야."라고 선생님이 전에 했던 말을 기억했다. 케이티는 부모님으로부터 받은 가슴속의 사랑을 모두 보여주는 이야기를 쓴다면 부모님이 신문에서 보고, 서로에게 돌아오지 않을까 생각했다. 그러면 그녀의 남동생이 산타와 클로스 부인이 이혼하는지, 혹은 산타가 그의 장난감을 어느 집(엄마 집 혹은 아빠 집)으로 배달할지 알 수 있는지 계속 묻지 않아도 될 것이다.

케이티는 집에서 키우던 고양이 펠릭스의 죽음에 관한 이야기를 썼다. 펠릭스는 작년 크리스마스 4일 전에 죽었다. 그녀는 뒷마당에서의 특별 매장과 온 가족이 서로를 어떻게 껴안았는지에 대해 썼다. 그녀는 큰 슬픔 속에서 펠릭스와 보낸 재미있는 시간―펠릭스가 크리스마스 선물에서 리본을 떼어내고 집 주변에서 리본을 쫓다가 침대 밑에 숨겼던 때처럼―에 대해 이야기하는 것이 좋다는 것을 어떻게 엄마와 아빠가 알려주었는지에 대해 썼다. 그녀는 동시에 울고 웃는 것이 가능하다는 것을 깨달았다. 특별한 이유도 없이 그녀는 남동생을 안아주었다. 이 이야기는 크리스마스에 출판되었다. 이혼은 1월에 확정되었다. 케이티의 가족은 많은 부분이 해체되었지만 그녀의 이야기는 온전하게 남았다.

이 책의 초판이 출판된 이후 아주 심오한 세 번째 이야기가 쓰였다.[1]

편집자 노트

[크리스토퍼 J. 마짜(1984년 5월 13일~2005년 11월 1일)를 사랑으로 기억하며]

1987년 『시치료학술지』 창간호를 내면서, 나는 '편집자 노트'에 다음과 같이 썼다.

---

1 이 부분은 『시치료학술지』, 19(1), 2006: 1~2의 '편집자 노트'에 게재되었다.

"이제 한 가지 일을 회상하면서 글을 마치겠다. 집에 있는 내 책상에서 줄 쳐진 노란색 노트에 이 칼럼에 대한 몇 가지 메모를 적는 동안 내 딸 니콜(당시 5세)이 내 서재로 와서 그녀의 무지개 책에 같이 작업을 하자고 말했다. 니콜이 몇 단어의 철자를 쓰도록 도와주고, 그녀가 그림을 그리는 것을 보고 나니 색채와 언어의 솔직함(종종 간단한 단어)이 내가 이 학술지에 대해 전하려는 내용의 핵심이라는 생각이 들었다. 나중에 내 아들 크리스(당시 2세)가 나와 함께 놀기 위해 방에 들어왔다. 아들은 크레용, 종이, 트럭을 가져와 가게를 만들기 시작했다. 어쩌다가 나는 해리 채핀의 노래 '요람 속 고양이'를 들었고 우리는 모두 방바닥에서 그림을 그렸다. 아이들이 말을 배우는 방법은 얼마나 재미있는가"(Mazza, 1987: 4).

2003년 3월 『시치료학술지』의 '편집자 노트'에서 나는 시치료 학문의 토대와 미래에 대해 쓰고 니콜과 크리스가 연구 초반에 준 영향을 언급하며 글을 마무리했다.

"내 아이들은 항상 내 인생에서 가장 위대한 시였다. 이제 니콜과 크리스는 각자의 아파트에 있다. 하지만 역사와 관계들과 밝은 전망은 여전히 유지되고 있다. 『시치료학술지』와도 마찬가지이다. 개인적이든 직업적이든 우리의 이야기들은 변화에 관한 것이다. 『시치료학술지』는 펼쳐지는 이야기이다…"(Mazza, 2003: 3).

『시치료학술지』 이번 호에는 빈 여백이 있다. 내 아들 크리스(당시 21세)는 2005년 11월 1일에 교통사고로 사망했다. 1987년의 회고 일부는 이제 그를 기억나게 하는 것이 되었다. 전문가적인 관점에서 무엇이 그리고/혹은 누가 우리의 연구, 교육 및 실천을 주도하는가를 고려하는 것은 아주 중요하다. 내 가족, 친구, 학생 및 내담자는 내가 일하는 내내 모든 것이 인간의 일이며, 따라서 우리가 다른 사람에게 물려주는 것을 염두에 두어야 한다는 것을 상기시켜 왔다. 우리가 살고 의미를 창조하는 것은 이야기를 통해서이다. 미사 때 크리스를 추모하는 동안 니콜을 안고, 나는 우리가 항상 그 아이를 마음속에 간직할 것임을 알았다. 그렇기에 이 학술지의 다른 페이지를 넘기기 전에 사랑하는 사람에게 손을 내밀어 껴안으라. 당신의 시가 항상 끝나지 않기를 바란다. 작고한 시치료 연구소 소장인 아트(아서) 러너의 그 단순한 말로 마무리하고자 한다. 평화가 있기를.

참고 자료

N. Mazza, Editor's note, *Journal of Poetry Therapy*, 1, 1987: 3~4.

N. Mazza, Editor's note: the foundation and future of scholarship in poetry therapy, *Journal of Poetry Therapy*, 16, 2003: 1~4.

이 편집자 노트는 2006년에 쓰였다. 그 이후로 유치원 교사인 내 딸 니콜이 콜 크리스토퍼와 해들리 메이를 낳았다. 크리스는 여전히 우리를 안내하는 정신이다.

모든 형태의 글쓰기, 특히 저널 쓰기는 임상의가 스트레스를 줄이고 감정의 분출구를 제공하며 어려운 시기에 질서의식을 얻는 데 도움이 될 수 있다. 본질적으로 시치료는 '사적인 것'이 '전문적인 것'을 형성하기 때문에 자기 지지, 수련 감독, 그리고 의미 만들기의 형태가 될 수 있다.

▌15.2   자료 개발

시치료 및 관련 예술치료에 관한 자료를 찾고 다른 전문가들과 네트워크를 형성하고자 하는 사람들이 이용할 수 있는 수많은 자료가 있다. 전미창의예술치료협회(National Coalition of Creative Arts Therapies Associations, NCCATA, 1998)에 따르면 NCCATA는 1979년에 설립되었으며 "치료 방식으로서 예술의 발전에 전념하는 전문협회이다. NCCATA는 여섯 개 창의예술치료협회의 8,000명 이상의 개인 회원을 대표한다. 창의예술치료는 미술치료, 무용/동작치료, 연극치료, 음악치료, 사이코드라마, 시치료를 포함한다."

관련 조력 전문 조직[예 : 미국심리학회(APA), 전미사회복지사협회(NASW), 미국상담학회(ACA), 미국결혼및가족치료학회(AAMFT) 등]에서 시치료의 입지는 미국도서관협회의 현대언어학회(Modern Language Association)에 참가함으로써 발전될 수도 있다. 기술의 발전으로 인터넷을 사용하여 문학 및 의학 데이터베이스(http://medhum.med.nyu.edu. 의료인문학의 자료로 사용되고 있는 산문과 시의 주석이 달린 참고문헌 제공)와 같은 데이터베이스를 사용할 수 있다. 미국시협회는 문학 자료에 대한 수많은 링크가 있는 웹 페이지(http://www.poetrysociety.org)를 유지하고 있다. 전미시치료학회도 많은 유용한 링크가 있는 웹 페이지(http://www.poetrytherapy.org)를 제공한다.

특히 고무적인 연구들은 시가 널리 보급되고 있고 사람들이 시를 수용하고 있다는 것과 관련된 연구들이다. 미국에서 시의 역할은 시재단이 의뢰해 시카고대학교의 국립연구센터(NORC)가 전국적으로(1,000명을 대상으로 실시) 실시한 '미국에서의 시'(Schwartz et al., 2006)를 통해 이루어졌다.

'미국에서의 시'는 다섯 가지 중요한 연구 질문에 답하도록 설계되었다(2).

1. 시의 현재 청중의 특징은 무엇인가?
2. 시에 대한 사람들의 지속적인 참여와 관련된 요인은 무엇인가?
3. 시, 시인, 시 독자에 대한 사람들의 인식은 어떠한가?
4. 시에 큰 관심이 없는 사람들이 이 예술 형식에 더 많이 참여하는 것을 방해하는 요소는 무엇인가?
5. 미국에서 시에 대한 청중을 넓히기 위해 어떤 조치를 취할 수 있는가?

시치료와 특별한 관련이 있는 몇 가지 주요 결과는 다음과 같다.

1. 한때 시를 읽었지만 더 이상 읽지 않는 성인도 시를 읽거나 듣는 성인도 시가 개인적, 사회적 보상을 모두 제공한다는 사실을 인정한다. (67)
2. '미국에서의 시'에 참여한 성인 1,023명 중 9명을 제외하고 모두 우연히 시를 접한 경험이 있다… 시는 결혼식이나 장례식과 같은 사적인 행사에서 가장 자주 경험되며, 시를 사용하지 않은 사람의 80%와 시를 사용하는 사람의 90% 이상이 이러한 사적인 행사 중 하나에 노출된 적이 있다고 보고했다. 대중교통의 유효 노출도가 가장 낮은 것으로 보이지만 이는 대중교통을 이용하여 출퇴근하는 응답자의 수가 적었기 때문이다. 기차, 버스 또는 지하철로 출퇴근하는 응답자의 79%가 대중교통에서 시를 보거나 들은 적이 있다고 보고했다. 이는 '움직이는 시(Poetry in Motion)'와 같은 프로그램이 많은 통근자들에게 효과적으로 다가서고 있음을 암시한다. (68)
3. 우연한 노출은 시에 대한 참여를 촉진한다. 거의 모든 성인 독자는 예상치 못한 곳에서 시를 발견하고 그들 대부분은 시를 우연히 마주치면 적어도 가끔은 시를 읽는다. 사적인 의식에서 시의 역할과 특별하거나 엄숙한 행사를 기리기 위한 시의 사용은 많은 사람들이 시를 접하게 한다. 신문, 잡지, 소설 또는 논픽션 책과 같은 다른 종류의 읽기 자료에 시를 배치하면 시를 읽지 않는 사람들과 시를 읽는 사람 모두에게 시를 읽을 기회가 생긴다. 그리고 분명히 독자들에게 시를 읽을 기회가 주어졌을 때, 독자들이 일부러 스스로 시를 찾을 필요가 없을 때, 대부분의 사람들은 많은 시간 동안 시 읽기를 선택한다. (71)

   이것은 영국에서 '대기실의 시(Poems in the Waiting Room)' 프로젝트의 성공을 고려할 때 특히 흥미롭다(Lee, 2006). 이 프로그램은 의사의 진찰을 기다리는 환자에게 무료로 시가 적힌 카드를 제공한다.
4. 현재 시 사용자와 이전 시 사용자 모두 가장 좋아하는 시에 관한 질문을 받았다. 이 질문을

받은 참가자 중 31%는 좋아하는 시가 있었다. 선택된 시들은 다양했고 어떤 시도 13명 이상이 좋아한다고 선택한 경우는 없었다. 전체적으로 125개의 다른 시가 응답자들이 가장 좋아하는 시로 지명되었다. 좋아하는 시가 없는 모든 현재 및 이전 시 사용자에게 어떤 시든 제목을 기억할 수 있는지 물었다. 35%는 자신이 좋아하는 시가 아니더라도 시 제목을 기억할 수 있다고 말했다. 「큰 까마귀(The Raven)」와 「나무(Trees)」가 두 목록에서 모두 1위를 차지했지만 좋아하는 시들보다는 외울 수 있는 시 제목들이 약간 더 다양했다. "시의 제목을 기억하나요?"에 대한 응답에 130개의 다른 시가 지목되었으며, 그중 일부는 동요와 닥터 수스(Dr. Seuss)의 작품 같은 책이었다… 전반적으로 현재 및 이전 시 독자의 55%가 좋아하는 시가 있거나 시 제목을 기억할 수 있다고 말했다. 현재 및 이전 시 사용자의 61%는 시인의 이름을 기억했고 44%는 시행을 암송할 수 있었다. (75)

5. 연구결과는 또한 암송행위를 통해 시가 우리의 일부가 된다는 것을 시사한다. 시를 암송한 지 오랜 세월이 흘렀지만, 그 시는 기억 속에 남아 나중에 다시 떠올릴 수 있다. (79)

6. 현재 시를 읽지 않는 사람들은 질문을 받았을 때 그들은 대개 단지 시를 좋아하지 않는다고 말한다. 아마도 사람들은 시에 대한 경험이 제한되어 있고 자신이 좋아하는 시를 찾을 기회가 없었기 때문에 시를 좋아하지 않는 것 같다. 평생 시 애용자가 되지 않는 사람들은 대부분 동요나 닥터 수스의 작품 같은 책을 읽었지만 다른 종류의 시는 읽은 기억이 없다. 그들의 학교에서의 경험은 상당히 제한적이었고, 그들 대부분은 처음에 고전시를 읽었다. 고전시는 이해하기 어렵고 10대들에게 현대시보다 관련이 적은 것처럼 보일 수 있다. 시에 대한 사람들의 인식이 참여의 가장 큰 장벽인 것 같다. 소중한 여가 시간을 힘들고 보람이 없다고 여겨지는 활동에 투자하려는 사람은 거의 없다.

7. 미국에서 시에 대한 독자층을 넓히기 위해 어떤 조치를 취할 수 있는가? '미국에서의 시' 조사결과를 바탕으로 우리는 시에 대한 참여를 넓히고 심화하기 위한 세 가지 제안을 제시한다.

    a. 학부모를 위한 프로그램 개발
    b. 교사를 위한 프로그램 개발
    c. 도서관과 북클럽이 참여를 촉진하도록 지원

도서관은 시 프로그램 참여를 촉진하기 위한 자원으로 개발되지 않았다. 성인 독자들은 도서관 카드를 소지하는 경향이 있는데, 이는 그들이 지역 도서관을 활용하고 있다는 증거이다. 그러나 시를 위해 도서관을 사용하는 사람은 거의 없다. 시와 관련된 프로그램을 개발하고 홍보하기 위해 도서관과 제휴하면서 많은 독자에게 다가갈 수 있다. 북클럽에 속한 성인 독자는 별로 없지만, 북클럽들은 시를 읽고 탐구하는 자연스러운 장소의 역할을 한다. 서점과 도서관은 종종 사람들이 그룹의 정식 회원이 아니어도 들를 수 있는 독서 동아리를 운영하곤 한다. (81)

▌15.3 비전

미래를 내다볼 때 시치료는 분명히 임상 실제, 공동체 실천, 교육적 실천에서 예술과 과학 사이의 균형을 회복하는 데 기여할 수 있는 잠재력을 가진 분야이다. 시치료는 문학적 경계와 임상적 경계가 맞물리는 중간 지점을 포함한다. 문학은 치료적 요소를 포함하며 치료는 문학적 요소를 포함한다. 그것이 기법이든, 방법이든, 이론이든 간에 시치료의 차별적 사용을 위한 자리가 있다.

글래딩은 임상 실제에서 창조적인 예술이 겪은 변화에 주목했다(Gladding, 1998). 그는 시치료와 관련된 다섯 가지 경향을 확인했다. (1) 연구 업그레이드, (2) 교육 기준 강화, (3) 더 명확한 정체성 형성, (4) 다학제적 실천 및 연구를 위한 노력, (5) 컴퓨터와 기술, 특히 웹 사이트를 사용한 접근성을 높이기. 지난 15년 동안 시치료는 실제로 이러한 모든 경향에 관여했다. 전문직으로서, 학문 영역으로서, 이론적 지향으로서의 시치료와 관련된 과제가 아직 남아 있다.

베번과 케슬은 "우리 심리학자들이 우리가 누구인지에 대해 긴장을 풀고 그러한 인간 삶의 풍부함과 복잡성을 다루고자 한다면 심리학은… 과학 가운데 하나일 뿐만 아니라 인문학 중 하나가 될 것이다."(Bevan & Kessel, 1994: 507)라는 말로 이 책의 주제와 일치하는 관점을 제공한다. 이것은 모든 관련 전문직에 해당된다. 문학 읽기와 쓰기는 독특하고 고독한 과정이지만 치유적 특성은 우리의 투쟁에서 우리는 혼자가 아니라는 인식으로부터 나오는 것처럼 보인다. 항상 대인관계적 맥락이 있다. 고독한 과정에서 가장 큰 위험은 완전하게 물러나는 것이다. 문제 해결의 가장 큰 희망은 우리가 경험하는 것에 대한 비전을 공유하고 제공하는 데 있다. 정직한 표현과 정직한 행위가 시치료의 명성을 높인다. 시, 내러티브, 상징이 만들어지고 공유될 때 개인의 치료 및 사회적 상황에서의 인간관계는 변화를 위한 강력한 힘이 될 수 있다. 우리의 개인적 삶에서 우리에게 가까운 사람들과 시적인 것을 추구하듯이 우리의 전문적 실천에서 시를 살아있게 하자. 시치료는 우리의 인간성에 대한 감탄을 일깨우고 선택의 회복을 확인해 준다. 마음으로 하는, 그리고 생각으로 하는 의사 결정은 시와 치료의 일부이다.

다시 생각해 보기

1. 개인 및 직업 개발의 상호관계를 생각해 보세요. 시치료는 어떤 방식으로 이 문제를 다루나요?

2. 당신이 어떤 사람인지를 말해주는 당신이 창조한 (글로 작성되었든 아니든) '이야기'에 대해 생각해 보세요.

3. 당신의 삶에 가장 큰 영향을 미친 사람들(개인적, 직업적, 둘 다)에 대해 생각해 보세요. 감사의 마음으로 그 사람에게 주고 싶은 시에 대해 생각해 보세요. 그 사람에게 시나 편지를 써보세요. (그 사람에게 직접 전달하지 않아도 됩니다.)

제5부

특별한 주제들

팬데믹

시치료는 상당히 오랫동안 트라우마치료에서 중요한 치유제 역할을 담당해 왔다. 그러나 COVID-19는 개인과 커플, 가족과 집단, 그리고 지역사회 모두에게 고통스러운 트라우마였다. 지속적으로 변화하는 상황에서 격리상태로 치료를 담당하고 있는 치료자와 돌보미들에게는 다학제적 접근과 특별한 고려사항이 필요하다. 조력 전문가들과 모든 일선 근무자들에게 가해지는 압력은 점점 더 증가했다. 팬데믹을 다루는 시를 읽고 쓰는 일은 세계 곳곳에서 찾아볼 수 있었다.

트레일러 등은 COVID-19 위기 동안 의료팀에 전례 없는 양의 스트레스가 부과되었다고 말한다(Traylor et al., 2021). 그들은 심리학자들이 의료팀을 지원할 수 있는 다양한 방법에 대해 논의했는데, 그 가운데는 팀의 신뢰 구축하기, 팀의 갈등 다루기, 수행 준비하기, 지원하기, 팀의 탄력성 구축하기, 도전적인 어려운 문제에 대해 생각해 보기, 복지 증진하기, 그리고 현장 뒤에서 해야 할 작업에 대해 인식하기 등이 있다. 의료팀을 지원하는 이 모든 방법이 실행 가능하지만 정말 중요한 인문학적 접근들이 빠져있다. 한 가지 예외가 있다면, 서로를 지지하기 위해 이야기를 공유하는 것이 포함되어 있다. 실제로, 저널이나 일기 쓰기, 시와 편지 쓰기(전쟁 상황에서 그러했던 것처럼), 시와 이야기 읽기, 그리고 상징적 활동에 참여하기(예 : 환자와 동료의 죽음을 애도하기 위해 촛불 켜기) 등은 모두 정말 유용하다고 증명되었다.

이탈리아, 이라크, 오스트리아 출신 학자들인 스팁 등은 치료자와 돌보미들을 위한 독서치료의 일환으로 읽기에 대해 논한다(Stip et al., 2020). 독서치료가 우울증과 정신증을 포함한 다양한 정신장애를 지닌 개인들을 치료하는 치료자들에게 도움이 된다는 것을 증명한 여러 연구를 인용하면서 COVID-19 의료 종사자를 대상으로 한 독서치료의 사용을 검토한다. 특히 고립된 개인에게 접근할 수 있는 기술의 사용(예 : 온라인 도서관과 서점), 화상 회의 및 기타 원격의료 학술 회의 등에 주목한다. 의사들이 학술 논문을 논의하는 의학 분야의 저널 클럽 역사에 주목하면서, 저자들은 참여자들에게 긴장 완화와 지지를 제공하는 독서치료 사용을 제안한다. "문학 기반 읽기 활동은 과학 논문의 엄격한 학술 회의에 대한 대안이 될 수 있다." 저자들은 알베르 카뮈의 『페스트』와 토마스 만의 『베니스에서의 죽음』 같은 독서치료 작품 목록을 제공하면서 대처 수단으로서의 독서치료를 강조하지만, 동시에 문화적 요인의 인식, 경험적 연구의 부족, 작품 선택의 주관성 개입 등을 충분히 고려해야 한다고 경고한다.

모로코 출신 저자 아민은 COVID-19 기간 동안 '봉쇄시(lockdown poetry)'를 연구했다 (Amin, 미출간). 그녀는 COVID-19가 "어려움과 불확실성에도 불구하고 사람들 사이의 가상 대화"를 촉진했다고 말한다. 어려운 시기에 시가 위안과 희망 그리고 공동체의식을 제공한다는 사실에 주목한다. 데라는 코로나시에 대한 독자들의 태도를 조사했다(Dera, 미출간). COVID-19 팬데믹 초기에 "코로나바이러스 관련 시들의 폭발"이 있었다고 말한다. 네덜란드어 사용 독자들 가운데는 부정적 태도가 있긴 했지만 전 세계적으로 사람들은 팬데믹에 대한 시를 쓰고 있음을 발견한다. 그는 코로나시에 반응하는 독자들이 자신의 두려움에 대한 타당화와 유발된 감정을 높이 평가하였다고 말하면서, 본질적으로 일반 대중이 쓴 시가 소위 문학 유형들에 의해 간과되곤 하지만 대중에게는 가치가 있다고 확인한다.

인도 출신의 저자 샤르마는 시를 읽고 쓰는 것이 어떻게 COVID-19 팬데믹에서 살아남는 데 도움이 되는지에 대해 글을 썼다(Sharma, 미출간). 그는 COVID-19의 압도적 상황에 대처하기 위한 '자가심리치료(autopsychotherapy)'로 독서치료를 활용했다고 말한다. T. S. 엘리엇의 시가 자신의 경험, 특히 자신이 느끼는 혼돈과 환멸을 타당화해 주었다고 말하면서, 시를 읽고 쓰는 것이 자신이 지각한 사회적 공간을 이해하고 대처하는 데 도움이 되었음을 증명한다.

로젠블럼은 제리 체이비스(미네소타 출신의 심리학자, 교수, 시치료사)를 인터뷰하면서 시를 읽고 쓰는 것이 어떻게 이 고립의 시기에 위로를 줄 수 있는지에 주목했다(Rosenblum, 2020). 그녀는 우리가 상실한 것에 초점을 맞추기보다는 우리의 회복력을 강조하자고 말한다. 체이비스는 또한 우리가 글을 쓰려고 할 때 문학적 가치의 문제를 피하는 것이 중요하며, 그보다는 말을 밖으로 나오게 하는 것 그리고 그것의 치료적 가치를 인정하는 것에 초점이 맞춰져야 한다고 말한다.

전미시치료학회(NAPT)는 캐런 반 미넨(Karen van Meenen)이 편집한 간행물 『뮤즈레터(*The Museletter*)』에서 팬데믹을 특집으로 다루었다. 다음 시들은 그 특집에 있는 시들 가운데 일부이다(저자들과 편집자의 허락을 받아 사용했으며, 모든 저작권은 저자들에게 있다).

알지 못함의 깊은 잔인함

알지 못함의 깊은 잔인함,

모름의 거미줄에 걸린,

나 자신의 몸은

불안한 추측의 원천.

내가 아픈데 그걸 모른다고? 당신도?

우린 정말 모두가 감염되는 걸까?

바이러스처럼 퍼진다는 말은 더 이상 은유가 아니라

공포스러운 현실

누가 걸릴까, 누가 피할까?

어떻게 이런 적을 대면해 이길까

이렇게 신비하고, 강력하고,

형체가 변화하고, 보이지 않는…

어떻게 이런 두려운 존재로 살아갈까

위험에 빠진 그리고 위험한 ―

잡아먹을 의도가 없는 거미, 부지불식간에 걸린 파리.

알마 롤프스

COVID-19 팬데믹 동안 간호사들에게 바치는 시

당신, 놀라운 간호사들

이 팬데믹 고립 동안

우리 모두를 지탱하는

반석이자 토대.

당신의 무한한 에너지

일터에서의 전문성

환자와 가족, 모든 병원 직원에 대한 당신의 보살핌.

연방정부가 책임을 다하지 않았음에도 그러했던.

지침 없이 헌신하고
이 COVID-19 발병 동안
경계 없이 일하던 당신은
역사를 만들 것입니다!

당신의 한결같은 손은 다른 이들의 손을 잡아줍니다.
그들이 COVID-19로 시달리며
가족도 친구도 방문이 허용되지 않아
병원 침대에 홀로 누워있을 때.

당신의 격려하는 미소는
힘과 희망을 줍니다
자신이 살아 활기를 되찾을지
알지 못하는 입원 환자들에게.

직진의
아드레날린
자신의 건강을 희생하며, 자신의 사랑하는 이들로부터는 고립되어
병원에 갇힌 이들에게 희망과 용기를 주며.

당신, 간호사들은 의사의 지시를 따르고
그들이 가고 나면
당신은 머물러 호흡기를 조절하고
홀로인 이들을 위해 담요를 덮어줍니다.

음식과 필요한 것을
약하고 고통받는 이들에게 제공해 주는
당신의 용감한 심장은 모든 이에게 알려지고
계속해서 이야기될 것입니다.

당신, 간호사들은 생명줄
병실의 모든 외로운 환자에게
가족과 친구들이 보는 얼굴은 다른 누구도 아닌 바로 당신의 얼굴

기적처럼 줌(Zoom)으로 연결되지 않는 한.

간호사님, 당신의 그 모든 담대함과 용기에

최고의 전문성에

위험을 무릅씀에

우리, 미국인은 이렇게 말하고 싶습니다.

우리의 사랑, 감사, 찬사를 바칩니다.

간호사님, 당신에게 경의를 표합니다.

당신을 우리의 진정한 영웅으로 늘 기억할 것입니다.

크나큰 존경의 마음으로.

바바라 크라이스버그

메뚜기 떼 속의 조언

팬데믹 동안

조안 이모가 꿈에 나타난다

신탁을 전할 두 자매가

그녀 곁에 날아다닌다

하늘에서

메뚜기 떼가 내려온다

나와 나무 위에

스스로의 몸을 뒤트는 덩어리의

곤충들

딸깍거리는 빨래집게

모양과 색깔과 소리가

빛을 흐리고

그것들이 내 몸 전체를 내려친다

탁탁 조그만 타격들로

난 조심스럽게 떼어낸다

메뚜기 반쪽을

내 오른쪽 귀에서

그리고, 난 괜찮아

난 좋아, 왼손으로 제스처를 할 때

그때 이모가

저 위에서 말한다

소음 저 너머에서 말한다

속도를 늦추렴

메뚜기 떼 속에서는 달리지 말렴

난 그녀의 충고를 받아들여

길을 걷는다

그게 정말 도움이 되어

나중에 알게 되었다

모든 것은

때가 되면

다 제자리로 돌아온다는 것을

파도는 모이고 흩어지고

몸은 숨을 들이쉬고 내쉬고

무리들은 내려가며 모양을 바꾸고

베스 제이콥스[1]

COVID 동안 검은 고양이 걸음 되돌리기

그것이 내가 다니는 바깥의 길을 가로질러

붉은 제라늄 화분 상자 옆을 지나간다.

난 식료품들을 씻고 또 씻는다

혹 내게 코로나바이러스가 왕관을 씌웠을까 봐.

내 나이엔 아주 조심해야 한다.

그래서 나는 뒷걸음치기 시작한다, 살금살금 고양이 걸음으로 뒤로 걷는다.

소독약 풍기는 공기 속에서, 바나나와 포도를

세제물에 담근다. 그건 아일랜드 방식이지.

---

1   Beth Jacobs, *Long Shadows of Practice*, Homebound Publications, 2021에 게재된 시를 저자와 출판사의 허락을 받아 수록하였다.

본 것을 보지 않기 위해 손으로 눈을 가리는 것

시계태엽을 뒤로 돌리는 것, 그건 말이 된다.

그날 뉴스를 못 들은 척 흘려보내며

하루가 어디로 갔을까 궁금해하는 나에겐.

격리 이후 내 정수리는 다 날아가고

백발이 되었지만, 고양이는 코털 하나 변하지 않았다.

그녀의 성큼성큼 걸음걸이는 나를 무색하게 만든다.

내가 오래된 음모에 속아 넘어간 건가?

기억해 봐 켈트 속담에 의하면,

자정이 울릴 때 혹은 그 전에 주문을 제대로 걸면

고양이의 빤히 쳐다보는 눈을 축복하면

사랑과 건강을

원한다면 행운도 가져다준다는 걸,

나는 고양이의 발걸음을 되돌려 팬데믹을 취소시키기 위해

밖으로 나간다, 키티, 키티

이리 돌아오렴 부르며. 그녀를 먼지 더미 속에서

들판 저 뒤에서 발견하고 모든 것을 되돌린다.

　　　　　　　　　　　　　　　　　　　　페리 롱고

새로운 비정상에 대한 고찰 : 아크로스틱

MASKS(마스크)

M　절대적으로(Momentous) 부족한

A　모든(All) 의료

S　용품들(Supplies)이

K　우리를 불안하게 만든다(Keep), 보장할 수가 없어서

S　우리의 고립된 공간에서도 안전함(Safety)을

VENTILATORS(인공호흡기)

V　인공호흡기(Ventilators)가

E　충분치(Enough) 않아 누군가 죽어간다

N 그렇게 되지 않을 수 있었는데(Needlessly)

T 처치(Treated)를 받을 수 있었다면

I 만약(If) 필요한 게 있었다면

L 삶(Life)은 고요히 멈춰 있고

A 그럼에도(And yet) 이상스레 움직인다

T 걸음마 아가(Toddler)의 뒤뚱거리는 발걸음처럼

O 넘어야(Over) 할 가시덤불과 장애물 앞에서

R 분노하고(Rage) 울고 넘어지고 외치고 의문을 품을지라도

S 여전히(Still) 우리는 희망을 품는다 그 모든 것에도 불구하고

PANDEMIC(팬데믹)

P 평화로움(Peacefulness)은 도달할 수 없는 듯하다

A 지금(As) 우리가

N 필요한(Need) 건 평온과 확신인데

D 우리를 공격하는 그 모든 끔찍한 예측에도 불구하고(Despite)

E 모든(Every)

M 미디어(Media)에서 쏟아져 나오는 것들,

I 우리를 침수시키는(Inundated)

C 코로나바이러스(Coronavirus) 이미지들과 말.

CORONA(코로나)

C 왕관처럼(Crown-like) 붉고 뾰족한 꽃송이들이 달린 너를 우리는 본다

O 계속계속(Over and over) 신문과 텔레비전에서

R 반복해서(Recurrent) 질병을 가져오는 사나운 아름다움, 하지만 우리가 보는

O 다른(Other) 이미지는 사람을 돕는 사람들

N 그 어떤 외부에 대한 기대도 없이(No)

A 보상(Award)을 받으리라는

제리 체이비스

체이비스는 팬데믹에 대해 숙고하면서 공동체의식의 중요성에 대해 썼다(2021, 미출간). 그녀는 전미시치료학회(NAPT) 친구들과 함께 한 시치료 '공동체 경험'에 대해 이야기한다. 이 집

단은 매년 NAPT 학술회의에서 만나는 오랜 관계를 유지하고 있었으며 애정을 담아 '다년생초들(The Perennials)'이라고 알려져 있다. 팬데믹으로 만날 수 없었던 지난 해 이들은 가상 공간(Zoom)에서 만나 공동작업시를 지었다. 다음의 시는 집단원 각각에게 위로와 지지와 의미를 제공해 주었다.

함께하지는 못하지만
우리가 잡고 있는 건 서로를 연결하는 실
무엇보다도 그건 — 시

팔에 팔을 맞대고
시간, 공간, 좌절을 넘어
다년생초들은 빛난다

디지털 파도를 넘어
우리는 함께 엮어낸다 마법을
안전한 지대에서

아침의 환희 —
먼 곳에서 온 친구들의 말이
하루를 시작한다

사랑이 전염되어
피어난다
크로커스와 바이러스

수 마일을 가로질러 우리는 앉아있다
안전한 고치 집에서 보호된 채
갈망하며 사랑스럽게 함께하며

다년생초들의 사랑은 이제
비옥하고도 위험한 흙에서
밝은 꽃을 피운다

다년생초들 : 페리, 닉, 제리, 찰리, 베스, 바바라, 알마
(저자의 허락을 받아 수록하였다.)

실제로 COVID-19를 다루는 시의 힘은 교육, 치료, 지역사회 실천 및 자조 등을 포함한 많은 차원에서 점점 더 관심을 받고 있다. COVID-19와 관련된 주요 감정에는 분노, 불안, 슬픔, 그리고 상실 등이 있다. 추천하고 싶은 글쓰기 기법에는 다음과 같은 것들이 있다.

1. COVID-19에 대해 느끼고 있는 점을 적어본다. 무엇이/누가 이러한 감정들을 자극하는 경향이 있는가?
2. 불안감을 확인하고 강점으로 대응해 본다[예 : 전에도 위기가 있었지만 이번에는 다르다… (어떤 점에서?)]. 다른 사람들과 시를 공유해 본다.
3. 슬픔과 상실에 대해 상징적/의례적 방법을 사용해 본다. 예를 들어, 사랑했던 고인에게 글을 쓰기, 촛불 켜기, 추모시 낭송하기 등 의식을 실행해 본다.
4. 보호해 주는 것으로서 그리고 은유로서 마스크를 생각해 본다. 사회적 거리 두기와 시적 친밀함을 생각해 본다.

전반적으로, 시와 이야기는 우리가 겪고 있는 고난의 시기에 희망을 준다. 이는 사회적 거리 두기에서 기술을 통해 탐색하고 타당화하고 상호 연결을 함으로써 가능할 수 있다.

다시 생각해 보기

1. 팬데믹이 당신에게 개인적으로 그리고 직업적으로 어떤 영향을 미쳤나요? 이 어려운 시기를 헤쳐나가는 데 시가 도움을 주었나요?
2. 의례를 당신이나 내담자/학생들을 위한 치료 도구로 사용했었나요? 당신에게 마스크는 무엇을 상징하나요?
3. 가상 회의/소통이 당신의 시치료 사용에 어떤 영향을 미쳤나요?

영성

보석

그저 작은 미소

애정 섞인 간명한 단어,

포옹으로 가늠된다

불확실의 시대에,

미래를 위해 간직할 보석으로 진화된다.

니콜라스 마짜[1]

초기 원시시대부터 동굴 벽에 새겨진 글에서 시작하여 오늘에 이르기까지 시는 영성의 자리를 차지해 왔다. 13세기 시인이자 이슬람 학자인 루미(Rumi)를 떠올려 본다. 그의 작품은 오늘날까지 아주 광범위하게 영성과 관련되어 자주 인용되었다. 루미의 영적 시를 참조해 보기 바란다(Khalili, 2018). 또한 레바논계 미국 시인 카릴 지브란의 작품, 특히 『예언자』를 생각해 본다. 그는 종교에 대해 다음과 같이 썼다(Gibran, 1923).[2]

그리고 한 늙은 사제가 물었다,

저희들에게 종교에 대해 말씀해 주옵소서.

그러자 그가 말했다:

내가 오늘 그것 말고 무슨 말을 했었던가?

1　*Journal of Family Social Work*, 13, 2010: 463에 게재된 시를 Taylor & Francis 출판사의 허락을 구하여 수록하였다.

2　poets.org(전미시인아카데미)의 공개 자료 중 『예언자』의 「종교편」(1923) 참조.

일상의 모든 행동과 깊은 성찰들 이것이 모두 종교가 아니고 무엇인가?

손으로 돌을 자르고 베틀을 손질하는 동안에도

그 영혼 속에는 늘 경이감과 놀라움이 솟아나네, 비록 그것들이 행동과 성찰은 아니라 할지라도.

누가 믿음과 행동을, 신앙과 직업을 분리할 수 있단 말인가?

또 누가 자신의 시간을 자기 앞에 펼쳐놓고 "이 시간은 신을 위한 시간, 저 시간은 나를 위한 시간, 또 이 시간은 내 영혼을 위한 시간, 또 그 시간은 내 몸을 위한 시간이다."라고 말할 수 있겠는가? 그대의 모든 시간은 공간 속에서 자아에서 자아로 퍼덕이는 날개인 것을.

그는 도덕의 옷을 입지만 최고의 옷은 벌거벗는 것이라네.

햇빛과 바람이 그의 살갗을 찢어 구멍을 내지는 않을 테니.

자기 행동을 도덕에 따라 규정한다면 자신의 노래하는 새를 새장에 가두는 것이 될 걸세.

가장 자유로운 노래는 창살과 철조망 틈으로 나오는 것이 아니네.

열어볼 수도 있지만 닫아버릴 수 있는 창문처럼 예배를 드리는 사람은, 새벽부터 새벽까지 열려있는 창문을 가진 자신의 영혼의 집을 아직 방문하지 못한 사람일 걸세.

그대의 일상생활이 그대의 사원이며 종교이네.

그것에 들어갈 때마다 그대의 모든 것을 가지고 가야 하네.

쟁기와 풀무 그리고 나무망치와 피리를 가지고 가게나,

그것들이 필요해서 만든 것이든, 즐거움을 위해 만든 것이든 간에,

황홀함 속에서는 그대의 성취를 넘어서 떠오를 수도 없고,

실패한 것보다 더 떨어질 수도 없네.

그러니 그대는 모든 사람을 함께 데리고 가시게:

신에 대한 숭배로는 그대가 그들의 희망보다 더 높이 날 수 없고

그들의 절망보다 그대 자신을 더 낮출 수는 없기 때문이네.

만일 그대가 신을 알려고 한다면 그분에 대한 수수께끼를 풀려고 하지 말게.

그보다는 차라리 그대 자신의 주위를 돌아보게.

그러면 그때 그대는 그분이 그대의 어린아이들과 놀고 있는 것을 보게 될 걸세.

그리고 하늘을 바라보게. 그러면 그대는 구름 속을 거닐고 계시는 그분을 볼 것이며,

번개 속에서 당신의 팔을 뻗고 빗속에서 내려오시고 있는 그분을 볼 걸세.

그대는 꽃들 사이에서 웃고 있는 그분을 볼 것이며,

그다음에는 일어나 나무들 사이에서 손을 흔드시는 그분을 보게 될 걸세.

실버먼은 "시는 태고부터 세계 주요 종교문헌과 경전에 뚜렷하게 드러난다."(Silverman, 1997: 49)라고 하면서 특별히 영성은 종교만이 아닌 영적이고 초개인적인 모든 것에 해당된다고 강조한다. 사실, 모든 사람에게 반드시 종교가 필요한 것은 아니지만 대부분의 사람들에게는 어떤 형태로든 영성을 찾아볼 수 있다. 그것은 종종 글(예 : 일기, 이야기, 시)과 음악(가사)에 잘 드러나며 춤도 여기에 포함된다. 시에서 우리는 개인적 의미와 초월성을 더 구체적으로 보게 된다. 자연과 영성의 상호 연합은 우리 자신들과 우리의 주변 환경보다 더 큰 무언가와 연결하고자 할 때 시와 예술을 통해 포착될 수 있다.

쇼는 심리학과 영성의 융합에 대해 논의했다(Shaw, 2005). 그는 단테 알리기에리와 윌리엄 워즈워스를 영성과 심리를 연결시키는 시인으로 간주하였다. 단테는 종교시인에, 워즈워스는 자연시인에 더 잘 속한다.

부찌는 911 참사(2001)를 미국 남북전쟁과 월트 휘트먼에게 연결시켰다(Bucci, 2003). 구체적으로 그는 휘트먼이 사상자들에게 편지를 읽어주고 써주면서 시와 영성을 어떻게 연합시켰는지에 주목했다. 물론 현재(2021년 1월 6일)는 COVID-19의 비극과 국회의사당을 공격한 미국 테러리스트들의 문제를 들 수 있다. 지금이 바로 우리가 시와 여러 유형의 글쓰기를 통해 실천적, 정서적, 영적 수준에서 서로를 지원해야 할 때이다.

하인즈는 그녀의 독서/시치료와 영성과의 연관성을 논의하면서 영성, 지각, 통찰력, 적합성, 총체성을 표상하는 아크로스틱[3] 영성(SPIRIT)을 만들었다(Hynes, 1990). 이러한 구성 요소의 중요성과 관련성을 뒷받침하기 위해 하인즈는 심리학 이론을 영성과 연결한 매슬로우와 융을 인용했다. 핵심은 시가 우리의 영성으로 들어가는 진정한 수단이라는 것이다.

레빈은 표현예술치료와 도교가 서로 유사하다고 본다(Levine, 2015). 둘 다 포이에시스(poiesis)에 기반을 두고 있다는 점에 주목했다. 포이에시스는 특정 목표(서양의 사고와 인지행동치료의 공통점)에 초점을 맞추는 대신 무언가 스스로 존재하는 순리대로 놔두어 보는 것에 초점화되어 있다. 이 점은 모든 것을 순리에 맡기라는 비틀즈의 노래 '내버려 둬(Let it be)'를 생각나게 한다.

3　보통 각 행의 첫 글자를 아래로 연결하면 특정한 어구가 되게 쓴 시로 '두운 세로시'라고도 한다. ― 역자 주

17.1 RES 모델

17.1.1 수용적/처방적 요소

폴스터플은 "모든 좋은 시는 종교적이다… 시는 우리 인간성과 삶의 인간적 맥락을 포함하여 현실에 대해 뭔가 심오한 진실을 표현한다. 무엇보다, 인류와 인간의 삶의 맥락… 초월적이고 실제적이며 진실한 무엇인가에 다가갈 수 있게 한다."(Forsthoefel, 2014: 113)라고 말하면서 불교, 힌두교의 일부 버전과 인지심리학이 상호 일맥상통함을 주목하였다.

폴스터플은 또한 인지 이론과 일치된 '성시(poetry of the sacred)'를 읽는 것이 독자들의 자기 이해와 웰빙을 증진시킨다는 것을 발견하였다. 그는 매리 올리버와 제라드 맨리 홉킨스와 같은 시인들이 성시뿐만 아니라 히브리어 성경의 시편도 인용했음을 발견하였다. 그는 서구의 '위대한 수도원 전통'인 렉시오 디비나(Lectio Divina, 신성한 독서)에 주목했다. 폴스터플은 세계 종교에서 발견되는 성시와 시 쓰기가 치료적이며, 인간의 발달을 증진하는 데 잠재력이 있다고 단언했다.

17.1.2 시치료의 표현적/창조적 요소

폴스터플은 시 쓰기가 그에게 인생 경험에 대한 통찰을 제공한다는 사실을 발견했다(Forsthoefel, 2014). 메드라노-마라는 체화된 글쓰기(Embodied Writing, EW)가 인간의 모든 감각을 사용함으로써 타이노족[4]의 영성을 발전시킬 수 있다고 언급했다(Medrano-Marra, 2009). 그녀는 "정령 신앙 개념에 기반한 복합적인 영적 관습으로서, 타이노족이 종교적인 신앙을 토대로 제미들(Zamies)을 숭배하였다. 하나의 제미(Zemi)는 신이나 여신의 3차원적 표현이며, 대부분 추장이나 주술사로 인격화된다."(22)라고 타이노족을 기술하였다. 특히 가부장적 우월성과 관련된 '신성한 여성상'에 초점을 맞춘 11명의 도미니카 여성을 대상으로 한 직관적 탐구법을 통해 의식이나 체화된 글쓰기가 모두 "자기인식, 영적 성장, 개인 역량 강화에 영향을 미친다."(212)라고 밝혔다.

실버먼은 시치료와 영성을 관련지음으로써 생기는 아름다움을 중요시하였다(Silverman, 1996). 이것은 위긴즈가 제시한 영성 일기(저널)를 쓰는 기법에서도 마찬가지이다(Wiggins, 2011). 이것은 특히 내담자가 자신의 삶의 목적과 관련된 의미에 집중해서 글을 쓰다 보면 무

---

4 Tainos : 카리브해 지역에 살았던 원주민 — 역자 주

엇이 그의 삶에서 신성한 것인지 알게 되는 실천적 기법이다. 성찰은 내담자의 죽음과 상실을 다루는 데 효과적이다. 본질적으로 구조화된 글쓰기나 비구조화된 글쓰기는 모두 영성과 인간의 경험을 연결하는 데 유용하다. 프러 등은 초기 청소년에 대한 무작위 통제집단 설계 (n=221) 연구에서 '받은 복 세어보기'가 참여자의 웰빙 향상에 효과적임을 발견했다(Froh et al., 2008). 심리치료사이자 선 수행자인 제이콥스는 특히 마음챙김 명상과 관련하여 불교사상과 심리치료의 통합을 이루어 냈다(Jacobs, 2017). 그녀는 심리학과 영성에 대한 통찰력과 깊은 인식을 제공하였다. 그녀는 『불교사상 저널 : 글쓰기와 명상하는 이들을 위한 실제 안내서』 (2018)를 저술했다. 이 책은 시치료, 심리학, 영성이 깊이 상관되어 있음을 보여준다.

17.1.3 시치료와 원의 상징적/의례적 요소

원은 많은 영적 신앙에서 자주 발견되는 모양으로 변형 과정 및 인생주기와 연결될 수 있다. 이러한 원의 개념을 보여주는 인기 있는 노래로서 해리 채핀이 부른 '원(Circle)'(1971)에서는 인생의 순환, 매일, 인간관계, 그리고 계절에 대해 이야기했다. 퍼트넘은 원이 개인의 영적 힘뿐만 아니라 범세계적으로 신성을 나타낸다고 말했다(Putnam, 2021년 1월 15일 검색). 퍼트넘이 원과 동일시한 영적 신념에는 다음과 같은 것들이 포함된다.

1. 선불교 : 가장 잘 알려진 원의 상징은 엔소(ensō)이다. 이것은 몸에서 자유로워진 마음이 창조하는 순간을 표현한 것으로, 한두 번의 붓질로 그린 원이다. 원은 깨달음, 공허함, 그리고 우주의 모든 순환을 나타낸다.
2. 기독교 : 기독교에서 원은 영원과의 신성한 결합을 나타낸다. 원은 성경에서 하늘의 모양, 그리고 시간의 시작과 끝으로 여러 번 언급되었다.
3. 수비학(술수) : 수비학에서, 원은 숫자 10으로 가장 잘 표현된다. 10이란 숫자는 완성, 온전함, 완전함을 뜻한다. 10은 탄생, 죽음, 변신(윤회)의 과정을 포함한 필수적 순환을 나타낸다.
4. 풍수 : 풍수에서의 원은 기운이 고양된 영적 에너지를 집 안으로 가져오는 데 사용되는 핵심 형태이다.

유대인의 영성 신앙에 관해 신클레어는 그들이 토라를 연속 주기로 읽는다고 말했다(Sinclair, 2021년 1월 20일 검색). "왜냐하면 원은 평등의 상징이며 원의 모든 점은 중심에서 등거리에 있기 때문이다."

물론 원이 모든 사람에게 영적 의미가 있다고는 가정할 수 없다. 예를 들어, 파인스타인이

유대교에서 주목한 것은 "유대 전통은 이 신앙의 치명적 의미를 알고 있었기에 원에 대해 저항했다. 자연과 마찬가지로 전쟁, 홀로코스트, 역병, 파괴의 끝없는 순환 속에서 역사가 계속 반복될 수밖에 없다는 개념만큼 희망이 없는 생각이 있을까? 우리는 결코 배울 수 없는가? 우리는 결코 변할 수 없는가?"(Feinstein, 2017년 9월 22일 게시, 2021년 1월 15일 검색)이었다.

원 이외의 기호에는 다음과 같은 것이 포함된다(이것들에만 국한되지는 않는다).

기독 신자

천사

하강하는 비둘기

십자가

닻

유대인

다윗의 별

생명의 나무

메노라

비둘기와 올리브 가지

차이(생명을 담은 편지)

이슬람교

초승달과 별이

새겨진 깃발

무함마드의 인장

불교

연꽃

만다라

하얀 소라(고동)

여덟 개 살의 황금 바퀴

두 마리의 황금 물고기

힌두교

소라(고동)

옴(The Om)

신성한 실

빈디(이마 장식)

상징들을 내담자들의 탐색 및 타당성을 촉진하는 도구로 사용해도 된다. 상기한 바와 같이 어떤 것이든 치료 도구를 사용하기 전에는 내담자의 신념과 정체성에 대한 이해가 신중히 고려되어야 한다.

17.2 영성에 특화된 기술

영성 평가에서 고려해야 할 몇 가지 일반적인 질문들은 다음과 같다. 영적 신념이 있는지, 있다면 영적 신념이 무엇인지에 대해 질문한다. 내 자신에게 의미 있는 것은 무엇인가/누구인가? 어떤 문헌(시, 이야기 등)이 영적으로 중요하다고 여겨지는가? 나에게 중요한 상징이 있는가? 일기나 저널을 쓰는가?

1. 아름다움 : 내 삶의 아름다움을 생각하거나 상상해 본다. 자신이 기억하거나 직접 그린 그림, 사진, 이미지, 기호를 포함할 수 있다. 이것이 영성과 어떤 관련이 있는지 생각해 본다.
2. 원 : 내담자에게 원을 그리게 한 다음 개인적으로 의미 있는 것들을 쓰도록 해본다. 다음과 같은 발문을 사용해 볼 수 있다. 원에 누가 있기를 바라는가? 그 원 안에서 제외된 사람은 누구인가? 그 원은 누구에게서 또는 무엇으로부터 힘을 얻는가?
3. 영성 일기 : 구조적이거나 문장 완성하기와 같다. 다음과 같은 예문을 사용해 볼 수 있다.
   a. 내가 가장 외로울 때는…
   b. 내가 가장 평안할 때는…
   c. 내게 의미 있는 것(사람)은…
   d. 내가 감사하는 것은… (감사 일기를 써볼 수도 있다.)
4. 선정된 시, 경전, 음악에 반응해 본다(17.5절의 샘플 목록 참조).
5. 내 영적 감정에 영감을 주거나 확인시켜 준 노래의 재생 목록을 만들어 본다.
6. 만다라를 그려본다.

피사릭과 라손은 인본주의적 토대와 진정성에 초점을 둔 지침을 제공했다(Pisarik & Larson, 2011). "지금 이 순간 당신의 진정한 자아를 나타내는 기호, 패턴, 디자인, 또는 색상으로 원을 채우십시오"(98). 저자는 만다라를 해석할 때 만다라 내부에 있는 느낌, 사용된 색상에 대한 논의, 기억, 연관성 등이 포함될 수 있다고 하였다. 만다라에 제목을 붙일 수도 있고 만다라를 변형해서 구성할 수도 있다는 점을 유의해야 한다. 만다라는 불교에 속하지만 다른 영적 신앙에서도 사용 가능하다.

7. 은유들

은유는 참여자에게 비위협적 방식의 의미를 찾게 하는 데 유용하다.

▌17.3 윤리

건시어렉 등은 영성 통합의 임상 실제에서 '윤리적 복잡성'을 주목했다(Gonsiorek et al., 2009). 여기에는 치료사 역량, 편견, 진단분류, 성직자(종교 리더)들의 자문이 포함된다. 이것은 본질적으로 전문적 범위 내에서의 알기와 실천하기이다. 원격의료(telehealth)와 관련해서는 품질, 보안, 개인 정보의 비밀 보장이 중요하다.

시와 영성을 성장, 건강, 정신건강 역량에 통합할 때 고려해야 할 몇 가지 질문들은 다음과 같다.

1. 기도가 내담자에게 적합한가?
2. 기도가 도움이 되는가? 아니면 문제 해결을 회피하는 방법인가?
3. 기도는 치료사에 대한 인식에 어떤 영향을 미치는가?
4. 문화는 어떤 역할을 하는가?
5. 과학은 영성과 시와 어떤 상호작용을 하는가?
6. 용서와 감사는 시, 치료, 영성에서 어떤 역할을 하는가?
7. 내담자가 영적, 종교적 관심사를 탐구하는 것에 관심을 보이는가?
8. 치료사가 (의도하지 않더라도) 내담자에게 자신의 영적 가치들을 강요하고 있는가?

▮ 17.4   개인 노트

개인 노트 속에서도 시, 음악, 달리기가 영적이라는 점을 발견할 수 있다. 내가 믿기에는 만물이 순간에 대한 감사로 귀결된다. 가장 작은 것에도 고마움을 갖는 것이 가장 중요하다. 예를 들면, 음악을 들으며 특별한 사람과 즐겁고 행복했던 시간을 회상하는 것이다. 내가 쓴 시를 공유하면 누군가가 진심으로 감동을 받는다. 시를 읽는 것은 통찰, 영감, 타당성을 준다. 달리는 동안 자연의 일부를 보면서 내가 나보다 훨씬 더 큰 우주의 한 부분임을 깨닫게 된다. 이 모든 것이 시적이고 영적인 것과 관련이 있다.

나에게 영적 의미를 주는 상징물로는 2005년 교통사고로 사망할 당시 21세였던 내 아들 크리스의 비둘기 핀과 기념 곰(아들 셔츠에 있는 곰을 떼어서 만든)이 있다. 이 둘을 내 셔츠에 달아두고 나는 매일 조석으로 크리스를 안아주고 말을 건넨다. 그는 항상 나와 함께 있다. 또 다른 셔츠 깃에는 고인이 된 여동생 지넷을 기리기 위한 유방암 핀(유방암인식운동을 위한 핑크 리본 핀 — 역자 주)을 달았다. 내 딸 니콜은 나의 삶의 고통과 약속을 함께 해준 가장 큰 복이라고 생각한다. 나의 두 손주, 콜과 해들리는 형언 불가한 커다란 선물이다.

영성을 말할 때 여러 해를 함께한 특별한 우정을 빼놓을 수 없다. 그 우정이 오랜 세월을 함께해 왔든 아니면 새로 알게 된 친구이든 관계없이 말이다. 누가 우리의 삶 밖으로 나가게 되는가? 누가 우리 삶 안으로 들어오게 되는가? 사람들은 우리 삶(기억, 정신)에서 사라지지 않는다. 생각하고, 있어주고, 기도해 주는 것에는 그들을 돕고자 하는 마음이 내재되어 있다. 어디에서든 그들을 위해 기도할 수 있다.

앞서 해리 채핀에 대해 언급했듯이, 나는 그의 노래 작곡과 공연뿐만 아니라 그의 인도주의적 봉사(예 : 배고픔을 채워주는 일)에 가장 깊은 인상을 받았다. 진정한 언행일치이다. 사회복지 실무와 교육 분야에서 경력을 쌓는 축복을 받은 나에게 있어 삶의 의미는 학생, 교수진, 더 큰 공동체를 돕고 지원하는 것과 관련이 있다.

영성이란 불확실성의 시간을 인식하는 것을 의미하기도 한다. 나는 비틀즈의 노래 '내버려 둬(Let it be)'를 생각하고 또한 내가 믿는 것을 절대 포기하지 않겠다는 오랜 헌신을 생각해 본다. 최근에 참여했던 마라톤에서, 낯선 경주 코스에서 거의 탈진된 채 길을 잃어 하늘을 쳐다보며 혼잣말을 했다. "크리스, 내가 보이고 내 말이 들린다면 날 좀 도와다오." 그러자 곧 마라톤 자원봉사자 중 한 사람이 나를 보더니 안내해 주어, 긴장하며 나를 기다리고 있던 딸이 함박웃음을 지으며 서있는 결승선까지 경주를 마칠 수 있었다.

나는 또한 모든 선택에는 잃는 것이 있게 마련이고 모든 것을 가질 수는 없음에도 우리가 선택해 온 삶의 여정에 대해 감사해야 함을 수용한다.

내 나이 72세, 무엇을 유산으로 남길지가 더 중요해지는 나이이다. 내 삶에 무엇을 남겨 왔는가? 난 어떤 차별화된 것들을 성취해 왔는가? 이곳이 바로 회고록을 쓰는 것 외에도 삶에 대한 시적 접근을 유지하는 것이 중요해지는 지점이다. 궁극적으로 삶의 열쇠는 시와 영성의 필수 구성 요소인 선택권을 되찾거나 심어주고 희망을 구축하는 일이다. 자녀들과 소통할 때마다 "사랑한다, 크리스." "아빠 사랑해요." "사랑한다 호박덩이(딸의 애칭)." "사랑해요 압-바." 그렇다. 늘 하는 말일지라도, 사랑이 답이다.

▌17.5   시, 성경, 음악 목록

전미시인아카데미(https://poets.org)를 참조해 보라. 'Religion(종교)' 또는 'Spirituality(영성)'를 검색해 보라. 시재단(https://www.poetryfoundation.org)에서 더 많은 시를 검색해 볼 수 있다.

17.5.1   시

시 제목	시인
소품으로 집을 꾸며요(The props assist the house)	에밀리 디킨슨
보물(The treasure)	로빈슨 제퍼스
내 빛이 어떻게 소모되는가를 생각할 때 (When I consider how my light is spent)	존 밀턴
하나님의 자비 안에 거하는 것(To live in the mercy of God)	드니스 레버토브
축복(Benediction)	조지아 더글러스 존슨

17.5.2   성경 구절

모든 눈물을 그 눈에서 닦아주시니…	요한계시록 21장 4절
보라 내가 이 성을 치료하며 고쳐 낫게 하고…	예레미야 33장 6절

모든 것에는 다 때가 있다…	전도서 3장 1~8절 (팝송 Pete Seeger 곡, Byrds 노래)
두려워 말라, 내가 너와 함께함이라…	이사야 41장 10절
사랑하는 자여, 범사에 잘되고 강건하기를 간구하노라…	요한3서 1장 2절

17.5.3 음악

노래 제목	가수
날 찾아내셨군요(You found me)	더 프레이
원(Circle)	해리 채핀
날 일으키시네(You raise me up)	조시 그로반
천국 갈 준비(People get ready)	임프레션즈
기도(My prayer)	플래터스
나 같은 죄인 살리신(Amazing Grace)	마할리아 잭슨(전설적 가스펠 가수, 후에는 쥬디 콜린스와 다수의 가수들이 노래함.)

시, 성경 구절, 음악 목록은 영성에 대한 저자의 주관대로 선정되었다.

다시 생각해 보기

1. 영성을 어떻게 정의하나요? 만약 그것이 당신에게 무엇이든 의미를 가진다면, 무엇인가요?
2. '종교'는 당신의 삶에 어떤 영향을 끼쳤나요?
3. 영적인 경험을 기록해 보세요. 자신에게 영적 의미가 있는 노래와 시를 찾아보세요.

시, 달리기 그리고 자기계발 : 삶의 전환에 대한 시적 접근[1]

이 장의 목적은 나의 달리기와 글쓰기가 개인과 전문 역량에 기여한 바에 대한 내러티브 관점을 제공하는 것이다. 나의 기본 전제는 마라톤이 삶에 대한 은유 이상이며 가장 시적인 형태의 삶이라는 것이다. 생물학자이자 울트라마라토너인 번드 하인리히는 "움직임은 생명과 거의 동의어"(Heinrich, 2001 : 8)라고 말했다. 그는 본질적으로 또 총체적으로 우리 모두가 경주자라는 점에 집중했다. "우리 중 누군가가 조깅을 하거나 마라톤 경주를 위해 출발선에 줄을 설 때마다 우리는 보편적 삶과 개별적 생존을 축하하고 있을 뿐만 아니라 현실을 인정하면서 개인의 환상을 현실화시키도록 연습하는 것이다"(9). 마이보스도터와 퀘너스텟은 움직임과 움직임의 지속이라는 주요 주제를 다루는 미적 경험으로서의 마라톤 경주에 대해 논의하였다(Maivorsdotter & Quennerstedt, 2012). 그들은 개인사와 문화의 맥락에서 마라톤을 이해하는 것의 중요성을 지목했다. 확실히 마라톤은 운동 경기이지만 성취감과 기쁨을 가져다주는 심미적 경험이기도 하다. 또한 마라톤은 예술과 마찬가지로 변화 경험, 삶의 기술 개발, 인간의 영혼을 축하하는 기회를 제공한다.

▌18.1 개인사

필자는 플로리다주립대학교에서 상담심리학 박사 과정을 밟기 위해 1978년 뉴저지주에서 플

---

1 이 장의 일부분은 E. A. Kreuter, Ed., *Chasing Rainbows: An existential perspective of a marathon runner*, Nova Science Publishers, Inc., 2016: 163~167에 게재되었으며 허락을 구하여 수록하였다.

로리다주 탤러해시로 이주하였다. 당시 내 머릿속에서는 운동이나 경주를 위해 달리기를 할 생각은 전혀 없었다. 만약 내가 뉴저지주에서 달리기를 하다가 사람들 눈에 띈다면 그건 이제 막 상점을 털고 도주하는 상황일 거라는 농담도 했다. 몇몇 친구들이 내게 5km 달리기를 소개해 주었다. 이 정도의 거리라면 죽을 수도 있겠다는 생각을 했지만 시간이 지나면서 더 긴 경주로 발전되어 1981년 2월 42.195km의 '위대한 마라톤 경주'를 하게 되었다. 상징적으로 내가 마라톤을 완주할 수 있다면 박사학위 논문심사에도 통과될 것이라는 확신을 하게 되었다. 아내 재니스는 우리 첫아이 니콜을 임신한 채 마라톤에 참가했다. 나는 마라톤 경주를 마칠 수 있었고 8월 후반에 시와 집단상담에 관한 내 박사 논문 최종심사를 성공적으로 통과했다. 참으로 마라톤은 내겐 시 그 자체였고 그런 식으로 이후 내 생애 36년간 지속되어 2017년 2월 제37회 탤러해시 마라톤을 마치게 되었다. 니콜은 엄마의 태중에서부터 시작해서 단 1회도 마라톤 경주에 불참한 적이 없고 2015년 경주에서는 내 손주 콜을 임신 중이었지만 참가하였다. 그때 이후로 나는 건강과 노화 문제로 인해 마라톤 경주에는 불참하고 있지만 아직도 매일 10km는 달릴 수 있다. 마라톤을 완주한다는 단일 목표의 출발은 내게 삶의 많은 전환기를 잘 통과할 수 있도록 매년 힘과 지원, 그리고 웰빙의 원천이 되어 왔다. 탤러해시 마라톤과 이후 80km 탤러해시 울트라마라톤(1993~2007년 15년 연속), 그리고 지금은 매일 10km를 달리면서 개인 및 직업상의 어려움을 극복하는 데 도움이 되었다. 이제 팬데믹으로 인해 내가 달릴 때 마주쳤던 손을 흔들어 환호해 주었던 이들, 신호음, 다정한 미소를 보내주었던 이들에게 특별한 고마움을 갖게 된다. 이것은 내가 감사 일기에 쓸 만한 시이며 또 치유적인 것이다. 시와 달리기 덕분에 내 인생에서 가장 중요한 것은 바로 내 자녀 니콜과 크리스, 최근에는 내 손주들 콜과 해들리의 사랑임을 확인하게 되었다.

▌ 18.2   도전에 대한 직면과 지원에 대한 환영

인생의 굴곡은 확실히 마라톤에 잘 반영된다. 우연히 일어나는 일도 있고 개인이 통제할 수 없는 고난과 시련도 있다. 그러나 인지 이론의 관점에서 볼 때, 그것은 사건 자체가 아니라 우리가 그것을 어떻게 인식하고 어떤 행동을 취하는가에 따른 문제이기도 하다. 나의 첫 마라톤 경주는 내가 처음 공을 들여 시도한 무엇인가를 성공했다는 점에서 내겐 아주 특별했다. 내가 특정한 날짜에 논문심사를 받겠다고 말했을 때 일정이 너무 촉박해 절대 성취할 수 없다는 말을 들었다. 내가 첫 마라톤을 하겠다고 발표했을 때, "당신, 제정신이오?"라는 반응에서부터 "그것을 할 수 있는 방법이 없소!"라는 반응까지 다양했다. 이러한 주변 반응은 오히려 내 결심을 더 단호하게 만들고 정신 훈련과 인내에만 의지하여 나를 버티게 해주었다. 이 결심은 이중 탈장과 같은 신체 문제와 연례 마라톤이 연례 울트라마라톤(80km) 다음 날로 연기되어 내가 토요일과 일요일 이틀 연속 마라톤 경주를 뛰어야 하는 상황이었을 때에조차 마라톤 경주를 계속 이어가도록 나를 지탱해 주었다. 나는 그저 두 행진 모두를 포기하고 싶지 않았다.

마라톤을 하는 동안에는 생각할 시간이 많다. 내 생각은 거의 마라톤에 관한 것뿐이다. 지금 뛰는 이 상황에 전적으로 맞추고, 다시 맞추고, 이 상태를 꾸준히 유지하는 것에 집중한다. 내가 이 경주를 완주하지 못할 것이라는 생각을 절대 허용하지 않는 것이 가장 중요하다. 나는 내 아이들 니콜과 크리스가 항상 결승선에 있다는 사실을 알고 버텼다. 하지만 21세에 교통사고로 죽은 내 아들 크리스에 대한 치명적 상실감에 대한 대안책은 아무 데도 없다. 걸프윈즈트랙클럽(마라톤 경주 후원사)이 크리스에게 울트라마라톤을 헌정하고 많은 주자들이 검은색 리본을 달고 뛰었을 때 그 클럽으로부터 받은 가족 연대감은 내 가슴을 정말 따뜻하게 해주었다. 상징과 의례에 대해 말하자면, 마라톤을 완주하는 것이 죽은 내 아들 '크리스에게 말을 건네는 의례'임에 의문의 여지가 없다.

▌18.3 마라톤의 치유와 성장의 측면

개인적으로 나는 마라톤을 통해 치료 효과를 얻었다. 나는 「결승선 : 한 편의 시, 마라톤(Termination: A Poetic Marathon)」(1987c)이라는 시를 썼다. 이 시는 치료사가 내담자가 어려운 여정을 헤쳐나가도록 도와주려 노력했지만 궁극적으로 내담자들은 각자 자신의 경주를 하고 자신의 이야기를 쓰게 되었다는 것을 말해주고 있다. 나 또한 내담자나 참여자들과 함께 마라톤을 직접적이고 상징적으로 모두 사용하게 되었다.

결승선 : 한 편의 시, 마라톤

"나의" 내담자를 위한 마땅한

말이나 제스처를

찾다보니

나는 경주자가 되어

통과 표시판을

매 마일마다 뒤로 밀어내며

더 먼 거리에 도달하려고 애쓴다.

또 작가도 되어

한 편의 시를 감상하며

어떤 말을 쓸지

큰 지면에 천천히 내려오는

그 단어를 찾아 애쓴다.

해진 구두와 말라버린 펜이

상기시키는 것은

시를 완성하고

긴 경주를 완주할 자는

바로 내담자라는 것.

이렇게

결승선은

미완성의 시가 되어

빛을 발하고

우린 계속 힘차게 달린다.

니콜라스 마짜[2]

▎18.4 실존 원리

인본주의와 실존주의 이론은 마라톤 달리기에 안성맞춤이다. 프라이스는 인본주의 및 실존심리학의 선도적인 학자이자 실천가인 커크 슈나이더(Kirk Schneider)와의 인터뷰에서 다음과 같이 기술했다(Price, 2011). "실존주의–인본주의 심리학을 갈라놓는 것은 존재라는 개념의 렌즈를 통해 치료의 모든 측면을 보는 것이다." 슈나이더는 존재감을 "자신에 대한 인식을 높이고, 자신에게 진정으로 중요한 것이 무엇인지 알기 위해 자신을 개방하는 것"이라고 설명한

---

2 *Journal of Counseling and Development*, 65, 1986: 546에 게재된 시를 Wiley 출판사의 허락을 구하여 수록하였다.

다. 실존적 접근에 있어서의 존재감은 내담자와 치료사 모두에게 필요하다. "존재감은 한 개인의 폭넓은 경험을 이해하고 그 경험의 폭에 맞추도록 도와준다… 당신은 불안과 공존하는 법을 배우게 된다"(58).

마음챙김의 측면에서 볼 때, 마라톤 경주에서의 존재감이란 나를 전진시키는 핵심 요소다. 나는 내 마음, 몸, 영에 맞추어져 있다. 내가 본 것과 자원봉사자와의 짧은 상호작용(주고받은 격려)은 나를 지탱하게 해준 선물이다. 나에게 가장 중요한 것은 내 자녀와 내가 아끼는 이들이다. 나의 정체성을 재확인하고 타인들에게 희망을 줄 수 있다는 것이 중요하다. 보통 경주 전에는 불안하지만 내가 뛴 최종 마라톤을 제외하고는 마라톤 경주 중에 불안해한 적은 없다. 최종 마라톤을 뛸 때의 불안은 마지막 경주로에서 길을 잃거나 경주 도중 퇴장하는 것에 대한 두려움이었다.

실존치료는 우리 모두가 (죽음, 관계, 신체 능력, 직업, 구조조정 등) 상실감의 고통을 겪는다 하더라도 가장 불안한 시기에 삶의 의미 만들기의 책임이 우리 자신에게 있음을 인식시켜 준다. 우리 모두에겐 다 한계가 있지만 마라톤은 진정한 자유를 통해 우리의 한계를 뛰어넘고 개인적 변화에 참여할 수 있게 해준다. 즉, 본질적으로 완주를 못 하게 하는 힘에 굴복하지 않고 의미 있는 방식으로 우리의 승리와 존재감을 확인시켜 준다.

18.5 내가 달리는 이유, 글을 쓰는 이유에 대한 성찰

나에게 있어 마라톤은 시와 다름없다. 나는 나 자신을 달리기선수라고 주장하진 않지만 나의 소박한 성취를 자랑스럽게 생각한다. 내 운동 경험이 거의 교내 농구밖에 해본 적 없는 고등학교 시절을 회상하면서 나는 달리기의 좋은 점을 항상 '출발자'이며 팀에 들어가지 못해 벤치로 강등되어 앉아있지 않아도 된다는 점이라고 꼽는다.

분명 달리기는 신체적, 정신적 유익을 준다. 글쓰기와 달리기는 사회적 필요와 혜택이 얽혀 있는 고독한 행위이다. 나는 존재하기 위해 쓰고 또 달린다. 하지만 공유할 사람이 없다면 무슨 소용이 있겠는가? 아무도 혼자 만들지 않는다. 누군가가 당신을 신뢰하고, 다른 사람들과 공유하고, 타인들의 지지를 얻은 것이 모든 것을 다르게 만들어 준다.

피크는 마라톤이 삶의 숙련을 포함하기 때문에 삶에 대한 은유라고 말했다(Peeke, 2016). 그녀는 일반적으로 삶과 특히 마라톤에서 사용되는 몇 가지 일반적인 방법에는 목표 설정, 마음챙김, 장애물에 대한 적응과 조정, 친구 사귀기, 지원 시스템 개발, 타인 돕기, 그리고 용기 내기가 포함된다고 덧붙인다. 경주 중 나만의 달리기 전략은 다음과 같다. (1) 마라톤을 내가 관리 가능한 부분으로 나눈다. 40km, 80km 결승선에 단번에 도달할 것을 생각하지 않고 각 km마다 통과 표지판이나 루프를 생각한다(마일로 계산할 당시 울트라마라톤은 결승선까지 24개의 루프를 통과하게 됨). (2) 긍정적인 혼잣말을 한다. 예를 들어, 이전에 이 경주를 해봤으니 다시 할 수 있다, 내가 이 경주에서 낙오될 리가 없어, 완주할 거야! 등. (3) 시각화한다. 예를 들어 결승선에서 환호하는 얼굴을 상상해 본다. (4) 마음챙김. 그리고 (5) 응급실과 화장실에 대한 계획과 예상하기 등이다.

전반적으로 마라톤을 하는 동안 내 마음을 스치는 것은 그 환경, 속도에 주의를 기울이고 내 아이들을 생각하는 것이다. 나는 몇 년간 '위로부터의' 도움을 받았음을 인식하고 있었다. 가장 최근의 마라톤에서 크리스가 나를 니콜과 콜이 대기하고 있다가 나를 안아주고 웃어줄 그 결승선까지 안내하고 있음을.

마라톤의 '결승선'은 훨씬 더 긴 경주의 일부를 나타내는 표시일 뿐이다. 난 글을 쓰기 위해 달린다. 또 달리기 위해 글을 쓴다. 나는 나 자신의 일부인 사회복지 실천가/교육자, 아버지, 할아버지, 그리고 친구로서 달리고 또 글을 쓴다. 시와 마라톤은 결코 끝이 나지 않는다. 다만 순간과 관계는 시간과 공간을 통해 지속될 뿐이다.

18.5.1 실천 방법

다음은 달리기와 시를 연합하여 활용한 활동이다. 달리기의 거리, 속도, 빈도는 각자의 신체적, 정신적 건강에 맞게 조정할 수 있다. 시를 읽고 쓰는 것도 개인의 지적 발달과 능력에 맞게 조정된다.

전반적 방법 :

1. 읽고 싶은 시(또는 긴 시에서 발췌한 연)를 미리 선택하여 달리기 전에 암송한다.
2. 미리 정해놓은 거리를 달려본다. 주자가 선호하는 대로 달리기 전이나 달리는 도중에 시를 암송한다.
3. 주자의 몸과 경주 단계에 주의를 기울이는 동시에 주변 환경과 경주 동안 마주치는 모든 사람에게도 주의를 기울인다.
4. 달리기가 끝난 직후 마라톤 경험에 대해 시의 형식대로 글을 써본다. 비구조화된 시의 형태여도 괜찮다(예 : 달리기는 …색이다). 또는 자유로운 형식을 취하면 된다.

수용적/처방적 요소(R)는 치료적이거나 교육적인 맥락 안에서 시/노래/이야기를 소개하는 것과 관련된다. 가스 버티스타(Garth Battista)가 편집한 『경주자의 문학 동반자』(1996)는 달리기에 대한 영감을 주는 이야기와 시를 읽을 수 있는 훌륭한 자료이다. 시는 Poem Hunter(https://www.poemhunter.com)와 시재단(https://www.poetryfoundation.org/search) 및 poets.org의 'Teach this Poem'(https://poets.org/search?combine=sports)에서도 검색 가능하다.

18.5.2 표현적/창조적 요소(E)

많은 주자들은 저널에 주행거리를 기록할 뿐만 아니라 자신의 생각과 감정을 표현하기도 한다. 집중해서 쓰는 표현적인 글쓰기는 고난의 감정을 표현하고 질서와 자기조절감을 주며 집단 상호작용을 촉진하는 안전밸브 역할을 할 수 있다. 몇 가지 관련 기술은 다음과 같다.

- 미리 구조화된 문장 또는 시적 문장(예 : 나는 달린다. 왜냐하면…) 활용하기
- 클러스터링, 주제어(예 : 달리기)와 관련된 이미지와 감정들을 자유연상(브레인스토밍과 유사한)해 볼 수 있다.
- 감각시, 감각에 기반한 시 쓰기를 위한 미리 구조화된 연습 하기(예 : 각운 소리 같은)
- 아크로스틱, 특정 단어(예 : Starting, S. T. A. R. T. I. N. G.)의 각 문자로 시의 각 행을 시작하기

18.5.3 상징적/의례적 요소(S)

경주를 한다는 것은 삶과 스토리텔링 기술의 은유가 될 수 있다는 점에서 상징적/의례적 요소와 매우 잘 어울린다.

18.5.4 전반적 혜택

1. 달리기와 글쓰기 모두 개인에게 통제 요소 제공
2. 감정 표현을 위한 수단/출구
3. 정서적, 인지적, 행동적 경험의 통합
4. 관찰력 증진
5. 혼자 있음과 함께 있음(대인관계)을 모두 확인(예 : 경주 중 사람들을 만남, 경험 공유)
6. 속도 유지의 중요성 시범 보여주기

7. 목표 달성의 만족감 보여주기

8. 숙달의 기회 제공

9. 영적 경험으로서의 잠재 가능성

달리기, 글쓰기, 당신이 경험한 모든 것에서 시가 살아있도록 하시오!

18.5.5 마무리 생각들

존재감과 자신의 몸, 마음, 영과 조화를 이루는 것은 달리기와 건강의 핵심이다. 나는 살아있기 위해 그리고 나눔과 감사함의 소중함을 가슴에 새기기 위해 글을 쓰고 달린다. 아무도 혼자서 그것을 해내지는 못한다. 때때로 우리는 생존을 위해 글을 쓰고 또 때때로 생존을 위해 달린다. 아마도 가장 예상치 못한 순간에 우리는 기억하고, 생의 전환점에 대처하고, 삶의 의미를 찾기 위해 달리고 글을 쓰게 된다.

이 글을 쓰는 것의 어려움은 시를 의역하여 시의 아름다움을 포착하려는 것과 비슷하다. 번역을 하다 보면 뭔가를 잃게 된다. 가장 위대한 시는 결코 쓰이는 것이 아니라 경험되는 것이다. 마라톤도 마찬가지이다. 친구여, 계속해서 달리고 또 친구들에게 글을 써보게나. 자신에게 꼭 맞는 코스를 유지하면서.

다시 생각해 보기

1. 당신에게도 시적이었던 운동이나 레크리에이션 경험을 찾아볼 수 있나요? 움직임은 어떻게 시적 경험(예 : 춤)이 되나요? 집중이 어떻게 도움이 되나요?

2. 당신의 인생의 전환점에서 가장 의미 있었던 것은 무엇이었나요?

3. 당신에게는 마음, 몸, 영이 어떻게 상관되어 있는지 생각해 보세요.

참고 자료

Battista, G., ed. (1996). *The runner's literary companion*. Penguin.

Heinrich, B. (2001). *Why we run: A natural history*. Harper Collins.

Parker, J. L. (1990). *Once a runner*. Scribner.

Peeke, P. (2016). Why the marathon is a metaphor for life. Retrieved from April 27, 2016 WebMED.

Writing to Run and Running to Write: Confronting Life's Challenges through Movement and Poetry. | Rec Therapy Today®. July 31, 2020 Guest Blog.

발문

손도장

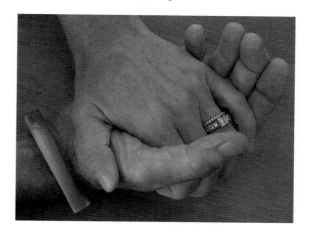

붙들고
내려놓는
돌봄의 이야기가
당신 손바닥에 남아있어요.
거기에선
시간을 가로질러
기억과 희망의 온기가 남아
가족, 친구, 낯선 이들과
손에 손 잡으며
나누게 되지요.

니콜라스 마짜*

* *Journal of Family Social Work*, 61, 2013: 201에 게재된 시를 Taylor & Francis 출판사의 허락을 구하여 수록하였다.

제2판 발문

집으로 돌아감

집으로 돌아감은

관계 속의 장소이자

함께 보냈던 시간이

서로 떨어져 있던 나날과 간격을

가로지르는 곳이다.

우리가 얼마나 잃을 것 같은지

얼마나 많은 사랑과 힘을 가지고 있는지를

우리는 알고 있다.

슬픔을 쥐고

기쁨을 쥐고

꿈을 쥐고 있는 손을

우리는 염려하는 이들을 향해

내뻗는다.

그리고 우리는

집으로 돌아감이

삶을 살아가며 우리가 간직하는

실타래임을 배운다.

니콜라스 마짜[*]

---

[*] *Journal of Family Social Work*, 15, 2012: 96에 게재된 시를 Taylor & Francis Group, LLC 출판사의 허락을 구하여 수록하였다.

부록 A

시치료사를 위한 훈련지

시와 다른 문학 형태를 효과적으로 치료에 사용하기 위해서 치료사들은 자신부터 작품에 대해 어떻게 반응하는지 점검해 볼 필요가 있다. 다음 질문들은 자기 스스로 훈련하거나 개인이나 그룹 지도를 위해 사용하도록 고안되었다. 부록 B에 제시된 시들을 두고 다음 질문들에 대한 답을 써보라.

1. 이 시에 대한 당신의 개인적 반응은 어떠합니까?
2. 이 시는 당신의 삶과 어떻게 연관됩니까?
3. 이 시에 주제 혹은 메시지가 있습니까? 만약 그렇다면 그것이 무엇인지 적고 이야기해 보십시오.
4. 이 시에 지배적인 분위기가 있습니까? 만약 그렇다면 그것이 무엇인지 적고 이야기해 보십시오.
5. 당신에게 특별한 의미를 지니는 특정한 행이나 이미지가 있습니까?
6. 이 시가 도움이 될 것 같은 (나이, 성별, 인종을 고려한) 특정 유형의 내담자가 있습니까?
7. 이 시는 (우울이나 불안 같은) 어떤 유형의 문제에 대해 말하고 있습니까?
8. 당신이 바꾸고 싶은 시의 부분이 있습니까? 만약 그렇다면 그렇게 해보십시오.
9. 이 시가 당신에게 어떤 노래나 영화, 혹은 문학 작품을 떠오르게 합니까? 만약 그렇다면 제목을 적어봅니다.
10. 시에 대한 반응을 그림으로 그려보십시오.
11. 이 시가 당신에게 어떤 의미인지를 육체적 움직임이나 춤으로 해석해 보십시오.
12. 시인에게 편지를 쓴다면 무슨 말을 하고 싶습니까?
13. 이 시와 어울리는 심리 이론을 말할 수 있습니까?
14. 이 시를 사용함으로써 내담자에게 끼칠 잠재적인 나쁜 영향이 있을까요?
15. 이 시의 결말은 열려있습니까, 아니면 규정적입니까?
16. 이 시에 '희망'이 있습니까? 그렇다면 설명해 보십시오.

부록 B

시치료에 사용되는 시들의 예

[아이들 주제]

나무 오르기

사과나무 저 위로 나는 높이 올라가네.
하늘은 내 위에 있고, 땅은 내 밑에 있지.
나뭇가지 하나하나 멋진 계단 되어
저 위 빛나는 마을로 나를 인도하네.

오르고, 또 오르고, 높이 더 높이,
나뭇가지 흔들리니 뾰족 꼭대기 보이네.
작은 탑은 반짝, 둥근 지붕 번쩍,
흰 바다 거품처럼 모든 것이 밝게 빛나네.

가지에서 가지로, 멈춤 없이 계속해서,
나뭇잎 무성해도 나는 길을 뚫고 나가네.
예전 나는 언제나 멈춰야 했지만
오늘 나는 반드시 꼭대기에 이르리.

오늘은 공중에서 눈부시게 빛나는 절정을 향해
이 근사한 계단 끝까지 가리라!
오르고 올라 더 높이 나는 가네.
하늘은 내 위로 다가들고, 땅은 저 아래로 멀어지네.

에이미 로웰 (『여러 빛깔 유리 지붕』, 1912)

용담꽃

나 사는 곳 근처엔
푸르디푸른 호수가 있지.
바람이 불 때면 호수는 춤을 추지.
마치 하늘에 무릎 인사 올리는 것처럼.

그곳은 사랑스러운 꽃들의 호수.
엄마는 꽃들이 우리 것이라 하지만
우리 것으로 기르는
꽃과는 같지 않다네.

그곳은 우리에게는 멋진 정원.
사방에 꽃들 천지라네.
장미, 패랭이, 분꽃,
접시꽃, 비단향꽃무.

엄마는 우리가 꽃을 꺾게 놔두지만
절대 용담꽃만은 허락하지 않지!
만일 우리가 용담꽃을 꺾어 가면
걔들은 난 곳이 그리워 그날로 죽고 말 테니.

에이미 로웰 (『여러 빛깔 유리 지붕』, 1912)

[믿음/이해]

누가 바람을 보았다 하는가?

누가 바람을 보았다 하는가?
나도 그대도 보지 못했지.
그러나 나뭇잎이 떨고 있을 때
바람이 지나가고 있는 거라네.
누가 바람을 보았다 하는가?
나도 그대도 보지 못했지.

그러나 나무들이 고개 수그릴 때

바람이 지나가고 있는 거라네.

크리스티나 로세티 (1830~1894)

암벽 사이에 핀 꽃

갈라진 암벽에 핀 꽃,

나는 그 틈에서 너를 뽑아

뿌리부터 전부를 손으로 받아드네.

작은 꽃… 네가 어떤 존재인지를,

네 뿌리부터 전부를, 그 모든 것을 알 수 있다면,

하느님과 인간이 무언지 알 수 있으련만.

알프레드 테니슨 경 (1809~1892)

나는 구름처럼 홀로 헤매었네

골짜기와 언덕 위

높이 떠다니는 구름처럼

홀로 정처 없이 떠돌다 홀연히 보았지

산들바람에 나부끼며

호숫가 나무 아래 춤추던

한 무리 금빛 수선화를.

줄지어 빛나고 반짝이는

은하수 별들처럼

굽이진 물가 따라 끝없이 펼쳐진 무리를.

한눈에 보았지

머리 흔들며 요정처럼 춤추는

수만 송이 수선화를.

그 옆 물결들도 춤추었지. 그러나

찬란한 물결도 환희로운 수선화보다는 못했네.

쾌활한 무리와 함께하니

시인은 즐거울 수밖에 없었지.

나는 보고 또 보았지, 하지만 그 모습이

나를 얼마나 풍요롭게 했는지 알지 못했네.

자주, 공허하거나 서글퍼

침상에 누울 때면

축복 같은 고독 속 마음의 눈앞에

그들이 갑자기 나타나지.

그럴 때 내 가슴은 기쁨으로 가득 차

수선화와 함께 춤을 추네.

윌리엄 워즈워스 (1770~1850)

[변화]

꽃잎

인생은 흐르는 물

그 위에 우리는

가슴에서 핀 꽃잎 하나하나 흩뿌리나

그 끝은 꿈속에 지네.

꽃잎은 시야를 벗어나 흘러가 버려

우린 그저 기쁘고 앳된 시작을 볼 뿐.

희망으로 가득 차 기쁨의 홍조 띤 채

우리는 피어나는 장미 이파리 흩뿌리네.

얼마나 널리 퍼질지

얼마나 멀리 가닿을지

우린 결코 알지 못하리.

흐르는 물 따라 꽃잎은 쓸려가 버려

꽃잎 하나하나

무한한 길 너머로 영원히 사라지고

우리는 홀로 머무네.

세월은 서둘러 지나가고, 꽃은 떠나가고,

향기는 여기 그대로 남아있네.

에이미 로웰 (『여러 빛깔 유리 지붕』, 1912)

오르막

길은 내내 구불구불 오르막인가요?

예, 끝까지요.

하루 종일 걸리는 여정인가요?

벗이여, 아침부터 밤까지예요.

그래도 밤에 쉴 만한 곳은 있겠지요?

슬슬 어둠이 내릴 때를 위한 지붕이 있지요.

어둠 때문에 찾지 못하지는 않겠죠?

여관을 놓칠 리는 없어요.

밤에 다른 여행자들을 만나게 될까요?

먼저 출발한 사람들을 만나겠죠.

문을 두드릴까요, 아니면 사람이 눈에 띌 때 불러야 할까요?

그들은 당신을 문가에 세워두진 않을 거예요.

여행으로 아프고 지친 상태에서 편안할까요?

힘든 걸 최고로 보상받을 거예요.

나나 찾는 이들 모두에게 몸을 누일 침대가 있을까요?

예, 오는 이들 누구에게나 침대가 있답니다.

크리스티나 로세티

모든 것에는 다 때가 있다

모든 것에는 다 때가 있다. 하늘 아래 일어나는 모든 일마다 목적에 맞는 때가 있다.

태어날 때가 있고, 죽을 때가 있다. 심을 때가 있고, 심은 것을 거둘 때가 있다.

죽일 때가 있고, 살릴 때가 있다. 허물 때가 있고, 세울 때가 있다.

울 때가 있고, 웃을 때가 있다. 슬퍼할 때가 있고, 춤출 때가 있다.

돌을 흩어버릴 때가 있고, 모아들일 때가 있다. 껴안을 때가 있고, 껴안기를 삼갈 때가 있다.

얻을 때가 있고, 잃을 때가 있다. 지킬 때가 있고, 버릴 때가 있다.

찢을 때가 있고, 꿰맬 때가 있다. 침묵할 때가 있고, 말할 때가 있다.

사랑할 때가 있고, 미워할 때가 있다. 전쟁할 때가 있고, 평화로울 때가 있다.

구약성서 전도서 3장 1~8절

[우정/공동체]

나는 나를 비난하는 소리를 듣는다

내가 관습을 파괴한다고 비난하는 소리를 나는 듣는다.

그러나 난 관습을 찬성하지도 반대하지도 않는다.

(정말로 내가 관습들과 공통분모가 있는가? 아니면 관습의 파괴와?)

난 단지 맨해튼과 미국의 내륙과 해안가 모든 도시에,

들판과 숲에, 물살을 가르는 크고 작은 모든 배의 용골 위에,

어떠한 체계나 규칙, 수탁 기관이나 어떠한 입론도 없이,

동지들의 귀중한 사랑이란 관습을 세우려 한다.

월트 휘트먼 (1819~1892)

친구에게

나는 그대에게 한 가지, 단 한 가지만을 바래요.

그대가 언제나 내가 꿈꾸는 그대이기를

그 꿈이 결코 깨지지 않기를

내가 믿고 의지했던 이 모든 것이

밤 속으로 꺼져버리는 환영처럼

영원히 사라지지 않기만을요.

아, 우리의 심금을 울리는 이들은 얼마나 적은지요.

그 울림을 듣기가 너무도 어렵기에

우리는 반쯤 잊은 그 소리를 들을 때 전율하지요.

이 세상에서의 깨달음은 거칠어서

천국의 성들도 땅에서는 부서져 내리지요.

그래도 인간은 모든 잘못 속에서도

헛되지만 아름다움의 가치에 매달리고 싶어 해요.

오. 그대 손길 거두지 마세요, 내 마음에 그 노래를 남겨두세요!

에이미 로웰 (『여러 빛깔 유리 지붕』, 1912)

[슬픔/상실]

『맥베스』 중에서

슬픔에게 언어를 입혀라.

말하지 못하는 비탄은 수근덕거리며

가득 차버린 가슴을 터져버리게 할 테니까.

윌리엄 셰익스피어 (1564~1616)

「A. H. H.를 기리며」 중에서

내가 느낀 슬픔을 말에 담아놓는 것,

나는 가끔 그것을 반쯤 죄로 여긴다.

말은 자연처럼 자신 안에 영혼을

반은 드러내고 반은 감추기 때문이다.

그러나 운율의 언어를 사용하는 것은

요동치는 심장과 머리를 위해서이다.

고통을 못 느끼게 하는 멍한 진통제같이

슬프고 기계적인 노력인 거다.

추위를 막는 가장 성긴 옷처럼

나는 잡초 같은 말로 나를 감쌀 것이다.

이렇게 싸맨 크나큰 슬픔은

그저 윤곽만을 알 수 있을 뿐이다.

알프레드 테니슨 경

슬픔

멈추지 않는 빗줄기처럼

슬픔이 내 심장을 때린다.

사람들은 고통으로 몸부림치며 절규하고 —

새벽이 되면 다시 잠잠해지지만

이 슬픔은 자라지도 이지러지지도 않고

멈추지도 시작하지도 않는다.

사람들은 차려입고 시내로 간다.

나는 내 의자에 앉는다.

내 모든 생각은 느리고 어둡다.

서있든 앉아있든

어떤 옷을 걸치든

어떤 신발을 신든 의미가 없다.

에드나 세인트 빈센트 밀레이 (『부활과 다른 시들』, 1917)

[분노]

줄기마름병

내가 심은 단단한 증오의 씨

지금쯤 다 자랐어야 했는데, —

줄기는 거칠고, 두꺼운 수술에선

독성의 꽃가루 날리고

떨어져 어두운 꽃잎에선

숨도 못 쉴 악취를 풍기면서!

새벽녘 축축한 내 정원에서

차가운 이슬방울 털어내며

가는 나뭇가지 헤치고 나가니

지나면 내 뒤가 닫히고

꽃들은 잠들어 있었는데… 나는

사랑스러운 어떤 것도 자라지 않는 곳 찾았지.

그리고 거기서 새벽 동틀 때

무릎 꿇고 주위를 둘러보았지.

빛이 들기 시작했고

고동 소리 정적을 채웠지.

나는 가슴에서 증오를 끌어내

땅속에 밀어넣어 버렸지.

오, 맹렬히 돌보았지

너 증오의 작은 씨앗!

아침에도 낮에도 저녁에도

몸을 숙여 자라는 것 지켜보았지.

그러나 축 처져 보잘것없는 너를

곧게 자라게 할 수는 없었지!

태양이 내 정원을 찾아와

그늘진 구석 하나 없으니

어떤 풀잎에도

안개나 균이나 곰팡이 피지 못하고

가지마다 달콤한 빗물 흘러내리니

너는 흔들리고, 너는 사라지네.

　　　　　　　　에드나 세인트 빈센트 밀레이 (『부활과 다른 시들』, 1917)

독나무

나는 친구에게 화가 났네.

분노를 말하니 분노는 사라졌네.

나는 원수에게 화가 났네.

말하지 않았더니 분노는 자라났네.

두려움 속에서 물 주어 길렀네.

밤낮으로 내 눈물 뿌려주었네.

그리고 미소로, 부드러운 거짓 농간으로

빛을 쪼여주었네.

분노는 밤낮으로 자라나

마침내 환한 사과로 열매 맺었네.

내 원수는 빛나는 사과를 보았고

그것이 내 것임을 알았네.

밤이 되어 사방이 가려지자

그는 내 정원으로 몰래 숨어들었네.

아침이 밝아오자 나는 기쁘게도

원수가 나무 아래 뻗어있는 것을 보았네.

윌리엄 블레이크 (1757~1827)

[노쇠]

종착역

늙어가는 시간

돛을 접을 시간이다.

해안선을 바다로 흐르게 하는

경계의 신이

마지막 순회를 하며 내게 다가와

말했다. "더 이상은 안 된다!"

그대의 넓고 야심 찬 가지, 그대의 뿌리를

더 이상 뻗을 순 없다.

상상력은 떠나가고 새로운 고안도 없다.

그대의 세계를

천막 크기로 축소하라.

이것저것 다 할 시간 없으니

어느 것 하나를 선택하라.

줄어드는 강물은 아끼되

주신 이에 대한 경배는 아끼지 말라.

많이 버리고 적게 가져라.

때를 아는 현명함으로 조건을 수용하고

주의 깊은 걸음으로 부드럽게 쇠퇴하라.

잠시 동안

여전히 계획하고 웃어라.

그리고… 새로운 시작은 적절치 않으니

아직 떨어지지 않은 열매를 숙성시켜라.

그럼에도 시든다면 그대의 조상을 탓하라.

그대의 아비가 정염 속에서

그대에게 생명을 주었을 때

꼭 필요한 질긴 힘줄과

뼛속까지 강인한 골수를

물려주지 못하고

쇠약해지는 혈관을 유산으로 남겼으니

일정치 못한 체온과 정신없는 상태로

그대는 예술가들 사이에서 귀머거리, 벙어리요,

검투사들 속에서도 굳고 마비되어 버렸다.

새가 강풍 속에서 깃털을 다듬듯

나는 시간의 폭풍 속에서 나를 다듬는다.

나는 방향을 잡고 돛을 말아 올리며

인생의 한창때 순종했던 그 목소리에 순종한다.

"겸손히 믿는 자들이여, 두려움을 떨쳐내라.

바르게 전진하면 무탈하게 나가리라.

배를 몰아갈 항구가 가까이 있나니,

모든 파도가 아름답구나."

랠프 왈도 에머슨 (1803~1882)

[불안/결정]

이 너덜거리는 코트를 벗어 던지고

내가 이 너덜거리는 코트를 벗어 던진다면

그리고 저 드넓은 하늘로 자유롭게 나아간다면

거기서 만일 아무것도 찾지 못한다면

그저 거대한 창공뿐

메아리도 없고, 아무 반응도 없다면 —

그땐 어쩌지?

스티븐 크레인 (1871~1900)

죽을지도 모른다는 두려움이

나의 펜이 머리에 가득한 것을 다 받아 적기 전에,

잘 여문 낟알로 가득 채운 곡식 창고처럼

글자로 빼곡한 책들을 높이 쌓아 올리기도 전에

죽을지도 모른다는 두려움이 들 때,

별 총총한 밤의 얼굴을 올려다보고

장대히 구름 낀 고결한 로맨스의 상징들을 보면서

우연처럼 마법의 손으로 그 그림자들을 그려내기 전

죽을지도 모른다는 생각이 들 때,

그리고 시간의 아름다운 피조물인 그대여!

내 더 이상 그대를 볼 수 없고

계산 없는 사랑의 환상적인 힘을

다시는 맛보지 못하리라 느낄 때,

나는 광막한 이 세상 해변에 홀로 서서

사랑과 명예가 가라앉아 사라질 때까지 생각에 잠기네.

존 키츠 (1795~1821)

정복되지 않는 자

극에서 극까지 칠흑처럼 새까만

나를 뒤덮은 밤의 한가운데서

정복되지 않는 내 영혼에 대해

나는 모든 신에게 감사한다.

잔인한 환경의 손아귀에서

나는 움츠러들지도 울부짖지도 않았다.

우연으로 인해 얻어맞고

내 머리 피투성이 되어도 고개 숙이지 않았다.

이 분노와 눈물의 장소 너머엔

어둠의 공포만이 스멀대지만

해를 거듭하는 위협도

나를 주눅 들게 하지는 못하리라.

문이 아무리 좁아도

어떤 형벌을 받아도 상관하지 않는다.

나는 내 운명의 주인이요

내 영혼의 선장이니까.

윌리엄 어니스트 헨리 (1849~1903)

[사랑/관계]

내가 사람과 천사의 말을 할지라도

내가 사람과 천사의 말을 할지라도 사랑 없으면 소리 나는 놋쇠요 울리는 징일 뿐입니다.

내가 예언의 능력이 있고 모든 비밀과 지식을 안다 해도, 또 산을 옮길 만한 대단한 믿음이 있다 해도 사랑 없으면 아무것도 아닙니다.

내가 가진 모든 것으로 가난한 이들을 먹인다 해도, 또 내 몸을 불살라 내어준다 해도 사랑 없으면 내겐 아무 유익이 없습니다.

사랑은 오래 참고 온유합니다. 사랑은 시기하지 않고 자랑하지 않고 교만하지 않습니다.

사랑은 무례히 행하지 않고 자기의 유익을 구하지 않고 쉽게 성내지 않고 악한 것을 생각하지 않습니다.

사랑은 불의에 기뻐하지 않고, 진리 안에서 기뻐합니다.

사랑은 모든 것을 참으며 모든 것을 믿으며 모든 것을 희망하며 모든 것을 견딥니다.

예언이 망하고, 방언이 멈추고, 지식이 사라져도 사랑은 결코 실패하지 않습니다.

우리는 부분적으로 알고 부분적으로 예언하지만

완전한 것이 올 때 부분적인 것은 끝나버립니다.

어렸을 때에는 아이처럼 말하고 아이처럼 이해하고 아이처럼 생각하지만,

어른이 되면 아이 같은 것들을 버리게 됩니다.

우리가 지금은 거울로 보는 것처럼 희미하게 보지만 그때에는 마주하여 볼 것입니다.

지금은 부분적으로 알지만 그때에는 주께서 나를 아신 것같이 내가 온전히 알 것입니다.

믿음, 소망, 사랑, 이 세 가지는 항상 있을 터인데, 그중 제일은 사랑입니다.

신약성서 고린도전서 13장 1~13절

관을 쓰고

너는 환한 장미 다발을 안고 내게 왔지,

네 심장의 와인처럼 붉은 장미를.

나를 내돌리지 않고 곁에 두려고

너는 꽃들을 엮어 화관을 만들었지.

나를 네 연인으로 등극시키는 붉은 장미들,

나는 그 관을 쓰고 걸어나갔지.

노예처럼 네 품에 싸여 나는 견디었지,

너에게 선물하는 자랑스러운 징표로서.

꽃잎은 점점 창백히 시들고 오그라들어

떨어졌지. 그러고는 가시가 날 찌르기 시작했지.

내가 당신의 연인이라 선언하는 아픈 가시들,

비탄으로 직조된 그 왕관이.

에이미 로웰 (『여러 빛깔 유리 지붕』, 1912)

열정의 밤, 열정의 밤이여!

열정의 밤, 열정의 밤이여!
그대와 함께 있다면
열정의 밤들을
호사스레 누릴 텐데!

항구에 있는 가슴에는
바람도 소용없고
나침반도 필요 없고
지도도 필요 없지!

에덴으로 노 저어 가며
아, 바다여!
오늘 밤 그대 품 안에
정박할 수만 있다면!

에밀리 디킨슨 (1830~1886)

[정체성]

우리는 가면을 쓴다

우리는 웃고 거짓말하는 가면을 쓴다.
가면은 우리의 뺨을 가리고 눈을 숨긴다.
이것은 인간의 간교함에 지불하는 빚.
우리는 찢겨 피 흘리는 심장으로 미소 짓고
무수히 교묘한 말로 떠들어 댄다.

우리의 눈물과 한숨을 헤아리기 위해
세상이 대단히 지혜로울 필요가 있는가?
아니, 우리가 가면 쓰는 것을
그저 보도록 내버려 두자.

우리는 웃는다, 그러나, 오 주여, 고통에 찬

영혼의 울음이 당신에게로 솟구치나니.

우리는 노래하지만 오, 발밑은

더러운 진흙탕이고, 갈 길은 멀다.

그러나 세상이 달리 꿈꾸게 하라,

우리는 가면을 쓴다!

폴 로런스 던버 (1872~1906)

희망은 날개 달린 것

희망은 날개를 달고 있어

영혼 속에 내려앉는다.

그러고는 말 없는 음조로

결코 멈추지 않고 노래한다.

거친 바람 속에서 가장 달콤하게 들리니

아무리 매서운 폭풍도

많은 이들을 따스하게 만드는 그 작은 새를

쉽게 기죽이지는 못하리.

나는 가장 추운 땅에서도

가장 낯선 바다에서도 그 노래를 들었다.

그러나 그 새는 아무리 힘들어도

빵 조각 한번 달라 하지 않았다.

에밀리 디킨슨

「율리시스」 중에서

불빛이 바위들 사이로 반짝이기 시작한다.

기나긴 낮이 저물어 간다. 느리게 달이 떠오른다.

바다는 여러 목소리로 신음하며 감돈다. 오라, 내 벗들이여,

더 새로운 세계를 찾기에 아직 늦지 않았다.

배를 밀어내라. 제 위치에 자리 잡고

소리치는 파도의 이랑을 세게 쳐나가자.

해 지는 곳 너머로, 모든 서녘 별들이 멱 감는 곳 너머로

죽을 때까지 항해하는 것이 나의 목표이기에.

알프레드 테니슨 경

부록 C

시적 어구 사용하기

다음과 같은 일반적인 문장 어구를 사용하여 내담자의 언어 활동, 글쓰기, 비언어적 표현을 촉진할 수 있다. 이러한 어구 중 다수는 다양한 저자/실천가에 의해 특정 교육이나 임상적 목적을 위해 특수한 순서로 수정되어 사용되었다는 점을 참고하길 바란다.

당신이 나를 알았다면…

내가 가장 행복할 때는…

내가 가장 슬플 때는…

나는 …을 믿는다.

내가 사랑받고 있다고 느낄 때는…

내가 두려워하는 것은…

나를 화나게 하는 것은…

내가 의심하는 것은…

내가 상처 입을 때는…

나는…

당신이 안 된다고 말한다면…

당신이 된다고 말한다면…

당신이 나를 무시하면…

내가 혼자일 때…

내가 사람들 속에 있을 때…

만약 내 손이 말할 수 있다면…

내가 신경 쓰는 것은…

어제 나는…

오늘 나는…

내일 나는…

희망은 …이다.

두려움은 …이다.

분노는 …이다.

행복은 …이다.

절망은 …이다.

친밀감은 …이다.

사랑은 …이다.

집은 …이다.

숲속에서 나는…

쇼핑몰에서 나는…

나는 … 때문에 계속한다.

가장 중요한 것은…

나는 …에 가장 가깝게 느낀다.

나는 …을 대변한다.

나의 가장 큰 장점은…

부록 D

집단작업을 위한 시치료 기술 보고서 : 지침

기술 보고서의 목적은 집단상담에서 시를 사용하는 것에 대한 서술 정보를 제공하는 것이다. 당신이 받은 인상과 임상적 관찰이 가장 중요하다. 고려해야 할 몇 가지 특정 항목은 다음과 같다.

1. 집단의 리더가 어떻게 시를 소개합니까? 다시 말해 시를 구성원이 언급한 무엇인가와 연결시켰습니까, 집단 내의 분위기나 느낌과 접목하였습니까, 아니면 단순히 시를 공유하고자 하는 바람을 피력했습니까?

2. 집단은 시에 어떻게 반응했습니까? 시작할 때의 침묵이나 지적 이해, 혼란, 통찰, 영향력 등이 나타났습니까? 언어적 반응과 비언어적 반응을 모두 고려해야 함을 기억하기 바랍니다.

3. 시에서 특별한 효과를 보이는 행이 있었습니까?

4. 집단의 리더가 공동작업시를 어떻게 소개했습니까?

5. 공동작업시에 대해 설명하십시오(예 : 어떻게 시가 집단의 분위기를 드러내는지, 시를 구성하면서 참가자들이 보인 태도, 시가 이루어 낸 것 등).

6. 시에만 소요된 시간은 어느 정도였습니까(대략 몇 분)?

7. 이 기법을 사용할 때의 주요 이점은 무엇입니까?

8. 이 기법을 사용할 때의 주요 단점은 무엇입니까?

9. 이 회기에서 사용할 수도 있었던 어떤 시(또는 노래 가사)가 떠오릅니까?

10. 당신이 관찰한 것에 대해 어떤 질문이 있습니까?

11. 기존의 시를 사용해서 무엇을 성취했다고 생각합니까?

12. 공동작업시를 사용해서 무엇을 성취했다고 생각합니까?

부록 E

집단작업을 위한 시치료 기술 보고서 : 관찰자 양식

관찰자 _____ 날짜 _____ 집단 _____

시치료 기술 보고서 – 관찰자 양식

지난주 공동작업시

회기에서 _____분 동안 소개

_____분 동안 시에 대해 직접 토론

논평 :

_____

_____

_____

사용된 기존 시 (제목 :   )

회기에서 _____분 동안 소개

_____분 동안 시에 대해 직접 토론

논평 :

_____

_____

_____

공동작업시

회기에서 _____분 동안 소개

_____분 동안 시를 쓰고 토론

시(축어적으로 보고함. 리더가 기여한 단어에 동그라미 표시) :

_____

_____

_____

(계속)

논평 :

_____

_____

_____

전반적인 인상 (필요한 경우 별도 용지 사용) :

_____

_____

_____

부록 F

집단작업을 위한 시치료 기술 보고서 : 리더 양식

리더 _____ 날짜 _____ 집단 _____

시치료 기술 보고서 – 리더 양식

지난주 공동작업시

_____

논평 :

_____

_____

_____

사용된 기존 시 (제목 :   )

왜 해당 시를 사용했나요?

_____

_____

논평 :

_____

_____

_____

공동작업시

시(축어적으로 보고함. 리더가 기여한 단어에 동그라미 표시) :

_____

_____

_____

(계속)

논평 :

_____

_____

_____

전반적인 인상 (질문 포함) :

_____

_____

_____

계획 :

_____

_____

_____

부록 G

글쓰기 활동

다음의 창작 글쓰기 연습은 골드버그(Goldberg, 1986)에서 발췌했다.

문장 속 행위 창작 : 종이 한 장을 들어 세로로 접습니다. 종이 왼쪽 면에 10개의 명사를 나열합니다.

예 :

말	장미
자동차	의자
문	셔츠
촛불	책
손전등	개

종이 오른쪽 면에는 직업을 생각해 보고 그 직책에 걸맞은 동사 15개를 나열합니다. 예를 들어 목수의 경우 :

자르다	나사로 조이다	조금씩 깎다
망치질하다	풀로 붙이다	잇다
측정하다	올라가다	조립하다
사포질하다	들어 올리다	맞추다
쌓다	계획하다	드릴로 뚫다

종이를 펼치고 명사와 동사(모든 시제 가능)를 연결하여 문장을 만듭니다.

예 : 개는 내 의자를 조립했다.

나는 촛불을 들어 올렸다.

이 연습으로 다양한 감정을 반영하는 문장들을 만들 수 있다는 점에 주목하라.

부록 H

시치료 안내

시치료

시치료는 언어 예술을 치유적 능력 속에 연구하고 사용하는 것을 포함한다. 문학치료, 내러티브, 저널 쓰기, 은유, 스토리텔링, 제의는 모두 시치료의 범위 안에 있다(Mazza, 1993, 2003, 2017).

시치료 실천 모델은 다음의 세 가지 요소를 포함한다.

1. 수용적/처방적 요소는 도움이 되는 문학의 도입을 포함한다.

2. 표현적/창조적 요소는 도움이 되는 내담자의 글쓰기를 활용하는 것을 포함한다.

3. 상징적/의례적 요소는 도움이 되는 은유, 제의, 스토리텔링을 포함한다.

표현적/창조적

당신이 나를 알았다면…	내가 사람들 속에 있을 때…	숲속에서 나는…
내가 가장 행복할 때는…	만일 내 손이 말할 수 있다면…	쇼핑몰에서 나는…
내가 가장 슬플 때는…	내가 신경 쓰는 것은…	나는 … 때문에 계속한다.
나는 …을 믿는다.	어제 나는…	가장 중요한 것은…
내가 사랑받고 있다고 느낄 때는…	오늘 나는…	나는 …에 가장 가깝게 느낀다.
내가 두려워하는 것은…	내일 나는…	나는 …을 대변한다.
나를 화나게 하는 것은…	희망은 …이다.	나의 가장 큰 장점은…
내가 의심하는 것은…	두려움은 …이다.	
내가 상처 입을 때는…	분노는 …이다.	_____는 ___색이다(당신의 느낌).
나는…	행복은 …이다.	그것은 _____처럼 들린다.
당신이 안 된다고 말한다면…	절망은 …이다.	그것은 ____ 느낌이다.
당신이 된다고 말한다면…	친밀감은 …이다.	그것은 ____ 맛이 난다.
당신이 나를 무시하면…	사랑은 …이다.	그것은 ____ 냄새가 난다.
내가 혼자일 때…	집은 …이다.	그것은 당신이 ____하고 싶게 한다.

아크로스틱

FAMILY(가족)라는 단어의
알파벳으로 각 행을 시작하라.

F_____	I_____
A_____	L_____
M_____	Y_____

상징적/의례적

콤스와 프리드먼은 감정상태와 태도에 대한 상징을 찾는 몇 가지 방법을 제공했다(Combs & Freedman, 1990: 90~91).

1. 치료에 사용할 수 있는 열두 가지 감정상태나 태도(자신감, 이완, 분노, 동정 같은)를 목록으로 적어보자.

2. 목록의 첫 번째 항목을 선택해서 스스로에게 "이 상태나 태도가 한 장의 사진이나 이미지라면 그것은 어떤 것일까?"라고 물어보라.

3. 하나의 이미지가 떠오를 때까지 기다려라. 이미지가 떠오르면 다른 종이에 그것에 대해 적어보자.

4. 그런 다음 목록의 첫 번째 항목으로 다시 돌아가자. 스스로에게 "그 상태나 태도가 하나의 신체 동작이나 행동이라면, 어떤 것일까?"라고 물어보자. 당신이 발견한 답을 짧게 써보자.

5. 스스로에게 "이 상태나 태도가 하나의 소리라면, 어떤 소리일까?"라고 물어보라. 이 특별한 상태나 태도에 대한 답을 이전 답변 옆에 적어보자.

6. 목록에 있는 항목들의 다른 상태와 태도에 대해 같은 과정을 반복해 보라. 당신이 발견하는 각각의 이미지, 자세, 소리는 그 상태나 태도의 상징으로 사용될 수 있다.

7. 목록에 있는 세 가지 항목에 "이 태도가 인기 영화배우의 것이라면, 어떤 배우의 태도일까?"와 같은 질문들을 자유롭게 더해보자. 이러한 것 또한 상징으로 사용될 수 있다.

수용적/처방적

이 너덜거리는 코트를 벗어 던지고

내가 이 너덜거리는 코트를 벗어 던진다면

그리고 저 드넓은 하늘로 자유롭게 나아간다면

거기서 만일 아무것도 찾지 못한다면

그저 거대한 창공뿐

메아리도 없고, 아무 반응도 없다면 ―

그땐 어쩌지?

스티븐 크레인

[희망]

희망

희망은
한 손을 다른 이에게 내미는 것이
밤새 우리를 인도하는 빛을 비춰주는 달을
실제로 만질 수 있게 할 거라는 믿음이다.

니콜라스 마짜

[정체성]

우리는 가면을 쓴다

우리는 웃고 거짓말하는 가면을 쓴다.
가면은 우리의 뺨을 가리고 눈을 숨긴다.
이것은 인간의 간교함에 지불하는 빚.
우리는 찢겨 피 흘리는 심장으로 미소 짓고
무수히 교묘한 말로 떠들어 댄다.

우리의 눈물과 한숨을 헤아리기 위해
세상이 대단히 지혜로울 필요가 있는가?
아니, 우리가 가면 쓰는 것을
그저 보도록 내버려 두자.

우리는 웃는다, 그러나, 오 주여, 고통에 찬
영혼의 울음이 당신에게로 솟구치나니.
우리는 노래하지만 오, 발밑은
더러운 진흙탕이고, 갈 길은 멀다.
그러나 세상이 달리 꿈꾸게 하라,

우리는 가면을 쓴다!

폴 로런스 던버

[슬픔/상실]

『맥베스』중에서

슬픔에게 언어를 입혀라.
말하지 못하는 비탄은 수근덕거리며
가득 차버린 가슴을 터뜨려버리게 할 테니까.

윌리엄 셰익스피어

[믿음/이해]

누가 바람을 보았다 하는가?

누가 바람을 보았다 하는가?
나도 그대도 보지 못했지.
그러나 나뭇잎이 떨고 있을 때
바람이 지나가고 있는 거라네.
누가 바람을 보았다 하는가?
나도 그대도 보지 못했지.
그러나 나무들이 고개 수그릴 때
바람이 지나가고 있는 거라네.

크리스티나 로세티

[아이들 주제]

나무 오르기

사과나무 저 위로 나는 높이 올라가네.
하늘은 내 위에 있고, 땅은 내 밑에 있지.
나뭇가지 하나하나 멋진 계단 되어

저 위 빛나는 마을로 나를 인도하네.

오르고, 또 오르고, 높이 더 높이,
나뭇가지 흔들리니 뾰족 꼭대기 보이네.
작은 탑은 반짝, 둥근 지붕 번쩍,
흰 바다 거품처럼 모든 것이 밝게 빛나네.

가지에서 가지로, 멈춤 없이 계속해서,
나뭇잎 무성해도 나는 길을 뚫고 나가네.
예전 나는 언제나 멈춰야 했지만
오늘 나는 반드시 꼭대기에 이르리.

오늘은 공중에서 눈부시게 빛나는 절정을 향해
이 근사한 계단 끝까지 가리라!
오르고 올라 더 높이 나는 가네.
하늘은 내 위로 다가들고, 땅은 저 아래로 멀어지네.

에이미 로웰 (『여러 빛깔 유리 지붕』, 1912)

부록 I

참고 자료

기관

전미시치료학회(National Association for Poetry Therapy) : http://www.poetrytherapy.org/
　　이메일: naptadmin@poetrytherapy.org

세계독서／시치료연맹(International Federation for Biblio／Poetry Therapy) : http://ifbpt.org/

전미창의예술치료협회(National Coalition of Creative Arts Therapies Associations, Inc.) :
　　http://www.nccata.org/

저널치료센터(Center for Journal Therapy) : http://www.journaltherapy.com/

치료적글쓰기연구소(Therapeutic Writing Institute, TWI) : https://twinstitute.net/what-is-twi/

창의적 "바로잡기" 센터(The Creative "Righting" Center) :
　　http://www.thecreativerightingcenter.com

국제시치료아카데미(International Academy for Poetry Therapy) : http://www.iapoetry.org/

전미회고록작가협회(National Association of Memoir Writers) : http://www.namw.org/

고유수용성글쓰기(Proprioceptive Writing) : http://pwriting.org/

시의학연구소(The Institute for Poetic Medicine) : http://www.poeticmedicine.org/

변화를 위한 언어 예술 네트워크(Transformative Language Arts Network) :
　　http://www.tlanetwork.org/

시재단(Poetry Foundation) : http://www.poetryfoundation.org/

웰빙을 위한 글쓰기 단체(The Writing for Wellbeing Organisation) : http://lapidus.org.uk

사회정의시(Social Justice Poetry) : http://www.sojust.net/poetry.html

한국시치료연구소(Korean Institute of Poetry Therapy) :
　　http://poetrytherapy.or.kr/english/Greetings.php

이탈리아시치료연구소(Poetry Therapy Italy) : https://www.poetrytherapy.it/

핀란드독서/시치료 협회(Finnish Association of Biblio/Poetry Therapy) : https://www.heroines-
  project.eu/portfolio/finnish-association-of-biblio-poetry-therapy/

중부유럽2020독서치료프로젝트(Central Europe 2020 Bibliotherapy Project) :
  https://www.ifla.org/node/10134

시/문학

여기에서 말하는 시(Poetry Spoken Here) : http://www.poetryspokenhere.com

미국시협회(Poetry Society of America) : http://www.poetrysociety.org/

전미시인아카데미(Academy of American Poets) : https://www.poets.org/academy-american-
  poets/home (https://www.poets.org/poetsorg/browse-poems-poets)

가사 찾기(Lyric Finder) : http://www.lyricfinder.org/

프로젝트구텐베르크(Project Gutenberg) : https://www.gutenberg.org/

바틀비(Bartleby) : http://www.bartleby.com/

문학, 예술 및 의학 데이터베이스(Literature, Arts, and Medicine Database) :
  http://medhum.med.nyu.edu/

시 프로그램

에이즈시 프로젝트(AIDS Poetry Project) : http://www.thebody.com/content/art4963.html

온콜링크(Oncolink) : https://www.oncolink.org/support/resources/creative-inspiration/oncolink-
  reading-room/poetry

자동화된 시 프로젝트(Automated Poetry Project) : http://wordvancouver.ca

저작권 및 공정 사용(Copyright and Fair Use) : http://fairuse.stanford.edu/
  https://guides.library.cornell.edu/c.php?g=32593&p=6241628
  https://cmsimpact.org/code/code-best-practices-fair-use-poetry/

퍼블릭 도메인 시(Public Domain Poetry) : http://www.public-domain-poetry.com/

저널

『시치료학술지(*Journal of Poetry Therapy*)』(Routledge) :
  http://www.tandfonline.com/toc/tjpt20/current

『예술과 심리치료 학술지(*The Arts in Psychotherapy*)』(Elsevier) :

　　http://www.journals.elsevier.com/the-arts-in- psychotherapy/

『정신건강 창의성 학술지(*Journal of Creativity in Mental Health*)』(Routledge) :

　　http://www.tandfonline.com/loi/wcmh20

『미학, 창의성 및 예술 심리학(*Psychology of Aesthetics, Creativity, and the Arts*)』(APA) :

　　http://www.apa.org/pubs/journals/aca/

부록 J

NAPT 윤리강령

전미시치료학회(NAPT)는 회원들이 이 윤리강령을 쉽게 이용할 수 있기를 바란다. 그것은 시치료의 도움을 받는 사람들, 동료, 고용주, 다른 전문가들, 그리고 공동체와의 관계에 대한 윤리적 행동의 표준을 나타낸다.

서문

이 강령은 독서/시치료 전문가의 일상적 행동에 대한 지침으로 사용되도록, 독서/시치료사와 응용적 시 촉진자의 행동이 이 강령에 명시되거나 암시된 기준에서 벗어난다고 주장될 때 윤리 문제의 판단 기준으로 사용되도록 의도되었다. 그것은 내담자, 동료, 고용주, 다른 전문가들, 그리고 공동체와의 전문적인 관계에서 윤리적 행동의 표준을 나타낸다.

　이 윤리강령은 PTR, CPT 또는 CAPF의 인증을 획득한 개인들, 이러한 인증을 받기 위한 수련생 및 멘토/슈퍼바이저들의 특정 상황에 적용된다.

원칙 1 책임

치료를 제공함에 있어, 독서/시치료사와 응용적 시 촉진자들은 최고 수준의 전문성을 유지한다. 그들은 자신의 행동결과에 대한 책임을 받아들이고 자신의 치료가 적절하게 사용되도록 모든 노력을 기울인다. 실천가로서, 독서/시치료사와 응용적 시 촉진자들은 자신의 제안과 전문적 행위가 다른 사람들의 삶을 바꾸어 놓을 수 있으므로 무거운 사회적 책임을 지고 있다는 것을 인지한다.

　교육자로서, 독서/시치료사와 응용적 시 촉진자들은 다른 사람들이 지식과 기술을 습득하도록 도와야 할 의무가 있음을 인지한다.

　연구자로서, 독서/시치료사 및 응용 시 촉진자들은 자신의 연구결과가 다른 사람들을 잘못 인도할 가능성을 최소화하는 방법으로 연구를 계획한다. 연구 보고서를 출판할 때, 불확실한 데이터를 결코 은폐하지 않으며 자신들의 연구결과에 대한 대체 가설과 설명이 존재함을 인정한다. 그들은 자신이 실제로 한 연구에 대해서만 공로를 인정받는다. 독서/시치료사 및 응용적 시 촉진자들은 사전에 모든 적절한 관계자와 기관에 연구 데이터를 어떻게 공유하고 활용할 것인지 기대하는 바를 명백히 밝힌다.

독서/시 공동체 구성원들은 자신들의 실무에 관한 모든 적용 가능한 법과 규정을 철저하게 준수한다. 그들은 자신의 실천이 대중에게 해를 끼칠 목적으로 사용되는 것을 허용하지 않는다. 멘토/슈퍼바이저는 수련생들이 시치료 기술을 잘못 사용하여 대중을 오도하거나 대중에게 해를 끼치지 않도록 수련생의 배경과 적합성에 대한 평가를 철저하게 수행한다.

원칙 2 역량

높은 수준의 역량을 유지하는 것은 대중과 이 전문 분야 전체의 이익을 위해 모든 독서/시치료사들과 응용적 시 촉진자들이 공유하는 책임이다. 독서/시치료사와 응용적 시 촉진자들은 자신의 역량의 범위와 기법의 한계를 인정한다. 그들은 훈련과 경험에 의해 자격을 갖춘 치료와 기법만 사용하고 제공한다. 공인된 기준이 아직 존재하지 않는 분야에서는 독서/시치료사와 응용적 시 촉진자들은 내담자의 복지를 보호하기 위해 필요한 모든 예방 조치를 취한다.

독서/시치료사와 응용적 시 촉진자는 그들의 역량, 교육, 훈련 그리고 경험을 정확하게 밝힌다. 그들은 예를 들어 연령, 젠더 및 성적 지향, 사회경제적 그리고 민족적 배경 같은 것과 관련해 사람들 사이에 다름이 있음을 인정한다. 그리고 필요하다면 그런 사람들과 관련해 역량 있는 치료나 연구를 보장하기 위한 훈련, 경험, 또는 조언을 받는다.

독서/시치료사와 응용적 시 촉진자들은 개인적인 문제나 갈등이 전문적 치료 효과를 방해할 수 있음을 인지한다. 따라서 그들은 자신의 개인적 문제가 내담자, 동료, 학생 또는 연구 참여자에게 부적절한 수행이나 해를 끼칠 가능성이 있는 어떤 활동도 자제한다.

독서/시 공동체 구성원들은 자신의 자격을 정확하고 객관적으로 밝힌다. 해당 주의 법이나 규정이 금지하는 경우, 자신을 치료사라 부르지 않는다. 해당 주의 법이나 규정이 금지하는 경우, 수련생, 고용인, 또는 슈퍼바이지들이 그들 자신을 치료사라 부르는 것을 허용하지 않는다. 수련생, 고용인, 또는 슈퍼바이지들이 그들 자신의 훈련, 경험 수준, 그리고 역량 이상의 전문적 서비스를 수행할 정도로 역량이 있다고 내세우는 것을 허용하지 않는다.

원칙 3 공적인 진술

공적인 진술, 치료에 대한 알림, 광고 그리고 홍보 활동을 할 때, 독서/시치료사 및 응용적 시 촉진자들은 자신의 전문적 자격, 관련 기관, 그리고 기능들을 정확하게 그리고 객관적으로 알려야 한다. 또한, 그들이 속해있는 기관이나 조직의 전문적 자격, 관련 기관, 그리고 기능들도 정확하게 그리고 객관적으로 알려야 한다. 개인 성장 집단, 워크숍 및 기타 전문적 활동을 알리거나 홍보할 때 목적을 분명하게 알리고 제공될 경험을 분명하게 설명해야 한다.

또한, 원칙 2에서 언급된 것처럼 해당 주의 법이나 규정이 금지하는 경우, 독서/시 공동체 구성원들은 공적인 진술, 제공될 치료 안내, 홍보 활동에서 자신들을 치료사라고 부르지 않는다.

원칙 4 비밀 보장

독서/시치료사와 응용적 시 촉진자들은 치료사로서 일하는 과정에 개인들로부터 얻은 정보의 비밀 보장을 존중해야 할 기본적 의무가 있다. 이러한 정보는 당사자나 당사자의 법정 대리인의 동의가 있는 경우에만 타인에게 공개할 수 있으며, 공개하지 않는 것이 당사자나 타인에게 명백한 위험을 초래할 수 있는 드문 상황은 예외가 된다. 적절한 경우, 독서/시치료사는 내담자에게 비밀 보장의 법적 한계를 알려준다.

임상관계나 컨설팅관계에서 얻은 정보는 적절한 사전 동의를 얻거나 모든 식별 정보를 적절하게 위장한 경우에만 서면, 강의 또는 기타 공개 포럼에서 논의할 수 있다.

독서/시치료사와 응용적 시 촉진자들은 기록의 저장 및 폐기에 있어 비밀 보장을 유지하기 위한 규정을 만든다.

자발적으로 사전 동의를 할 수 없는 미성년자나 다른 사람들과 일할 때는, 독서/시치료사들은 이러한 사람들의 최선의 이익을 보호하기 위해 특별한 주의를 기울인다.

원칙 5 내담자의 복지

독서/시치료사와 응용적 시 촉진자들은 자신들이 함께 작업하는 사람들과 집단들의 온전함을 존중하고 복지를 보호한다. 그리고 그들은 내담자, 학생, 연구 참여자들이 자유롭게 참여 여부를 선택할 자유가 있음을 거리낌 없이 인정한다.

독서/시치료사와 응용적 시 촉진자들은 내담자, 학생, 부하직원들에 관한 자신의 욕구와 그들에 대해 자신이 잠재적으로 영향력 있는 입지에 있음을 지속적으로 인지해야 한다. 그러한 사람들의 신뢰와 의존성을 착취하는 것을 피한다. 독서/시치료사들과 응용적 시 촉진자들은 자신의 전문적 판단을 손상시키거나 착취의 위험을 증가시킬 수 있는 이중관계를 피하기 위해 모든 노력을 기울인다. 이러한 이중관계는, 일부 예를 들자면 직원, 학생, 슈퍼바이지, 친한 친구 또는 친지를 연구하거나 치료하거나 촉진하는 것이다. 내담자와의 성적 친밀감도 비윤리적이다.

독서/시치료사와 응용적 시 촉진자들은 내담자들이 명확하게 이해할 수 있고 내담자들의 최선의 이익을 보호할 수 있도록 비용 협의를 한다.

독서/시치료사와 응용적 시 촉진자는 소비자가 이익을 얻지 못하고 있다는 것이 합리적으로 명백할 때 임상관계나 컨설팅관계를 종료한다. 그들은 소비자가 다른 도움이 되는 자원을 찾을 수 있도록 돕는다.

독서/시 공동체 구성원들은 내담자나 수련생들과의 전문적 관계를 이용해서 내담자나 수련생의 이익에 반하는 그들 자신의 이익을 얻지 않는다. 내담자나 수련생이 전문가의 상업적 기업, 친척이나 친구의 상업적 기업, 사회적이거나 정치적인 캠페인, 또는 옹호 조치에 참여하도록 장려하는 것은 비윤리적이다. 응급 상황을 제외하고는, 훈련생에게 치료를 제공하는 것은 비윤리적이다. 멘토/슈퍼바이저는 수련생에게 자신이 저술한 책을 구매하도록 할 때 특별한 주의를 기울여야 한다. 만약 그 책이 수련 안내 책자의 독서 목록에 있는 경우는 윤리적이다. 그렇지 않으면 비윤리적이다. 그리고 멘토/슈퍼바이저는 연맹윤리위원회(Federation Ethics Committee)에 문의할 것을 권장한다.

원칙 6 전문적 관계

독서/시치료사와 응용적 시 촉진자들은 자신의 전문직과 다른 전문직 동료들의 욕구, 특별한 역량, 그리고 의무들을 충분히 고려하여 행동한다. 그들은 이러한 다른 동료들이 속해있는 기관이나 조직의 특권과 의무를 존중한다.

기관이나 조직에서 연구를 진행할 때 독서/시치료사와 응용적 시 촉진자들은 이러한 연구를 수행할 수 있는 적절한 권한을 확보한다. 그들은 미래 연구자들에 대한 자신의 의무를 인식하고, 주최 기관에 연구에 대해 그리고 정당한 연구기여도 인정에 대해 올바른 정보를 제공한다.

출판물에 대한 연구업적은 전문적 기여 정도에 비례하여 출판에 기여한 사람들에게 할당된다.

독서/시치료사와 응용적 시 촉진자가 다른 독서/시치료사와 응용적 시 촉진자의 윤리적 위반을 알게 되면, 비공식적으로 그 행동에 대해 해당 동료의 주의를 환기시킴으로써 문제를 해결하려고 시도한다. 만약 잘못된 행동이 경미한 성격이거나 예민함, 지식, 경험의 부족으로 인한 것으로 보이는 경우, 이러한 비공식적 해결책이 일반적으로 적절하다. 그러한 비공식적 교정은 관련된 비밀 보장에 대한 권리에 민감하게 적용된다. 만약 위반이 비공식적인 해결책에 적합하지 않거나 더 심각한 성격이라면, 독서/시치료사와 응용적 시 촉진자들은 그 사항을 세계독서/시치료연맹의 윤리위원회에 알린다.

(NAPT 웹 사이트에서 2015년 9월 2일에 발췌하였다.)

참고문헌

Abell, S. C. (1998). The use of poetry in play therapy: A logical integration. *The Arts in Psychotherapy, 25*, 45–49. https://doi-org.proxy.lib.fsu.edu/10.1016/S0197-4556(97)00024-5

Acim, R. (in press). Lockdown poetry, healing, and COVID-19 pandemic. *Journal of Poetry Therapy, 34*(2).

Adams, K. (1990). *Journal to the self: 22 paths to personal growth*. New York: Warner.

Adams, K. (1993). *The way of the Journal: A journal therapy workbook for healing*. Lutherville, MD: Sidran Press.

Adams, K. (1996). The structured journal therapy assessment: A report on 50 cases. *Journal of Poetry Therapy, 10*, 77–106. 10.1007/BF03391501

Adams, K. (2004). *Scribing the soul: Essays in journal therapy*. Denver: Center for Journal Therapy.

Adams, K. (2013). *Expressive writing: Foundations of practice*. Lanham, MD: Rowman & Littlefield (R&L).

Adler, A. (1954). *Understanding human nature*. New York: Fawcett (W. Beran Wolfe, trans.; original work published 1927).

Alcee, M. D. & Sager, T. A. (2017). How to fall in love with time-limited therapy: Lessons from poetry and music. *Journal of College Student Psychotherapy, 31*(3), 203–214. 10.1080/87568225.2016.1276420

Aldington, R. (1963). New love. In W. Pratt (Ed.), *The imagist poem* (p. 73). New York: E.P. Dutton.

Aldridge, D. (1994). Single-case research designs for the creative art therapist. *The Arts in Psychotherapy, 21*, 333–342.

Alissi, A. S. & Casper, M. (1985). Time as a factor in social groupwork. *Social Work with Groups, 8*, 3–16.

Allen, P. & Bayer-Sager, C. (1976). *Don't cry out loud*. Irving Music/Unichappell/BMI.

Allport, G.F. (1942). *The use of personal documents in psychological sciences*. New York: Social Science Research Council.

Alschuler, M. (1995). Finding our way home: Poetry therapy in a supportive single room occupancy residence. *Journal of Poetry Therapy, 9*, 63–77.

Alvarez, N. & Mearns, J. (2014). The benefits of writing and performing in the spoken word poetry community. *Arts in Psychotherapy, 41*, 263–268. doi: 10.1016/j.aip.2014.03.004.

American Psychological Association (2012). Guidelines for psychological practice with lesbian, gay, and bisexual clients. *American Psychologist, 67*, 10–42. doi: 10.1037/a0024659

American Psychological Association (2015). *APA dictionary of psychology* (2nd ed.). Washington, DC: American Psychological Association.

Amsel, P. (2003). Community writing as a learning experience. *Journal of Poetry Therapy, 16*, 107–113. doi: 10.1080/0889-3670310001596266

Androutsopoulou, A. (2001). Fiction as an aid to therapy: A narrative and family rationale for practice. *Journal of Family Therapy, 23*, 278–295.

Angelou, M. (1975). Alone. In *Oh pray my wings are gonna fit me well*. New York: Random House.

Ansbacher, H. L. & Ansbacher, R. R., eds. (1956). *The individual psychology of Alfred Adler*. New York: Harper & Row.

Ansell, C. (1978/1994) Psychoanalysis and poetry. In A.Lerner (Ed.), *Poetry in the therapeutic experience* (2nd ed., pp. 12–23). St. Louis: MMB Music.

APA Division Information (1998). American Psychological Association Web site. Retrieved from http://www.apa.org/about/division.html.

The APA Commission on Accreditation (APA-CoA). http://www.apa.org/ed/accreditation/

Astrov, M., ed. (1962). *American Indian rose and poetry: An anthology*. New York: Capricorn.

Atkins, S.A. (2014). The "I am..." poem. In B. E. Thompson & R. A. Neimeyer (Eds.), *Grief and the expressive arts: Practices for creating meaning* (pp. 74–76). New York: Routledge.

Baikie, K. A. & Wilhelm, K. (2005). Emotional and physical health benefits of expressive writing. *Advances in Psychiatric Treatment, 11*, 338–346.

Baker, K. C. & Mazza, N. (2004). The healing power of writing: Applying the expressive/creative component of poetry therapy. *Journal of Poetry Therapy, 17*, 141–154. doi: 10.1080/08893 670412331311352

Baker, S. B. & Taylor, J. G. (1998). Effects of career education interventions: A meta-analysis. *Career Development Quarterly, 46*, 376–385.

Baldwin, C. (1977). *One to one: Self-understanding through journal writing*. New York: M. Evans & Co.

Bandura, A. (1986). *Social foundations of thought and action: A social cognitive theory*. Englewood Cliffs, NJ: Prentice-Hall.

Barker, P. (1985). *Using metaphors in psychotherapy*. New York: Brunner/Mazel.

Barker, R. ed. (2014). *The social work dictionary* (6th ed.). Washington, DC: NASW Press

Barron, J. (1973). Poetry and therapeutic communication: Nature and meaning of poetry. *Psychotherapy: Theory, Research, and Practice, 11*, 87–92.

Battista, G., ed. (1996). *The runner's literary companion*. New York: Penguin.

Becker, L.E. (1993). The effects of metaphoric states on perseverance, doctoral dissertation, California School of Professional Psychology-San Diego. *Dissertation Abstracts International, 54*, 4381B.

Becker, K. M., Pehrsson, D., & McMillen, P. S. (2008). Bibliolinking: An adaptation of bibliotherapy for university students in transition. *Journal of Poetry Therapy, 21*,231–235. doi: 10.1080/08893670802529258

Becvar, D. & Becvar, R. J. (1993). Storytelling and family therapy. *American Journal of Family Therapy. 21*, 145–160.

Beech, H. (2021). Where poets are being killed and jailed after a military coup. *New York Times* (May 25, 2021). https://www.nytimes.com/2021/05/25/world/asia/myanmar-poets.html

Bembry, J. X., Zentgraf, S., & Baffour, T. (2013). Social skills training through poetry therapy: A group intervention with schizophrenic patients. *Journal of Poetry Therapy, 26*, 73–82. doi: 10.1080/08893675.2013.794534

Beres, J. (2019, October). Bibliotherapy for women from a lifelong learning perspective. *Some Issues in Pedagogy and Methodology*, ISBN 978-80-89691-35-7 111. doi: 10.18427/iri-2016-0071

Berger, R. (2020). Nature therapy: Incorporating nature into arts therapy. *Journal of Humanistic Psychology, 60*(2), 244–257. doi: 10.1177/0022167817696828

Bergin, A. E. & Garfield, S. L. (1994). Overview, trends, and future issues. In Bergin, A. E. & Garfield, S. L. (Eds.), *Handbook of psychotherapy and behavior change* (4th ed., pp. 821–830). New York: Wiley.

Bergland, C. (2020, October 2). Why cursive handwriting is good for your brain. Retrieved from https://www.psychologythttps://www.psychologytoday.com/us/blog/the-athletes-way/202010/why-cursive-handwriting-is-good-your-brainoday.com/us/blog/the-athletes-way/202010/why-cursive-handwriting-is-good-your-brain

Bernstein, R. E., Ablow, J. C., Maloney, K. C., & Nigg, J. T. (2014). Piloting PlayWrite: Feasibility and efficacy of a playwriting intervention for at-risk adolescents. *Journal of Creativity in Mental Health, 9*, 446–467. doi: 10.1080/15401383.2014.902342.

Berry, F.M. (1978). Approaching poetry therapy from a scientific orientation. In A. Lerner (Ed.), *Poetry in the therapeutic experience* (pp. 127–142). New York: Pergamon Press.

Bevan, W. & Kessel, F. (1994). Plain truths and home cooking: Thoughts on the making and re-making of psychology. *American Psychologist, 49*, 505–509.

Bilston, B. (2018, March 23). Refugees (poem). *Brian Bilston's poetry laboetry.* Retrieved from https://brianbilston.com/2016/03/23/refugees/

Birren, J. E. & Deutchman, D. E. (1991). *Guiding autobiography groups for older adults: Exploring the fabric of life.* Baltimore, MD: Johns Hopkins University Press.

Blake, M. E. (1998). Poetry as a means of communicating about gender and cultural issues: A model for Feminist Social Work Education, doctoral dissertation, Florida State University. *Dissertation Abstracts International, 59*, 3967A.

Blake, M. E. & Cashwell, S. T. (2004). A model for use of poetry in diversity education. *Journal of Poetry Therapy, 17*, 9–20, doi: 10.1080/08893670410001698497

Blanton, S. (1960). *The healing power of poetry therapy.* New York: Crowell.

Blinderman, A. A. (1973). Shamans, witch doctors, medicine men and poetry. In J. J. Leedy (Ed.), *Poetry the healer* (pp. 127–141). Philadelphia: Lippincott.

Bolton, G. (2014). *The writer's key: Introducing creative solutions for life.* London & Philadelphia: Jessica Kingsley.

Bolton, G., Field, V., & Thompson, K., eds. (2006). *Writing works: A resource handbook for therapeutic writing workshops and activities.* London and Philadelphia: Jessica Kingsley.

Bondy, D., Davis, D., Hagen, S., Spiritos, A., Winnick, A., & Wright, C. (1990). Brief, focused preventive group psychotherapy: Use of personal life history book method with groups of foster children. *Journal of Preventive Psychiatry and Allied Disciplines, 4*, 25–37.

Borrup, T. (2006). *The creative community builder's handbook.* St. Paul, MN: Fieldstone Alliance.

Bowman, D. O. (1992). Poetry therapy in counseling the troubled adolescent. *Journal of Poetry Therapy, 6*, 27–34. 10.1111/fare.12539

Bowman, T. (2021). Lessons from the field. Family grief care and bibliotherapy: A call for models and studies. *Family Relations, 70*, 402–407. doi: 10.1111/fare.12539

Brand, A. G. (1979). The uses of writing in psychotherapy. *Journal of Humanistic Psychology, 19*, 53–72.

Brand, A. G. (1980). *Therapy in writing: A psycho-educational enterprise.* Lexington, MA: Heath.

Brand, A. G. (1987). Writing as counseling. *Elementary School Guidance and Counseling, 21*, 266–275. https://login.proxy.lib.fsu.edu/login?url=https://www-proquest-com.proxy.lib.fsu.edu/scholarly-journals/writing-as-counseling/docview/617432821/se-2?accountid=4840

Braun, L. W., Hartman, M. L., Hughes-Hassell, S., & Kumasi, K. (2013). The future of library services for and with teens: A call to action. Chicago: Young Adult Library Services Association (YALSA).

Brenner, C. (1974). *An elementary textbook of psychoanalysis.* Garden City, NY: Doubleday.

Brogan, T. V. F. (1993). Verse and prose. In A. Preminger & T. V. G. Brogan (Eds.), *The New Princeton Encyclopedia of poetry and poetics* (pp. 1346–1351). Princeton, NJ: Princeton University Press.

Brooks, G. (1963). The bean eaters. In *Selected poems* (p. 72). New York: Harper & Row.

Brown, D. H. (1977/1978). Poetry as a counseling tool: The relationship between response to Emotion-Oriented Poetry and Emotions, Interests and Personal Needs, doctoral dissertation, Cornell University. *Dissertation Abstracts International, 38*, 4575A.

Brown, C. (2007). Talking body talk. In C. Brown & T. Augusta-Scott (Eds.), *Narrative therapy: Making meaning, making lives* (pp. 269–302). Thousand Oaks, CA: Sage.

Brown, C. & Augusta-Scott, T. (2007). *Narrative therapy: Making meaning, making lives.* Thousand Oaks,CA: Sage.

Brown, M. W. (1939). *The noisy book.* New York: Harper Collins.

Browne, A. (1987). *When battered women kill.* New York: Free Press.

Broyard, A. (1993). *Intoxicated by my illness.* New York: Random House.

Bruscia, K. (1988). Perspective: Standards for clinical assessment in the arts therapies. *The Arts in Psychotherapy*, *15*, 5–10.

Bryant, W. D. & Schlesinger, E. G. (1977). The integration of social science and literary materials: An approach to teaching urban family life. *Journal of Education for SocialWork*, *13*, 12–18. doi: 10.1080/00220612.1977.10671450

Bucci, B. (2003 Dec 31). Poetry, trauma & spirit. *International Journal of Emergency Mental Health*, *6*(3), 157–158. PMID: 15481477.

Buck, L. & Kramer, A. (1974). Poetry as a means of group facilitation. *Journal of Humanistic Psychology*, *14*, 57–71.

Budman, S. H., ed. (1981). *Forms of brief therapy*. New York: Guilford.

Bullock, O. (2021). Poetry and trauma: Exercises for creating metaphors and using sensory detail. *New Writing*, doi: 10.1080/14790726.2021.1876094.

Burnell, G. M. & Motelet, K. P. (1973). Correspondence therapy. *Archives of General Psychiatry*, *28*, 728–731.

Buskirk-Cohen, A. A. (2015). Effectiveness of a creative arts summer camp: Benefits of a short-term, intensive program on children's social behaviors and relationships. *Journal of Creativity in Mental Health*, *10*, 34–45. doi: 10.1080/15401383.2014.946637

CACREP. http://www.cacrep.org/ The Council for Accreditation of Counseling & Related Educational Programs (CACREP). http://www.cacrep.org/introduction-to-the-2016-cacrep-standards/

Calisch, A. (1989). Eclectic blending of theory in the supervision of art psychotherapists. *The Arts in Psychotherapy*, *16*, 37–43.

Camilleri, V. A., ed. (2007). *Healing the inner city child: Creative arts therapies with at-risk youth*. London: Jessica Kingsley.

Campo, R. (2006). Why should medical students be writing poems? *Journal of Medical Humanities*, *27*, 253–254. doi: 10.1007/s10912-006-9022-9

Carroll, A. (2001). Introduction. In A. Carroll (Ed.), *War letters* (pp. 31–37). New York: Scribner.

Cartwright, T. (1996). Poetry, therapy, letter-writing and the lived life. Comment on Maryhelen Snyder, Gonzalo Bacigalupe, and Alfred Lange. *Journal of Family Therapy*, *18*, 389–395. 10.1111/j.1467-6427.1996.tb00059.x

Cashman, T. & West, T. (1974). *Lifesong*. Sweet City Songs, Inc.

Chan, Z. C. Y. (2003). Poetry writing: A therapeutic means for a social work doctoral student in the process of study, *Journal of Poetry Therapy*, *16*, 5–17. doi: 10.1080/0889367031000147995

Chapin, H. (1971). Circle. The Harry Chapin Foundation (ASCAP).

Chapin, H. (1978). *Flowers are red*. Five J's Songs (ASCAP)

Chapin, S. & Chapin, H. (1974). *Cat's in the cradle*. Story Songs, Ltd. (ASCAP).

Chapman, T. (1983). *Behind the wall*. SBK April Music, Inc./Purple Rabbit Music.

Chase, K. (1989). About collaborative poetry writing. *Journal of Poetry Therapy*, *3*, 97–105.

Chavis, G. G. (1986). The use of poetry for clients dealing with family issues. *The Arts in Psychotherapy*, *13*, 121–128. 10.1016/0197-4556(86)90019-5

Chavis, G. G., ed. (1987a). *Family: Stories from the interior*. St Paul, MN: Graywolf.

Chavis, G. G. (1987b). Poetry therapy in a women's growth group on the mother-daughter relationship. *Journal of Poetry Therapy*, *1*, 67–76.

Chavis, G. G. (2011). *Poetry and story therapy: The healing power of creative expression*. London & Philadelphia: Jessica Kingsley.

Chavis, G. G. & Weisberger, L. L. (2003). *The healing fountain: Poetry therapy for life's journey*. St. Cloud, MN: North Star Press.

Ciminero, A. R. (1986). Behavioral assessment: An overview. In A. R. Ciminero, K. S. Calhoun & H. E. Adams (Eds.), *Handbook of Behavioral Assessment* (2nd ed., pp. 3–11). New York: Wiley.

Clark, J. H., Lovelock, R. & McNay, M. (2015). Liberal arts and the development of emotional intelligence in social work education. *British Journal of Social Work*. doi: 10.1093/bjsw/bcu139

Clifton, L. (1969/1987) Miss Rosie. In *Good woman: Poems and memoirs 1969–1980* (p. 19). Brockport, NY: BOA Editions.

Clifton, L. (1983). *Everett Anderson's goodbye*. New York: Henry Holt & Co.

Coberly, L. M., McCormick, J., & Updike, K. (1984). *Writers have no age: Creative writing with older adults*. New York: Haworth Press.

Cohen, L. (1993). The therapeutic use of reading: A qualitative study. *Journal of Poetry Therapy, 7*, 73–83.

Cohen-Morales, P. J. (1989). Poetry as a therapeutic tool within an adolescent group setting. *Journal of Poetry Therapy, 2*, 155–160.

Cohen, M. B. & Mullender, A. (1999). The personal in the political: Exploring the group work continuum from individual to social change goals. *Social Work with Groups, 22*, 13–31.

Collins, B. B. & Taylor-Good, K. (1993). *How can I help you say goodbye?* Reynsong Publishing/ Burton & Collins Publishing.

Collins, K. S., Furman, R., & Langer, C. L. (2006). Poetry therapy as a tool of cognitively based practice. *Arts in Psychotherapy, 33*, 180–187. doi: 10.1016/j.aip.2005.11.002

Conlon, A. (2012). The use of poetry in reconciling unfinished business near end of life. *Journal of Poetry Therapy, 25*, 1–8. doi: 10.1080108893675.2012.654940.

Combs, G. & Freedman, J. (1990). *Symbol, story, and ceremony: Using metaphor in individual and family therapy*. New York: Norton.

Corcoran, K. & Fischer, J. (1987). *Measures for clinical practice: A sourcebook*. New York: Free Press.

Cornille, T. A. & Inger, C. (1992). The armor metaphor in marital and family therapy. *Journal of Family Psychotherapy, 3*(4), 27–42. 10.1300/j085V03N04_03

Costantino, G. & Malgady, R. G. (1986). *Cuento* therapy: A culturally sensitive modality for Puerto Rican children. *Journal of Consulting and Clinical Psychology, 54*, 639

Council on Social Work Education. (2012). Education policy and accreditation standards. Retrieved from http://www.cswe.org/File.aspx?id¼13780

Couper, M. P., Traugott, M. W., & Lamias, M. J. (2001). Web survey design and administration. *Public Opinion Quarterly, 65*, 230–253.

Crane, S. (1970). If I should cast off this tattered coat. In A. Dore (Ed.), *The premier book of major poets* (p. 288). Greenwich, CT: Fawcett (original work published in 1895).

Creed, L. & Masser, M. (1977). *The greatest love of all*. Golden Torch Music Corp. and Gold Horizon Music Corp.

Crootof, C. (1969). Poetry therapy for psychoneutorics in a mental health center. In J. J. Leedy (Ed.), *Poetry therapy: The use of poetry in the treatment of emotional disorders* (pp. 38–51). Philadelphia, PA: Lippincott.

Croom, A. M. (2015). The importance of poetry, hip-hop, and philosophy for an enlisted aviator in the USAF (2000-2004) flying in support of Operation Enduring Freedom and Operation Iraqi Freedom. *Journal of Poetry Therapy, 28*, 73–97. doi: 10.1080/08893675.2015.1008732

Cummings, A. (2004). Instant fill in the blanks. Oncolink; https://www.oncolink.org/coping/poetry/

Curran, J. M. (1989a). A family matter. *Journal of Poetry Therapy, 2*, 279.

Curran, J. M. (1989b). Just like dad. *Journal of Poetry Therapy, 2*, 278.

Darling, J. & Fuller, C., eds. (2005). *The poetry cure*. Northumberland: Bloodaxe.

Davis, C. (1998) Touching creation's web: Key images in poetry, *Journal of Poetry Therapy, 11*, 215–222.

Davis, E. (1977). *The liberty cap: A catalogue of non-sexist materials for children*. Chicago: Academy Press.

Davis, K. M. (2008). Teaching a course in creative approaches in counseling with children and adolescents. *Journal of Creativity in Mental Health, 3*, 220–232. doi: 10.1080/15401380802389469

Davis, M. S. (1979). Poetry therapy versus interpersonal group therapy: Comparison of treatment effectiveness with depressed women, doctoral dissertation, The Wright Institute. *Dissertation Abstracts International, 39*, 5543B.

Davis, S. L. (1996). Poetry as hidden voice: Adults with developmental disabilities speak out. *Journal of Poetry Therapy, 9*, 143–148.

Davis-Berman, J., & Berman, D. (1998). Lifestories. *Clinical Gerontologist, 19*, 3–11. 10.1300/j018v1 9n03_02

Deats, S. M. & Lenker, L. T. (1989). *Youth suicide prevention: Lessons from literature*. New York: Plenum Press.

Deats, S. M. & Lenker, L. T., eds. (1991). *The aching hearth: Family violence in life and literature*. New York: Plenum Press.

Del Valle, P. R., McEachern, A. G., & Chambers, H. D. (2001). Using social stories with autistic children. *Journal of Poetry Therapy, 14*, 187–197.

De Maria, M. B. (1991). Poetry and the abused child: The forest and the tinted plexiglass. *Journal of Poetry Therapy, 5*, 79–93.

Deshpande, A. (2010). Effectiveness of poetry therapy as an adjunct to self-psychology in clinical work with older adults: A single case study. *Journal of Poetry Therapy, 23*, 1–11. doi: 10.1080/08893671003594364

Deshpande, A. (2010). Recon mission: Familiarizing veterans with their changed emotional landscape through poetry therapy. *Journal of Poetry Therapy, 23*, 239–251. doi: 10.1080/08893675.2010.528222

Denver, J. (1975). *Looking for Space*. Cherry Lane Music.

de Vicente, A., Munoz, M., Perez-Santos, E., & Santos-Olmo, A. B. (2004). Emotional disclosure in homeless people: A pilot study. *Journal of Traumatic Stress, 17*, 439–443.

Dera, J. (in press). Evaluating poetry on COVID-19. Attitudes of poetry readers toward corona poems. *Journal of Poetry Therapy, 34*(2).

Diana, N. M. (1998). Let me tell you a story...using fairy tales and fables with the hard to treat client. *Journal of Poetry Therapy, 11*, 175–181.

Díaz de Chumaceiro, C. L. (1996). Freud, poetry, and serendipitous parapraxes. *Journal of Poetry Therapy, 10*, 237–243.

Díaz de Chumaceiro, C. L. (1997). Unconsciously induced recall of prose and poetry: An analysis of manifest and latent contents. *Journal of Poetry Therapy, 10*, 237–243.

Díaz de Chumaceiro, C. L. (1998). Hamlet in Freud's thoughts: Reinterpretations in the psycho-analytic literature. *Journal of Poetry Therapy, 11*, 139–153.

Dickinson, E. (1959). I'm nobody. In R. N. Linscott (Ed.), *Selected poems and letters of Emily Dickinson* (p. 73). New York: Doubleday (original work published in 1861).

Dickinson, E. (1961). Hope is the thing with feathers. In T. H. Johnson (Ed.), *Final harvest: Emily Dickinson's poems* (p. 63). Boston: Little, Brown, & Co. (original work published in 1861).

Dillman, D. A. (2000). *Mail and Internet surveys: The tailored design method*. New York: John Wiley & Sons.

Dillman, D. A., Smyth, J. D., & Christian, L. M. (2009). *Internet, mail, and mixed-mode surveys: The tailored design method*. Hoboken, NJ: John Wiley & Sons.

Dillon, S. (2007). Assessing the positive influence of music activities in community development programs. *Medical Education Research, 8*, 267–280.

Doherty, W. (2008, October 26). Beyond the consulting room: Therapists as catalysts of social change. *Psychotherapy Networker*. http://www.burtbertram.com/teaching/consultation/Article_00-Citizen-Therapist-Agent_of_Change.pdf

Donnelly, D. A. & Murray, E. J. (1991). Cognitive and emotional charnges in written essays and therapy interviews. *Journal of Social and Clinical Psychology, 10*, 334–350. 10.1521/jscp.1991.10.3.334

Dore, A., eds. (1970). *The premier book of major poets*. Greenwich, CT: Fawcett.

Drewery, W. & Winslade, J. (1997). The theoretical story of narrative therapy. In Monk, G., Winslade, J., Crocket, K. & Epston, D. (Eds.), *Narrative therapy in practice: The archaeology of hope* (pp. 32–52). San Francisco, CA: Jossey-Bass.

Dreyer, S. S. (1977). *The Bookfinder: A Guide to children's literature about the needs and problems of youth ages 2–15*, Circle Pines, MN: American Guidance Service.

Dreyer, S. S. (1992). *The best of bookfinder: A guide to children's literature about interests and concerns of youth ages 2–18*, Circle Pines, MN: American Guidance Service.

East, J. F. & Roll, S. J. (2015). Women, poverty, and trauma: An empowerment practice approach. *Social Work: Journal of the National Association of Social Workers, 60*, 279–286. 10.1093/sw/swv030

Edgar-Bailey, M. & Kress, V. E. (2010). Resolving child and adolescent traumatic grief: Creative techniques and interventions. *Journal of Creativity in Mental Health*, 158–176. doi: org/10.1080/15401383.2010.485090.

Edgar, K. F. & Hazley, R. (1969). Validation of poetry as a group therapy technique. In J. J. Leedy (Ed.), *Poetry therapy* (pp. 111–123). Philadelphia, PA: Lippincott.

Edgar, K. F., Hazley, R. & Levit, H. L. (1969). Poetry therapy with hospitalized schizophrenics. In J. J. Leedy (Ed.), *Poetry therapy* (pp. 29–37). Philadelphia, PA: Lippincott.

Eliasa, I. & Iswantib (2014). Bibliotherapy with the career topic to increase the student's career motivation of guidance and counseling. ScienceDirect 4th world conference on psychology, counseling and guidance WCPCG-2013. *Procedia - Social and Behavioral Sciences, 114*, 434–438

Eliot, T. S. (1936). Preludes. In *T.S. Eliot selected poems* (pp. 22–24). New York: Harcourt, Brace & World.

Elkins, D. N. (2017). The paradigm shift in psychotherapy: Implications for the *DSM*. *Journal of Humanistic Psychology, 57*(6), 667–674. 10.1177/0022167817737415First

Ellis, A. (1955). New approaches to psychotherapy techniques. *Journal of Clinical Psychology, 11*, 207–216.

Ellis, T., Li, Q., Bertram, J. M., Meadows, J. T., Ozturk, B., & Nelson-Gardell, D. (2020). Poetry authored by vulnerable populations as secondary data: Methodological approach and considerations. *Journal of Poetry Therapy, 33*, 213–225. 10.1080/08893675.2020.1803614

Emerson, R. W. (1946) Terminus. In M. van Doren (Ed.), *The portable Emerson* (pp. 346–347). New York: Viking (original work published in 19th century). 25 Empowerment Anthems: Songs for an Extra Boost of Confidence | Billboard | Billboard. https://www.billboard.com/articles/news/pride/8013886/25-empowerment-anthems-songs-extra-boost-confidence

Epton, T., Harris, P. R., Kane, R., von Konigssbruggen, G. M., & Sheeran, P. (2015). The impact of self-affirmation on health behavior: A meta-analysis. *Health Psychology, 34*, 187–196. doi: 10.1037/hea0000116.

Erickson, M. H. & Rossi, E. L. (1980). Two-level communication and the microdynamics of trance and suggestion. In E. L. Rossi (Ed.), *The collected papers of milton H. Erickson on hyponosis*. Vol. 1. (pp. 430–451) *The Nature of Hyponosis and Suggestion*. New York: Irvington.

Erikson, E. H. (1968). *Identity, youth, and crisis*. New York: Norton.

Evans, K. & Glover, L. (2012). Finding the unexpected: An account of a writing group for women with chronic pelvic pain. *Journal of Poetry Therapy, 25*, 95–103. DOI: 10.1080/08893675.2012.680724

Ewing, S. & Barnes, M. T. (1991). *Love, Me*. Acuff-Rose Music, BMI.

Evans, S. (2012). Using computer technology in expressive arts therapy practice: A proposal for increased use. *Journal of Creativity in Mental Health, 7*, 49–63. DOI:10.1080/15401383.2012.660127

Eysenck, H. J. (1940). Some factors in the appreciation of poetry, and their relations to temperamental qualities. *Character and Personality, 9*, 161–167.

Farber, D. J. (1953). Written communication in psychotherapy. *Psychiatry, 16*, 365–374.

Farley, R. L. (1933). An experiment with gifted blind children. *Teachers Forum (Blind), 5*, 42–43. https://login.proxy.lib.fsu.edu/login?url=https://www-proquest-com.proxy.lib.fsu.edu/scholarly-journals/experiment-with-gifted-blind-children/docview/615004609/se-2?accountid=

Feinstein, E. (2017, September 15). *The circle and the line*. American Jewish University https://www.aju.edu/ziegler-school-rabbinic-studies/our-torah/back-issues/circle-and-line

Fernández-Álvarez, H., Consoli, A. J., & Gómez, B. (2016). Integration in psychotherapy: Reasons and challenges. *American Psychologist, 71*(8), 820–830. 10.1037/amp0000100

Fields, J. (2017, August 17). Writing for children. *Institute for Writers*. https://www.instituteforwriters.com/your-brain-on-writing.aspx

Florida State 24/7: The News Site of Florida State University (2012, July 6). *Arts and Athletics Winning Combination for new College of Social Work Camp*.Retrieved from http://news.fsu.edu/More-FSU-News/Arts-and-athletics-Winning-combination-for-new-College-of-Social-Work-camp.

Ford, D. & Urban, H. (1963). *Systems of psychotherapy*. New York: Wiley.

Forsey, K. (1983). *Lady, lady, lady*, Paramount Pictures.

Forsthoefel, T. A. (2014). Poetry as path: The therapeutic potential of a modern *lectio divina*. *Journal of Poetry Therapy*, *27*(3), 111–128, DOI: 10.1080/08893675.2014.921393

Foster, V. (2012). What if? The use of poetry to promote social justice. *Social Work Education*, *31*, 742–755. 10.1080/02615479.2012.695936

Fowler, R. D. (1998). The healing arts. *APA Monitor*, *29*(March), 3.

Fox, C. & Gimble, N. (1973). *I got a name*, Fox Fanfare Music.

Fox, R. (1982). The personal log: Enriching clinical practice. *Clinical Social Work Journal*, *10*, 94–102. 10.1007/BF00757616

Francis, M. E. & Pennebaker, J. W. (1992). Putting stress into words: The impact of writing on physiological, absentee, and self-reported emotional well-being measures. *American Journal of Health Promotion*, *6*, 280–287.

Frank, J. D. (1973). *Persuasion and healing*, rev. ed., Baltimore, MD: Johns Hopkins University Press.

Fraser, D. (2011). Mood disorders and poetry: Archaeology of the self. *Journal of Poetry Therapy*, *24*, 105–115. doi: 10.1080/08893675.2011.573288

Fraser-Thomas, J. L., Cote, J. & Deakin, J. (2005). Youth sport programs: An avenue to foster positive youth development. *Physical Education & Sport Pedagogy*, *10*, 19–40. doi: 10.180/174 .089804.20003 3489.

Freud, S. (1959). The relation of the poet to day-dreaming. In Riviere, J., trans., *Collected papers of sigmund freud*. Vol. 4, New York: Basic Books (original work published 1908).

Friedman, E. H. (1990). *Friedman's fables*. New York: Guilford.

Froh, J., Sefick, W. J., & Emmons, R. A. (2008). Counting blessings in early adolescents: An experimental study of gratitude and subjective well-being. *Journal of School Psychology*, *46*(2), 213–233. 10.1016/j.jsp.2007.03.005

Frost, R. (1915/1964) The road not taken. In *Complete poems of robert frost* (p. 131). New York: Holt, Rinehart, & Winston (original work published in 1915).

Frost, R. (1928/2002). The armful. In E. C. Lathem (Ed.), *The poetry of robert frost*. New York: Holt.

Fulton, M. (2001). Using favorite songs as prompts. *The Quarterly*, *23*, 19–21.

Furman, R. (2014). Beyond the literary uses of poetry: A class for university freshmen. *Journal of Poetry Therapy*, *27*, 205–211. doi: 10.1080/08893675.2014.949521

Furman, R. & Dill, L. (2015). Extreme data reduction: The case for the research tanka. *Journal of Poetry Therapy*, *28*, 43–52, doi: 10.1080/08893675.2015.990755

Furman, R., Lietz, C. , & Langer, C. L. (2006). The research poem in international social work: Innovations in qualitative methodology. *International Journal of Qualitative methods*, *5*, 24–34.

Gabriel, P. (1986). *Don't give up*. Cliofine LPDP/Hidden Pun Music, Inc. (BMI).

Gair, S. (2012). Haiku as a creative writing approach to explore empathy with social work students: A classroom-based inquiry. *Journal of Poetry Therapy*, *25*, 69–82, doi: 10.1080/08893675.2012 .680717

Gallagher, R. P. (2014). National Survey of College Counseling Centers (Monograph Series Number 9V). International Association of Counseling Services. www.iacsinc.org

Garfield, S. L. & Bergin, A. E. (1994). Introduction and historical overview. In Bergin, A. E. & Garfield, S. L. (Eds.), *Handbook of psychotherapy and behavior change* (4th Ed., pp. 3–18), New York: John Wiley & Sons.

Garland, J. A., Jones, J., & Kolodny, R. (1965). A model for stages of development in social work groups. In S. Bernstein (Ed.), *Explorations in group work* (pp. 12–53). Boston: Boston University School of Social Work.

Gatz, Y. & Christie L. (1991). Marital group metaphors: Significance in the life stages of group development. *Contemporary Family Therapy*, *13*, 103–126. 10.1007/BF00890870

Gendler, J. R. (1984/1988). *The book of qualities*. New York: Harper Perennial.

Gergen, K. J. (1994). *Realities and relationships: Soundings in social construction*. Cambridge, MA: Harvard University Press.

Germain, C. B. (1976). Time: An ecological variable in social work practice. *Social Casework*, *57*, 419–426.

Getzel, G. S. (1983). Poetry writing groups and the elderly: A reconsideration of art and social group work. *Social Work with Groups*, *6*, 65–76.

Ghostwriter (1993). *Come to your senses*. New York: Children's Television Workshop.

Gibran, K. (1923). *The prophet*. New York: Knopf.

Gibran, K. (1952). On marriage. In *The prophet* (pp. 19–20). New York: Knopf.

Gil, G. (1979). *Here and now*. Rondra Music, Inc.

Gillian, M. A. & Gillian, J. eds. (1994). *Unsettling America: An anthology of contemporary pulticulturel Poetry*. New York: Penguin.

Ginzberg, E. (1972). Toward a theory of occupational choice: A restatement. *Vocational Guidance Quarterly*, *20*, 169–176.

Ginzberg, E., Ginzberg, S. W., Axelrad, S., & Herma, J. L. (1951). *Occupational choice: An approach to general theory*. New York: Columbia University Press.

Giovanni, N. (1972a). Legacies. In *My House: Poems by nikki giovanni* (p. 5). New York: William Morrow.

Giovanni, N. (1972b). The world is not a pleasant place to be. In *My house: Poems by nikki giovanni* (p. 15). New York: William Morrow.

Giovanni, N. (1976). Nikki Rosa. In Konek, C. and Walters, D. (Eds.), *I hear my sisters saying: Poems by twentieth century women* (pp. 8–9). New York: Crowell (original work published in 1968).

Giovanni, N. (1980a). Masks. In *Vacation time: Poems for children* (p. 53). New York: William Morrow.

Giovanni, N. (1980b). Woman. In *Poems by nikki giovanni: Cotton candy on a rainy day* (p. 71). New York: William Morrow.

Gladding, S. T. (1982). The place of the poetic in counselor education. *Counselor Education and Supervision*, *21*, 320–326. doi: 10.1002/j.1556-6978.1982.tb01695.x

Gladding, S. T. (1985). Family poems: A way of modifying family dynamics. *The Arts in Psychotherapy*, *12*, 239–243. 10.1016/0197-4556(85)90037-1

Gladding, S. T. (1987). The poetics of a "check out" place: Preventing burnout and promoting self-renewal. *Journal of Poetry Therapy*, *1*, 95–102.

Gladding, S. T. (1998). *Counseling as an art: The creative arts in counseling* (2nd ed.). Alexandria, VA: American Counseling Association.

Gladding, S. T. (2015). *Family therapy: History, theory, and practice (6th ed.)*. Boston: Pearson.

Gladding, S. T. (2016). *Groups: A counseling specialty (7th ed.)*. Boston: Pearson.

Gladding, S. T. (2021). *The creative arts in counseling (6th ed.)*. Alexandria, VA: American Counseling Association.

Gladding, S. T. & Heape, S.E. (1987). Popular music as a poetic metaphor in family therapy. *American Journal of Social Psychiatry*, *7*, 109–111.

Gold, J. & Gloade, F. (1988). Affective reading and its life application. *The Arts in Psychotherapy*, *15*, 235–244. 10.1016/0197-4556(88)90008-1

Goldberg, N. (1986). *Writing down the bones: Freeing the writer within*. Boston: Shambhala Publications.

Golden, K. M. (1994). The effect of collaborative writing on cohesion in poetry therapy groups, doctoral dissertation, The American University. *Dissertation Abstracts International*, *56*, 867–868A.

Golden, K. M. (2000). The use of collaborative writing to enhance cohesion in poetry therapy groups. *Journal of Poetry Therapy*, *13*, 125–138. https://doi.org/10.1023/A:1021473712505

Goldstein, M. (1989). Poetry and therapeutic factors in group therapy. *Journal of Poetry Therapy*, *2*, 231–241.

Gonzalez, T. & Hayes, B. G. (2009). Rap music in school counseling based on Don Elligan's rap therapy. *Journal of creativity in Mental Health*, *4*(2), 161–172.

Gonsiorek, J. C., Richards, P. S., Pargament, K. I. & McMinn, M. R. (2009). Ethical challenges and opportunities at the edge: Incorporating spirituality and religion into psychotherapy. *Professional Psychology: Research and Practice*, *40*(4), 385–395. 10.1037/a0016488

Gordon, D. (1978). *Therapeutic metaphors: Helping others through the looking glass.* Cupertino, CA: Meta Publications.

Graham, A. K., Lattie, E. G., Powell, B. J., Lyon, A. R., Smith, J. D., Schueller, S. M., Stadnick, N. A., Brown, C. H. & Mohr, D. C. (2020). Implementation strategies for digital mental health interventions in health care settings. *American Psychologist, 75*(8), 1080–1092. 10.1037/amp0000686

Graham, M. A. & Pehrsson, D. (2009). Bibliosupervision: A creative supervision technique. *Journal of Creativity in Mental Health, 4*, 366–374. doi:10.1080/15401380903372661

Gratz, A. (2017). *Refugee.* New York: Scholastic Press.

Grayson, D. E. (1985). Raggedy Ann takes a stand. In M. Honton (Ed.), *The poet's job: To go too far.* Columbus, OH: Sophia Books.

Green, A. H. (1978). Psychopathology of abused children. *Journal of the Academy of Child Psychiatry, 17*, 92–103.

Greene, R., & Cushman, S. (Eds.), *The Princeton encyclopedia of poetry and poetics.* Princeton, NJ: Princeton University Press.

Greening, T. (2001). Becoming authentic: An existential-humanistic approach to reading literature. In K. J. Schneider, J. F. T. Bugenthal & J. Fraser Pierson (Eds.), *The handbook of humanistic psychology* (pp. 143–152). Thousand Oaks, CA: Sage.

Griefer, E. (1963). *Principles of poetry therapy.* New York: Poetry Therapy Center.

Groves, R. M., Fowler, F. J., Couper, M., Lepkowski, J. M., Singer, E. , & Tourangeau, R. (2004). *Survey methodology.* Hoboken, NJ: Wiley.

Gumina, J. M. (1980). Sentence completion as an aid in sex therapy. *Journal of Marital and Family Therapy, 62*, 201–206.

Hagens, C., Beaman, A., & Ryan, E. B. (2003). Reminiscing, poetry writing, and remembering boxes. *Activities, Adaptation & Aging, 27*, 97–112. doi:10.1300/J016v27n03_07

Hall, C. S. & Lindzey, G. (1978). *Theories of personality.* New York: Wiley.

Harrower, M. (1972). *The therapy of poetry.* Springfield, IL: Charles C Thomas.

Hafford-Letchfield, T. & Harper, W. (2014). State of the arts: Using literary works to explore and learn about theories and models of leadership. *Social Work Education, 33*, 209–223. DOI: 10.1080/02615479.2013.763922

Hafford-Letchfield, T., Leonard, K. L., & Couchman, W. (2012). 'Arts and extremely dangerous': Critical commentary on the arts in social work education. *Social Work Education, 31*, 683–690. doi: 10.1080/02615479.2012.695149

Hazlett-Stevens, H. & Oren, Y. (2016). Effectiveness of mindfulness-based stress reduction bibliotherapy: A preliminary randomized controlled trial. *Journal of Clinical Psychology, 73*, 626–637. DOI: 10.1002/jclp.22370

Hebert, T. P. & Furner, J. M. (1997). Helping high ability students overcome math anxiety through bibliotherapy. *Journal of Secondary Gifted Education, 8*, 164–179.

Heimes, S. (2011). State of poetry therapy research (review). *The Arts in Psychotherapy, 38*, 1–8.

Heineman, M. B. (1981). The obsolete scientific imperitive in social work research. *Social Service Review, 55*, 371–397.

Heller, P. O. (2009). *Word arts collage: A poetry therapy memoir.* Columbus, OH: Pudding House.

Heinrich, B. (2001). *Why we run: A natural history.* New York: Harper Collins.

Hersen, M. & Bellack, A. S., eds. (1988). *Dictionary of behavioral assessment techniques.* New York: Pergamon Press.

Hesley, J. W. & Hesley, J. G. (2001). *Rent two films and let's talk in the morning: Using popular movies in psychotherapy (2nd. ed.).* New York: Wiley.

Hill, D. (1979). *Perfect man.* If Dreams Had Wings Music, Ltd.

Hill, D. & Mann, B. (1977). *Sometimes when we touch.* Welbeck Music (ASCAP)/ATV Music (BMI).

Hill, N. (2007). *Think and grow rich.* Jakarta: Ramala Books.

Hillman, J. S. (1976). Occupational roles in children's literature. *The Elementary School Journal, 77*, 1–4.

Hine, E. (2021, March-April). Pandemic Pen Pals. *Poets & Writers Magazine, 49*(2), 12–13

Hirsch, E. (2017). *The essential poet's glossary.* Boston: Houghton Mifflin Harcourt

Hitchcock, J. L. & Bowden-Schaible, S. (2007). Is it time for poetry now? Therapeutic potentials-individual and collective. *Journal of Poetry therapy, 20,* 129–140.

Ho, M. K. & Settles, A. (1984). The use of popular music in family therapy, *Social Work, 29,* 65–67.

Hodas, G. R. (1991). Using original music to explore gender and sexuality with adolescents. *Journal of Poetry Therapy, 4,* 205–220.

Höglund, H. (2017). Video poetry: Negotiating literary interpretations: Students' multimodal designing in response to literature. Åbo Akademi University Press. http://urn.fi/URN:ISBN:978-951-765-865-2

Holman, W. D. (1996). The power of poetry: Validating ethnic identity through a bibliotherapeutic intervention with a Puerto Rican adolescent. *Child and Adolescent Social Work Journal, 13,* 371–383.

Hong, S. & Choi, J. M. (2011). Songwriting oriented activities improve the cognitive functions of the aged with dementia, *Arts in Psychotherapy, 38,* 221–228. doi:10.1177/0022167809346733

Horowitz, L., Leffert, N. , & DuBois-Schmitz, L. (1987). Collaborative poems on divorce. *Journal of Poetry Therapy, 1,* 61–62.

Hovda, P. (1977). Child welfare: Child abuse. In J. B. Turner (Ed.), *Encyclopedia of social work,* Vol. I (pp. 125–129). Washington, DC: NASW Press.

Howe, L., Dilnoza, F., & Khasilova, F. (2018). The bread of two worlds: A duoethnography on multilingualism. *Journal of Poetry Therapy, 31*(1), 40–55. DOI: 10.1080/08893675.2018.1396733

Hughes, L. (1970) Harlem. In A. Dore (Ed.), *The premier book of major poets* (p. 206). Greenwich, CT: Fawcett (original work published in 1951).

Hughes, L. (1926/1994). Dreams. In *Collected poems of langston hughes.* London and New York: Alfred A. Knopf/Vintage.

Hülür, G. & Macdonald, B. (2020). Rethinking social relationships in old age: Digitalization and the social lives of older adults. *American Psychologist, 75*(4), 554–566. 10.1037/amp0000604

Humphrey, S.M. (2005). *Dare to dream: 25 extraordinary lives!.* Prometheus. ISBN-13: 978-1591022800.

Hynes, A. M. (1990). Poetry: An avenue into the spirit. *Journal of Poetry Therapy, 4*(2), 71–81. 10.1007/BF01078545

Hynes, A. M. (1987). Biblio/poetry therapy in women's shelters. *American Journal of Social Psychiatry, 7,* 112–116.

Hynes, A. M. (1988). Some considerations concerning assessment in poetry therapy and interactive bibliotherapy. *The Arts in Psychotherapy, 15,* 55–62.

Hynes, A. M. & Hynes-Berry, M. (1986/1994). *Biblio/poetry therapy — The interactive process: A Handbook.* St. Cloud, MN: North Star Press.

Hynes, A. M. & Hynes-Berry, M. (1992). *Biblio/poetry therapy: A resource bibliography.* St, Joseph, MN: The Bibliotherapy Roundtable.

Hynes, A. M. & Hynes-Berry, M. (2012). *Biblio/poetry therapy -The interactive process: A handbook.* St. Cloud, MN: North Star Press.

Ian, J. (1974). *At seventeen.* Mine Music, Ltd./April Music, Inc. (ASCAP).

Ignatow, D. (1964) Brooding. In *Figures of the human* (p. 53). Middleton, CT: Wesleyan University Press.

Imber-Black, E., Roberts, J., & Whiting, R. (1988). *Rituals in families and family therapy.* New York: W.W. Norton. International Association for Biblio/Poetry Therapy. http://ifbpt.org/about-ifbpt/faq/

Iovino, R. (1996). Wounded healer: A physician's poetic perspective. *Journal of Poetry Therapy, 10,* 87–94.

Ivankova, N. V. (2015). *Mixed methods applications in action research: From methods to community action.* Thousand Oaks, CA: Sage.

Iyengar, S. (2018). Taking note: Poetry reading is up-Federal survey results. *National Endowment for the Arts.* https://www.arts.gov/art-works/2018/taking-note-poetry-reading-%E2%80%94federal-survey-results

Jacobs, B. (2004). *Writing for emotional balance*. Oakland, CA: New Harbinger.

Jacobs, B. (2017). *The original buddhist psychology: What the abhidharma tells us about how we think, feel, and experience life*. Berkeley, CA: North Atlantic Books.

Jacobs, B. (2018). *A Buddhist journal: Guided practices for writers and meditators*. Berkeley, CA: North Atlantic Books.

Jacobs, B. (2021). *Family focus faces 2020 with poetry*. Evanston, Il.: Family Focus of Evanston Community.

Jackson, K. (2009). A counseling center psychologist teaches a seminar for freshmen: Life lessons from the writings of Alice Walker. *Journal of Poetry Therapy, 22*, 105–107. doi:10.1080/08893 670903072927.

Jamison, C. & Scogin, F. (1995). The outcome of cognitive bibliotherapy with depressed adults. *Journal of Consulting and Clinical Psychology, 63*, 644–650. DOI: 10.1037/0022-006x.63.4.644.

Joel, B. (1973). *Piano man*. Blackwood Music, Inc.

Joel, B. (1985). *You're only human*. Blackwood Music, Inc.

Johnson, D. R. (1986). Perspective: Envisioning the link among the creative arts therapies. *The Arts in Psychotherapy, 12*, 233–238.

Johnson, S. (1991). Storytelling and the therapeutic process: The teller's trance. *Journal of Poetry Therapy, 4*, 141–148.

Johnson, S. (1993). Structural elements in Franz Kafka's "The Metamorphosis". *Journal of Marital and Family Therapy, 19*, 149–157.

Johns Hopkins website. https://www.hopkinsmedicine.org/health/conditions-and-diseases/teen-suicide).

Jones, R. E. (1969). Treatment of a psychotic patient by poetry therapy. In J. J. Leedy (Ed.), *Poetry therapy: The use of poetry in the treatment of emotional disorders* (pp. 19–25). Philadelphia, PA: Lippincott.

Jones-Johnson, E. (2017, November/December). Finding gold on skid row. *Poets & Writers Magazine, 45*(6), 152

Josefowitz, N. (1983) Can't do it all. In *Is This where I was going? Verses for women in the midst of life* (p. 14). New York: Warner.

Joseph, S. M., ed. (1969). *The me nobody knows: Children's voices from the ghetto*. New York: Avon.

Jung, C. G. (1972). On the relation of analytical psychology to poetry. In J. Campbell (Ed.) (R. F. C. Hull, trans.), *The portable jung*. New York: Viking Press (original work published 1922).

Kalter, L. & Santner, L. (2021). How poetry therapy can help you tap your creative side to overcome depression, PTSD, and More. Business Insider. https://www.businessinsider.in/science/health/news/how-poetry-therapy-can-help-you-tap-your-creative-side-to-overcome-depression-ptsd-and-more/articleshow/81297666.cms

Kaminsky, M. (1974). *What's inside you, It shines out of you*. New York: Horizon.

Kaminsky, M. (1985). The arts and social work: Writing and reminiscing in old age. *Journal of Gerontological Social Work, 8*, 225–246.

Kanfer, F. H. (1979). Self-management: Strategies and tactics. In Goldstein, A. P. & Kanfer, F. H. (Eds.), *Maximizing treatment gains: Transfer enhancement in psychotherapy* (p. 189). New York: Academic Press.

Karpova, N. L., Golzitskaya, A. A., Czernianin, W., Chatzipentidis, K., & Mazza, N. (2018). Bibliotherapy in Russia, in Poland, in USA. *Voprosy Psikhologii*, 136–144.

Kay, A. (2000). Art and community development: The role of the arts have in regenerating communities. *Community Development Journal, 35*, 414–424. doi: 10:1093/cdj/35.4.414

Kellas, J.K. (2010). Narrating family: Introduction to the special issue on narratives and storytelling in the family. *Journal of Family Communication, 10*, 1–6. doi:10.1080/15267430903401441

Kelly, R. (1996). I believe I can fly. On *space jam: Music from and inspired by the motion picture*. (CD). New York: Jive.

Kempe, R. S. & Kempe, C. H. (1984). *The common secret: Sexual abuse of children and adolescents*. New York: W.H. Freeman.

Khalili, N. (2018). *The spiritual poems of rumi hardcover*. Ridgway, Colorado: Wellfleet

Kiell, N. (1990). *Psychoanalysis, psychology, and literature: A bibliography*. Metuchen, NJ: Scarecrow Press.

King, C. (1972). *Bitter with the sweet*. Colgems/CMI Music, Inc.

Kinnell, G. (2000). St. Francis and the sow. In *New selected poems by galway kinnell* (p. 285). Boston: Houghton Mifflin.

Kissman, K. (1989). Poetry and feminist social work. *Journal of Poetry Therapy, 2*, 221–230.

Kliman, G. (1990). *The personal life history book: A manual for brief, focused preventive psychotherapy with foster children. I. How to do it. II. The personal life history book, Child's version*. Kentfield, CA: Psychological Trauma.

Kloser, K. (2013). Positive youth development through the use of poetry therapy: The contributing effects of language arts in mental health counseling with middle school-age children. *Journal of Poetry Therapy, 26*, 237–253. doi: 10.1080/08893675.2013.849042.

Knapp, J. V. (1996). *Striking at the Joints: Contemporary psychology and literary criticism*. Lanham, MD: University Press of America.

Knell, S. & Winer, G. A. (1979). Effects of reading content on occupational sex-role stereotypes. *Journal of Vocational Behavior, 14*, 78–87.

Ko, D. (2014). Lyric analysis of popular and original music with adolescents. *Journal of Poetry Therapy, 27*, 183–192. doi: 10.1080/08893675.2014.949518.

Koch, K. (1970). *Wishes, lies, and dreams: Teaching children to write poetry*. New York: Harper & Row.

Koch, K. (1973). *Rose, where did you get that red?*. New York: Random House.

Koch, K. (1977). *I never told anybody: Teaching poetry writing in a nursing home*. New York: Random House.

Koelsch, L. E. (2015). I poems: Evoking self. *Qualitative Psychology, 2*, 96–107. 10.1037/qup0000021

Konopka, G. (1966). *The adolescent girl in conflict*. Englewood Cliffs, NJ: Prentice-Hall.

Konopka, G. (1983). Adolescent suicide. *Exceptional children, 49*, 390–394.

Koss, M. P. & Butcher, J. N. (1986). Research on brief psychotherapy. In Garfield, S. L. & Bergin, A. E. (Eds.), *Handbook of Psychotherapy and Behavior Change* (3rd ed., pp. 627–670). New York: Wiley.

Koss, M. P., Butcher, J. N., & Strupp, H. H. (1986). Brief psychotherapy methods in clinical research. *Journal of Consulting and Clinical Psychology, 54*, 60–67.

Kovalik, K. & Curwood, J. S. (2019). Poetry is notdead: Understanding instagram poetry within a transliteracies framework. *Literacy, 53*(4). 10.1111/lit.12186

Kramer, A. (1990). Poetry and group process: Restoring heart and mind. *Journal of Poetry Therapy, 3*, 221–227.

L'Abate, L. (1993). An application of programmed writing: Arguing and fighting. In Nelson, T. S. & Trepper, T. S. (Eds.), *101 Interventions in family therapy* (pp. 350–354). New York: Haworth Press.

L'Abate, L. & Cook, J. (1992). *Programmed writing: Self-administered approach for intervention with individuals, Couples, and Families*. Pacific Grove, CA: Brooks/Cole.

L'Abate, L. & Sweeney, L. G. eds. (2011). *Research on writing approaches in mental health*. Bingley, UK: Emerald Group.

Lacour, C. B. (1993). Romantic and postromantic poetics. In Preminger, A. & Brogan, T. V. F. (Eds.), *The new princeton encyclopedia of poetry and poetics* (pp. 1346–1351). Princeton, NJ: Princeton University Press.

Landreville, P. & Bissonnette, L. (1997). Effects of cognitive bibliotherapy for depressed older adults with a disability. *Clinical Gerontologist, 17*, 35–55.

Landsman, T. (1951). The therapeutic use of written materials. *American Psychologist, 6*, 347.

Lange, A. (1994). Writing assignments in treatment of grief and traumas from the past. In J. Zerig (Ed.), *Ericksonian methods: The essence of the story* (pp. 377–392). New York: Brunner/Mazel.

Lankton, C. H. & Lankton, S. R. (1989). *Tales of enchantment: Goal-Oriented metaphors for adults and children in therapy*. New York: Brunner/Mazel.

Lauer, R. & Goldfield, M. (1970). Creative writing in group therapy. *Psychotherapy: Theory, Research, and Practice, 7*(4), 248–252.

Lazarus, E. (1849-1887/2018). New Colossus. *Poets.org* https://www.poets.org/poetsorg/poem/new-colossus?gclid=EAIaIQobChMIovOBoZvh2wIVUQOGCh3HuwP4EAAYASAAEgKNS_D_BwE&page=1

Lee, M. (2006). Poems in the waiting room: Aspects of poetry therapy. *Journal of Poetry Therapy, 19*, 91–98. doi: 10.1080/08893670600756749

Leedy, J. J. (1969a). Introduction: The healing power of poetry. In J. J. Leedy (Ed.), *Poetry therapy: The use of poetry in the treatment of emotional disorders* (pp. 11–13). Philadelphia, PA: Lippincott.

Leedy, J. J., ed. (1969b). *Poetry therapy: The use of poetry in the treatment of emotional disorders.* Philadelphia, PA: Lippincott.

Leedy, J. J. (1969c). Principles of poetry therapy. In J. J. Leedy (Ed.), *Poetry therapy: The use of poetry in the treatment of emotional disorders* (pp. 67–74). Philadelphia, PA: Lippincott.

Leedy, J. J. (1973). *Poetry the healer.* Philadelphia, PA: Lippincott.

Leedy, J. J., ed. (1985). *Poetry as ealer: Mending the troubled mind.* New York: Vanguard.

Leedy, J. J. & Rapp, E. (1973). Poetry therapy and some links to art therapy. *Art Psychotherapy, 1*(2), 145–151.

Lent, J. (2009). Journaling enters the 21st Century: The use of therapeutic blogs in counseling. *Journal of Creativity in Mental Health, 4*, 67–73. doi:10.1080/1540138080270531

Leonard, G. E. (1971). Career guidance in the elementary school. *Elementary School Guidance and Counseling, 6*, 124–126.

Lepore, S. J., & Smyth, J. M. (2002). *The writing cure: How expressive writing promotes health and emotional well-being.* Washington, DC: American Psychological Association.

Lerner, A. (1975). Poetry as therapy. *APA Monitor, 6*(4).

Lerner, A. (1976). Editorial: A look at poetry therapy. *Art Psychotherapy, 3*, i.

Lerner, A., ed. (1978). *Poetry in the therapeutic experience.* New York: Pergamon Press.

Lerner, A. (1982). Poetry therapy in the group experience. In Abt, L. E. & Stuart, I. R. (Eds.), *The newer therapies: A sourcebook* (pp. 228–248). New York: Van Nostrand-Reinhold.

Lerner, A. (1987). Poetry therapy corner. *Journal of Poetry Therapy, 7*, 54–56.

Lerner, A. (1992). Poetry therapy corner: The Poetry Therapy Institute (1973–1992). *Journal of Poetry Therapy, 6*, 107–110.

Lerner, A., ed. (1994) *Poetry in the therapeutic experience* (2nd ed.). St. Louis, MO: MMB Music, Inc.

Lerner, A. & Mahlendorf, U. R., eds. (1987). Poetry in therapy [special issue]. *The American Journal of Social Psychiatry, 7*(2).

Lerner, A. & Mahlendorf, U. R., eds. (1991). *Life guidance through literature.* Chicago, IL: American Library Association.

Lessner, J. W. (1974). The poem as catalyst in group counseling. *Personnel and Guidance Journal, 53*(1), 33–38.

Levick, M. (1985). Friday morning panel. In *Looking ahead, planning together: The creative arts inherapy as an integral part of treatment for the '90s* (symposium proceedings). Philadelphia, PA: Hahnemann University.

Levine, S. K. (2015). The Taos of poiesis: Expressive arts therapy and Taoist philosophy. *Creative Arts in Education and Therapy, 1*(1), 15–25.

Levy, C., Spooner, J., Lee, B., Sonke, J., Myers, K., & Snow, E. (2018). Telehealth-based creative arts therapy: Transforming mental health and rehabilitation care for rural veterans. *The Arts in Psychotherapy, 57*, 20–26. 10.1016/j.aip.2017.08.010

Levy, P., Cook, A., & Emdin, C. (2019). Remixing the school counselor's tool kit: Hip-hop spoken word therapy. *Professional School Counseling, 22*(1), 1–11. doi: 10.1177/2156759X18800285 journals.sagepub.com/home/pcx

Lewis, P. (1997). Appreciating diversity, commonality, and the transcendent through the arts therapies. *The Arts in Psychotherapy, 24*, 225–226.

Lichtenthal, W. G. & Breitbart, W. (2016). Who am I? In R. A. Neimeyer (Ed.), *Techniques of grief therapy: Assessment and intervention* (pp. 182–185). New York: Routledge.

LiFE Sports Today = Life Skills Tomorrow: College of Social Work Continues Its Investment in OSU Summer Youth Program(n.d.). Retrieved from http://csw.osu.edu/article.cfm?id=5787

Lindauer, M. S. (1995). Psychology, art, and a new look at interdisciplinarity: A personal view. *Psychology and the Arts*, Fall/Winter, 12–16.

Livingston, J. H. & Morrall, M. C. (2012). Poems by children as patient-reported outcomes. *Developmental Medicine & Child Neurology*, *54*(1), 52–53. doi:10.1111/j.1469-8749.2011.04127.x

Loads, D., Marzetti, H., & McCune, V. (2019). 'Don't hold me back': Using poetic inquiry to explore university educators' experiences of professional development through the Scholarship of Teaching and Learning. *Arts and Humanities in Higher Education*, *19*(4), 1–17. 10.1177/147402221 9846621

Loggins, D. (1974). *So you couldn't get to me*. Leeds Music Corp./Antique Music (ASCAP).

Lombardo, T. (Ed.), (2008). *After shocks: The poetry of recovery for life-shattering events*. Atlanta: Sante Lucia Books.

Looft, W. R. (1971a). Vocational aspirations of second-grade girls. *Psychological Reports*, *28*, 241–242.

Looft, W. R. (1971b). Sex differences in the expression of vocational aspirations by elementary school children. *Developmental Psychology*, *5*, 366.

Luber, R. L. (1976). Evaluation of poetic mood with the semantic differential. *Psychological Reports*, *39*, 499–502.

Luber, R. L. (1978). Assessment of mood change as a function of poetry therapy. *Art Psychotherapy*, *5*, 211–215.

Lucas, C. V. & Soares, L. (2014). Being a teen and learning how to surf anxiety: Integrating narrative methods with cognitive–behavioral therapy. *Journal of Poetry Therapy*, *27*, 69–82. doi: 10.1080/08893675.2014.895489

Ludtke, J., Meyer-Sickendieck, & Jacobs, A. M. (2014). Immersing in the stillness of an early morning: Testing the mood empathy hypothesis of poetry reception. *Psychology of Aesthetics, Creativity, and the Arts*, *8*, 363–377. doi: 10.1037/a0036826

Mack, J. E. & Hickler, H. H. (1981). *Vivienne: The life and suicide of an adolescent girl*. Boston, MA: Little, Brown.

Maddalena, C. J. (2009). The resolution of internal conflict through performing poetry. *Arts in Psychotherapy*, *36*, 222–240. doi: 10.1016/j.aip.2009.04.001.

Maivorsdotter, N. & Quennerstedt, M. (2012). The act of running: A practical epistemology analysis of aesthetic experience in sport. *Qualitative Research in Sport, Exercise and Health*, *4*(3), 362–381. doi: 10.1080/2159676X.2012.693528

Maki, M. F. & Mazza, N. (2004). The use of poetry therapy interventions in working with elementary school children. *Journal of School Social Work*, *13*, 74–83.

Manilow, B. & Anderson, E. (1974). *Sandra*, Kamikaze Music Corp.

Mann, J. (1981). The core of time-limited psychotherapy: Time and the central issue. In S. H. Budman (Ed.), *Forms of brief therapy* (pp. 25–43). New York: Guilford.

Mann, J. & Goldman, R. (1982). *A case book in time-limited psychotherapy*. New York: McGraw-Hill.

Masserman, J. H. (1986). Poetry as music. *The Arts in Psychotherapy*, *13*, 61–67.

Mathias, B. (1986). Lifting the shade on family violence. *Family Therapy Networker*, *10*, 20–29.

Mattes, G. A., Petak-Davis, S., Waronker, J., Goldstein, M., Mays, D. F. , & Fink, M. (1986). Predictors of benefit from art, movement, and poetry therapy: A pilot study. *The Psychiatric Hospital*, *17*, 87–90.

Mazza, N. (1979). Poetry: A therapeutic tool in the early stages of alcoholism treatment. *Journal of Studies on Alcohol*, *40*(1), 123–128. 10.15288/jsa.1979.40.123

Mazza, N. (1981a). The use of poetry in treating the troubled adolescent. *Adolescence*, *16*(62), 403–408.

Mazza, N. (1981b). Poetry and Group Counseling: An Exploratory Study, doctoral dissertation, Florida State University. *Dissertation Abstracts International*, *42*(6), 2305A.

Mazza, N. (1982). Career fantasies - father and daughter. *Personnel and Guidance Journal*, *61*, 173.

Mazza, N. (1986). Poetry and popular music in social work education: The liberal arts perspective. *The Arts in Psychotherapy*, *13*(4), 293–299. 10.1016/0197-4556(86)90030-4

Mazza, N. (1987a). Poetic approaches in brief psychotherapy. *The American Journal of Social Psychiatry*, 7, 81–83.

Mazza, N. (1987b). Editor's note. *Journal of Poetry Therapy*, 1, 3–4.

Mazza, N. (1987c). Termination: A poetic marathon. *Journal of Counseling and Development*, 65, 546.

Mazza, N. (1988a). Poetry and popular music as adjunctive psychotherapy techniques. In Keller, P. A. & Heyman, S. R., eds., *Innovation in clinical practice: A source book*, Vol. 7 (pp. 485–494). Sarasota, FL: Resource Exchange, Inc.

Mazza, N. (1988b). The therapeutic use of poetry with the elderly. *Clinical Gerontologist*, 7, 81–85.

Mazza, N. (1988). Poetry and technical proficiency in brief therapy: Bridging art and science. *Journal of Poetry Therapy*, 2, 3–10.

Mazza, N. (1989). Poetry and therapy: preventing adolescent suicide. In Deats, S. & Lenker, L. (Eds.), *Youth suicide prevention: Lessons from literature* (pp. 49–67). New York: Plenum Press.

Mazza, N. (1991a). Adolescence: Crisis and loss. In Lerner, A. & Mahlendorf, U. (Eds.), *Life guidance through literature* (pp. 110–121). Chicago, IL: American Library Association.

Mazza, N. (1991b). When victims become survivors: poetry and battered women. In Deats, S. M. & Lenker, L. T. (Eds.), *The aching hearth: Family violence in life and literature* (pp. 33–50). New York: Plenum Press.

Mazza, N. (1993). Poetry therapy: Toward a research agenda for the 1990's. *The Arts in Psychotherapy*, 20(1), 51–59.

Mazza, N. (1994). On the way to a master's degree in social work. *Journal of Continuing Social Work Education*, 6, 32.

Mazza, N. (1995a). Sibling ceremony. *Texas Counseling Association Journal*, 23(2), 58.

Mazza, N. (1995b). A certain peace. *Journal of Humanistic Education and Development*, 34, 92.

Mazza, N. (1996). Poetry therapy: A framework and synthesis of techniques for family social work. *Journal of Family Social Work*, 1(3), 3–18.

Mazza, N. (1998a). Hope. *Journal of Humanities Education and Development*, 36, 257.

Mazza, N. (1998b). The place of poetry in gerontological social work education. *Journal of Aging and Identity*, 3, 25–34.

Mazza, N. (1998c). The use of simulations, writing assignments, and assessment measures in family social work education. *Journal of Family Social Work*, 3(1), 71–83.

Mazza, N. (1999a). The poetic in family social work. *Journal of Family Social Work*, 4(1), in press.

Mazza, N. (1999b). *Poetry therapy: Interface of the arts and psychology*. Boca Raton/London: CRC Press.

Mazza, N. (2000). Poetry therapy and the community: The convergence of literary and clinical perspectives. *Mantis: A Journal of Poetry, Criticism and Translation*, 1, 118–122.

Mazza, N. (2001). The place of the poetic in dealing with death and loss. *Journal of Poetry Therapy*, 15, 29–35.

Mazza, N. (2003). *Poetry therapy: Theory and practice*. New York, NY: Brunner-Routledge.

Mazza, N. (2006). Editor's Note, *Journal of Poetry Therapy*, 19, 1–2. doi: 10.1080/088936706005 73268

Mazza, N. (2006). Voices in flight: Integrating movement/dance with poetry therapy. *Journal of Poetry Therapy*, 19, 147–150. doi: 10.1080/08893670600887999.

Mazza, N. (2007). Words from the HEArt: Poetry therapy and group work with the homeless. *Journal of Poetry Therapy*, 20, 203–209. doi: 10.1080/08893670701714647.

Mazza, N. (2008). The distance between the way we die and the way we live. In T. Lombardo (Ed.), *Aftershocks: The poetry of recovery for life-shattering events* (pp. xvii–xxii). Atlanta: Sante Lucia Books.

Mazza, N. (2008). Twenty years of scholarship in the *Journal of Poetry Therapy*: The Collected abstracts. *Journal of Poetry therapy*, 21, 63–133.

Mazza, N. (2009). The arts and family social work: A call for advancing practice, research, and education. *Journal of Family Social Work*, 12, 3–8.

Mazza, N. (2012a). Therapy and poetry. In R. Greene & S. Cushman (Eds.), *The Princeton encyclopedia of poetry and poetics* (pp. 1434–1435). Princeton, NJ: Princeton University Press.

Mazza, N. (2012b). Poetry and trauma. In C. Figley (Ed.), *Encyclopedia of trauma* (pp. 445–449). Thousand Oaks, CA: Sage.

Mazza, N. (2012c). Poetry/creative writing for an arts and athletics community outreach program for at risk youth. *Journal of Poetry Therapy, 25*, 225–231. 10.1080/08893675.2012.738491

Mazza, N. (2017). *Poetry therapy: Theory and practice, 2nd ed.* New York and London: Routledge.

Mazza, N., & Hayton, C. (2013). Poetry therapy: An investigation of a multidimensional clinical model. *The Arts in Psychotherapy, 40*, 53–60.

Mazza, N. (2016a). The collaborative poem. In R. Neimeyer (Ed.), *Techniques of grief therapy, Volume 2* (pp. 312–315). New York: Routledge.

Mazza, N. (2016b). Running marathons: A poetic approach to life transitions. In E. A. Kreuter (Ed.), *Chasing rainbows: An existential perspective of a marathon runner* (pp. 163–167). New York: Nova.

Mazza, N. (2017). *Poetry therapy: Theory and practice (2nd ed.).* New York and London: Routledge.

Mazza, N. (2018). No place for indifference: Poetry therapy and empowerment in clinical, educational, and community practice. *Journal of Poetry Therapy, 31*(4), 203–208. 10.1080/08893675.2018. 1505248

Mazza, N. (2020, July 31). *Writing to run and running to write: Confronting life's challenges through movement and poetry.* Recreation Therapy Today guest blog. https://www.rectherapytoday.com/ 2020/07/31/writing-to-run-and-running-to-write-confronting-life's-challenges-through-movement-and-poetry/

Mazza, N., Magaz, C., & Scaturro, J. (1987). Poetry therapy with abused children. *The Arts in Psychotherapy, 14*, 85–92. 10.1016/0197-4556(87)90038-4

Mazza, N. & Mazza, J. (1982). Elementary school children and career fantasy: Patterns, procedures, and implications. *Viewpoints in Teaching and Learning, 58*, 6–14.

Mazza, N. & Prescott, B. U. (1981). Poetry: an ancillary technique in couples group therapy. *American Journal of Family Therapy, 9*, 53–57. 10.1080/01926188108250385

Mazza, N. & Price, B. D. (1985). When time counts: Poetry and music in short-term group treatment. *Social Work with Groups, 8*, 53–66. 10.1300/J009v08n02_06

McAdams, D. (1993). *The stories we live by: Personal myths and the making of the self.* New York: William Morrow.

McCulliss, D. (2011a). Poetry therapy. In L. , L'Abate & L. G. Sweeney (Eds.), *Research on writing approaches in mental health* (pp. 93–114). Bingley,UK: Emerald Group.

McCulliss, D. (2011b). Bibliotherapy. In L., L'Abate & L. G. Sweeney (Eds.), *Research on writing approaches in mental health* (pp. 67–83).Bingley, UK: Emerald Group.

Murphy, C. A. (1993). Increasing response rates of reluctant professionals in mail surveys. *Applied Nursing Research, 6*(3), 137–141.

McKinney, F. (1976). Free writing as therapy. *Psychotherapy: Theory, Research and Practice, 13*, 183–187.

McMahan, M. & Patton, W. (1997). Gender differences in children's and adolescents' perceptions of influences on their career development. *School Counselor, 44*, 368–376.

McNiff, S. (1981). *The arts and psychotherapy.* Springfield, IL: Charles C Thomas.

McPherson, J. & Mazza, N. (2014). Using arts activism and poetry to catalyze human rights engagement and reflection. *Social Work Education: The International Journal, 33*, 1–16. doi:10,1080/ 02615479.2014.885008.

Medrano-Marra, M. (2009). Writing our way to *Taino* spirituality: Finding a sense of self. *Journal of Poetry Therapy, 22*(1), 21–39. doi: 10.1080/08893670802707946

Meeks, E. K. (1959). *The hill that grew.* Chicago, IL: Follett.

Mercer, L. E. (1993). Self-healing through poetry writing. *Journal of Poetry Therapy, 6*, 161–168.

Meunier, A. (1999). Establishing a creative writing program as an adjunct to vocational therapy in a community setting. *Journal of Poetry Therapy, 12*, 161–168.

Miller, M. (1982). *Suicide information center training workshop outline.* San Diego, CA: Suicide Information Center.

Mince, J. (1992). Discovering meaning with families. In J. D. Atwood (Ed.), *Family therapy: A systemic-behavioral approach* (pp. 321–343). Chicago, IL: Nelson-Hall.

Mitchell. (2018, January 2018). How writing improves your brain & helps you heal. book-meditationretreats blog. https://www.bookmeditationretreats.com/news/writing-brain-health

Moats, M., Sebree, D., Bolton, G. S. & Hoffman, L., eds. (2019). *A walk with nature: A poetic encounters that nourish the soul*. Colorado Springs, CO: University Professors Press.

Mohammadian, Y., Shahidi, S., Mahaki, B., Mohammadi, A. Z., Baghban, A. A. & Zayeri, F. (2011). Evaluating the use of poetry to reduce signs of depression, anxiety and stress in Iranian female students. *Arts in Psychotherapy*, 38, 59–63. doi:10.1016/j.aip.2010.12.002.

Monk, G., Winslade, J., Crocket, K., & Epston, D., eds. (1997). *Narrative therapy in practice: the archaeology of hope*. San Francisco, CA: Jossey-Bass.

Montgomery, J. J. & Graham-Pole, J. (1997). A conversation: humanizing the encounter between physician and patient through journalized poetry. *Journal of Poetry Therapy*, 11, 103–111.

Moos, R. H., Insel, D. M. & Humphrey, B. (1974). *Family, work and group environment scales*. Palo Alto, CA: Consulting Psychologists Press.

Moreno, J. (1946, 1948, 1969). *Psychodrama* (3 vols.). New York: Beacon House.

Morgaine, K. & Capous-DesyHas (2015). *Anti-oppressive social work practice*. Los Angeles: Sage

Morrison, M. R. (1969). Poetry therapy with disturbed adolescents. In J. J. Leedy (Ed.), *Poetry Therapy: The Use of Poetry in the Treatment of Emotional Disorders* (pp. 88–103). Philadelphia, PA: Lippincott.

Morrison, M. R., ed. (1973). A defense of poetry therapy. In J. J. Leedy (Ed.), *Poetry the healer* (pp. 77–90). Philadelphia, PA: Lippincott.

Mosher, C. E. & Danoff–Burg, S. (2006). Health effects of expressive letter writing. *Journal of Social and Clinical Psychology*, 25, 1122–1139. doi: 10.1521/jscp.2006.25.10.1122

Munslow, J. (2017, August 2). Something there is that doesn't love a wall. Does poetry matter in the age of Trump? Yahoo News. Retrieved from https://www.yahoo.com/news/something-doesnt-love-wall-poetry-matter-age-trump-090027168.html?soc_src=mail&soc_trk=ma

Murray, E. J. & Segal, D. L. (1994). Emotional processing in vocal and written expression of feelings about traumatic experiences. *Journal of Traumatic Stress*, 7, 391–405.

Myers, J. E. (1989). *Adult children and aging parents*. Alexandria, VA: American Counseling Association.

Nagel, D. M. & Anthony, K. (2009). Writing therapy using new technologies—The art of blogging. *Journal of Poetry Therapy*, 22(1), 41–45.

Naitove, C. E. (1982). Art therapy with sexually abused children. In S. M. Sgroi (Ed.), *Handbook of clinical interventions in child sexual abuse* (pp. 269–308). Lexington, MA: Lexington Books.

NAPT Code of Ethics. National Association of Poetry Therapy (NAPT) (2018, April 20). https://poetrytherapy.org/index.php/about-napt/napt-code-of-ethics/

National Association of Poetry Therapy (NAPT) (1999). http://www.poetrytherapy.org

National Coalition for Arts Therapies (NACATA) (1999). http://www.membrane.com/ncata N

Neimeyer, R. A. (2014). Chapters of our lives. In B. E. Thompson & R. A. Neimeyer (Eds.), *Grief and the expressive arts: Practices for creating meaning* (pp. 80–84). New York: Routledge.

Nemoianu, V. P. (1993). Romanticism. In A., Preminger & T. V. F., Brogan (Eds.), *The new princeton encyclopedia of poetry and poetics* (pp. 1092–1097). Princeton, NJ: Princeton University Press.

Nepo, N. (2011). *The book of awakening*. San Francisco: Conari Press.

Neuro Relay (2013, August, 7). How does writing affect your brain? http://neurorelay.com/2013/08/07/how-does-writing-affect-your-brain/

Nhin, M. (2020). *Brave Ninja" A Children's book about courage*. Oklahoma City, OK: Grow-Grit Press.

Nichols, M. P. (2012). *Family therapy: Concepts and methods (10th ed.)*. Boston: Pearson.

Nichols, M. P. & Zax, M. (1977). *Catharsis in psychotherapy*. New York: Gardner.

Nolan, J. B. (1955). Athletics and juvenile delinquency. *Journal of Educational Sociology*, 28, 263–265.

Nunally, E. & Lipchick, E. (1990). Some uses of writing in solution focused brief therapy. *Journal of Independent Social Work, 4,* 5–19. https://doi.org/10.1300/J283v04n02_02

Nsonwu, M. B., Dennison, S., & Long, J. (2015). Foster care chronicles: Use of the arts for teens aging out of the foster care system. *Journal of Creativity in Mental Health, 10,* 18–33. doi: 10.1 080/15401383.2014.935546

O'Dell, L. (1984). A bibliotherapist's perspective. In I. Burnside (Ed.), *Working with the elderly: Group process and techniques* (2nd ed., pp. 410–425). Monterey, CA: Wadsworth.

Oliver, L. (2017). *Little poems for tiny ears.* New York: Random House.

Olsen, M.A. (2007). *Bibliotherapy: School psychologists' report of use and efficacy.* Provo, Utah: Educational specialist dissertation, Brigham Young University.

Olson-Mcbride, L. & Page T. (2006). Poetry therapy with special needs children: A pilot project. *Journal of Poetry Therapy, 19,* 167–183. doi: 10.1080/08893670601040143

Olson-McBride, L. & Page, T. F. (2012). Song to self: Promoting a therapeutic dialogue with high-risk youths through poetry and popular music. *Social Work with Groups, 35,* 124–137. doi: 10.1080/01609513.2011.603117

Olson-McBride, L. (2012). A content analysis of poems most frequently utilized by poetry therapists. *Journal of Poetry Therapy, 25,* 137–149. doi: 10.1080/08893675.2012.709714

Orr, G. (2002). *Poetry as survival.* Athens, GA: University of Georgia Press.

Papp, P. (1984). The creative leap: The links between clinical and artistic creativity. *Family Therapy Networker, 8,* 20–29.

Pardeck, J. T. & Pardeck, J. A. (1987). Using bibliotherapy to help children cope with the changing family. *Social Work in Education, 9,* 107–116.

Parker, J. L. (1990). *Once a runner.* New York: Scribner.

Parker, R. S. (1969). Poetry as therapeutic art. In J. J. Leedy (Ed.), *Poetry therapy: The use of poetry in the treatment of emotional disorders* (pp. 155–170). Philadelphia, PA: Lippincott.

Patterson, J. E. & van Meir, E. (1996). Using patient narratives to teach psychopathology. *Journal of Marital and Family Therapy, 22,* 59–68.

Pattison, E.M. (1973). The psychodynamics of poetry by patients. In J. J. Leedy (Ed.), *Poetry the healer* (pp. 197–214). Philadelphia, PA: Lippincott.

Paul, G. (1967). Outcome research in psychotherapy. *Journal of Consulting Psychology, 31,* 109–118.

Pearce, S. S. (1996). *Flash of insight: Metaphor and narrative in therapy.* Boston, MA: Allyn & Bacon.

Pearson, L., ed. (1965). *The use of written communications in psychotherapy.* Springfield, IL: Charles C Thomas.

Peck, C. F. (1989). *From deep within: Poetry workshops in nursing homes.* New York: Haworth Press.

Peeke, P. (2016, April 27). *Why the marathon is a metaphor for life.* http://blogs.webmd.com/pamela-peeke-md/2012/05/why-the-marathon-is-a-metaphor-for-life.html

Pehrsson, D. & McMillen, P. S. (2010). A national survey of bibliotherapy preparation and practices of professional counselors. *Journal of Creativity in Mental Health, 5,* 412–425. DOI: 10.1080/154 01383.2010.527807.

Pelley, V. (2021, February 24). Tell your story: The power of poetry to help kids. National Geographic. https://www.nationalgeographic.com/family/article/tell-your-story-the-power-of-poetry-to-help-kids-cope-coronavirus

Pennebaker, J. W. (1993). Putting stress into words: Health, linguistic, and therapeutic implications. *Behavioral Research and Therapy, 31,* 539–548.

Pennebaker, J. W. & Chung, C. K. (2007). Expressive writing, emotional upheavals, and health. In H. Friedman & R. Silver (Eds.), *Handbook of health psychology* (pp. 263–284). New York: Oxford University Press.

Pennebaker, J. W. & Evans, J. F. (2014). *Expressive writing: Words that heal.* Enumelaw, WA: Idyll Arbor.

Pennebaker, J. W., Mayne, T. & Francis, M. (1997). Linguistic predictors of adaptive bereavement. *Journal of Personality and Social Psychology, 72,* 863–871.

Perls, F. S., Hefferline, R. F. & Goodman, P. (1971). *Gestalt therapy: Excitement and growth in the human personality.* New York: Julian Press (original work published in 1951).

Pickerill, M. (1993). *Ghostwriter: Family time.* New York: Children's Television Workshop.

Piercy M. (1985). Does the light fail us, or do we fail the light? In *My mother's body* (pp. 98–104). New York: Alfred A. Knopf.

Pietropinto, A. (1973). Exploring the unconscious through nonsense poetry. In J. J. Leedy (Ed.), *Poetry the healer* (pp. 50–76). Philadelphia, PA: Lippincott.

Pisarik, C. T. & Larson, K. R. (2011). Facilitating college students' authenticity and psychological well-being through the use of mandalas: An empirical study. *Journal of Humanistic Counseling, 50*, 84–97.

Pitts, L. (2017, September 4). Gratz novel *Refugee* demands tour humanity. *Southern Illinoisan.* https://thesouthern.com/opinion/columnists/opinion-leonard-pitts-alan-gratz-s-novel-refugee-demands-your/article_8d890a96-0f72-5950-8dba-7a98739230e1.html

Plasse, B. R. (1995). Poetry therapy in a parenting group for recovering addicts. *Journal of Poetry Therapy, 8*, 135–142.

Porter, F. S., Blick, L. C., & Sgroi, S. M. (1982). Treatment of the sexually abused child. In S. M. Sgroi (Ed.), *Handbook of clinical interventions in child sexual abuse* (pp. 109–145). Lexington, MA: Lexington Books.

Prescott, F. C. (1922) *The poetic mind.* New York: Macmillan.

PreventConnect.org – A community working to prevent sexual assault and domestic violence. http://www.preventconnect.org/

Price, M. (November, 2011). Searching for meaning: Existential-humanistic psychologists hope to promote the idea that therapy can change not only minds but lives. *APA Monitor, 42*(10), 58.

Progoff, I. (1975). *At a journal workshop: The basic text and guide for using the intensive journal.* New York: Dialogue House.

Pugh, D. & Tietjen, J. (1997). *I have arrived before my words: Autobiographical writings of homeless women.* Alexandria, VA: Charles River Press.

Putnam, R. P. (2921, January 15). Symbolism of a circle: What is the spiritual meaning?. *Crystal Clear Intuition.* https://crystalclearintuition.com/symbolism-of-a-circle/

Putzel, J. (1975). Toward alternative theories of poetry therapy, doctoral dissertation, University of Massachussetts. *Dissertation Abstracts International, 36*, 3012B–3013B.

Rainer, J. & Martin, J. (2013). *Isolated and alone: Therapeutic interventions for loneliness.* Sarasota, FL: Professional Resource press.

Redman-MacLaren, M. (2015). Becoming a researcher: An autoethnographic account of a doctoral researcher re-presented in poetry. *Journal of Poetry Therapy, 28*, 207- 214, doi: 10.1080/08893675 .2015.1051293

Roberts, S. K., Brasel, N. A., & Crawford, P. A. (2014). Poetry as praxis: An exploration of poetry discourse as qualitative inquiry. *Journal of Poetry Therapy, 27*, 167–181. doi: 10.1080/08893675 .2014.948262

Reich, J. & Neenan, P. (1986). Principles common to different short-term psychotherapies. *American Journal of Psychotherapy, 40*, 62–69.

Reid, W. J. (1978). *The task-centered system.* New York: Columbia University Press.

Reiter, S. (1994). Enhancing the quality of life for the frail elderly: Rx, the poetic prescription. *Journal of Long-Term Home Health Care, 13*, 12–19.

Reiter, S. (1997). *Twenty-two tried and true all-time favorite poems of poetry therapists*, unpublished manuscript.

Reiter, S. (2003). Running with words: An interview with 2004 Conference keynote speaker Nick Mazza. *NAPT Museletter, 25*(2), 10–13

Reiter, S. (2009). *Writing away the demons: Stories of creative coping through transformative writing.* St. Cloud, MN: North Star Press.

Reynaga-Abiko (2008). Culturally competent group therapy with Latina adolescents and young adults with eating disturbance: The use of poetry and music. In S. L. Brooke (Ed.), *The creative therapies and eating disorders* (pp. 159–172). Springfield, IL: Charles C. Thomas.

Richardson, J. (2017, May 27). *Using storytelling to explore gun violence and trauma.* Everytown Research & Policy's blog series https://everytownresearch.org/dr-joseph-richardson-using-storytelling-to-explore-gun-violence-andtrauma/?fbclid=IwAR3ATJaQMWkMngAg5p7m7c5 Kkcge7yagNKxrJTyLme1_zWzNuSBIgEfcHwA

Rico, G. (1983). *Writing the natural way*. Boston: J.P. Tarcher.

Ro, C. (2021). Barbershop Books. *Poets & Writers Magazine, 46*(4) 2018,12. https://go.gale.com/ps/anonymous?id=GALE%7CA542576378&sid

Robinson, S. S. & Mowbray, J. K. (1969). Why poetry? In J. J. Leedy (Ed.), *Poetry therapy: The use of poetry in the treatment of emotional disorders* (pp. 188–199). Philadelphia, PA: Lippincott.

Robbins, J. M. & Pehrsson, D. (2009). Anorexia Nervosa: A synthesis of poetic and narrative therapies in the outpatient treatment of young adult women. *Journal of Creativity in Mental Health, 4*, 42–56, doi: 10.1080/15401380802708775

Rodríguez, J. E., Welch, T. J., & Edwards, J. C. (2012). Impact of a creative arts journal on a medical school community: A qualitative study. *Journal of Poetry Therapy, 25*, 197–204, doi: 10.1080/08893675.2012.736179

Roethke, T. (1953/1990) The waking. In J. D. McClatchey (Ed.), *The vintage book of contemporary American poetry* (p. 47). New York: Vintage Books.

Roethke, T. (1970). My papa's waltz. In A. Dore (Ed.), *The premier book of major poets* (pp. 138–139). Greenwich, CT: Fawcett (original work published in 1942).

Rojcewicz, S. (2002). Renku as a poetry therapy memorial. *Journal of Poetry Therapy, 15*, 107–109.

Rolfs, A. M. & Super, S. I. (1988). Guiding the unconscious: The process of poem selection for poetry therapy groups. *The Arts in Psychotherapy, 15*, 119–126.

Roosevelt, G. (1982). An examination of the effects of prepared "deep level" poems versus "surface level" poems in poetry therapy, unpublished doctoral dissertation, International College.

Roscoe, B., Krieg, K. , & Schmidt, J. (1985). Written forms of self-expression utilized by adolescents. *Adolescence, 20*, 841–844.

Rose, S. R. (1985). Time-limited groups for children. *Social Work with Groups, 8*, 17–27.

Rosenthal, D. A. & Chapman, D. C. (1980). Sex-role stereotypes: Children's perceptions of occupational competence. *Psychological Reports, 46*, 135–139.

Rosenblum, G. (2020, June 19). In the age of COVID-19, Minn. author looks to 'poetry therapy' to soothe the soul. Minneapolis: Star Tribune. https://www.msn.com/en-us/news/us/in-the-age-of-covid-19-minn-author-looks-to-poetry-therapy-to-soothe-the-soul/ar-BB15JcfY

Ross, D. & Adams, K. (2016). *Your brain on ink: A workbook on neuroplasticity and the journal ladder*. Lanham, Boulder, NY, London: Rowman & Littlefield.Ross.

Rossiter, C. & Brown, R. (1988). An evaluation of interactive bibliotherapy in a clinical setting. *Journal of Poetry Therapy, 1*, 157–168.

Rossiter, C., Brown, R., & Gladding, S. T. (1990). A new criterion for selecting poems for use in poetry therapy. *Journal of Poetry Therapy, 4*, 5–11.

Rubin, R. J. (1978a). *Using bibliotherapy: A guide to theory and practice*. Phoenix, AZ: Oryx Press.

Rubin, R. J., ed. (1978b). *Bibliotherapy sourcebook*. Phoenix, AZ: Oryx Press.

Rusch, R., Greenman, J., Scanlon, C., Horne, K., & Jonas, D. (2020). Bibliotherapy and bereavement: Harnessing the power of reading to enhance family coping in pediatric palliative care. *Journal of Social Work in End-of-Life & Palliative Care, 16*(2), 85–98, doi: 10.1080/15524256.2020.1745728

Rutherford, M. & Robertson, B. A. (1988/1989). *The living years*. Hidden Pun Music (BMI).

Sackett, S. J. (1995). The application of Rogerian theory to literary study. *Journal of Humanistic Psychology, 35*, 140–157. DOI: 10.1177/00221678950354008

Saleebey, D. (2013). *The strengths perspective in social work practice*. Boston: Pearson.

Santner, L. (2017). *The earth and I: A collection of nature healing poetry*. Laura Santner.

Satir, V. (1975) I am me. In *Self-esteem*. Millbrae, CA: Celestial Arts.

Saunders, K. (1983). *Gift of the strangers (Creativity: A force for change)*. Hancock, WI: Pearl-Win.

Saunders, V., Sherwood, J. , & Usher, K. (2015). If you knew the end of the story, would you still want to hear it?: The importance of narrative time for mental health care. *The Qualitative Report, 20*(10), 1594–1608. Retrieved from http://nsuworks.nova.edu/tqr/vol20/iss10/4

Savickas, M. L. & Hartung, P. J. (2012). *My career story: An autobiographical workbook for life-career success*. http://www.vocupher.com/csl/csl_workbook.pdf

Sawyer, C. B. & Willis, J. M. (2011). Introducing digital storytelling to influence the behavior of children and adolescents. *Journal of Creativity in Mental Health, 6,* 274–283. doi: 10.1080/154013 83.2011.630308

Schauffler, R. H. (1925). *The poetry cure: A pocket medicine chest of verse.* New York: Dodd, Mead & Co.

Schauffler, R. H. (1931). *The junior poetry cure: A first-aid kit of verse for the young of all ages.* New York: Dodd, Mead & Co.

Schloss, G. A. (1976). *Psychopoetry: A new approach to self-awareness through poetry therapy.* New York: Grosset and Dunlap.

Schloss, G. A. & Grundy, D. E. (1978). Action techniques in psychopoetry. In A. Lerner (Ed.), *Poetry in the therapeutic experience* (pp. 81–96). New York: Pergamon Press.

Schlossberg, N. K. (1990). Training counselors to work with older adults. *Generations, 14,* 7–10.

Schmidt, U., Bone, G., Hems, S., Lessem, J. , & Treasure, J. (2002). Structured therapeutic tasks as an adjunct to treatment in eating disorders. *European Eating disorders Review, 10,* 299–315. doi: 10.1002/erv.465.

Schneider, K. J. (1998). Toward a science of the heart: Romanticism and the revival of psychology. *American Psychologist, 53,* 277–289.

Schneider, K. J. (2008). Introduction. In K. J. Schneider (Ed.), *Existential-integrative psychotherapy.* New York: Routledge.

Schneider, K. J. (2015). My journey with Kiekegaard: From the paradoxical self to the polarized mind. *Journal of Humanistic Psychology, 55,* 404–411. doi: 10.1177/0022167814537889

Schwartz, L. K., Goble, L., English, N., & Bailey, R. F. (2006). *Poetry in America review of the findings.* Chicago: National Organization for Research Center (NORC) at the University of Chicago.

Schwietert, J. A.(2004). The use of poetry therapy in crisis intervention and short-term treatment: Two case studies. *Journal of Poetry Therapy, 17,* 189–198.

Sewell, M., ed. (1991). *Cries of the spirit: A celebration of women's spirituality.* Boston: Beacon.

Sewell, M. ed. (1996). *Claiming the spirit within: A sourcebook of women's poetry.* Boston: Beacon Press.

Sgroi, S. M.(1982). *Handbook of clinical interventions in child sexual abuse.* Lexington, MA: Lexington Books.

Shabahangi, N. R. (2010). The poetics of aging and dementia. *Journal of Humanistic Psychology, 50,* 187–196. doi: 10.1177/0022167809346733.

Shaffer, J. B. P. & Galinsky, M. D. (1989). *Models of group therapy.* Englewood Cliffs, NJ: Prentice-Hall.

Shapiro, J. (2006). Listening to the voices of medical students in poetry: Self, patients, role-models and beyond. *Journal of Poetry Therapy, 19,* 17–30. doi: 10.1080/08893670600565546

Shapiro, J., Kasman, D., & Shafer, A. (2006). Words and wards: A model of reflective writing and its uses in medical education. *Journal of Medical Humanities, 27,* 231–244. doi:10.1007/s10912-006-9020-y

Sharlin, S. A. & Shenhar, A. (1986). The fusion of pressing situation and releasing writing: On adolescent suicide poetry. *Suicide and Life-Threatening Behavior, 16,* 343–355.

Sharma, D. (in press). Reading and rewriting poetry on life to survive the COVID-19 pandemic. *Journal of Poetry Therapy, 34*(2).

Sharp, C., Smith, J. V., & Cole, A. (2002). Cinematherapy: metaphorically promoting therapeutic change. *Counselling Psychology Quarterly, 15,* 269–276, doi: 10.1080/09515070210140221

Shaw, G. B. (1901/2007). *The devil's disciple, Act II.* Overland Park, KS: DigireaDS.

Shaw, J. (1981). Adolescence, mourning and creativity. *Adolescent Psychiatry, 9,* 60–77.

Shaw, J. (2005). A pathway to spirituality. *Psychiatry: Interpersonal and Biological Processes 68*(4), 350–362. 10.1521/psyc.2005.68.4

Shaw, M. (1993). How metaphoric interpretations effect dynamic insight: Development of a model to represent how metaphoric interpretations effect dynamic insight in psychotherapy patients, doctoral dissertation, California School of Professional Psychology-Los Angeles. *Dissertation Abstracts International, 54,* 510B.

Shrodes, C. (1949) Bibliotherapy: A theoretical and clinical experimental study, unpublished doctoral dissertation, University of California, Berkeley, 1949.

Silverman, H. L. (1996). The topology of spirituality in poetry therapy. *Journal Poetry Therapy*, *10*(2), 95–98 (1996). 10.1007/BF03391503

Silverman, H. L. (1997). The meaning of poetry therapy as art and science: Its essence, religious quality, and spiritual values. *Journal of Poetry Therapy 11*, 49–52. 10.1007/BF03391528

Silvermarie, S. (1988). Poetry therapy with frail elderly in a nursing home. *Journal of Poetry Therapy*, *2*, 72–83.

Silverstein, S. (1964). *The giving tree*. New York: Harper & Row

Silverstein, S. (1974) Treehouse, In *Where the sidewalk ends* (p. 79). New York: Harper & Row.

Simon, P. (1964). *The Sounds of Silence*. Charing Cross Music (BMI).

Sinclair, Y. A. (retrieved 1/20/21). The circle is unbroken. https://ohr.edu/1862.

Sinco. L. (2020, January 27). Lakers great Kobe Bryant rehearses with the L.A. Philharmonic in 2017 to narrate "Dear Basketball," a poem that he wrote in contemplation of his retirement. Los Angeles Times. https://www.latimes.com/sports/lakers/story/2020-01-27/kobe-bryant-fans-honor-him-through-poetry

Singer, J. A. & Blagov (2004). Self-defining memories, narrative identity, and psychotherapy. In L. A. Angus & J. McLeod (Eds.), *The handbook of narrative and psychotherapy; Practice, theory, and research* (pp. 229–246). Thousand Oaks, CA: Sage.

Sitomer, A. & Cirelli, M. (2004). *Hip hop poetry and the classics*. Beverly Hills, CA: Alan Lawrence Sitomer/Milk Mug Publishing.

Sjollema, S. D. & Hanley, J. (2014). When words arrive: A qualitative study of poetry as a community development tool. *Community Development Journal*, *49*(1), 54–68. https://doi.org/10.1093/cdj/bst001

Sloman, L. & Pipitone, J. (1991). Letter writing in family therapy. *American Journal of Family Therapy*, *19*, 77–82.

Smith, M. A. (2000). The use of poetry therapy in the treatment of an adolescent with borderline personality disorder: A case study. *Journal of Poetry Therapy*, *14*, 3–14.

Smith, L. F., Gratz, Z. F. & Bousquet, S. G. (2009). *The art and practice of statistics*. Belmont, CA: Wadsworth/Cengage Learning.

Smith, L. & Fershleiser, R. (2009). I can't keep my own secrets: Six-word memoirs by teens famous and obscure. New York, NY: Harper Teen.

Smyth, J. M. (1998). Written emotional expression: Effect sizes, outcome types, and moderating variables. *Journal of Consulting and Clinical Psychology*, *66*, 174–184.

Spera, S. P., Buhrfeind, E. D. & Pennebaker, J. W. (1994). Expressive writing and coping with job loss. *Academy of Management Journal*, *37*, 722–733.

Stember, C. J. (1977). Printmaking with abused children: A first step in art therapy. *American Journal of Art Therapy*, *16*, 104–109.

Stepakoff, S. (2014). Graphopoetic process. In B. E. Thompson & R. A., Neimeyer (Eds.), *Grief and the expressive arts: Practices for creating meaning* (pp. 66–70). New York: Routledge.

Stiles, C. G. (1995). How to make a hill: A narrative perspective in special education. *Journal of Poetry Therapy*, *9*, 89–91.

Stip E., Östlundh L., & Abdel Aziz, K. (2020). Bibliotherapy: Reading OVID During COVID. *Front. Psychiatry 11*, 567539. doi: 10.3389/fpsyt.2020.567539

STOP Teen Suicide Family Friend Poems *Loving. Healing*. 30 STOP Suicide Poems by Teens (familyfriendpoems.com) https://www.familyfriendpoems.com/poems/teen/suicide/

Sue, S., Zane, N. , & Young, K. (1994). Research on psychotherapy with culturally diverse populations. In A. E. Bergin & S. L., Garfield (Eds.), *Handbook of psychotherapy and behavior change* (4th ed., pp. 783–817). New York: John Wiley & Sons.

Sule, A. & Inkster, B. (2015). Kendrick Lamar, street poet of mental health. *The Lancet Psychiatry*, *2*, 496–497. 10.1016/S2215-0366(15)00216-3

Super, D. E. (1957). *The psychology of careers*. New York: Harper & Row.

Swick, K. J. & Carlton, M. E. (1974). An examination of occupational interest of kindergarten children: Implications for curriculum development. *Reading Improvement*, *11*, 58–61.

Talking About Mental Health with Teens: Try Listening to Some Pop Music. https://yourteenmag.com/health/teenager-mental-health/talking-about-mental-health

Tartakosky, M. (2017). Pay attention like a poet: Cultivate presence by writing haiku. *Spirituality & Health.* https://spiritualityhealth.com/authors/margarita-tartakovsky-ms

Taylor, E., Qingyi, L., Bertram, J. M., James, T., Meadows, J. T., Burcu, B., & Nelson-Gardell, D. (2020). Poetry authored by vulnerable populations as secondary data: Methodological approach and considerations. *Journal of Poetry Therapy, 33*(4), 213–225, doi: 10.1080/08893675.2020.1803614

Tegner, I., Fox, J., Phillip, R., & Thorne, P. (2009). Evaluating the use of poetry to improve well-being and emotional resilience in cancer patients. *Journal of Poetry therapy, 22*, 121–131.

The 100 Thousand Poets for Change (2018, April 20, 2018). http://100tpc.org/about-2/

Thomas, D. (1952/1970). Do not go gentle into that good night. In A. Dore (Ed.), *The premier book of major poets* (p. 47). Greenwich, CT: Fawcett.

Thompson, C. L. & Rudolph, L. B. (1992). *Counseling children* (3rd ed.). Pacific Grove, CA: Brooks/Cole.

Torre, E. (1990). Drama as a consciousness-raising strategy for the self-empowerment of working women. *AFFILIA: Journal of Women and Social Work, 5*, 49–65.

Toseland, R. W. & Rivas, R. F. (2005). *An introduction to group work practice* (5th ed). Boston: Pearson.

Traylor, A. M., Tannenbaum, S. I., Thomas, E. J., & Salas, E. (2021). Helping healthcare teams save lives during COVID-19: Insights and countermeasures from team science. *American Psychologist, 76*(1), 1–13.

Turner, F. J. & Rowe, W. S. (2013). *101 Social work clinical techniques.* New York: Oxford.

Tyson, K. B. (1992). A new approach to relevant scientific research for practitioners: The heuristic paradigm. *Social Work, 37*, 541–556.

Tyson, E. H. (2002). Hip hop therapy: An exploratory study of a rap music intervention with at-risk and delinquent youth. *Journal of Poetry Therapy, 15*(3), 131–144.

Ucko, L. G. (1991). Who's afraid of the big bad wolf? Confronting wife abuse through folk stories. *Social Work, 36*, 414–419.

Utley, A. & Garza, Y. (2011). The therapeutic use of journaling with adolescents. *Journal of Creativity in Mental Health, 6*, 29–41. doi:10.1080/15401383.2011.557312

VandenBos, G. R. (2015). *APA dictionary of psychology.* Washington, DC: American Psychological Association. ISBN-13: 978-1591473800.

vanMeenen. K. (2020, July). Poetry in time of the pandemic. *The Museletter*, XLI, No.2. https://poetrytherapy.org/resources/Documents/museletterjulytwentytwenty.pdf

Vezner, J. & Henry, D. (1989). *Where've you been?* Wrensong Pub/Cross Key Don Pub/Tree Group.

Viorst, J. (1971). *The tenth good thing about barney.* New York: Macmillan.

Viorst, J. (1972). *Alexander and the terrible, horrible, no good, very bad day.* New York: Simon & Schuster.

Viorst, J. (1981) If I were in charge of the world. In *If I were in charge of the world* (pp. 2–3). New York: Macmillan.

Vondracek, S. E. & Kirchner, E. P. (1974). Vocational development in early childhood: An examination of young children's expression of vocational aspirations. *Journal of Vocational Behavior, 5*(5), 251–260.

Wafula, E. (2020). Transforming career stories through poetry: A group-based career counselling intervention, *British Journal of Guidance & Counselling, 48*(1), 137–151. doi: 10.1080/03069885.2019.163751

Walker, A. (1968/1991). Medicine. In M. Sewell (Ed.), *Cries of the spirit: A celebration of women's spirituality* (pp. 51–52). Boston, MA: Beacon.

Walker, A. (1979). Good night, Willie Lee, I'll see you in the morning. In *Good night, willie lee, I'll see you in the morning: Poems by alice walker* (p. 53). San Diego, CA: Harcourt Brace Jovanovich.

Walker, A. (1984). How poems are made/a discredited view. In *Horses make a landscape look more beautiful: Poems* (pp. 17–18). New York: Harcourt Brace Jovanovich.

Walker, L. E. (1979). *The battered woman*. New York: Harper & Row.

Walker, L. E. (1984). *The battered woman syndrome*. New York: Springer.

Walker, L. E. (1987). Assessment and intervention with battered women. In P.A. Keller & S.R. Hyman (Eds.), *Innovations in a clinical practice: A source book* Vol. 6 (pp. 131–142). Sarasota, FL: Professional Resource Exchange.

Ward, J. E. & Sommer, C. A. (2006). Using stories in supervision to facilitate counselor development. *Journal of Poetry Therapy, 19*, 61–67. doi:10.1080/08893670600756608

Warren, S. & Deckert, J. C. (2020). Contemplative practices for self-care in the social work classroom. *Social Work, 65*(1), 11–20. 10.1093/sw/swz039

Wassiliwizky, E., Koelsch, S., Wagner, V., Jacobsen, T., & Menninghaus, W. (2017, August 1). The emotional power of poetry: Neural circuitry, psychophysiology and compositional principles. *Social Cognitive Affect Neuroscience, 12*(8), 1229–1240. doi: 10.1093/scan/nsx069. PMID: 28460078; PMCID: PMC5597896.

Watson, J. & Blades, J. (1985). *Goodbye*. Kid Bird Music/Rough Play Music.

Webber, A. L., Eliot, T. S. , & Nunn, T. (1982). *Memory*. Koppelman-Bandier Music Corp. (BMI).

Weinger, S. (1998). Children living in poverty: Their perceptions of career opportunities. *Families in Society, 79*, 320–330.

Weller, P. & Golden, L. G. (1993). Catharsis. In Preminger, A. & Brogan, T. V. F. (Eds.), *The new princeton encyclopedia of poetry and poetics* (pp. 175–176). Princeton, NJ: Princeton University Press.

Wells, R.A. (1994). *Planned short-term treatment* (2nd ed.). New York: Free Press.

Wenz, K. & McWhirter, J. J. (1990). Enhancing the group experience: Creative writing exercises. *Journal for Specialists in Group Work, 15*, 37–42.

Wexler, M. (2014). A poetry program for the very elderly—Narrative perspective on one therapeutic model. *Journal of Poetry Therapy, 27*,35–46. doi:10.1080/08893675.2014.871811.

Whitaker, L. L. (1992). Healing the mother/daughter relationship through the therapeutic use of fairy tales, poetry, and short stories. *Journal of Poetry Therapy, 6*, 35–44.

White, M. (2007). *Maps of narrative practice*. New York: W.W. Norton.

White, M. & Epston, D. (1990). *Narrative means to therapeutic ends*. New York: Norton.

Whitmont, E. C. & Kaufman, Y. (1973). Analytical psychotherapy. In R. Corsini (Ed.), *Current psychotherapies* (pp. 85–117). Itasca, IL: F.E. Peacock.

Widroe, H. & Davidson, J. (1961). The use of directed writing in psychotherapy. *Bulletin of the Menninger Clinic, 25*, 110–119.

Wiggins, M. I. (2011). Spiritual journaling. In J. D. Aten, M. R. McMinn, & E. L. Worthington, Jr. (Eds.), *Spiritually oriented interventions for counseling and psychotherapy* (pp. 303–321). American Psychological Association. 10.1037/12313-012

Williams, C. K. (1987/1990). Alzheimer's: The wife. In J. D. McClatchey (Ed.), *The Vintage Book of Contemporary American Poetry* (p. 433). New York: Vintage Books.

Williams, M. (1975). *The velveteen rabbit*. New York: Avon.

Williams, M. B. (1992). Verbalizing silent screams: The use of poetry to identify the belief systems of adult survivors of childhood sexual abuse. *Journal of Poetry Therapy, 5*, 5–20.

Williams, W. C. (1939/1966). The last words of my English grandmother. In M. L. Rose (Ed.), *The william carlos williams reader* (p. 60). New York: New Directions.

Winchester, C. T. (1916). *Some principles of literary criticism*. London: Macmillan.

Winkelman, N. W. & Saul, S. D. (1974). The return of suggestion. *Psychiatric Quarterly, 48*, 230–238.

Witkin, S. L. (1989). Toward a scientific social work. *Journal of Social Service Research, 12*, 83–98.

Witkin, S. L. (1995). Family social work: A critical constructionist perspective. *Journal of Family Social Work, 1*(1), 33–45.

Wohl, A. & Kaufman, B. (1985). *Silent Screams and hidden cries: An interpretation of artwork by children from violent homes*. New York: Brunner/Mazel.

Wolberg, L. (1965). Methodology in short-term therapy. *American Journal of Psychiatry, 122*, 135–140.

Wolf, K. A., Goldfader, R., & Lehan, C. (1997). Women speak: Healing the wounds of homeless women through writing. *N & HC Perspectives on Community: Official Publication of the National League for Nursing, 18*, 74–78.

Word Cloud for Kids ABCya.com. http://www.abcya.com/word_clouds.htm

Wright, J. K. (2018). The warm bathwater of working life slowly ebbing away: Retirement stories and writing for therapeutic purposes. *British Journal of Guidance & Counselling, 46*(3), 293–303, doi: 10.1080/03069885.2018.1431608

Yalom, I. D. (1995). *The theory and practice of group ssychotherapy* (4th ed.). New York: Basic Books.

Yochim, K. (1994). The collaborative poem and inpatient group therapy: A brief report. *Journal of Poetry Therapy, 7*, 145–149.

Yuan, Y. & Hickman, R. (2019). "Autopsychography" as a form of self-narrative inquiry. *Journal of Humanistic Psychology, 59*(6) 842–848. 10.1177/0022167816661059

Zausner, T. (1997). Division 10: History, scholarship, and activities. *Psychology and the Arts, 4*, Summer.

Zinker, J. (1977). *Creative process in gestalt therapy*. New York: Random House.

Zuniga, M. E. (1992). Using metaphors in therapy: *Dichos* and Latino clients. *Social Work, 37*, 55–60.

찾아보기

ㄷ

ㄹ

ㅁ

ㅂ

ㅋ

ㅊ

ㅌ

저서 『다문화 사회정의 상담』(공저), 『진로진학상담 기법의 이론과 실제』(공저), 『인지행동상담 이해와 활용』(공저)

역서 『전문 상담자의 세계』(공역)

김민화

신한대학교 유아교육과 교수, 독서심리상담 전문가, 내러티브상담 전문가 및 슈퍼바이저

성균관대학교 아동발달심리 박사

전 한국독서치료학회, 한국이야기치료학회 회장, 서울대학교병원 소아정신과 임상심리전문가 수련, 성균관대학교 BK 박사후연구원과 연구교수, 서울대학교 사회과학연구소 책임연구원

저서 『감정, 정말 다스리기 어려운 걸까?』, 『열세 살, 죽는다는 건 뭘까?』, 『바람소리 물소리 자연을 닮은 우리 악기』(기획·집필) 등

역서 『허클베리 핀 길들이기』, 『실수 때문에 마음이 무너지면 어떻게 하나요?』, 『트라우마 이야기치료』(공역), 『내러티브 메디슨 : 병원에서의 스토리텔링』(공역) 등

김현희

상호작용 독서치료 아카데미 운영교수, 독서심리상담 전문가 및 슈퍼바이저, 기독교상담사

미국 University of Illinois(Urbana-Champaign) 유아교육학 박사

전 한국독서치료학회, 한국어린이문학교육학회, 한국비블리오드라마협회 초대회장, 한국열린사이버대학교 통합예술치료학과 교수

저서 『유아문학 : 이론과 적용』(공저), 『교육·상담을 위한 비블리오드라마의 이론과 실제』(공저), 『상호작용을 통한 독서치료』(공저), 『상호작용 독서치료 사례집』(공저), 『청소년과 함께하는 상호작용 독서치료』(공저), 『독서치료의 이론과 실제』(공저) 등

역서 『죽으면 아픈 것이 나을까요?』, 『시치료 : 이론과 실제』(공역)

손혜숙

성균관대학교 영어영문학과 교수, 국제문학치료협회 공인문학치료사(CAPF)

미국 University of Massachusetts Amherst 영문학 박사

저서 *Alterity and the Lyric: Heidegger, Levinas, and Emily Dickinson* (『타자성과 서정성 : 하이데거, 레비나스, 그리고 에밀리 디킨슨』), *Literature and Spirituality in the English-speaking World* (『영어권 세계의 문학과 영성』, 공저)

역서 『가지 않은 길: 미국 대표시선』, 『바디』(공역) 등

이민용

강원대학교 대학원 인문치료학과 교수 및 인문과학연구소 소장

서울대학교 독어독문학 박사

전 서울대학교 강사, 서울대학교 인문학연구원 선임연구원, 한국독서치료학회, 한국인문치료학회 회장

저서 『스토리텔링 치료』, 『인문예술치료의 이해』(공저), 『인문치료의 이해』(공저), 『K-스토리텔링』(공저) 등

역서 『에다 이야기』, 『변신』 등

정선혜

동심치유연구소 운영교수, 동시작가, 아동문학평론가

성신여자대학교 국어국문학 박사

전 한국독서교육대학 전임교수, 한국교원대학교 겸임교수, 한국아동문학학회 부회장, 한국독서치료학회 부회장, 방정환연구소 학술이사

저서 『한국 아동문학을 위한 탐색』(방정환문학상 수상), 『다롱이꽃』, 『초롱이, 방긋 웃으려 왔어요』, 『엄마가 딸에게 주는 사랑의 편지 43』, 『독서치료의 이론과 실제』(공저), 『상호작용을 통한 독서치료』(공저), 『발달적 독서치료의 실제』(공저) 등